JN033921

埼玉の城

127城の歴史と縄張

改訂版

梅沢太久夫

鉢形城跡『鉢形城2000』より引用加筆

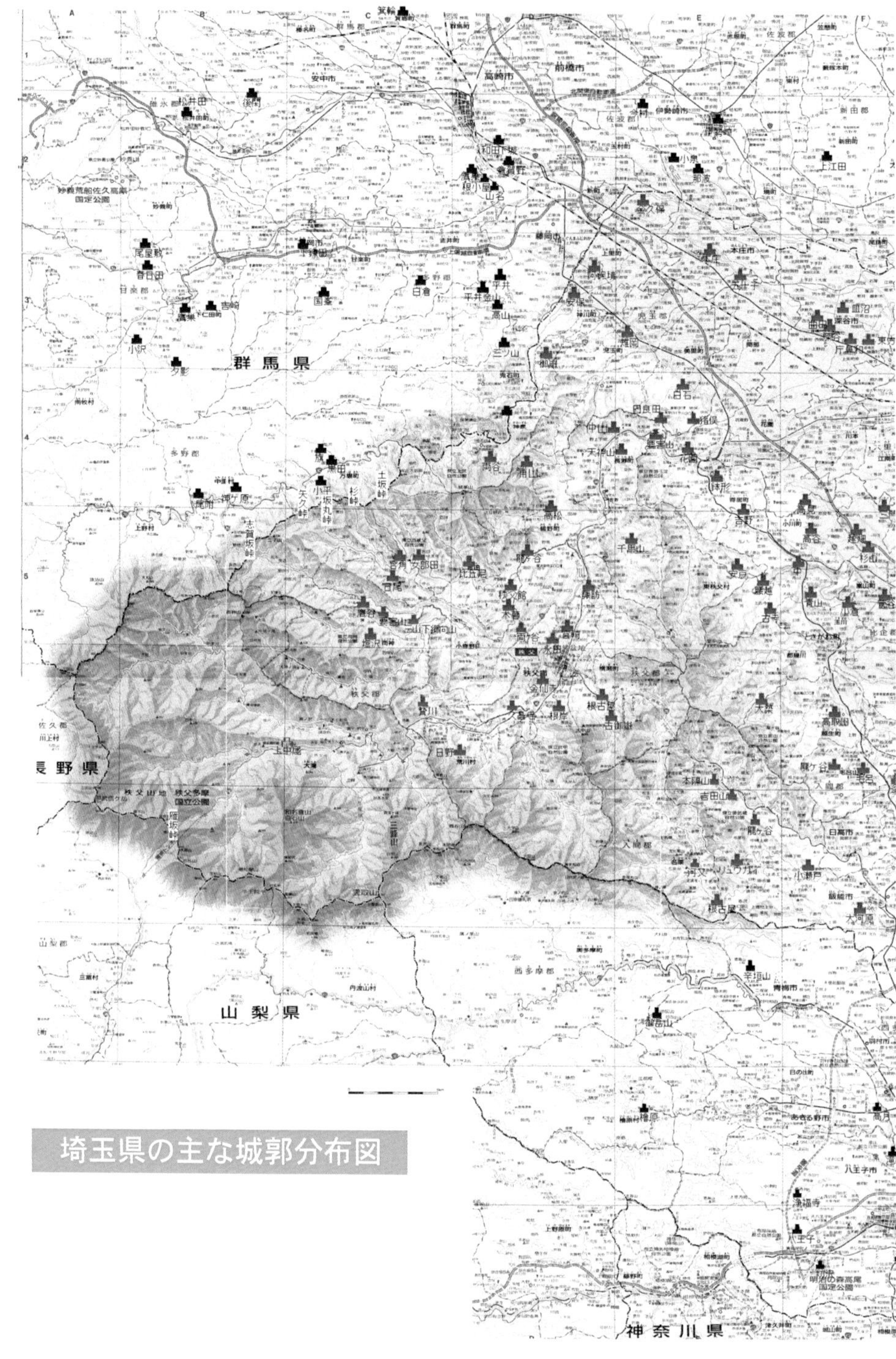

埼玉県の主な城郭分布図

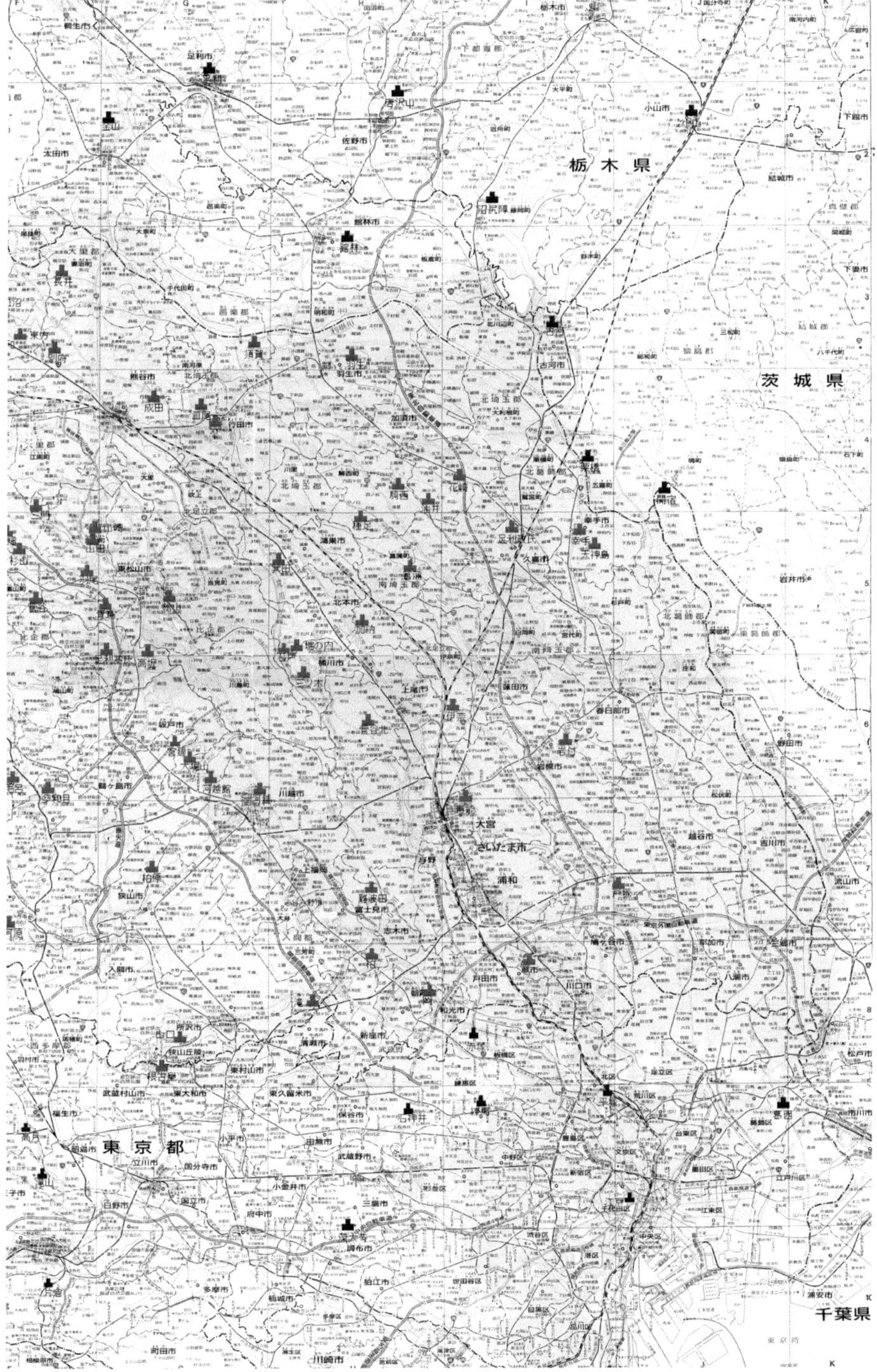

栃木県
茨城県
東京都
千葉県
足利市
佐野市
太田市
小山市
古河市
結城市
熊谷市
行田市
羽生市
加須市
鴻巣市
北本市
桶川市
上尾市
川越市
川島町
さいたま市
大宮
浦和
与野
春日部市
越谷市
吉川市
野田市
流山市
草加市
八潮市
川口市
戸田市
和光市
朝霞市
志木市
富士見市
狭山市
入間市
所沢市
新座市
清瀬市
東村山市
東大和市
武蔵村山市
東久留米市
西東京市
小平市
国分寺市
立川市
国立市
小金井市
府中市
三鷹市
調布市
武蔵野市
日野市
多摩市
稲城市
狛江市
町田市
世田谷区
杉並区
中野区
練馬区
板橋区
北区
荒川区
足立区
葛飾区
江戸川区
台東区
豊島区
文京区
新宿区
渋谷区
千代田区
中央区
江東区
港区
目黒区
品川区
墨田区
松戸市
浦安市
岩井市
川崎市

県内の城郭に見られる四脚門跡①

鉢形城跡三の曲輪・秩父郭四脚門跡　寄居町教委提供

鉢形城跡の曲輪北馬出郭四脚門跡　寄居町教委提供

県内の城郭に見られる四脚門跡②

滝の城本郭四脚門跡　所沢市埋蔵文化財センター提供

杉山城跡本郭四脚門跡　嵐山町教委提供

戦国期城郭に見られる石積①

鉢形城秩父郭土塁内部石積　寄居町教委提供

円良田城跡堀切２の石積

戦国期城郭に見られる石積②

天神山城跡二の郭堀切石積

花園城跡段築部石積

戦国期城郭に見られる石積③

小倉城郭３切岸石積　ときがわ町教委提供

腰越城跡本郭土塁内部の石積　小川町教委提供

はじめに

埼玉県のほぼ全域を包括する地域は北武蔵といわれ、中世前半には鎌倉幕府を根底から支えた武蔵武士を輩出した地域で、丹党、児玉党、横山党、猪俣党、村山党、野与党、私市党の武蔵七党と平良文を始祖とする坂東八平氏（秩父氏、畠山、河越、高山、江戸氏など）と呼ばれる武士集団がいた。

南北朝段階からの中世後期は、南北朝の動乱から鎌倉府の設置や、それを統括した管領上杉家の混乱等を通じて、前期の武士勢力が後退し、鎌倉公方、古河公方や管領家に連なる武士団を中心として、新たな勢力の台頭があったが、公方と管領、管領上杉家の内紛、後北条氏という新興勢力の台頭などによって、関東の戦乱は休むことがなかった。

特に鎌倉府の管領山内、扇谷両家を支えた上野、武蔵・相模の地域は多くの合戦が地域史を賑わし、この地域の有力武士団と、それを支えた中小在地領主層は、各地に多数の城館跡を残し、多くの伝承が残されてきた。

これを裏付けるように埼玉県教育委員会が 1988 年に発表した『埼玉の中世城館跡』調査報告書では合計 679 ヶ所の城館跡の存在が確認され、報告された。

この中には 475 ヶ所の周知の城館跡の他に、発掘調査の結果確認された多くの城館跡が城館跡地名表として記載された。

679 ヶ所の城館跡の内訳は、館跡 344 ヶ所、城跡 140 ヶ所、屋敷 73 ヶ所、その他 131 ヶ所となっているが、それらの年代観はまちまちである。北武蔵の城館跡については、これまでに、1967 年『日本城郭全集 4』、1968 年『埼玉の館城跡』、1983 年『埼玉の古城址』、1989 年『秩父路の古城址』が相次いで出版され、県内の城館跡の具体的内容が明らかにされた。1980 年代以降調査研究が進み、縄張り、築城技術、築城集団、築城年代などが、機会あるごとに多くの研究者によって発表されてきたが、城郭の全体像を推し量る上で不可欠な縄張りの実測図や概略図が不完全であり、その性格、年代的位置づけも未だ不明確のものが多かった。

そこで、前掲した先駆的研究成果を受け入れながら、城郭の記録等を整理し、改めて考古学的手法を駆使した実測図に近い城郭の縄張りが十分に理解できる概略図を作成することにした。

1980年に比企地方の城館跡についてその概要を『日本城郭大系５』に発表して以来、1995年以降、本格的に北武蔵全体の城郭調査を実施してきた。現地調査の一応の終結を見た2003年、北武蔵の中世城郭について、『城郭資料集成　中世北武蔵の城』を出版した。

『城郭資料集成　中世北武蔵の城』は北武蔵の南北町期以降の中世後期を合戦史的観点から整理し、時期区分を行うと共に、その段階に出現する城郭を、多くの史料や城郭実測図・概略図等の比較によって、その段階の城郭がいかなるものであったかという概念を抽出することに努めた。当該期の城郭の分布や実測図・概略図からの型式分類を行う中で、その型式を生み出した集団を探ることに傾注したが十分追求することはできなかったのが現実であった。

また、これまで出版された城郭に関する説明では、その役割や、築城者、城主などについて、地域の伝承や戦記物、あるいは戦前からの古い城郭観のままで、1970年代以降盛んになった歴史考古学や、自治体史の編纂を契機として学術的な研究の深化が見られた2000年以降でもそれが主流であったと考えている。特に、城郭とは何かという点に関しては、往時の地域支配者の城であったと言う視点で見られることが多く、どんな小さな城郭遺構でも、その地域に伝えられていた武士の本拠地を合戦から守る城として語られてきた感が強い。私自身も、中世史料の読み込みが不足し、戦国時代の史料をベースにした地域史を考える上での城郭研究は全く不十分なものであった。

『城郭資料集成　中世北武蔵の城』は岩田書院から500部が出版されたが、数年で完売し、その後も多くの方々から根強い再版希望が筆者の元に寄せられた。城郭調査は出版後も継続して行って来たが、秩父地域では堀口進午さん、山中雅文さんの調査・資料提供などもあって、新たな城郭の発見調査が行えた。更に入間地域の山間部において調査未了であった城郭も調査し、新規に６城跡を資料として追加することができた。また、先の出版後、新たに城郭の発掘調査も進み、出土遺物の考古学的研究の進展もあって新たな評価が加えられ、私自身は、戦国史料を中心にした地域研究に取り組む等、大きな変化があった。そこで、これらの新たな知見と、それに基づく評価を加え、戦国史研究をベースに改めて諸城の内容を再検討し、不備や誤りを修正した上で『埼玉の城』として出版することとした。

なお、城郭図は基本的には市町村発行の 2500 分の 1 の地形図等を利用して現地で観察した結果を記入して作図した縄張略図であるが、市町村等が作成した測量図があるものはそれを拝借して加筆修正する等して使用させていただいたものもある。できるだけ理解しやすいよう作成したが理解しづらい点もあろうかと考え、下記にその見方を示す。

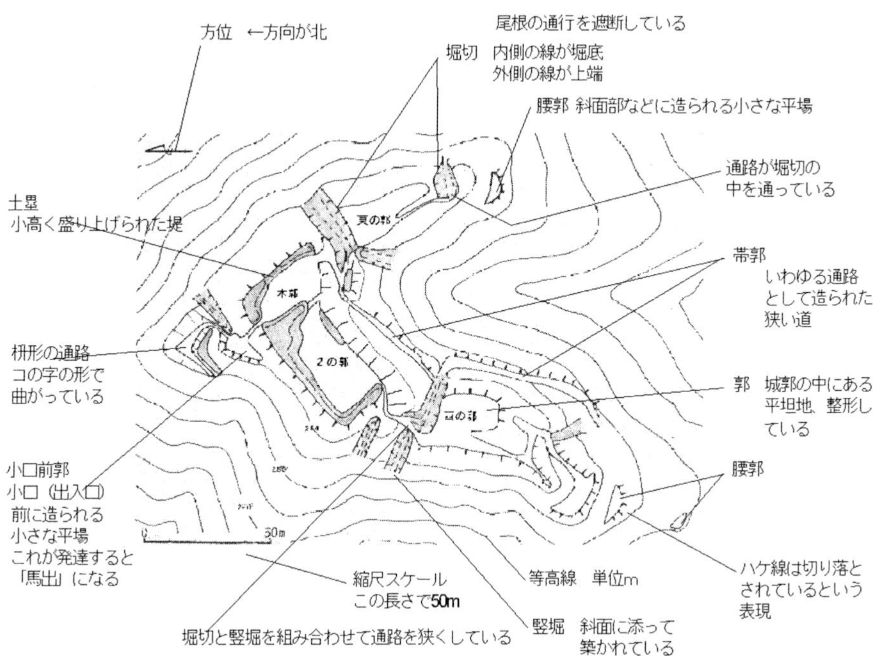

第４章　比企地域の城郭　――　110

第５章　秩父地域の城郭　――　159

第6章　児玉地域の城郭 —— 212

第7章　大里地域の城郭 —— 236

第8章　北埼玉・北葛飾地域の城郭 —— 262

参考　引用・参考文献目録 —— 279

おわりに —— 289

※初版『埼玉の城』巻末資料にあった「埼玉の城館関連年表」は、
『武蔵戦国歴史年表』として内容の整理と共に大幅に項目を追加して
独立した単行本となりました。
そのため『埼玉の城』改訂版刊行にあたり、該当部分は削除するかたちと
なりましたことご了承ください。（まつやま書房編集部）

第１章　北武蔵の中世城郭について

第１節　合戦史からの区分

北武蔵についてはこれまで、機会あるごとに合戦史を中心に時期区分についてふれてきた（梅沢 1979、1992、2000、2001）が、改めて記録や文献の熟読さの不完全を修正し再考することとする。埼玉県のほぼ全域となる北武蔵の地域は、中世後期、幾多の合戦の舞台となったことはすでに多くの研究によって明らかにされているところである。幸い『新編埼玉県史』や市町村史の刊行が積極的に行われたことによって、地域史が身近なものになったが、改めて集成した合戦史は付編に示した「埼玉の城郭関係年表」（279 頁）のようになる。中世後期はこの合戦史や、合戦の原因となった背景や主体となった武士団などによって、

第Ⅰ期・建武の中興に関わる足利尊氏と新田義貞を中心に展開される室町幕府創設までの混乱期
第Ⅱ期・幕府開設以後鎌倉公方から古河公方と管領との確執をめぐる混乱期
第Ⅲ期・関東管領家の権力争い期
第Ⅳ期・後北条氏の関東進出に伴う混乱から後北条氏の滅亡

という段階に区分される。そして、第Ⅱ期は中心となった人物から３期に細別し、Ⅳ期は後北条氏が関東支配に進出した段階と、支配権を確立した段階とに細別した方が理解しやすいと考える。

第Ⅰ期

1333 年から 1392 年頃の建武の新政を中心として、鎌倉幕府の滅亡からの南北朝動乱期を捉えた。合戦史の記録から読みとれるところでは、新田義貞が進軍した上野から鎌倉までの鎌倉街道上ツ道を中心に合戦場が存在し、その主たる場面は安保原、高麗原、入間河原、小手指原合戦等と名付けられることに知られるとおり、原野や河原で合戦を繰り広げている事が知られる段階である。これらの記録には城郭の記録が少なく、城郭が合戦の中で主体的なものではなかった段階といえよう。

鎌倉幕府崩壊の後、南北朝の動乱を通じて武蔵では大きな勢力の交代が行われ、安保氏が北武蔵の有力武将として台頭している。

南北朝動乱期には建武４年（1334）12 月に北畠顕家は利根川を渡河し、阿保原や浅見山で足利軍と合戦を交えている。「武蔵野合戦」では将軍足利尊氏と南朝方の征夷大将軍宗良親王・新田義宗らの戦いが、文和元年（1352）に武蔵人見原、金井原、小手指ケ原、入間河原、高麗原等で相次いで行われてい

北武蔵合戦分布図

足利成氏攻略
上杉謙信攻略
金山城
結城城
結城合戦
金窪合戦
1578年6月
平井城
1467年
安保原合戦
1337年12月
長井城合戦
1479年9月
1480年1月
館林城
古河城 1457年
上杉景信攻略 1471年6月
五十子合戦
岡部合戦
深谷城
深谷合戦
児玉
1480年1月
御嶽城合戦
1552年
1569年10月
1571年12月
宿城攻撃
羽生城
景春在陣1478年3月
自落 1574年
成田館攻撃
後北条氏攻略
天神山城
1494年10月
1562年7月
赤浜合戦
本田合戦
1370年2月
村岡河原合戦
忍城
1590年
足利成氏攻略
1455年12月
太田荘合戦
騎西城
上杉謙信攻略
1563年2月
栗橋城
関宿城
鉢形城合戦
1477年5月
1478年7月
1479年7月
1569年7月
1569年9月
1570年5月
1570年9月
1590年6月
高見原合戦
1488年11月
高松筋合戦 1549年
信玄侵入
杉山城
千馬山城
須賀谷原合戦
1488年6月
日尾城
後北条氏攻略
高松城攻撃
1561年
中城
菅谷城
松山城
松山城合戦
1488年
1537年 7月
1546年 4月
1546年 8月
1559年11月
1560年 9月
1560年10月
1560年11月
1561年 1月
1561年11月
1562年11月
1563年 3月
1574年11月
1590年 4月
三山合戦
秩父御陣
1480年
大宮合戦
1560年
腰越城
笛吹峠合戦
1352年2月
岩殿山合戦
1363年8月
勝呂原合戦
1477年5月
境根原合戦
1478年12月
根古屋城
岩付城
岩付合戦
1525年2月
1564年5月
1590年5月
苦林合戦
1363年
1477年4月
日野城
太田道灌攻略
1480年6月
吾名蜆坂合戦
1530年1月
毛呂合戦
1524年1月
大袋合戦
河越城
川越合戦
1477年3月
1524年3月
1535年8月
1537年7月
1545年 9月
1546年 4月
1560年 9月
1590年4月
1335年7月女影原合戦
1352年2月高麗原合戦
難波田城
入間河原合戦
岡城
蕨城
上杉朝興攻略
1526年6月
滝の城
白子原合戦
1525年8月
1333年5月
1335年7月
1352年2月
小手指原合戦
鎌倉街道上ツ道
石神井城
没落1477年4月
金井原合戦
1352年2月
滝山城
人見原合戦
1352年2月
江戸城
八王子城
1590年6月
分倍河原合戦
1333年5月
凡　例
★　第１期　(1333～1392　建武の新政
●a第２期前半 (1416～1441) 上杉禅宗の乱～
b第２期中頃 (1454～1471) 享徳の大乱
c第２期後半 (1472～1480) 景春の乱
☆　第３期　(1487～1505) 長享年中の乱
○a第４期前半 (1521～1546) 後北条氏の進出
b第４期後半 (1546～1590) 後北条氏の覇権

る。この時、新田方の武将として児玉党の浅羽・四方田・庄・若児玉・丹党の安保・加治・勅使河原の各氏など、足利方には河越・高坂・江戸・豊嶋・古尾谷・高麗・別符・久下の各氏などが参戦しているという。阿保境館第Ⅰ－1期はこの段階の館跡である。

鎌倉公方基氏の畠山国清の執事職解任と、それに続く上杉憲顕関東管領補任をめぐって起こった混乱では、貞治2年（1363）8月26日に起こった苦林野と岩殿山の合戦がある。越後守護を奪われた芳賀禅可は、苦林および岩殿山で平一揆や白旗一揆を率いた足利基氏と合戦し敗退した。東松山市岩殿所在の足利基氏館跡は、このときの陣跡と伝えられる。

応安元年（貞治7年・1368）におこった河越直重相模守護職解任に伴って、河越氏、高坂氏を中心とする平一揆（河越・高坂・江戸・古尾谷・竹沢・土屋・豊島氏など）は河越館に立て籠もって足利氏満に背いたが、6月17日には足利氏満、上杉憲顕らに敗退した。これを契機に高坂氏、竹沢氏などの旧勢力支配が崩れ、国人層の支配が管領上杉氏へと大きく変わったという（藤木1985a）。藤木氏はこの段階に松山城主の上田氏出現期を想定している。

この合戦史から城郭の形成期を考えると、県内では鎌倉時代から存在した河越館の他、阿保境館、新倉館の他、入間川館や足利基氏館と伝えられる館跡が存在した可能性が知られるが、これらの館跡は方形館を主体にし、それを拡張

合戦分布図（第1期）

して二重に囲画した館跡などで、本格的な城郭が出現している様子は見られない。この第１期では、常陸の結城城、北畠親房が『神皇正統記』を滞在中に著わした小田城、駒館城、関城などの存在がすでに知られ、常陸はこの他に別符幸実の軍忠状（写）によると佐倉城、東条城、亀谷城、高井城などの、城と呼ばれる城郭が存在したことが知られる地域である。

◆第Ⅱ期

1416年から1480年頃の『上杉禅秀の乱』から長尾景春の乱終焉まで。この中では、上杉禅秀の乱から遺児等による結城合戦の前半、古河公方の成立と古河公方に対する上杉勢の追討を中心とする中頃と、後半に起こった長尾景春の上杉に対する反乱の３期に細分される。この段階は鎌倉公方や古河公方が絡んだ混乱として捉えられる。

【１．前半『上杉禅秀の乱から結城合戦】

応永23年（1416）に起きた関東管領上杉禅秀（氏憲）が家人越幡六郎の所領没収に抗議して辞表を提出したあと、山内上杉憲基を管領職に補任したことに始まる、鎌倉府内の主導権争いに端を発した争乱である。これは応永24年に一応の終結をみたが、応永30年までは足利持氏による上杉禅秀勢の討伐が続き、以後、永享の乱（1438年）と幕府と鎌倉府の対立が激化し、結城合

合戦分布図（第2期前半）

戦（1440 ～ 1441 年）を通じて鎌倉公方に代わり管領上杉氏の勢力が拡大したという。

上杉禅秀の乱の前期の記録として「武州白旗一揆の着到状」（応永 24 年・1417）に「庁鼻和御陣（正月２日）、村岡御陣（４日）、高坂御陣（５日）、入間川御陣（６日）、久米川御陣（８日）、関戸御陣（９日）、飯田御陣（10 日）、鎌倉到着（11 日）」という記録や、『鎌倉大草子』に「関東管領上杉憲実は野本・唐子に逗留」との記録が見られ、北武蔵の地域が争乱の舞台となったことが知られるのである。そして、庁鼻和・野本・唐子（青鳥）という方形を基本形とする城館跡の所在地名が記される。

また、この段階は『鎌倉大草紙』に応永23年（1416）（鎌倉六本松にて）「上田上野介松山（松山城主）討死」、永享12年（1440）７月１日には一色伊予守など、「武州の須賀土佐入道が宿城へ押寄せ、悉く焼払う」とあるように城郭が記録に現れる最初の段階である。北武蔵では上田氏の松山城、須賀土佐入道の宿城のほか、庁鼻和上杉氏の庁鼻和城や、一色伊予守が立て籠もった成田館が主要な合戦の舞台として記録される。しかし、松山城主については後記入と見られ、この時には築城は確認されない。

【２．中頃『享徳の大乱』】

この争乱は鎌倉公方についた足利成氏と管領上杉憲忠の対立に始まる大乱で享徳３年（1454）から文明 14 年（1482）に「都鄙の和睦」が成立するまでの 28 年間の争乱であった。

合戦は「享徳の大乱関係図」に見られるように、古河公方勢力対上杉勢力と

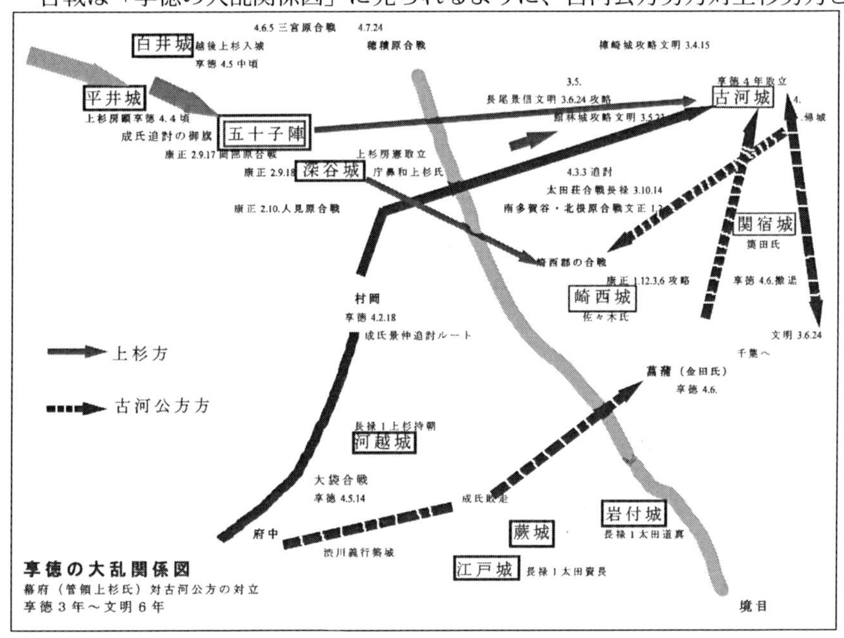

享徳の大乱関係図
幕府（管領上杉氏）対古河公方の対立
享徳３年～文明６年

の激突で北関東と北武蔵がその中心となった。深谷から荒川（現元荒川）ラインが境目を形成し、荒川と利根川にはさまれる氾濫原地帯を中心として合戦が行われる。合戦の中心は古河公方の古河城と山内上杉氏が錦の御旗を掲げた成氏追討の拠点、五十子陣であった。享徳４年（1455）12 月の武蔵埼西郡の合戦は庁鼻和上杉氏が騎西城を築いて、これに上州一揆・武州一揆などが籠もり、古河公方成氏追討の前線基地を目論んだのに対して、古河公方が全力を挙げて攻略したことで理解されるように、古河公方の勢力圏は騎西、菖蒲とを繋ぐ太田荘より以東の地域であり、その境目は荒川（現元荒川）筋であったと見られる。

そして、この段階の最も特徴的なことは長禄元年（1457）太田資長（道灌）江戸城築城等多くの城郭が記載されることであろう。「鎌倉大草紙」に崎西城（原文ママ）が足利成氏に康正元年（1455）12 月に攻められ、深谷城は康正２年庁鼻和上杉（山内）房憲が築き、そして、河越城は上杉持朝、岩付城は太田道真、江戸城は太田資長がそれぞれ長禄元年（1457）に築く等と記される。この築城について「松陰私語」には江戸城、河越城は太田道真・道灌のほか上田、三戸、荻野谷という扇谷上杉氏の「関東巧者の面々」が「秘曲を尽くして相構え」と記され、北武蔵の主要城郭が登場すると同時に築城者が具体的に記録される。

【３．後半『長尾景春の乱』】

文明８年（1476）から文明 12 年（1480）に起こった長尾景春の乱。

景春は児玉から秩父地域を拠点にし、元荒川以東の古河公方支配圏との間に

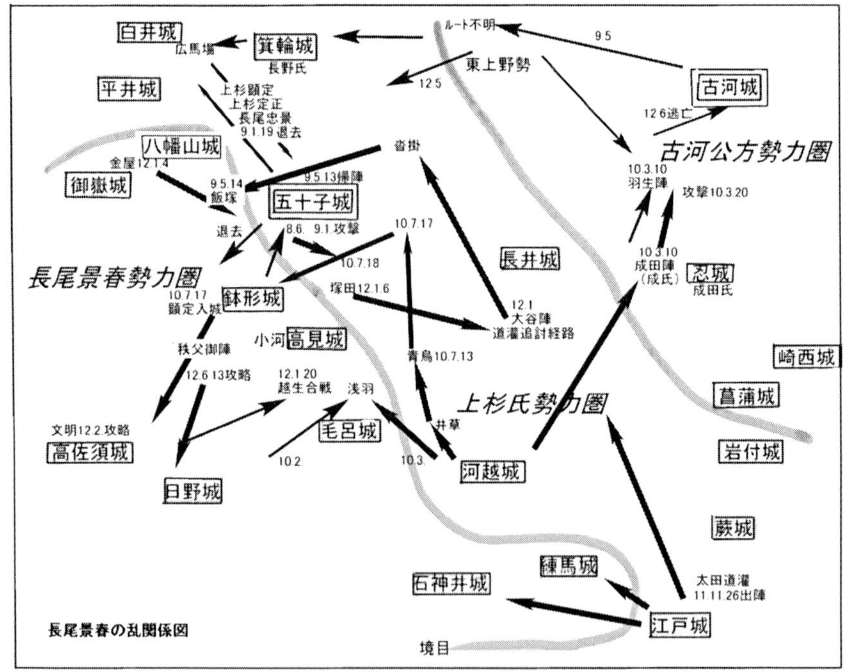

長尾景春の乱関係図

南北に延びる上杉氏領域を分断する形で合戦が行われている。この事件は『太田道灌状』によって詳細な動きが知られる。山内家の執事長尾氏の嫡流にありながら、父景信の死後執事職につけなかった景春は、鉢形城から当時山内上杉氏が古河公方追討の拠点としていた本庄市五十子城を攻め、これを上杉氏と敵対していた古河公方足利成氏がバックアップした。景春勢力は北武蔵から西上野を蹂躙し、これに呼応する北武蔵の在地領主層を味方に組み入れ、勢力伸張を欲しいままにしてきた。景春与党は横浜市小机城主矢野兵庫助、厚木市溝呂木城主越後五郎四郎の他、武蔵では東京都石神井城主豊嶋勘解由左衛門尉、練馬城主豊嶋平右衛門、妻沼町長井城主長井左衛門尉、あきる野市二宮城主大石石見守、大石駿河守、毛呂山町毛呂城主毛呂三河守、大串弥七郎、長尾景利（鎌倉長尾氏）、長尾為景（越後長尾氏）などであったという。

これに対して、上杉勢は太田道灌を中心に景春追討の軍を進めたが、両勢力による合戦には五十子城合戦、用土原合戦、河越城攻めに伴うに苦林合戦、勝呂原合戦などがある。また、文明９年（1477）の北武蔵の合戦は鉢形城と五十子城を起点として行われ、用土原合戦、鉢形城包囲戦、文明 10 年３月浅羽合戦、文明 10 年７月鉢形城攻略と戦乱が続くが、太田道灌による鉢形城攻略は景春の劣勢を決定的なものにした。

以後、景春は秩父に引きこもり、ゲリラ的に妻沼長井城や越生などの各地に転戦していた。文明 12 年正月、景春は児玉に蜂起し、道灌に追撃され秩父に逃げ込むが、６月 24 日景春が立て籠もる日野城が落城し、景春の乱に終止符が打たれた。この景春の乱の中で知られるとおり、秩父地域は景春のバックグランドの役割を担っていたことが理解される。秩父に残る長尾伊玄入道の伝承はこれを背景に成立したもので、鉢形城築城の他に景春との関わりを伝える城郭は景春籠城の荒川村日野城、秩父高佐須城と景春終焉（実際は古河公方のもとに落ち、第Ⅲ期でも活躍している）の地と伝える秩父市長尾城のほか、寄居町鉢形城、本庄市五十子城、妻沼町長井城、小川町高見城等の名前が見られる。両神村塩沢城はこの中で、秩父高佐須城であると『秩父志』等に記される。

第Ⅲ期『長享年中の大乱』

長享元年から永正２年（1487 年から 1505 年）に起こった山内上杉対扇谷上杉の関東管領の覇権をめぐる争乱である。

この段階では、長享２年（1488）の相模実蒔原合戦（２月）と、須賀谷原合戦（６月）、高見原合戦（11月）が行われ、明応３年（1494）の赤浜河原合戦（10月）が中心となる。このとき山内上杉顕定方の拠点は寄居町鉢形城であり、扇谷上杉定正の拠点は河越城であったことが知られる。境目は荒川ラインと槻川・都幾川ラインの間に形成される。両者の激突は高見城、松山城を互いの向城として対峙したと思われ、北武蔵では松山合戦、須賀谷原合戦、高見原合戦、赤浜河原合戦が行われている。中でも須賀谷原、高見原の両合戦は大激戦であったが、鉢形城以南の荒川上流の秩父地域は極めて静かであったようで、合戦などが起こったと考えられる記録が見られない。

「梅花無尽蔵」には長享２年６月に起った須賀谷原合戦の記述がある。

8月17日、入須賀谷之北平沢山、問太田源六資康之軍営於明王堂畔

6月18日、須賀谷有両上杉戦死者７百余矣、馬亦数百匹、

8月25日、太田源六、於平沢寺鎮守白山廟、詩歌会、與、

この記録によれば父太田道灌が主家扇谷上杉氏によって謀殺された後、山内上杉氏に拠った太田資康は嵐山町平沢の平沢寺山内に陣を張り、敵塁に対するとあるが、すでに実在していたであろう菅谷城は、この時には『梅花無尽蔵』には記されない。一方、『松陰私語』には、長享２年の合戦の後、江戸・河越の両城は堅固であり、諸処に陣塁を構えているので、顕定は出陣を延期し、河越の向城として須賀谷旧城を再興し、鉢形城を堅固にすることの必要性が記録されている。そして、江戸、河越両城は扇谷上杉氏の武将、太田道真・道灌父子と上田氏、三戸氏、荻野谷氏が秘曲を尽くして構築した城郭であると述べて、城郭史の中では重要な記録が見られる。しかも、定正は隣国の勢力の応援を得ていると背後の後北条氏の存在を指摘し、最大の注意を払っての出陣の必要性を指摘している。これによれば須賀谷城はやはり、城郭として機能していなかったと見るべきなのだろうか。

第Ⅲ期終末段階の明応３年の合戦では扇谷勢が河越に退いた後、山内上杉勢

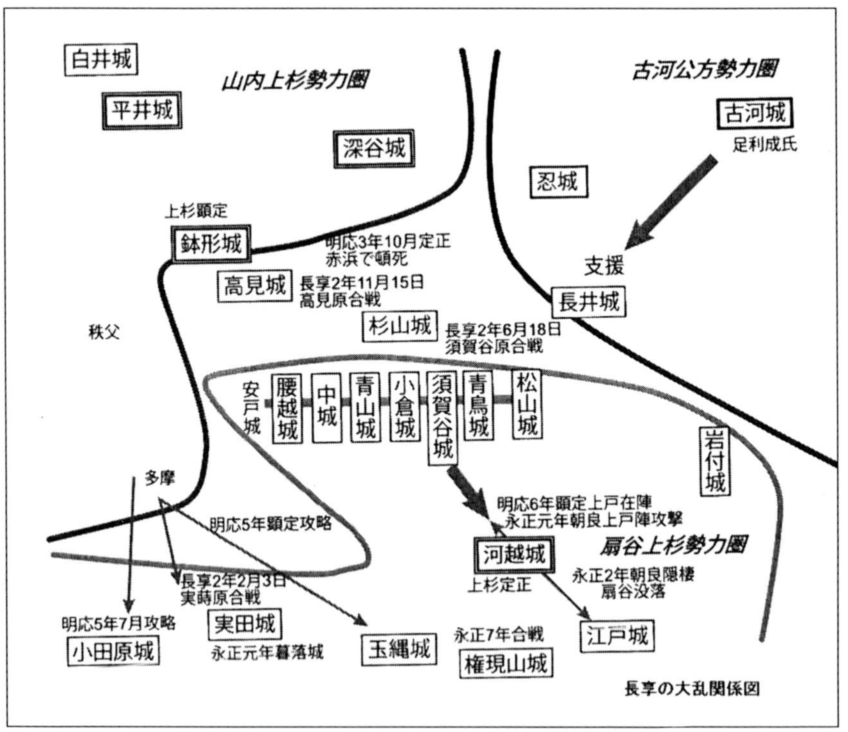

長享の大乱関係図

力は足利政氏勢の援軍を得て川越市上戸に陣を張るが、この上戸とは河越館を中心とする地域と考えてよいだろう。ここでは両上杉は入間川を挟んで対峙したことを示す。この時の記録として、『松陰私語』に「河越者松山稲付方ニ地利遮塞御方行、其上ニ豆州押妨之、早雲入道ヲ自河越被招越」とあって、これは赤羽の稲付城と松山城がこの時、扇谷上杉氏によって築城されたことを示している。そして、「早雲カ衆武州塚田前後ニ張陣、然処河越之治部少輔殿頓死、江戸河越早雲衆悉退散、誠天道之令然処歟、其後山内河越ニ押而張陣、雖然城中堅守而不動、其後武州上戸張陣」と山内上杉勢は上戸へ張陣し、河越城の包囲態勢を敷いた。上戸へ再出陣した永正元年9月には扇谷上杉勢に伊勢長氏と今川氏親が援軍を出し、立川原合戦で山内上杉勢を大敗させ、山内勢は鉢形城への敗退を余儀なくされている。

山内上杉氏は、永正元年（1504）10月には、越後上杉房能の援軍を得て再出馬、相州への進軍、12月には上田上野守の実田城を攻略と、目まぐるしく攻守が変わる様子が記されるが、永正2年3月には朝良が隠居し、朝興に譲り、顕定と和睦と伝え、ここに両上杉の抗争は終了した。

このⅢ期では入間川と小畔川に挟まれた三角州地帯にある川越市上戸が古河公方と山内上杉勢力の滞陣地として注目されるが、『松陰私語』では数千の軍が数ヶ月滞在したと記す。この中心は河越館であろうが、その他の多くの軍勢を受け入れた拠点として考えられるのが、川越市下広谷、鶴ヶ島市五味ヶ谷とに展開する城郭群の可能性が高い。広谷宮前館跡、大堀山館跡、戸宮前館跡と東西に約300 mの間隔で一直線並ぶ3カ所の方形館、そして、その南の大穴山館跡、宮廻館（広谷南城）跡と2列に存在する館群は規模形態共に特異な館群であり、その他の詳細が掴みきれない掘立柱建物跡等の遺構群が確認され、この段階の山内上杉と古河公方陣営の陣城という見解が示されている（関口1990）。

しかし、これらの遺構群は調査が進まず、年代観が確定できない弱点があった。その中で大堀山館跡の試掘調査と宮廻館跡、戸宮前館跡の発掘調査が川越市教委等によって行われ、宮廻館跡は14～15世紀の常滑甕、カワラケ。戸宮前館跡では15世紀後半のカワラケ、鉢、常滑甕。大堀山館跡は堀内から15世紀から16世紀初頭のカワラケの他、古瀬戸瓶子や古銭が出土し、おぼろげながら15世紀後半を中心とする大凡の年代観が示された。この15世紀後半という年代はまさに上戸地区や下広谷地区を含む小畔川流域が合戦の主体となるこのⅢ期を中心とする年代なのである。

第Ⅳ期

第Ⅳ期は後北条氏による関東攻略段階であり、北条・武田連合による上杉・太田との松山城攻防戦、後北条氏に対抗した秩父地域の在地領主層の高松城立籠り、甲相講和破棄に伴う武田氏の北武蔵侵略、金鑚御嶽城修築などの記録が見られる。特に後半は秩父や児玉を中心とする北武蔵西北部地域が主要な戦乱の舞台として登場する段階でもある。

【1．前半　後北条氏の関東進出】

永正7年～天文15年（1510～1546）頃の後北条氏対管領上杉の覇権争い。初期段階の合戦の舞台は南武蔵から相模東部が主体であり、前期は河越城をめぐる攻防戦から、後期は松山城をめぐる攻防戦へと推移している。

第Ⅲ期の両上杉の合戦を通じて疲弊した扇谷上杉氏に向けて、永正7年（1510）、後北条氏は関東攻略を開始する。扇谷上杉氏の被官上田蔵人入道政盛は相模権現山城を築き（『鎌倉九代後記』）、伊勢宗瑞に呼応して主家に反旗をひるがえしたが、上杉朝良等の上杉連合軍によって7月19日攻められ、一夜のうちに逐電した。大永4年（1524）には太田資高が後北条氏に内通し、上杉朝良らは高輪原合戦で敗戦し、江戸城を離れ河越城に退去した。江戸城は後北条氏によって攻略され、遠山直景が城代として入っている。この段階で大永4年10月の山内憲政の毛呂要害（城）攻略がある。

天文6年（1537）、7年と連続して上杉連合軍が敗れ、河越城は天文6年7月以降、後北条氏の支配するところとなったという。この時、松山城攻めが行われ、世に名高い松山合戦の開始であった。いずれにしても、前期の後北条氏は河越城を確保することが中心になり、北武蔵では松山城攻防を中心として、点の確保の繰り返しであった段階という（県史通史編P474）。

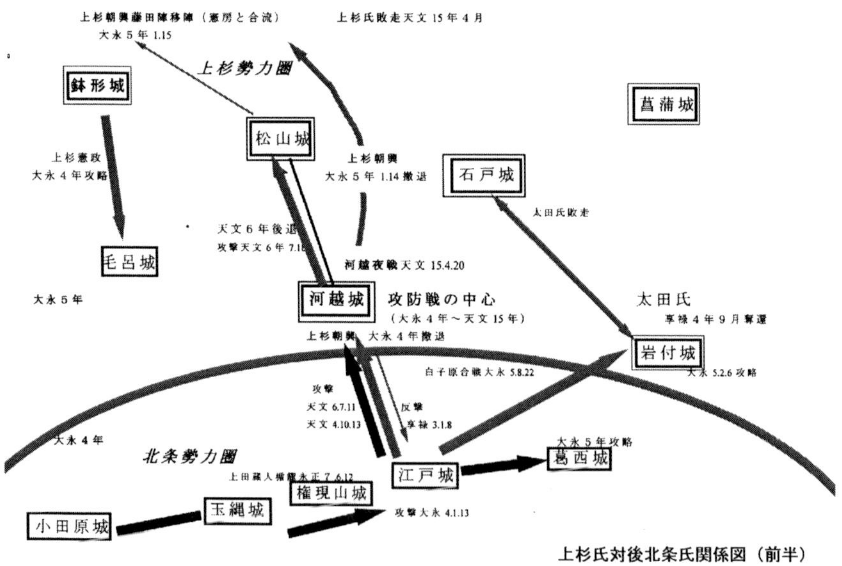

上杉氏対後北条氏関係図（前半）

【2．後半　後北条氏の関東支配確立期】

天文 15 年～天正 18 年（1546 年～ 1590）。天文 15 年河越夜戦により、後北条氏による武蔵の支配を決定的にした合戦から、永禄初期の氏邦鉢形城入城、後北条氏による松山領、岩付領、鉢形領確立段階を経て、後北条氏消滅までとなろう。

河越夜戦の後、上杉氏の越後への敗退、没落、上杉の名跡を次いだ上杉景虎（謙信）との松山城攻防戦の他、永禄後半には甲相同盟破綻による武田信玄の秩父・児玉侵入、鉢形城下焼き払い等北武蔵が中心となった大きな戦乱が起こる。天文 15 年の河越合戦は関東の支配が上杉氏から後北条氏に移った重要な合戦で、扇谷上杉朝定が討死し、管領上杉憲政は上野平井城へ敗退した。以後、武蔵の有力国衆であった八王子の大石氏や榛沢の藤田氏が後北条氏の軍門に下り、北武蔵支配の重要な役割を果たすことになる。北条乙千代（氏邦）が藤田氏の、そして、源三（氏照）が大石氏の娘婿にそれぞれ入り、天文 16 年に松山城を完全掌握し、翌 17 年正月に岩付城の太田資正を従属させ、北武蔵の支配権確立を目指したのは天文 18 年（1549）の頃からであろうか。

永禄３年秋以降になると、長尾景虎（後の上杉謙信）が関東管領としてその実効支配確立のため、前橋市の厩橋城を拠点に大規模な軍事的圧力を高め、西上野から北武蔵西北部への進出にともなう戦乱が勃発する。埼玉では岩付の太田氏、忍の成田氏、深谷の上杉氏、羽生の広田氏らが呼応し、秩父地域では永禄４年に秩父郡内「一乱」として注目される軍事的緊張に発展し、永禄５年には松山城攻防を中心とした大きな戦乱となっている。

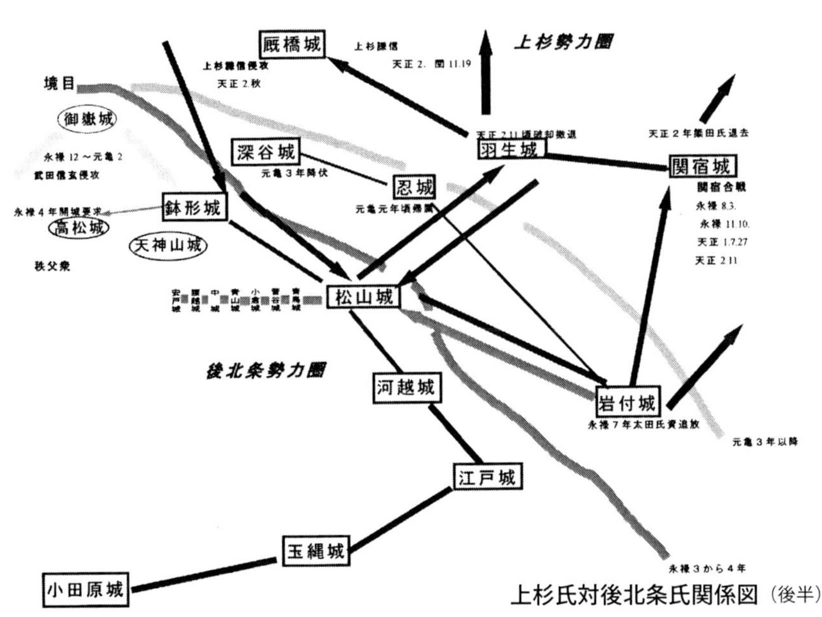

上杉氏対後北条氏関係図（後半）

このような中で、北武蔵でも日山藤田氏、猪俣氏、飯塚氏、桜沢氏等藤田一門の他、秩父氏などが上杉氏の軍事的傘下に入り、永禄４年（1561）10月には大宮合戦が行われ、以後、高松城立て籠もりが起こるなど、反後北条の勢力は高松城、日尾城、天神山城を中心に反旗を掲げている。これに対して、北条氏康は永禄４年夏には南図書助に日尾城を攻略させ、続いて藤田氏の天神山城を自落させた。

永禄４年 12 月には高松城明け渡しを命じた後北条氏の朱印状が知られ、秩父郡内での在地領主層の抵抗鎮圧を北条氏康・氏政等が優勢に進めていたことを示している。後北条氏の秩父進攻には逸見蔵人や藤田氏の庶流・用土新左衛門等が中心的な役割を演じ、用土氏は千馬山城にあって、高松城籠城の秩父衆から人質を預かる重要な役割を担った。永禄７年段階では北武蔵北西部の盟主権を確保したが、以後は記録に現れず、秩父氏が代わって主要な舞台に出現する。

そして、「郡内一乱」以降、秩父谷は鉢形領支配体制の中に組み込まれていくことが知られる。また、東松山市岩殿の正法寺に伝わる『松橋血脈』裏文書に「（前略）氏綱出張………、氏ヤス……松山エオシヨセ、百日小代高坂に陳（原文ママ）ヲ取……武州乃大カラン、岩殿を始とシテ大加ラン悉クハウ火………人家７年タエル也（後略）」と記されるのも永禄５年春の松山合戦の記録と確認できる。この時は、後北条氏は松山城を攻略できず、近在の社寺・民家などに放火して撤退した事が窺える。また、同年 10 月からは再び松山城を攻め、武田信玄の援軍を得て、永禄６年２月３日に開城させている。この永禄期前半が後北条氏による北西武蔵支配の確立期であった。

後北条氏の北武蔵進出に伴う永禄前半期の比企・秩父・児玉地方の混乱の中で、金鑽御嶽城、高松城、天神山城、日尾城など秩父地域の城郭が記録に出現する。

永禄 12 年～元亀２年（1571）の武田軍の秩父侵入に関わる緊張は相当なものであったようで秩父市吉田周辺をはじめ、小鹿野町などの秩父地域の旧家等には多くの古文書が伝わり（秩父地区文化財保護協会編2001）、「信玄焼き」という伝承が今日まで残る。この緊張は元亀３年１月の越相講和によって、一応の安定状態に置かれるが、北武蔵では天正３年に後北条氏の支配が決定的になるまで羽生城周辺で混乱が続く。羽生城は天正２年（1574）に上杉謙信によって破却され、越後上杉氏の勢力が上野に撤退するにあたり、上杉氏の北武蔵での拠点が消滅する。後北条氏の武蔵支配が完成したのは天正２年以降となるが、天正 10 年（1582）３月の武田氏滅亡に伴って、織田氏の勢力が西上野に及んだが、信長の死後、北条氏邦勢との間で６月 18 日金窪合戦、本庄原合戦、19 日神流川合戦が行われ、６月２日に起こった本能寺の変における混乱に乗じて滝川一益を６月 19 日敗退させている。

このほか、後北条氏は北武蔵の支配が完成していく中で、領内の軍事編成を行い、地域の有力土豪を中心に「衆」を編成した。鉢形領内では秩父衆、野上足軽衆、小前田衆、荒川衆等の他に、上吉田地域の土豪をまとめた上吉田壱騎衆等が知られる。また、鉢形城にあって、三の曲輪の一部が秩父郭と称せられるように、吉田の秩父氏を重要な家臣団に位置づけ、その着到を規定（6-No1109）しているが、それによれば、秩父孫二郎を中心とする「秩父衆」は、139 人の大軍団編成であったことが知られる。

一方、松山城は上田氏が支配したものの、少なくとも元亀年間までは、松山領の実効支配は、狩野介をはじめとする後北条氏に直結した重臣によって編成された松山衆で固められていたことが、『小田原衆所領役帳』等によって知られる（浅倉直美 1988）。

後北条氏の関東支配は天正 13 年（1585）の太田金山城攻略によって完成したが、翌 14 年には新しい圧力が西から加え始められ、後北条氏は天正 15 年には「人改令」を出し、非常時体制に入った。天正 17 年の「宣戦布告」を受け、天正 18 年（1590）の豊臣秀吉による小田原征伐によって 4 月以降関東諸城が順次攻略され、7 月 5 日の小田原城明け渡しで後北条氏が滅亡し、7 月 16 日の忍城落城によって、関東の戦国時代は名実共に終わった。

第２節　築城技法による分類

次に築城期、築城者を考える上で重要な観点として考えられる築城技法について考えたい。

郭配りを中心とする築城技法に注意を払ってみると、地域的な特色があることに気づく。比企の城郭では多郭で複雑な作りの城郭が多く、腰郭、帯郭が発達しているように、北武蔵に展開する城郭を構造的に集約してみると次の６つのタイプに分類される。

【1．腰越城タイプ】

小川町腰越城は比企地方の城郭の典型的なものである。

多郭構成による城郭としては、他に例を見ない程の手法が見られる。今日でも木落という地名を残すぐらい竪堀を多用しているのが第 1 の特色で、次に防御に対する備えとして小口への工夫が第 2 の特色といえよう。この工夫は「隠小口」、「囮小口」等として造られ、山城の地形的特性を活かした「小口前郭」を特徴的に配置する城郭として上げられる。

小口前の小規模な腰郭の配置は腰越城では 2 カ所に認められるが、細い折坂を上り詰め、小口の門の前に開かれた小さな平坦地と、そこからまっすぐの上り坂で掘り割りの上に埋門的に造られた門が開いていたとしても城内を全く見透かすことができず、攻撃者の侵入にとって強い圧力となることは間違いないだろう。これらについてはすでに機会あるごとに説明し、小論を起こし発表済み（梅沢 1989）のことである。

この「小口前郭」の配置については、比企地方の大築城、青山城にも見られ、松山城にも 3 の曲輪小口前に存在がみられるところである。この造りは、こ

腰越城跡

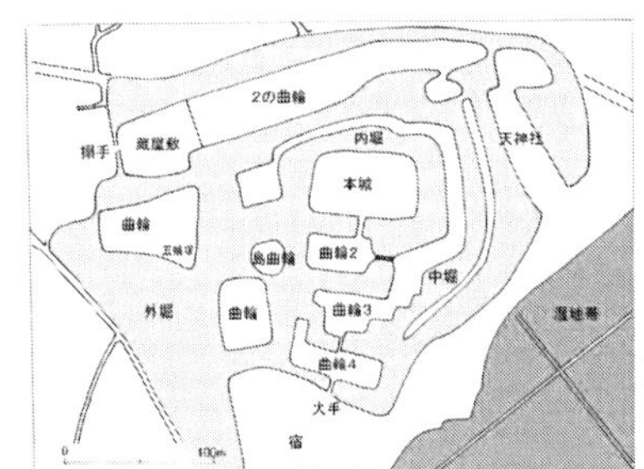

難波田城跡

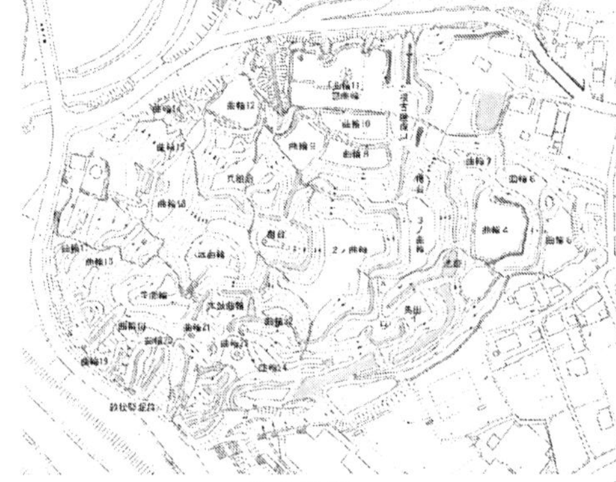

松山城跡

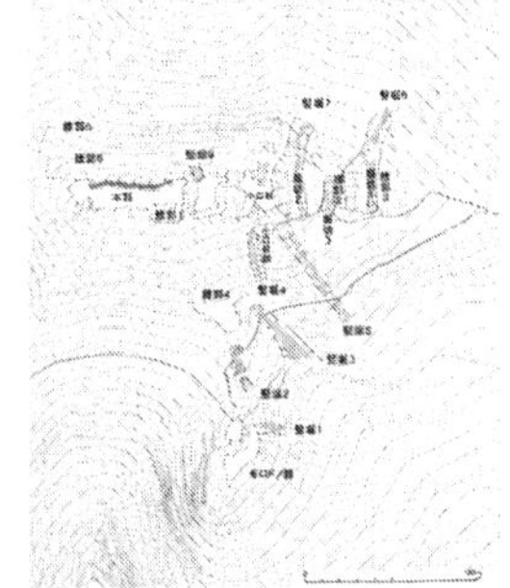

大築城跡

（参考）川越城跡

腰越城タイプの城郭

れまで確認されている埼玉の城郭の中では、他に例を見ない特色ある造りであることを指摘しておきたい。そして、この形態は所謂「馬出」に相通じるところがあるが、規模、形態の点などで、「馬出」とは区別して考えている。腰越城は多郭であり、最終的には本郭に詰めるという階郭式の縄張りを示しているもので、近世城郭の縄張りに通じる築城思想を認めることが出来、その完成した姿は、近世の河越城、岩付城、忍城に見られる。

このタイプの城郭を「腰越城タイプ」と呼称する。都幾川村大築城の小口郭の小口の造りは、腰越城と全く同じ規模で造られるものであるといえよう。小川町青山城のそれは、本郭に２カ所認められるが、現状で観察できる土塁が極めて低く、腰越城ほど大きな効果があるようには観察できない。しかし、土塁の存在を考慮に入れると、同様な意図で形成されていたと考えて差し支えないだろう。

松山城は兵糧郭から本曲輪への小口部分にも存在するが、兵糧郭の形成によって、小口前郭が変形されてしまっていると考えている。この腰越城の造りが、もっとも比企地方の城郭の造りを代表していると考えている。階郭式、多郭の「腰越城タイプ」に分類できる城郭は腰越城のほか、大築城、難波田城に認められるにすぎず、松山城がそれと確認されるにとどまる。

腰越城はすでに発表しているように、松山城主上田氏の本領である「大河原・西之入筋」の中でも、もっとも重要な大河原谷を押さえる上で欠かすことのできない山城で、小川盆地からさらに西奥の安戸・御堂への入り口に大きく横たわり、「大河原谷・西之入筋」の「詰めの城」といった役割が考えられる城である。

【２．鉢形城タイプ】

荒川の急崖の上にある鉢形城は文明８年（1476））長尾景春が築城し、主家の上杉顕定に反旗を翻し、関東を戦乱に巻き込んだ「長尾景春の乱」の舞台、そして、文明 10 年の景春出城以後は管領上杉顕定が入った城として著名である。

鉢形城の構造をよく観察すると、本曲輪と２の曲輪の間に存在し、荒川側から深沢側に突き抜ける大きな堀切を境に、城郭構造が変わっているのが認められるが、初期の城郭はこの本曲輪部分と考えられる。本曲輪部の鉢形城は北の荒川とそれに合流する深沢川によって刻まれた河岸段丘上に縄張りされた城郭で、上野では山崎一氏によって『崖端城』と分類され、鉢形城も山内上杉・長尾系の城郭の一つとして紹介されている（山崎一 1984）。鉢形城にみられるように三角形を基本とする城郭で２辺を河川によって守られ、１辺を掘り切り、防御を完成させるという簡単でしかも合理的な造りの手法を、私は「鉢形城タイプ」と呼称している。

鉢形城タイプの城郭は北武蔵から上野にかけて数多くみられ、上杉氏が古河公方と大きな合戦をし、一時、山内上杉氏の拠点の城として古河公方との合戦などに大きな役割を果した本庄市五十子城は、『武蔵志』挿図や山崎一氏の縄張り図によればこの典型的な城郭である。

このタイプの城郭は鉢形城から南の荒川上流域に特徴的に見られるもので、諏訪城、永田城という大規模城郭の他に、宮崎城、寺尾城、金仙寺城、小暮城の小規模城郭が所在している。この城の性格について、荒川の河川交通と大きな関わりがある可能性が理解できる史料が存在していた。

このほか北武蔵では五十子城、本庄城、羽生城、石戸城が「鉢形城タイプ」の城郭として存在する。

【3．高見城タイプ】

小川町高見城は長尾景春の乱の時、長尾景春勢力の城郭として機能し、太田道灌がこれを攻略、文明12年（1480）11月28日の「太田道灌状」に高見在陣衆を置くという記録にみられるとおり、長尾氏との関係が類推できる城郭である。この城の構造は荒川以南にあるものの、比企の城郭を代表する「腰越城タイプ」とは根本的に異なった造りをしている。

四津山城と別称されるように、城は独立山の長い山頂部を5本の堀切で区切って連郭式の城郭を完成させている。

連郭式のこの城郭は、それぞれの郭が独立し、城郭の中での中心が分散しているもので、相互補完の中で防御を完成させている。高見城は山頂に防御が集中し、斜面部は切落しと、腰郭・竪堀の存在が確認されている。このタイプの城は秩父市荒川日野城や同市吉田竜ケ谷城等に見られる造りで、天然の急崖を持つ山頂の特色を活かして縄張りを行い、簡単な地形で防御を完成させている。

そして、山地や丘陵部以外でも、朝霞市岡の城山のように舌状台地を巧みに掘り切って完成させた「高見城タイプ」の城郭もある。これは立地の特性を除けば、「鉢形城タイプ」に通じる築城思想に基づくものと考えられるだろう。このタイプの城郭は山城の最も一般的形態であったと考えてよいだろう。

高見城跡には「畝状竪堀群」の存在が指摘されている。この竪堀群は松山城跡、大河原城跡の3城跡にのみ確認されるものであるが、これらの竪堀群が「畝状竪堀群」といわれるものに該当するのかを含め、更に追及していく必要があろう。

【4．花園城タイプ】

寄居町花園城は城郭の縄張り研究をしている人達によって指摘されているように、北条氏邦を娘婿に迎えた在地の武将藤田氏による「藤田流城郭」（中田正光 1989）とされた城郭である。

花園城は（財）埼玉県埋蔵文化財調査事業団によって詳細な城郭実測図が作られ、その実体が鮮明になった。城は山頂部に堀切を加え、郭を連続させるという連郭式の城郭である。この城のもっとも大きな特色は、南斜面部に配置される竪堀と段築群であろう。4本の大きな竪堀はうち2本が2つの竪堀をセッ

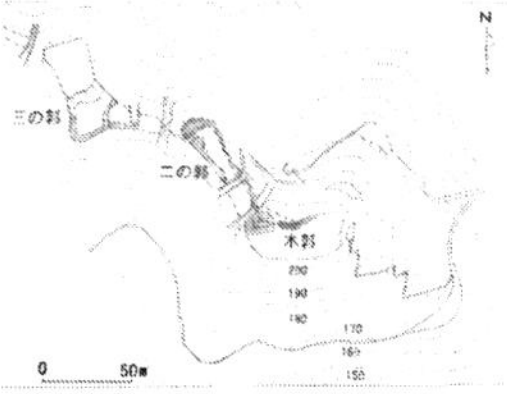

高見城跡

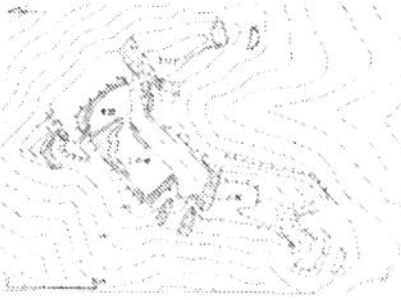

青山城跡

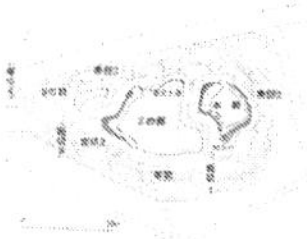

岡の城山城跡

日野城跡

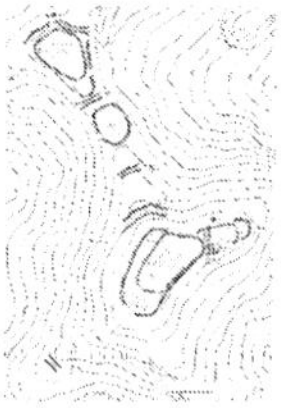

高松城跡

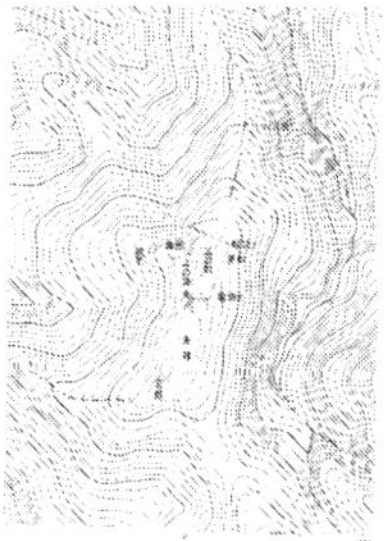

根岸城跡

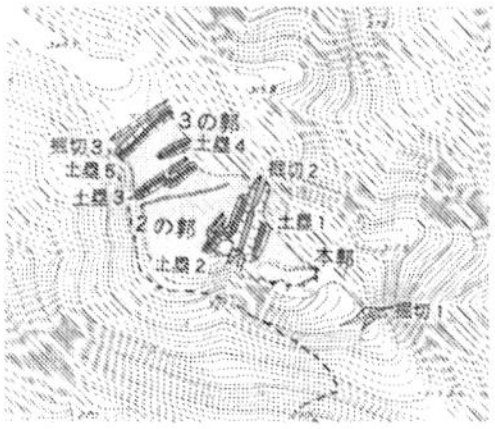

吉田龍ケ谷城跡

飯能リュガイ城跡

円良田城跡

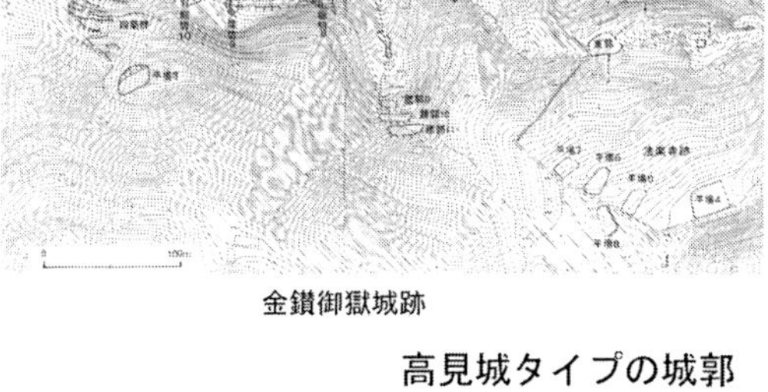

金鑽御嶽城跡

猪俣城跡

高見城タイプの城郭

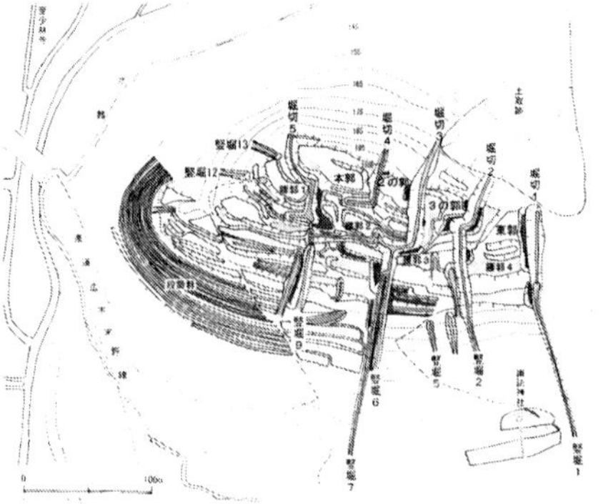

花園城跡

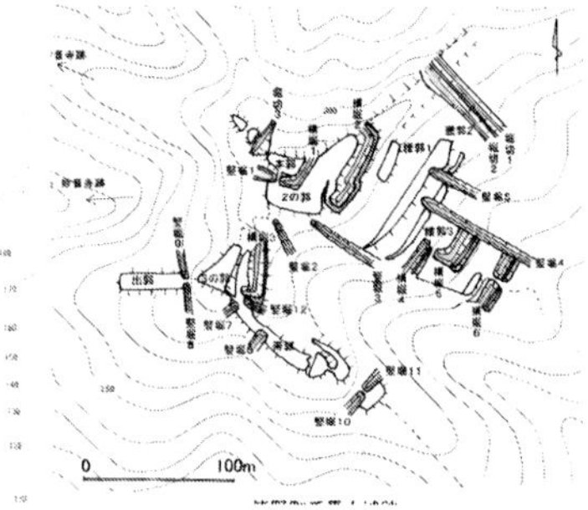

千馬山城跡

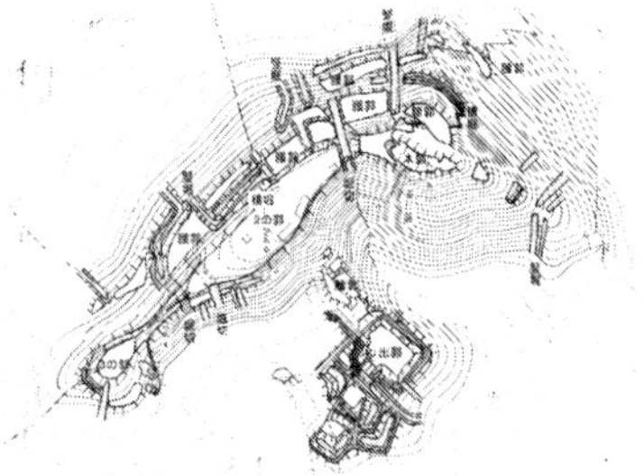

天神山城跡

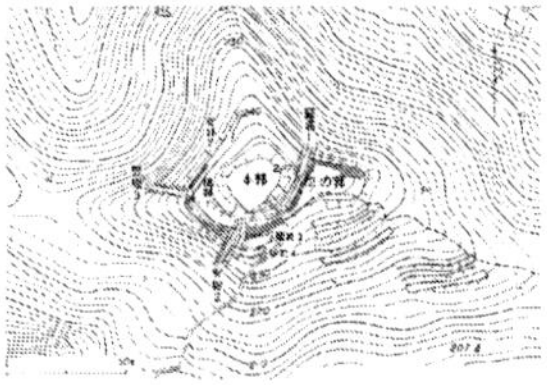

花園御獄城跡

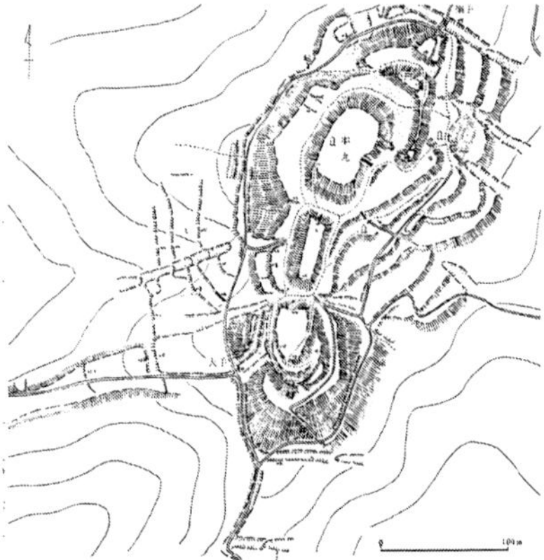

根小屋城跡

鷹留城跡

群馬の2例は山崎一1972『群馬県古城塁址の研究』から引用

花園城タイプ城郭

トにし、山裾まで一直線に下ろされる。竪堀の間には大小35余の腰郭が様々な形を持って階段状に配置される。

これだけの腰郭の配置は、他の城郭には見られない造りであるが、上野では武田氏による築城と『甲陽軍鑑』に記録される高崎市山名根小屋城、長野業尚築城を伝える榛名町鷹留（たかとめ）城跡などの山城に認められる。２本の竪堀が一体となって設けられ、藤田氏の築城と言われる城郭は、花園城の他に、天神山城、千馬山城がある。共通する技法は斜面部の竪堀の効果的利用とその間に置かれる多段の腰郭と横堀の多用といえるのではないだろうか。

さらに、花園城に特徴的な技法は、南斜面西半分に置かれる上下18段にものぼる階段状の段築群であろう。この形態は近県の城郭に見られないものである。高さ1.6ｍ～２ｍ、幅１ｍ程の段築で西に行くにつれて、ややあがり気味になり、西端近くでは上の段築部に移る連絡路が見られる。肩部には緑泥石片岩の割石を２～３段に小口積みし、補強している。この段築は西側の本郭に通じる道を意識して作られており、中央に置かれる竪堀７以東には全く見られない。通路を遮断する意図が明白である。

【５．塩沢城タイプ】

塩沢城は文明８年～12年に北武蔵を中心に争乱を起こした「長尾景春の乱」の伝承を色濃く残す城郭の１つである。太田道灌状に記され、今日でも長尾景春が鉢形城から太田道灌に追われ、逃げ込んだ城郭であると伝えられている「高佐須城」として一般的に知られる。

本城の特色は山奥に隠れるように造られ、切落しを主体に、段築による小規模な郭を造るだけで、物見に必要な眺望性の確保、連絡などに配慮されず、縄張りに計画性がない。かって、藤木久志氏がその存在を肯定して、城郭研究者の中で大きく論議されたいわゆる「山小屋」があるが、「山小屋」の示す特色は持ち主が地域の村人であるということ、そして、身を隠し、財産を隠すなど村人が自衛のために山奥などに造った小さな「小屋掛場」であったという意見に対して、藤木氏はこの山小屋は村の自立の拠点＝ポジとして見るべきで有り、これを「にげこみの場」などと見るべきでは無いと主張した（藤木1997a）。

しかし、この様な施設の設置場所や構造などの特徴を考えると、藤木氏の主張を理解する上で大きな乖離が有り、やはり、「逃げ込むための小屋掛場」と考えたい。この「小屋掛場」と武将の城郭とでは、存在意義自体から全く反対の性格を有したと考えられる。この観点から塩沢城タイプの城郭を見ると「山小屋」と同類の城郭として認識できる要素は多い。

このタイプの城郭は県内では主として秩父地方の城郭調査の中で抽出された城郭で、塩沢城のほか、秩父市比丘尼城、室山城、小鹿野町鷹谷砦、横瀬町古御獄城、皆野町浦山城等がある。

しかし、これらの城郭は、存在する場所と縄張り図が提示できるだけで、年

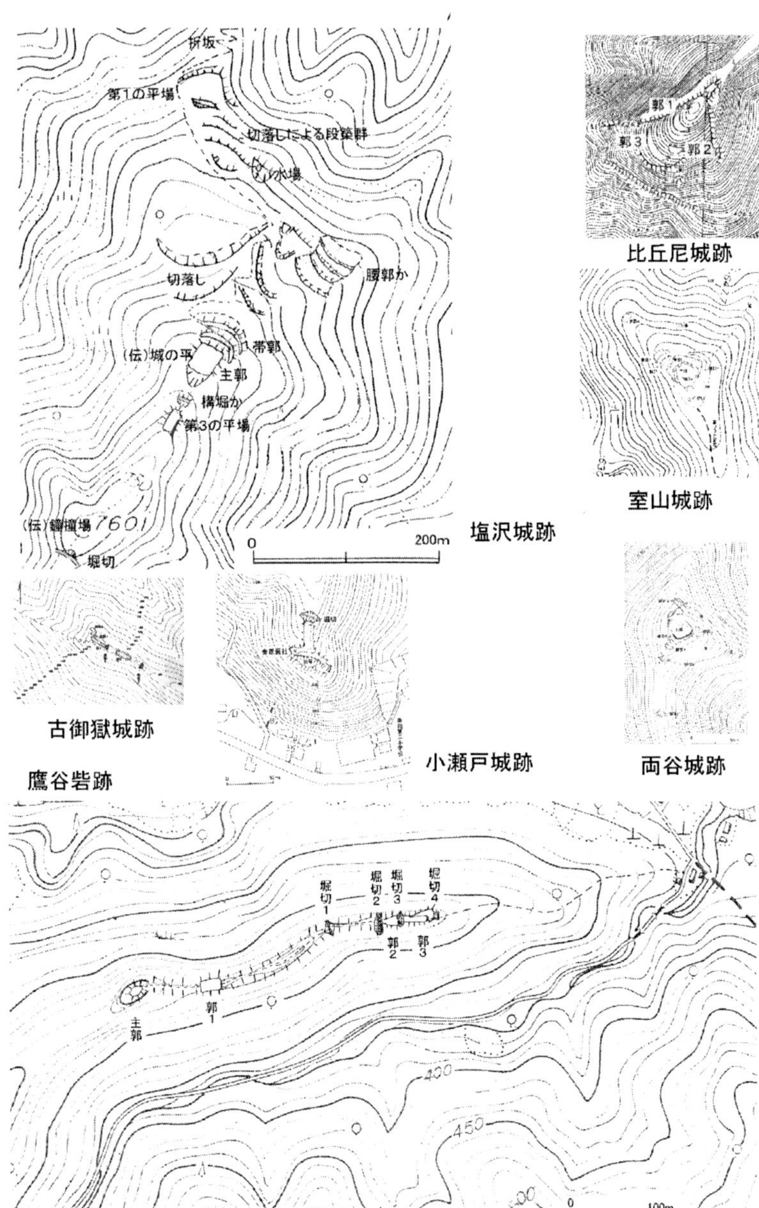

塩沢城跡

比丘尼城跡

室山城跡

古御獄城跡

小瀬戸城跡

両谷城跡

鷹谷砦跡

代観を考える一切の史料が存在しない。そして、吉田町女部田城は、極めて小さな郭構成しか存在せず、「塩沢城タイプ」の城郭であるが、この城郭は　天正８年（1580）の山口家文書（6-No1027）に

「番衆十人ツヽ申付候、此内わらハヘなと参候ハヽ諏訪部所江申越、いかにも人改をもいたすへく候、また、かミ小旗をもいたし、廿本も卅本も可立置候、能々念を遣、可走廻者也。仍如件、

辰三月廿二日　　　　（象印・翕邦挹福）

山口下総守殿

各衆中

山川殿

三五郎殿

と記される古文書に記録される「野城」と見られる。

この城は名称から見ると「村の城」としての存在であったように窺えるが、鉢形北条氏の支配体制に組み込まれ、物見などの砦として機能した城郭でもあったのである。一方、それらしき城郭が存在すると共に、甲斐の武田氏との境目の地域であり、多くの戦乱や侵入事件が多発した地域である。吉田町石間に「半納」という地名さえ残し、藤木氏のいう「村の城・或いは山小屋」に示されるように、戦国期のこの地域が生き残る策を探っていた事が充分理解できる点もある。しかし、先の女部田城の事例が具体的に示すように、何が「村の城」「山小屋」なのかを抽出することは極めて困難なのである。ただ分けるとすれば、村の城というのは、村人が合戦に荷担していく為のものといえ、山小屋は、村人が戦争の惨禍から逃れるための避難小屋といえる全く正反対の役割となっていることなのである。

この他、永禄11年に鉢形城周辺では金尾・風布・西ノ入・鉢形に「小屋」が所在したことが氏邦発給文書（6-No520）によって知られるが、これは同じく永禄８年の北条氏邦文書（6-No425）によって砦、あるいは番所と見られ、これも性格の異なる小屋であった可能性が強い。形ではその機能は探れない。

【６．二重囲画タイプ】

発掘調査された館としては美里町の新倉館があり、この年代観は15世紀前半とされた。また、川越市上戸の河越館は平一揆が立て籠もった応安元年（1368）には、相当規模の館として存在していたことが類推されるものである。発掘調査の成果をまとめた田中信氏の見解では、３～４ｍの薬研堀をめぐらす方１町四方の方形館は13世紀後半から14世紀中頃に出現するという。そして上杉氏段階は上幅３ｍを越える箱状の堀が多く掘られる館跡の出現は、15世紀後半から16世紀初頭とされている（田中信2000）。そして、庁鼻和城のように庁鼻和上杉氏によって1440年の宿城攻撃などに先立って築かれたこと

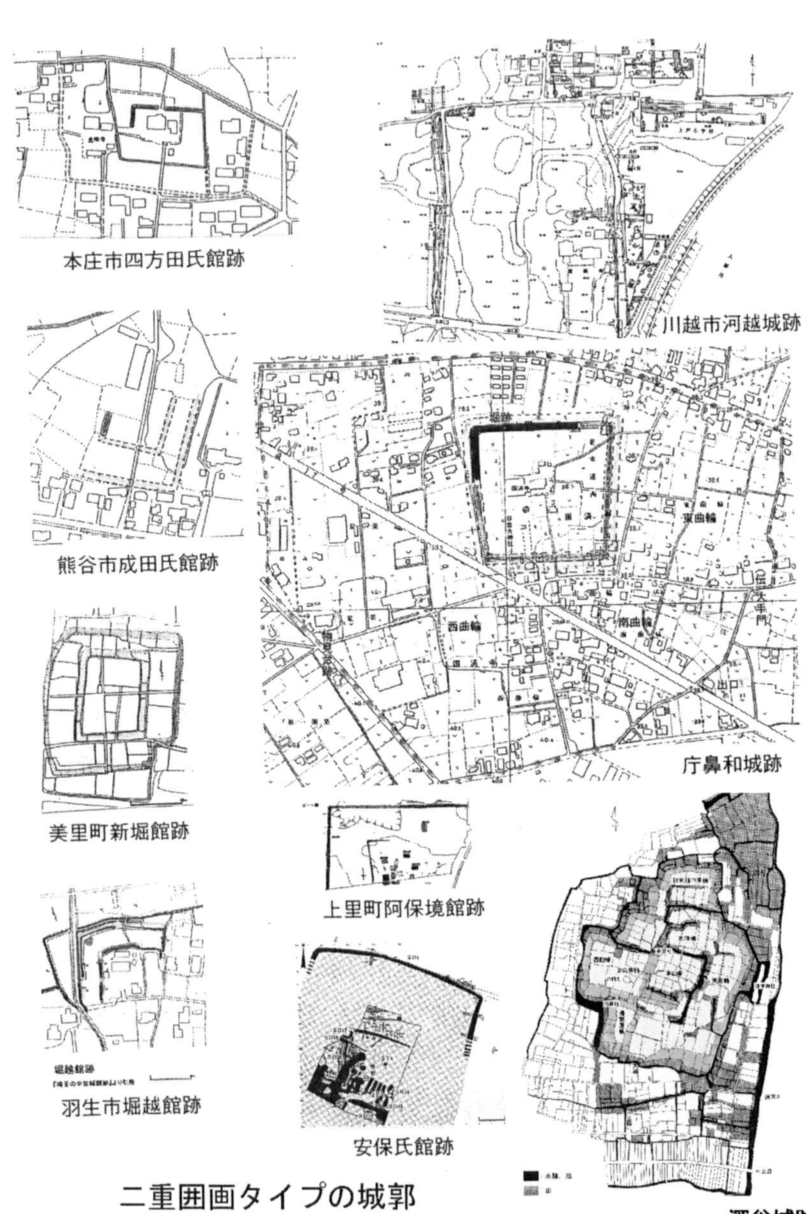
本庄市四方田氏館跡
川越市河越城跡
熊谷市成田氏館跡
西曲輪
南曲輪
東曲輪
大手門
出戸
庁鼻和城跡
美里町新堀館跡
上里町阿保境館跡
堀越館跡
羽生市堀越館跡
安保氏館跡
深谷城跡

二重囲画タイプの城郭

15世紀中頃

2　千葉・篠本城

1334年北畠顕家築城と伝える

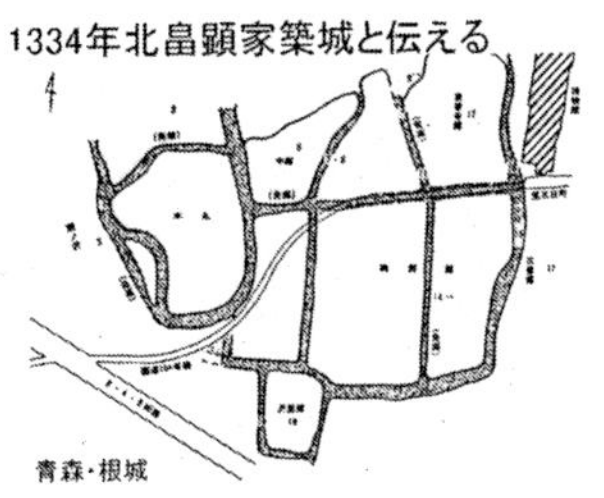

青森・根城

15世紀後半に北畠顕義築城と伝える

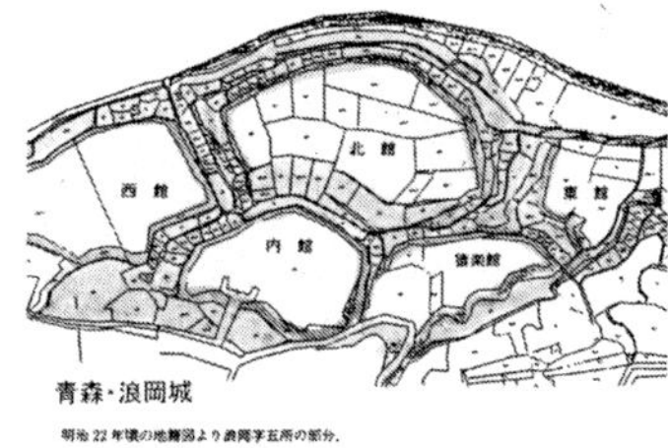

青森・浪岡城

明治22年頃の地籍図より浪岡字五所の部分。

1440年結城合戦

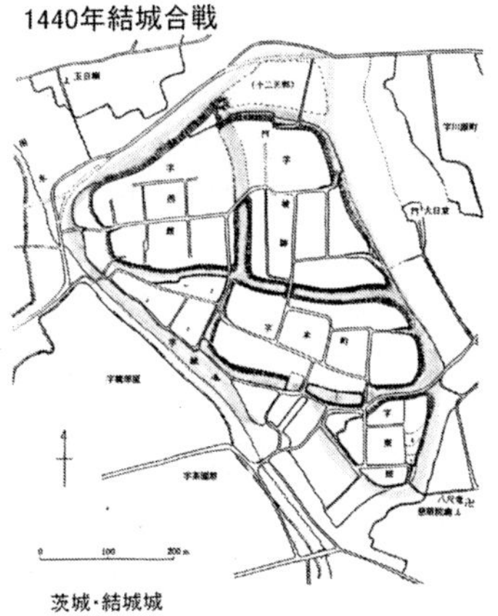

茨城・結城城

15世紀後半の小机城合戦頃と推定

神奈川・茅ヶ崎城

群郭城タイプの城郭

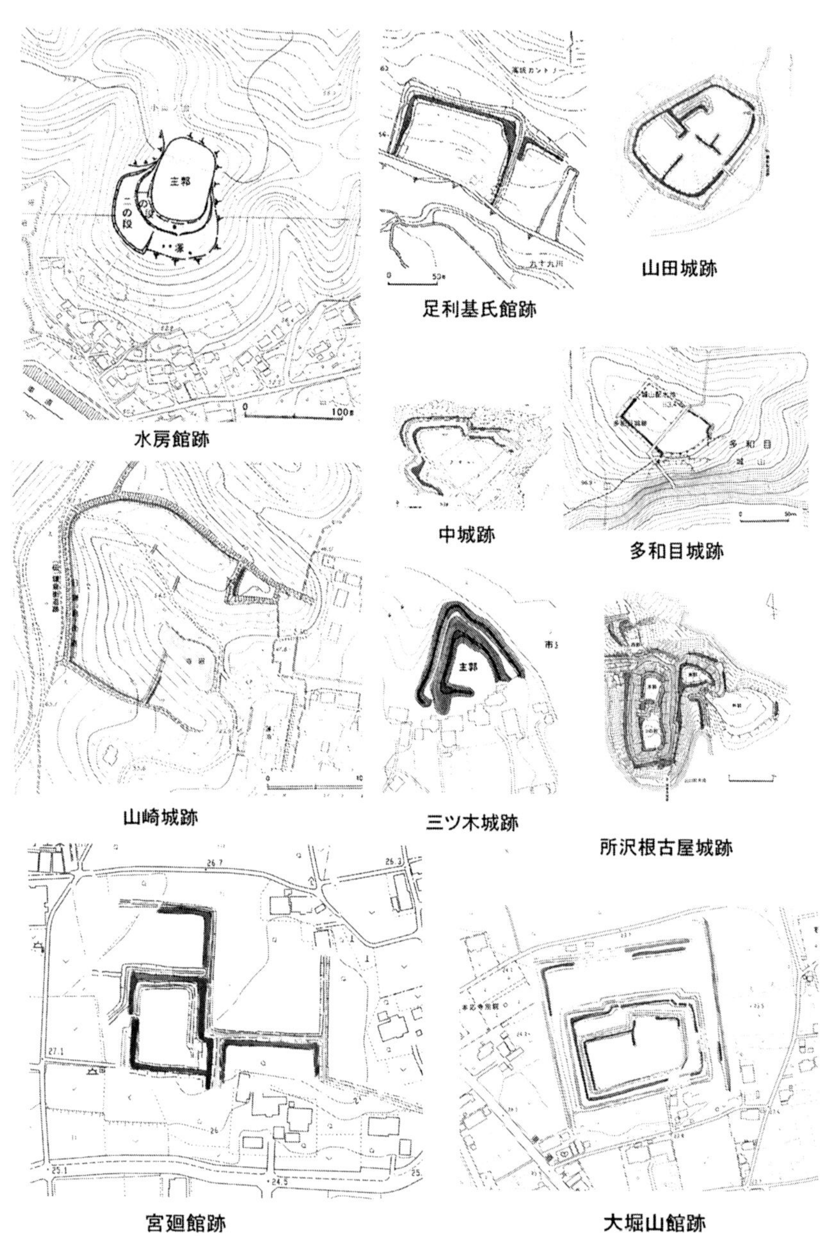
主郭
二の段
濠
小山ノ沢
足利基氏館跡
水房館跡
山田城跡
中城跡
多和目城跡
多和目
城山
山崎城跡
三ツ木城跡
主郭
所沢根古屋城跡
宮廻館跡
大堀山館跡

その他のタイプの城郭

が知られる城郭もある（第19図）。

県内に見られるこのような「方形館」は、調査や記録によって知られる年代は、遅くても15世紀前半代までの年代が与えられる城館である。この時期存在が確実な、結城城のような郭の集合体としての結城城タイプの城郭＝「群郭式城郭」とは違った構成の館といえる。記録や文書によって知られる出現時期は、結城合戦を通じて知られる城郭出現と軌を一にするという僅かな特色が得られる。そして、県内方形館の内、『埼玉の中世城館跡』に記された菅谷北城、武城、石戸堀の内館、河越城、成田館、庁鼻和城、阿保境館、四方田氏館、新倉館、堀越館等は現在二重の堀や土塁によって防御される構造を示す館である。

このように、二重の構えを持つこれらの館に特徴的なことは規模の大小はあっても、土塁と堀で二重に囲画された主郭を備えているということで、「二重囲画タイプ」とでもいえる館であるが、この二重の防御施設がいつ頃形成されたか等について検討する必要があるだろう。斎藤慎一氏が示した「群郭城タイプ」の城郭はいまのところ北武蔵での存在は知られていない。関東では結城城や茅ヶ崎城・篠本城に典型的に見られるこのタイプの城郭は、初期城郭として考えられる。このタイプの城郭が形成された時代の永享12年（1440）に須賀城、康正元年（1455）に深谷城などの記録が知られるものの、その実態を知ることのできる城郭は現存しない。

そして、この年代には成田館攻撃と記録されるように、結城合戦頃の城郭は北武蔵では未発達であった可能性も否定できない。いずれにしても、北武蔵の城郭の中には、上記5タイプで括れない様々なタイプの城郭があり、「その他のタイプの城郭」として一括して図示した。

その他の城郭として括った中には須賀入道の宿城、成田氏館のように1440年7月に一色伊予守の立て籠もり、庁鼻和性順等による攻撃の記録によって存在したことが知られる館がある。あるいは永享12年（1440）の関東管領上杉憲実の「野本、唐子逗留」の記録によって、青鳥城や野本氏館が存在した可能性も類推される。

【7．まとめ】

第Ⅰ期では合戦分布図で見られるとおり、河原や原野での遭遇戦が主体に行われ、城郭が合戦の中で重要視されなかったのか本格的な城郭築城の形跡が確認されない。

北武蔵では「享徳の大乱」とそれに引き続いて起こった「長尾景春の乱」の第Ⅱ期中・後半に城郭の名前が多く登場してくる。合戦の中で城郭の持つ役割が重視されてきた証であろう。

第Ⅱ期前半の「上杉禅秀の乱」段階では、方形の居館であったと考えられる野本氏館跡、青鳥城、須賀城（宿城）、庁鼻和城の存在が予想されるものの、あくまでも「野本、青鳥」という地名しか記録されない。この他、発掘調査の成果などで河越館跡、阿保境館跡、新堀館跡などの館跡が確認されるが、二重囲画方形館という特色ある館の把握が行われる以外、城館の詳細は明確でない。この段階は合戦に際して、臨時的に城郭を構えることが主体であったという斎藤慎一氏の研究（斎藤 2002）があるが、河越館、成田館、阿保境館をはじめ、庁鼻和城、青鳥城を含め、方形単郭の館を中心に城郭が構えられていることは確認して差し支えないのかも知れない。

中頃の城郭は江戸城、河越城、岩付城、崎西城、深谷城、五十子陣で『鎌倉大草紙』等に記され、この段階が築城に関する一大転換期であったことが知られる。

後期の「長尾景春の乱」の段階では、寄居町鉢形城、本庄市五十子城、熊谷市長井城、秩父市日野城、小川町高見城、中城（上田上野介在郷の地小河）、毛呂山町毛呂城などが挙げられる。前期、中期の城郭はいづれも平地や台地端にあり、村落に近接した地点という立地条件の中にある。いづれも館城としても機能していたと考えてよいだろう。そして、合戦の舞台は、古河公方対管領上杉という構図を背景にして、荒川・元荒川（中世は荒川）以北を主体とする県北東部であった。

これによれば、第Ⅱ期の境目は常に古河公方足利成氏の影響が背景にあり、埼玉県を東西に分ける元荒川から行田を結んだラインが想定される。この段階には、忍の成田氏の動向が自ずとキーポイントになることが判るだろう。第Ⅱ期後半から登場する県西北部を中心とする城郭は主として山城であり、規模も比較的小さいが、その後、恒常的に維持された城郭として存在している。打ち続く戦乱の中で、城郭に求められる機能が大きく変わっていたことを示しているだろう。

第Ⅲ期は埼玉県中央部の荒川と都幾川・槻川に挟まれる地帯を境目としての戦乱が主体となる段階であり、主要な城郭が槻川・都幾川ライン上に横一直線に配置される比企の城郭群は、背後の都幾川以南にさしたる城郭が築かれず、大きなバックグランド化していることを考えると、この戦乱の中では山内上杉勢力に対する「境目の城郭」として存在したと考えることができよう。これに対して松岡氏は「永禄４年から６年にかけての松山城攻防戦を頂点として、後北条氏はこの領域が「境目として求められる多用な機能を担わせるべく多数の城館を新築、改修してきたと思われる。」とし、この城郭群を後北条氏によって対上杉氏対策として杉山城等と共に第Ⅳ期に整備された境目の城郭群と位置づけている（松岡 1991）。

しかし、既に述べてきたように、杉山城は「杉山城問題」として知られるように、調査した村上氏をはじめとして、歴史考古学研究者からその年代が 15 世紀末から 16 世紀の早い段階という限定的な見解が強く示される一方、織豊期の城郭研究者や縄張り研究者からはその年代が永禄期・後北条氏段階の築城はもとより天正期末という見解さえ出され、大きな対立点となっている。この問題はまだまだ帰結点を探り出せない状況にある。

第Ⅳ期では後北条氏による江戸城攻略を契機としての武蔵支配への展開を位置づけたが、松山城の攻防に重点が置かれ、どう仕置きするかに腐心していると考えている。特に前半部の永禄３年から天正２年に至る北関東の攻防戦は後北条・武田氏連合対上杉氏、あるいは後北条・上杉氏対武田氏という組み合わせの総力戦であった。上杉方は相変わらず深谷城、忍城、岩付城ラインを最前線と位置づけ、主要な勢力であった岩付太田氏は、荒川を越え東部からの攻撃に参加し、上杉氏はその支配下にあった羽生城を基点とする攻撃を中心としていたと見られる。

この段階では深谷—元荒川ラインを境目としていることが考えられるので、先の松岡氏の見解はとらない。また、北武蔵北部・西部では越後上杉氏と武田氏が児玉・秩父にたびたび侵入し、小競り合いが行われ、北条氏邦支配の北武蔵の中では、合戦の中心が北武蔵北西部になる。また、後北条氏支配が成立するまでには、秩父でも争乱（郡内一乱）が起きている。永禄４年には日山藤田氏と秩父氏を旗頭とする一揆が、上杉氏に呼応して高松城に立て籠もり、北条氏邦に対抗している。

また、16 世紀後半では武田氏の武蔵侵入に伴って小鹿野町日尾城、金鑽御嶽城等を中心とする合戦が起こるというおおよその特色をとらえることができる。一方、「障子堀」を備える所沢市滝の城、加須市花崎城、騎西町騎西城、岩付城、伊奈町伊奈城と崖端にあって滝の城と構造が似ている狭山市城山砦（柏原城）、教本どおりの築城技術で造られ 16 世紀の城郭といわれている嵐山町杉山城等、構造的観点から築城期を考える必要がある城と、大築城のように歴史的観点からこの期に位置づけられる城がある。この中で騎西城は第Ⅱ期の康正元年（1455）に足利成氏に攻められると鎌倉大草子に記載される城郭であるが、発掘調査の成果からは障子堀段階は 16 世紀前半以降の修築期のものと理解された。そして、岩付城の発掘調査では部分的な調査ではあったが総構を構成する大堀は障子堀につくられ、この年代は、後北条氏による豊臣軍総攻撃に備えての天正 15 年頃の構築と推定されるものであった。

このように見てくると、合戦史上で見られる城郭の主な築城期は、第Ⅱ期～第Ⅲ期にその出現の必然性があったと考えることができるだろう。一方では第Ⅳ期においては後北条氏の北武蔵支配の確立と共に整備拡充されたとみられる城郭や、岩付城、鉢形城、騎西城等で知られたように豊臣軍の後北条氏討伐に備えての修築があることが理解される。これらは既存城郭の修築あるいは岩付城で理解されているように一部新築という形で行われている。いずれにしても後北条氏の修築は堀の大規模化、桝形小口の一般化、馬出の構築等によって特色づけられ、堀の大型化、桝形小口が一般化される滝の城、柏原城、杉山城、菅谷城、松山城の他、さらに小口などに石積みを使用する杉山城、腰越城、小倉城、鉢形城等が新築、あるいは再構築されて出現する（梅沢 2002）。

次に、6つにタイプ分けを行った北武蔵の城郭であるが、これは城郭に見られる技法上の癖から築城者やその年代を推し測ろうとするものである。群馬県内を中心として関東の城郭をつぶさに観察してきた山崎一氏は、戦国期の城郭を検討して、築城者は特定できず、「すべての将士はすべて築城学者であり、築城家であったと極言できる程、」といい「北条流、武田流、上杉流など築城学の流派を作ったのは、江戸時代の机上軍学者達だったのである。」（山崎 1988　10p）とまでいい切っている。しかし、城郭を観察して、腰越城タイプ、鉢形城タイプ、高見城タイプ、花園城タイプ、塩沢城タイプ、二重囲画方形館タイプ等に北武蔵の城郭が大別できる事を確認した。この大別の分析を通じて、その城郭築城に関わり、その地方に根付いた集団や武将に可能な限り近づくことができればと考えている。

腰越城タイプはすでに指摘したように、そこに示される縄張りプランから、近世城郭の初現的なタイプの城郭と考えられものである。河越城、岩付城、江戸城などは太田道真・道灌父子の築城と多くの古記録に見られ、『松陰私語』では扇谷上杉氏ゆかりの武将による築城と伝える。比企の城郭は吉見町の松山城を東端とし、都幾川・槻川に連続して存在する城郭群として確認されるが、この並びは松山城－青鳥城－菅谷城－小倉城－青山城－中城－腰越城となり、松山領を横一直線に貫く。そして、それぞれの城郭は、構造的には同じではないが、小倉城を除いて上田氏ゆかりの伝承を持つのである。長享年間に起きた山内、扇谷両家の関東管領職をめぐる争乱の中では、この城郭ラインと北に横たわる荒川ラインとの間は両勢力の境目として主たる合戦の舞台であったのである。

特に、比企西部の「大河原・西之入筋」に本領を有するとされる上田氏の本拠は、太田道灌状の記載から、小河にあったことが知れるが、太田道灌の宿所は八幡台の東端の崖縁に築かれた単郭の城郭で、屏風折りに造られた複式の土塁と喰違小口など構造的な特色を示し、発掘調査の結果から 15 世紀後半の城郭であることが推定される中城であったと考えている。また、『小田原衆所領役帳』に示される松山領内の家臣の所領分布からも、明らかに東松山市唐子あるいは菅谷以西の地域が上田氏の本拠であったことが理解できるところがある。そして、この地域内にある腰越城タイプの城郭である松山城、腰越城、大築城と青山城には小口前に小規模な郭を配置する共通した技法が捉えられ、『松陰私語』に「関東巧者の面々」と記される松山城主上田氏が関わったことが推定される城郭であった。

比企に残された城郭群をタイプ分けの観点で観察すると極めて多岐にわたる。腰越城タイプには腰越城、大築城が明確に位置づけられる他、多郭、複雑な縄張り、小口等の工夫という点で松山城が加えられるだろう。青山城は高見城タイプとなり、この他、山田城、高谷砦、水房館、安戸城は中心の郭が鉢巻き状の腰郭（堀）を備え、菅谷城は渦郭式、そして、単郭２重土塁の中城等、上記の６タイプに分類されない城郭も多数あり、山内上杉勢力圏内の城郭構造に比べて極めて複雑な様相を呈している。これは城郭の構築年代や築城者等の違いを示すと考えられるが、築城者等を含め、その具体像は知られない。

鉢形城タイプの城郭は、荒川右岸で諏訪城、宮崎城、金仙寺城、左岸では永田城、寺尾城、吉田川流域では秩父氏館、木暮城があげられ、荒川をさかのぼった秩父地域に集中している。荒川筋では永田城、諏訪城を除いて、規模も小さく、段丘下部にあるので、上の段丘から見下ろされるという欠点がある。それでも荒川の段丘崖上に際立って形成されることは、このタイプの城郭が担ったであろう役割と大きく関連しているものであろう。

秩父地域は北武蔵の合戦史の中では第Ⅱ期後半と第Ⅳ期後半にその出現を誘因する原因があると考えられる。特に第Ⅱ期後半では長尾景春の退路として秩父が重要な地域を示す。秩父は「景春の従兄犬懸長尾景利の所領が秩父内に存在していたこと、秩父に多くの所領を有し、秩父郡内の惣成敗権を成氏から認められていた安保氏が景春方についていたこと、当時の秩父内の社会情勢として反上杉行動をとっていた国人領主が存在し、景春と結びつく可能性が強かったこと等が秩父と景春を結ばせる接点であった。」（加茂下 1988）という。

鉢形城タイプについて山崎氏は「白井城、鉢形城、八崎城、柏原城も同様で……山内上杉氏・白井長尾氏の築城選地の特色の一つ……。白井城、鉢形城、八崎城、柏原城もすべて同型の構えであるので、それが、山内上杉氏と白井長尾氏の慣用築城法と一応いうことができるが、これは尾根式山城の常套経始法を川岸の築城に適用した初期的なもの」としている（山崎 1984）。

これによれば、鉢形城タイプの城は山内上杉系の城郭であるとみなされるが、確かにこのタイプの城郭は北武蔵においても荒川以北の「山内上杉勢力圏内」に見られる。一方、『秩父志』や『秩父風土記』、『新編武蔵風土記稿』等ではこのタイプの城郭の内、諏訪城は諏訪民部進（北条氏邦家臣）、永田城は天正の頃には諏訪七右衛門、宮崎城を黒沢民部（北条氏邦家臣・落城後小鹿野般若住「鉢形城家臣分限録」）、金仙寺城を「上屋敷」といい大久保主馬「居」と、城とは区別して記載し、それぞれが屋敷であったことを伺わせている。このタイプの城郭は、第Ⅱ期以降、管領山内上杉氏の支配圏内にあって育まれてきた在地領主層の拠点として形成され、第Ⅳ期前半に後北条氏によって本領が安堵されたことにより、戦国末期にも在地領主層の居館として機能をしていたことを考えさせる記録であるだろう。一方、このタイプの城郭を考える上で重要な視点を与えてくれる史料の存在が確認出来た。それは、永禄４年の秩父一乱時に後北条氏に与力した秩父の斉藤八右衛門に宛てた北条氏邦印判状である。

北条氏邦印判状（折紙）〔齋藤文書〕『新編埼玉県史』資料編６―522
炭焼等諸役并関津料木口、何も令免許候、若非分之儀申懸者有之者、則可申上者也、仍如件、

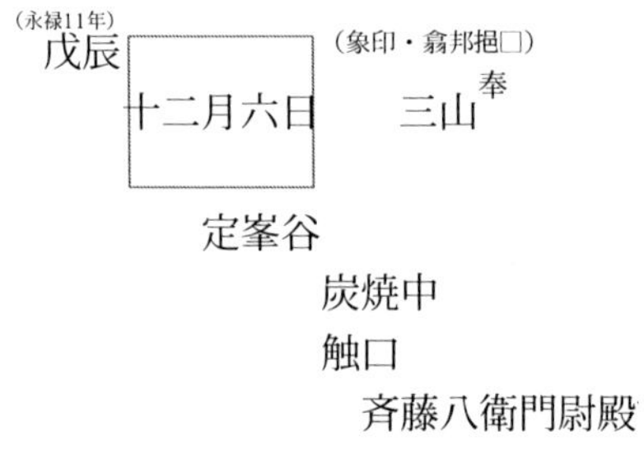

定峯谷
炭焼中
触口
斉藤八衛門尉殿

この史料が示すものとして、永禄 11 年（1568）12 月 6 日に河川通行に対して関を設け、船の通行税・木材運搬税の徴収権を認められたと解釈し、その権利行使の場所が諏訪城等であった可能性を考えていたが、最近、浅倉直美・千島寿両氏からご指摘を受ける機会があり、「令免許」の部分は納付を免除されたとそのまま解釈すべきであるとの御指導を頂いた。

この様に考えるとむしろ、諏訪城とは関係なく、斎藤氏が「炭焼にかかる諸役」と「荒川の関の通行税、材木運搬税」を免除されていたと解釈される。

浅倉氏は斎藤氏が納税義務を許される以前から、荒川には通行税を課す事が常態化していた事が考えられるだろうとした。一方、この城崖下の荒川対岸に「隠居淵」と呼ばれている筏場が所在し、江戸期以降、筏問屋もあった事も知られている（埼玉県教委 1987『荒川の水運』）。この様な景観は、上流の鉢形城タイプの城郭の所在する久昌寺砦跡でも確認出来た。このような景観を考え、強いて発言するならば、このタイプの城郭は河川通行の管理監視等の役割を担うものとして築城された可能性が高く、荒川を通行する船や筏の監視・管理を担ったのではないかと考えられるところがあるのではないだろうか。

高見城タイプの城郭は、北武蔵の山城の多くに一般的に見られる縄張りである。山頂を掘り切ることによって防御を完成させる手法は、高見城をはじめとして、小川町青山城、高谷砦、秩父市竜ケ谷城、小鹿野町日尾城、秩父市日野城、皆野町高松城、寄居町要害山城、美里町猪俣城、円良田城、神川町金鑽御嶽城、飯能市リュウガイ城、大河原城など数多い。

この城の特色は大河原城のように両端部の堀切りによって基本形が完成するという極めて単純な構成をとっていることである。高見城の初現は文明 12 年であり、日野城が文明 11 年、変形タイプの金鑽御獄城が天文 21 年と知られ、長尾景春の乱から以降、山内上杉勢力圏内で見られる特徴的な城郭といえよう。

上野では平井城の詰めの城と言われる平井金山城はじめ、山城の多くがこのタイプか、あるいは変形タイプの城郭であり、室町・戦国期における山城あるいは丘城の最も基本なタイプであった。
一方、永禄12年、金鑽御嶽城を武田氏が攻略したのに伴い、修築したうえで兵数千人を置いた記録があり、金鑽御嶽城には武田氏系の築城技術も表現されていることも考えねばならないだろうが、なにが武田氏による遺構なのか確認することはできない。

花園城タイプの城郭は、中田氏は「藤田流城郭」として花園城、花園御獄城、天神山城、千馬山城の4城を上げられているが、花園城そのものは戦国史には登場してこない。しかし、花園城が所在する藤田・末野地域は藤田氏の本拠として確認出来る地域で有り、現在も「末野宿」を中心に置き、背後に「花園城」を構え、山麓に善導寺と藤田氏の菩提寺「少林寺」を置き、荒川段丘崖上に方形館を示すと見られる「日山館」が確認される。埼玉県内でも領主の本拠の構造を今日に残す貴重な地区となっているのである。花園城については天正元年（1573）の「丑正月3日付文書」（6-No775）と天正17年（1589）の「氏邦印判状」（6—No1542）、によってのみ類推されるもので、この2つの文書では氏邦が末野在住の鐘阿弥に対して鐘打役と小田原への飛脚役を命じ、その役に対して、鐘打衆20人に末野に屋敷を与えた。この時、氏邦は屋敷を「花園山」と共に厳密に守るよう命じているのである。花園城がこの時、空き城であった可能性を考えさせる文書であろう。
そして、この城郭は尾根筋を掘り切り、竪堀を加えて連郭式に造るという点ではやはり、高見城タイプであり、鉢形城タイプにも通じる築城技法であると考えたい。上野では、根小屋城、鷹留城、国峯城等が同類の城郭としてあげられる。根小屋城は高崎市山名町にあり、「甲陽軍鑑」にその記録が残り、永禄11年に武田氏が北武蔵攻略の拠点として築城したと類推されるものである。その時期は山内上杉平井脱出後のことで、北武蔵の第Ⅳ期後半段階である。
国峯城主小幡上総守は山内上杉氏平井脱出後、武田氏に従い、武田軍団の赤備騎馬軍団の中核をなす武将である。また鷹留城は長野業尚築城とされるもので、長野氏はその後箕輪城を築城し移った西上野の有力武将である。
このように見ると花園城タイプは管領山内上杉氏勢力圏内にも見られる築城法の1つで、第Ⅳ期後半に武田氏に関わる武将ゆかりの城郭の中に類例が存する。そして、藤田氏特有な築城手法とは断定できる根拠は乏しい。ここではむしろ藤田氏が援用した築城技法であった可能性を考えておきたい。

これまでの分析で、腰越城タイプ、塩沢城タイプを除く他の3タイプの城郭を詳細に観察すると、狭く切り立った地形をうまく利用する事が共通した基本形である事が理解される。そして、この基本形を河川の合流点で活用したのが鉢形城タイプであり、山頂で活かしたのが高見城タイプ、山腹の斜面部に防御機能を付加したのが花園城タイプといえるだろう。

鉢形城築城とされる長尾景春は白井長尾氏の嫡流であり、山内上杉氏の宰相としてもっとも有力な国人領主である。そして、藤田氏や長野氏、小幡氏も山内上杉氏に従った北武蔵から上野の有力な国人領主達であったのである。これによれば、これらの城郭は上野を中心として見られる築城技法で、多くの有力国人領主達が工夫を重ね、個別に変化を加えて完成させた城郭であったと考えざるを得ない。

西上野の城郭を観察すると、確かに崖端城の形成に大きな共通点を認めることができ、それが、山内上杉領域圏の中にみごとに収まることが指摘できる。特に腰越城タイプを見慣れたものには、鉢形城タイプを中心とする西上野の城郭を観察するとこれが戦国期の城郭かという危惧をいだく位である。このような実体を現地調査を通してつぶさに観察してきた山崎氏は「山内上杉氏自体他に比し築城への関心が薄かった。平井城の構造や、ただ一つの山内上杉築城の武州五十子城の遺構を観察すれば、そのように感ぜざるを得ない。」（山崎 1983　125p）。そして、山内上杉氏の戦いについて「野戦または攻防戦であり、その築城の目的は根拠地の構築か、作戦支障点の設定であって、境目の確保とか他からの救援を待つ専守防御、持久防衛の方針を持って行われた築城は、平井城の詰城である日野金山城に見られるにすぎない。」（山崎 1983）という見解を示している。

これに対して先にも述べたように、都幾川・槻川ライン以南の比企の城郭は各種のタイプが混在していることが捉えられ、合戦史の中では比企を中心とする城郭の形成も他例にもれず 15 世紀中頃から終末にあたる第Ⅱ期中頃から第Ⅲ期にあったと考えられる。特に、境目に並ぶ城郭群を記録上で見るとその初現と推定されるものは松山城（明応頃）、中城（文明６年）、青鳥城（永享 12 年）、菅谷城（長享２年旧城）、高谷砦（文明 12 年）となり、腰越城、青山城、小倉城は全く記録されない。

記録上からは菅谷城を除いて第Ⅱ期段階に築城が推定されるだろう。この段階の武蔵は、関東管領山内上杉氏を中心に、関東の平定に奔走している段階で、足利成氏に対する追討戦として、基本的には山内上杉氏主導の軍略が行われ、それぞれが相次いで築城を進めていたことが知られる。古河公方方による関宿城、栗橋城、古河城などの築城に対して、北武蔵では単郭城やいわゆる崖端城のように館城や陣城の機能に主体をおいた城郭から、庁鼻和上杉氏による古河城への向城としての騎西城築城（康正元年）や深谷城築城（康正２年）が行われ、これに歩調を合わせるかのように扇谷上杉氏側では河越城、江戸城、岩付城の築城（長禄元年）が行われた。これらの城郭は縄張り図等で見る限り、いずれも各勢力の拠点となる城郭で、大軍の駐屯に適するよう城内を広く取り、多くの郭を連郭等に置き、間には折り歪みを付けた堀や土塁を置き、塁線に多様な変化を加え、複雑な小口を配して専守防衛等に重点を置いた城郭であった。
しかも、攻撃にも配慮を加えた点では、これまでの城郭とは大きな違いがある。従って、この時期は築城技術の大転換期で近世城郭への出発点と成っているのである。これら複雑大規模な兵站基地とも成りうる城郭を必要とする築城思想は「享徳の大乱」の中で育まれたものと考えることができ、古河公方勢力、山内上杉勢力、扇谷上杉勢力とそれぞれの当事者が、それこそ秘曲を尽くして完成させたものであったのだろう。

比企の城郭のうち上田氏の本領内にあって上田氏との関係が極めて大きい腰越城、大築城、青山城及び、松山城には小口前郭の配置など特有の築城技法が見られ、この技法は「関東巧者之面々」の一人、上田氏による可能性が高いことはすでに指摘したが、持久戦を主眼とした築城技術が上田氏によって凝縮されたものが腰越城であったのだろう。
この他、北武蔵には築城に関わった集団を類推できる城郭群がある。これは後北条氏系の城郭として抽出できるもので、滝の城、柏原城、菅谷城、(杉山城)、小倉城、松山城、天神山城出郭、雉岡城、鉢形城、横瀬根古屋城、高坂館等である。これらは、築城、修築などを通じて大規模な空堀の形成、塁線の折りの多用、桝形小口の一般化、馬出の形成など、共通した特色を抽出できる城郭として存在する。一方、騎西城は長年の発掘調査の蓄積によって築城段階が提示されているが、その中で第Ⅲ期と第Ⅳ期が後北条氏段階と推定され、障子堀の形成、堀の大規模化、そして、岩付城には大規模な土塁と空堀によって形成される総構が作られるなど特色ある普請形態の存在が提示される。

最後に「二重囲画方形館タイプ」について若干述べておきたい。橋口定志氏は「方形館はいかに成立するか」の中で発掘調査の成果を取り入れて阿保境館跡の分析を行い重要な指摘を行っている。発掘調査報告書によれば阿保館跡は1辺約163mの二重囲郭方形館である。13世紀前半~14世紀前半には外郭の堀遺構は存在せず、80m~90mの幅1.5m前後の小規模な堀のめぐる単郭館であった。それが、14世紀中葉~14世紀後半と15世紀段階では20m程外側に幅3~4mに外郭の空堀が造られ、内郭の「小溝」と併せて「二重囲画方形館」となる事が知られると言う。
橋口氏は従来からの方形館の年代観を否定し、その出現は「おそらく、14世紀あたりを転換期としてそれ以後に「方形館」の本格的な展開を考えるのが、現時点では最も穏当な理解のしかたであると思われる。」として、方形館は14世紀段階に成立していた可能性を指摘し、阿保境館跡は中世前期から後期へ移行する過渡期の居館の様相を考えるに示唆的であるとした(橋口定志1991)。安保氏館跡の発掘調査では、おおよそ東西1町半、南北2町の方形館であったが、これも15世紀後半~16世紀前半に位置づけられる第Ⅳ期は、二重囲画方形館になっているという報告（篠崎潔 1995）もなされているように、この見解は最近の県内の発掘調査事例でも先のように確認される。方形館の見方を大きく変えるものとして充分検討しなければならないだろう。

北武蔵での「二重囲画方形館」の出現は、単郭方形館の規模が、半町あるいは1町四方を基本とする事や、「二重囲画方形館」の中心を占める主郭と内堀を合わせた規模が、やはり半町か1町四方であることを理解すると、「二重囲画方形館」は単郭の館を更に囲画して規模拡大と共に、防御機能を充実させたものと考えられる。北武蔵で調査された僅かな事例でも、15 世紀を中心とする年代が与えられるものは、阿保境館跡の他に安保氏館跡、青鳥城跡、新堀館跡等の館城跡が存在するので、これらは北武蔵の城郭出現期の館から城へという機能変化を示す段階のものとして捉えることができよう。

中でも、青鳥城跡、阿保境館跡に見られる大規模化の問題は、その年代を詳細に捕らえることによって把握していける気配が強い。青鳥城跡については、かって橋口定志氏がその構造と年代を検討し、二の郭西端部にあったと見られる方形館が整備拡張した可能性を指摘し、方形館部分の成立について「古青鳥館址の存立年代を 14 世紀をあまり前後しない時期に求めても大きな誤りは無いと思う」（橋口 1987）とした。『検証・比企の城』では、青鳥城の出土遺物の検証を行い、その年代が、13 世紀初頭から 14 世紀初頭の前半期と 15 世紀初頭から 16 世紀第Ⅲ四半期の後半期が存在する事を示した。これによれば城郭として整備拡充された年代は後半期となる可能性が高い。

「二重囲画方形館」の年代は 14 世紀後半から 15 世紀前半段階に置かれると見られ、少ない事例を捉える中で 15 世紀代、15 世紀前半あるいは 15 世紀中頃と表現は違うものの、橋口定志氏の他にも斉藤慎一氏（斉藤 2001）や柴田龍司氏（柴田 1991）もこの段階に大きな画期を位置づけた見解を発表している。

いづれにしても、北武蔵における城郭の出現は 1400 年代前後になるだろう。深谷城の築城は記録で知られる限り、康正２年（1456）に築城が行われる北武蔵最古期の城郭であるが、この城郭の示す縄張りプランは主郭が城郭の中心に存在し、しかも、各郭の配置は「二重囲画方形館」のプランに基本形が類似している。深谷城は近世初頭まで北武蔵における重要な城郭として、多くの戦乱を乗り越えてきた拠点的な城郭である。北曲輪と秋元越中曲輪の間に上杉時代と見られるとされた（平田 1999）障子堀は、その後の詳細な発掘調査で 16 世紀であると報告され、やはり障子堀を多用した後北条氏の築城技術として一般に見られる戦国期末の年代であった。絵図に示される縄張りが、築城期のままの姿を示しているとは考えにくいが、今後とも注視していくべき城郭の一つであろう。

なお、出土遺物の年代観については、『検証　比企の城』、中世を歩く会『在地土器検討会資料集』『在地土器検討会―北武蔵のカワラケー記録集』に従って記述させていただいた。中世を歩く会の皆さんに改めて感謝したい。

第２章　北足立地域の城郭

寿能城跡（消えた城郭）

所在地　さいたま市大宮区寿能町１・２丁目。北緯 35.551192, 東経 139.382734, 標高 6.0, 他。

歴　史　『新編武蔵風土記稿』に、「小名寿能にあり、寿能城と称せしと云、永録・天正の頃北條の麾下、潮田出羽守資忠、其子左馬允資勝居住せしに、天正十八年小田原落城の時、彼地に於て父子ともに討死し、當城には家人北澤宮内等籠城せしが、防戦力及ばずして民間に落隠れたりと云、宮内が子孫は則當所の名主治部左衛門が家なり、かゝりければ御打入の後伊奈備前守より宮内に指揮して、大宮町及此城辺を新開せしめ、其功に由て城跡を宮内に與へしとて、今も治部左衛門が持なり、城地は東南北の三方見沼新田によりたれば、當時要害よかりしこと知られたり、西向の一方のみ平地つづき、西南によりて大手とそこには今も高二間、幅五六間の土手二つあり、東西の長八町許、南北四町許にて、その廻りにも高六尺許なる土手跡残れり、構の内今はなべて林となせり、またここより東の方見沼代用水堀を隔て四五段許の山畑あり、そこを出丸と唱へ、且其處に稲荷の小社ありて壽能稲荷と號すれば、全く此城に属したる出丸なるべし、また本城の跡に高二間径り三間許たる物見塚と云ものあり、常時櫓など

寿能城跡位置図　S＝1/4000

の跡なるにや、その塚上に治部左衛門の先祖宮内が遙拝の爲に建りとて、出羽守資忠の墓碑あり、其碑陰に元文三年潮田勘右衛門資方と称せし人の記せし銘文を彫りたり、此資方は（佐倉城主）土井大炊頭（利勝）の家人にして、出羽守資忠が六世の孫なりと云、銘の略に云、潮田出羽守資忠は源三位頼政十九世の孫、太田美濃守資正の第四子にして、武州足立郡大宮壽能城主たりしに、天正十八年四月十八日、相州小田原に於て討死せしゆへ、家臣北澤宮内城地に於て、此塚を営み、祭祀の禮を失はずして今に至れり、云々」と記される。

遺　構　城跡は大宮公園東側、埼玉県立博物館東の大宮台地東縁に位置する。東前方は見沼田圃で、城は北、東、南の３方を見沼の沼地に囲まれる舌状台地先端部に築城されていた。東西約 800m、南北約 400m であったという。現在城の遺構を見ることはできず、今は『新編武蔵風土記稿』の記録にその面影を認めるだけである。寿能団地の入り口の交番脇に「寿能城址」という石碑のみ見ることができる。城跡公園は本丸跡と伝え、潮田出羽守資忠の墓石がある。出丸部分は住宅地と南部が公園地となるが、城跡の面影はない。『埼玉県史第４巻』には本丸には東北部より東部にかけて高さ約１m、延長 109m の土塁が存在していたことを記している。

案　内　東武野田線大宮公園駅南方、産業道路寿能団地入り口から入る。

岩付城跡

所在地	さいたま市岩槻区岩槻 269 他。北緯 35.571007, 東経 139.423055, 標高 9.0, 他

歴　史　岩付城は長禄元年（1457）太田資清（道真）、資長（道灌）父子によって築城されたと伝えるが、『鎌倉大草子』では永享 12 年（1440）の永享の乱の時、村岡河原の合戦には岩付より後詰め出兵とあって『岩槻市史通史編』では、この段階に岩槻に扇谷上杉方の軍事的施設が置かれていたと考えている。岩付城を築いたとされる太田氏は元来相模を中心に勢力を持っていたものと思われる。関東管領上杉氏の一家「扇谷」に属し、家宰として勢力を伸ばしていった。

岩付城は享徳の大乱時において、古河公方勢力と上杉勢力との境目を形成する元荒川を前面に置き、上杉勢力圏の最前線に築かれた城郭である。菖蒲城と常に対峙し、同時期太田氏築城と伝える河越城、江戸城と共に関東南部の扇谷上杉勢力圏を守る大きな役割を担っていたと思われる。

道灌死後養子資家、子資頼と続いて城主となり、子資正（三楽斉）が跡を継ぎ上杉方として孤塁を守る。永禄７年嫡子氏資によって追放され、太田資正・政景父子は、忍の成田氏から宇都宮氏の元に身をよせたが、その後、常陸佐竹氏の客将として片野城・柿岡城を与えられ、佐竹氏を中心に活躍をしている。父子の願いは岩付城への復帰ただ一つであったが、その願いは後北条氏滅亡以後も叶うことはなかった。永禄10年（1567）太田氏資が上総で戦死し、太田氏が消滅すると、完全に後北条氏の支配下入り、天正8年になって氏政3男源五郎が太田の名跡を嗣ぐが、天正10年に没し、氏政4男北条氏房が太田の名跡を再び継承している。

2001年黒田基樹氏は、岩付城の築城ならびに築城者について、「関東禅林詩文等抄録」〔東京大学史料編纂所蔵〕信濃史料刊行会編1971『信濃史料』第10巻の史料を分析して、「（前略）「武州崎西郡有村、曰岩付、又曰中扇、附者伝也、岩付左衛門丞顕泰公父故金吾、法諱正等、狭武略之名翼。有門闌之輝、築一城」という記述がみられる。文中の［岩付左衛門丞顕泰］はすなわち成田顕泰であり、その父自耕斎正等が岩付城を築いたことがみえている。顕泰の父は文明16年（1484）4月8日の死去と伝えられているので、正等による岩付築城は少なくともそれ以前のことであろう。そして同史料が記されたのは明応6年（1497）のことであり、成田顕泰が岩付の地名を冠されて呼称されていることから、成田氏は同年まで岩付城に在城していたとみて間違いなかろう。（後略）」として発表（黒田2001）した。

この考えは、岩付城築城に関するこれまでの通説を覆しかねない大きな指摘であり、小宮勝男氏、青木文彦氏から強い反論も出された。黒田氏が根拠とした「［岩付左衛門丞顕泰］はすなわち成田顕泰」との比定は短絡的で有り、根拠が示されていない。この前提が無ければその後の展開も全くなくなってしまう。青木氏は逐一黒田氏の論拠を取り上げて批判的に検証し、小宮氏の考えを

近世の岩槻城縄張り
『戦国時代のさいたま』より引用

も検討・再評価しながら、「「自耕斎詩軸并序」において岩付城を築城したとされる自耕斎正等を成田氏とすることはできない。（中略）、上杉氏方による城郭の戦略配置の一環として、長禄元年に扇谷上杉氏によって岩付城が築城された、との従来の理解には修正が必要であること」等を指摘している。

この両者の考え方についてはそれぞれ論文が公表されており、十分に検討を加える事が重要であろう。

遺　構　岩付城は岩槻台地の縁辺部に築かれた大きな城郭であり、現在は岩槻城公園として新曲輪の一部が保存され県指定史跡となっている。城郭の主要な部分は台地東端に大手を置き元荒川の湿地帯を取り込んで縄張りした本格的平城である。

中世岩付城の位置については「古来の本丸」との伝承を残す新曲輪部分とする説と、本丸・２の丸を中心とするという２説が存在したが、新曲輪は市教委の発掘調査結果では戦国末期に本丸南部の守りを固めるために築造されたものと考えられている。また、３の丸では後北条氏によると見られる大改修の遺構が確認されるなど、最近の発掘調査によって中世の岩付城の実態が明らかになりつつある。岩槻城絵図では竹東郭を古本丸とし、絵図で知られる岩槻城跡は

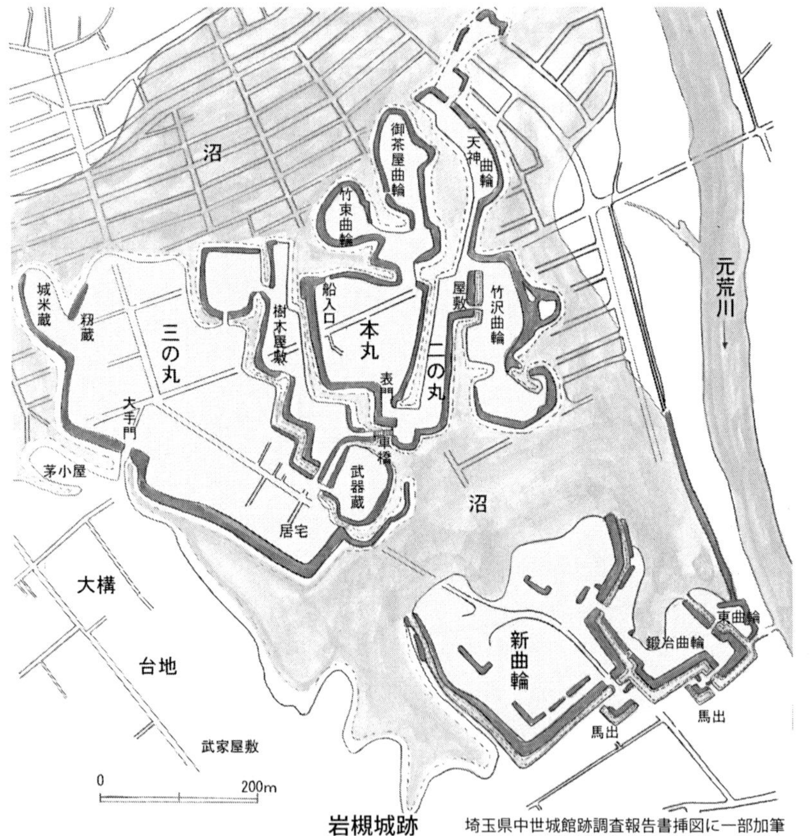

岩槻城跡　埼玉県中世城館跡調査報告書挿図に一部加筆

台地縁辺に作られた沼地の中に島状に浮かぶように配置された城郭である。

縄張り図は近世岩槻城の実態を表しているが、大手口西側に城下を配置し、龍門寺、願生寺から西光寺までを繋ぐ線に土塁と大溝を廻らし、田中口、加倉口、諏訪口、富士倉門と繋いで総構とする大規模な城郭を形成している。この総構は戦国末期に形成されたもので、土塁は３m 前後、堀は一部の発掘調査では深さ 4.3m、底幅 7.7m の大規模な障子堀であることがわかった。加倉門に西光寺、鳩ヶ谷道に富士倉門を配す。

本城は本丸地域と新曲輪地域とに２分されるが、『北条記』によればいづれも戦国末期に存在したことが伺われる。本城部は本丸、樹木屋敷、３の丸と並び、東側に２の丸を挟んで竹沢曲輪、本丸北続きに腰曲輪、御茶屋曲輪が配置されている。２の丸続きの北側に天神曲輪が置かれ、天神社と武器倉があった。そして、天神曲輪門を出て掻き上げ道を渡って明戸口となる。

東南端部の新曲輪は南東部小口に馬出を置き、堀を隔てた東側に鍛冶曲輪が配されるが、この間の堀も障子堀であることが確認されている。西側台地方面への備えは新曲輪と同じ備えとなり、やはり馬出を置く。いずれも台地を掘りきっているが、本城部の主要な部分は掻き上げによる地形がなされ、築城されたものであろう。

岩槻城絵図によれば本丸は林で、総坪数 2706 坪であるという。主たる屋敷は通常３の丸におかれ「居宅」と描かれる。これは本丸、２の丸ともに湿気で住むのに適しなかったためという。絵図では２の丸に土塀に囲まれた御屋敷を置くが、この屋敷から竹沢曲輪への小口が見られる。埼玉の中世城館跡では太田時代を新曲輪部分、北条時代を本郭部分に推定する見解を示しているが、「古来の本丸」という以外、さしたる根拠は見られない。

この他、古文書や岩付城絵図などによってその存在が知られる大構は、岩付城西方に加倉門まで延べ８km の広がりを持つが、諏訪小路武家地外縁で発掘調査が行われ、深さ 3.3m、土塁上までの推定高７m、土塁は基底部幅 7.7m で、堀は障子堀になっていることが確認された。これらは戦国末に後北条氏によって新曲輪と共に構築されたことが理解されたという。

市教委の発掘調査結果では、堀の変遷から城郭の変遷が５期に亘るものとして把握されるという。

第１期　岩付城築城以前

第２期　15 世紀後半～ 16 世紀前葉・15 世紀末葉中心

第３期　16 世紀後葉中心であるが、末葉までには至らないという。３の丸では 16 世紀後葉に大規模整地が行われ、遺構の向きが変わる。後北条氏支配に組み込まれ、大規模改修が行われた段階。

第４期　第３期の堀が大規模化された段階。短期間に破棄される。時期は把握されていないと言うが、天正 15 年の改修を示すものと考えられる。

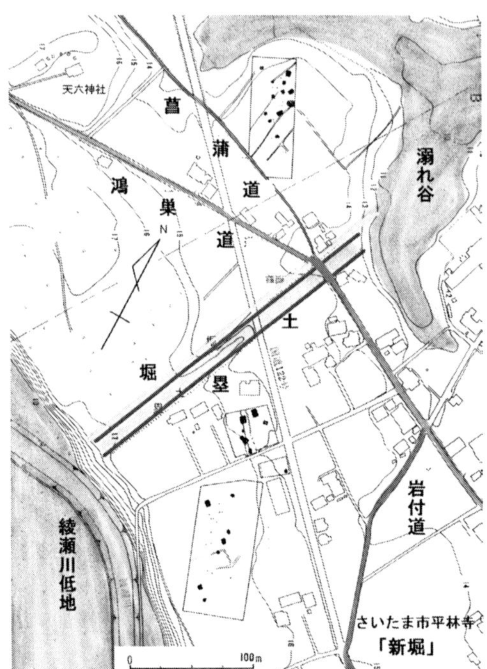

「新堀」概念図　駒宮ほか 1972 に加筆作成

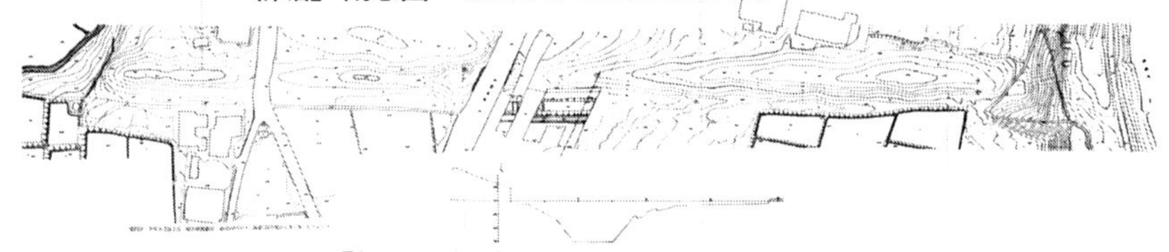

「新堀」実測図　駒宮ほか 1972 引用転載

第５期　これまでの堀とは規模位置共に異なった堀が配置される段階。近世段階で、樹木屋敷と本丸の間の堀がそれと確認されている。

この他、岩槻城関連遺跡として平林寺地区に発見された「新堀」がある。これは、岩槻城から北に延びる２本の街道が合流する先に、この道を「分断」形で発見、発掘調査された堀切で、この先は更に３本の道に分岐して菖蒲・鴻巣・原市に向かっている事が指摘された。「新堀」の規模は土塁幅 10m、高さ 2.5m、堀上幅 6.5m、深さ 2.7m、堀底幅 2.9m で北に向かって備えており、岩槻城の備えとして構築された可能性が指摘されている（青木 2015、駒宮ほか 1972）。

◎岩付城の軍団編成

天正５年（1577）北条家は結城晴朝攻めに際して一回限りの次の通りの軍団を編成している。

小旗	１２０本余	奉行	中筑後守、立川籐左衛門、潮田内匠助
鑓	６００本余	奉行	福島四郎右衛門尉、豊田周防守、立川式部丞、春日与兵衛
鉄炮	５０挺余	奉行	河口四郎左衛門尉、眞野平太
弓	４０張余	奉行	尾崎飛騨守、高麗大炊助
歩者	２５０人余	奉行	山田弥六郎、川目大学、島村若狭守
馬上	５００騎余	奉行	渋江式部大輔、太田右衛門佐、春日左衛門、宮城四郎兵衛、小田掃部助、細谷刑部左衛門尉
歩走	２０人	奉行	馬場源十郎
合計	１５８０人余		

他に陣庭奉行　春日左衛門尉、宮城四郎兵衛、細谷刑部左衛門尉、福島四郎右衛門尉

＊陣庭の取り様は大方氏照の陣取りの様に致すべし。

篝奉行	１夜	春日左衛門尉　細谷刑部左衛門尉　立川藤左衛門尉
	１夜	宮城四郎兵衛　福島四郎右衛門尉　立川式部丞

＊当番の侍３人づつ２箇所、夜通し燃やし続ける。

小荷駄奉行	１番	春日左衛門尉　福島四郎右衛門尉　立川式部丞
	２番	宮城四郎兵衛　細谷刑部左衛門尉　中筑後守

（『新編埼玉県史資料編６』Ｎｏ 915 による）

案　内　東武野田線岩槻駅から東方の岩槻城跡公園に向かう。新曲輪、鍛冶曲輪が公園になっている。

戸塚城（失われた城）

所在地　川口市戸塚字下戸塚北緯 35.514065, 東経 139.450911, 標高 13 ほか

歴　史　『新編武蔵風土記稿』に「天正年中成田氏の旗下小宮山弾正介忠孝といえる人の塁跡にて、反別１町餘、龍賀山と称し今は御林地となれり、ここは大門宿より地続きの高場にして、松杉繁茂し地形は乾より巽へはり出て、西北に廻り１つ２つの曲輪とおぼしき空堀の跡今も猶残れり、本丸の跡と思わるる所は小登りにして、また１段の高きを加えり、（中略）忠孝は成田分限帳譜代の士の内に、小宮山弾正介忠孝二百貫文の地を領せしよし見えたり、此所その領地の内なるべし」とある事によって知られるところである。

天正年間には忍城主成田氏の家臣としてこの地を領した小宮山氏の居城とされるが、この段階には岩付太田氏支配下にあった所で、成田氏の支配にあったという見解に対して疑問視されている。『川口市史』では、永禄３年には岩付衆として小宮山弾正左衛門の名前が見られ、岩付城を追われて、忍城に入り、

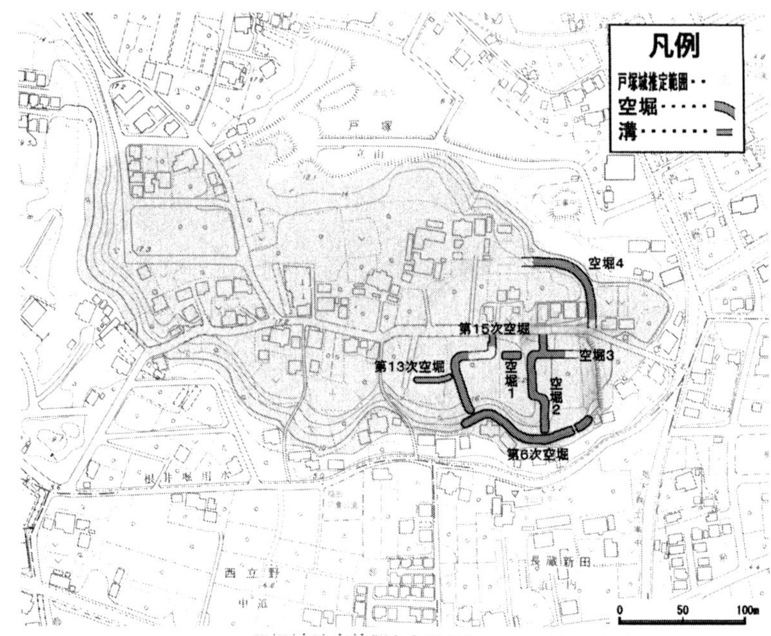

戸塚城跡全体図　川口市教育委員会提供

岩付奪回を試みていた太田資正に従った家臣であったという。

遺　構　古くより台地先端部を掘りきった「鉢形城タイプの城郭」として知られているが、僅かに浅い堀１本を残し、さらに台地先端と縁辺半分近くが削平され、旧状を止めていないと報告されていた城郭である。平成９年度からはじまった区画整理事業に伴う発掘調査によって大規模な空堀や建物跡、橋脚跡などが確認され、その実体が一部明らかにされた。川口市遺跡調査会が発表した「現地説明会資料」によると、その形は『埼玉県史料叢書』４に載る江戸時代の絵図に極めて近似した形を持って発掘調査されたという。

調査された遺構は、台地縁辺を廻る上幅 10m、下幅２m、深さ３～４m の箱薬研形の空堀４（横堀）、台地中央部に南北に配置される曲の手状の幅８～10m、深さ３～５m の空堀２等が報告され、市民に公開された。城跡は低地との比高 15m の急崖になる台地先端部に位置する。台地縁辺を廻る箱薬研堀の空堀４は東から入る市道の北側で見つかり、地形に沿って北側に回り込む様子が明確に捉えられるが、南側は土取りによって既に無い。

絵図ではこのまま廻って存在するように描かれる。第６次調査では南縁に幅３m、深さ１m の横堀（第６次空堀）が発掘調査されている。また、空堀２は、市道北側に認められないので、丁度市道の切り通しの所で東に折れ、空堀４に連なるものと考えてよいだろう。市道南部で調査された曲の手状の空堀２は、上幅８m、下幅４m、深さ４～５m の箱堀状の大規模な空堀で、台地縁辺部の空堀と一体となって内桝形になると考えられる。市道南部の空堀２の北端部には４本の橋脚穴が発見され、ここに橋脚幅３m の橋が架けられていたことを示していた。この曲の手状の空堀は南部で周縁の第６次空堀に連なっていたと見られる。

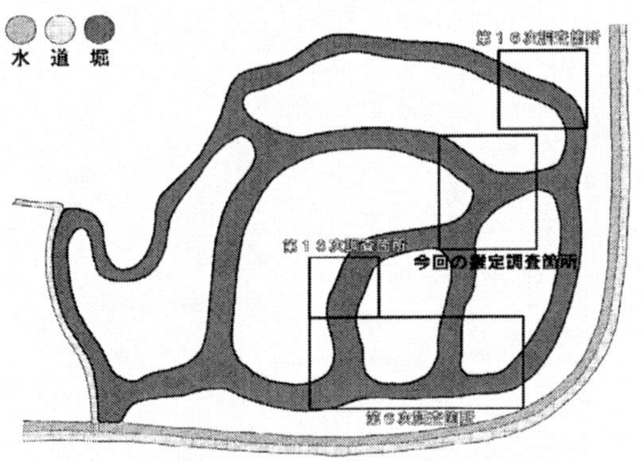

戸塚城絵図『埼玉県史料叢書』4 に書き込み
川口市教委 2003 から引用

また、城跡で過去に堀切として取り上げられていた部分は第 13 次調査によって確認されたが、東に曲がるクランク状の空堀となり、第 15 次の空堀に連なると推定されている。断面に表れている規模は先の空堀と変わらない。

そして、この両者の中間に長さ 20m 程の同規模の空堀 1 が発見されたが、この堀底は平らでなく、一見障子堀風に作られていた。発掘調査では空堀３と市道に挟まれる空堀２の部分に橋が架けられ、その西側の第 15 次調査の空堀部分にも橋が架けられていたことが確認されている。城跡の西側は調査が進んでおらず不明であるが、調査成果や絵図等を参考に市教委が推定した城跡の範囲は、東西 470m、南北 230m ほどの台地先端部全体であるという。ここで発見された遺構は、確かに明治はじめに政府に報告された絵図面と極めて近似している。台地肩部に作られる横堀と大規模な曲の手状の空堀等の造りは、北武蔵では例を見ない規模のものであるが、近似したものとしては朝霞市の岡城跡をあげることができよう。

この遺構の特色が示す年代観は、明らかに戦国時代後北条氏段階の様相を示す。今後、これまでに発見された台地周縁の空堀、堀切、桝形と橋跡、曲輪、建物跡の検討が進み、本報告書の刊行によって幻の戸塚城跡の実体が明らかにされる日は近い。本城については川口市教育委員会から資料提供を受けた。

案　内　区画整理事業地内にある。場所は地下鉄埼玉高速鉄道「戸塚安行駅」下車。県道を北に向かい、約 300m 先のバス停から西の市道に入る。

蕨城跡（消えた城郭）

所在地　蕨市御殿町　北緯 35.493364, 東経 139.405722, 標高 5.0 ほか

歴　史　蕨一帯は観応３年（1352）の渋川直頼譲状（写）によって渋川氏の

古図・地積図から見た蕨城の推定範囲

領有するところが確認されている。蕨城は『鎌倉大草紙』にある渋川義行の関東下向によって築城されたと一般的に伝えらえてきたが、この可能性は蕨市史の調査によって否定された。蕨市史は康正２年（1456）の古河公方配下の関宿城主簗田持助の足立郡過半の押領を排除するために下向した渋川義鏡によって、長禄元年（1457）に築城されたと指摘している。

なお、蕨城について、「足利高基書状」に大永４年（1524）と推定される４月１日に北条氏綱によって攻略され、氏綱は門や橋を焼いて破却し、江戸城へ引き上げたこと、そして、「本土寺過去帳」に上杉朝興は大永６年６月日に奪回と記される（蕨市史資料編１）。

遺　構　城跡は入間川の形成した自然堤防上にあり、蕨城については戸田市上戸田（元蕨）にも蕨城と伝える城郭跡の伝承地があるが、弘化３年（1846）の蕨御殿の図（古城絵図）などによって蕨市内に存在したとされる。絵図に示された城跡は方形主郭と南に複数の郭が描かれ、周囲に堀が廻らされているのが読みとれる。また、この絵図の位置には。地積図によっても同じような地割りが認められ、遺構が明確に捉えられない今日でも、方形郭を複数連ねた城郭が浮かび上がる。この縄張りプランが描く城郭は、関東でも最古の部類に入る城郭として比定しうる構造を見ることもできる。主郭は126m四方の規模を持ち、堀は幅7.3mであったという。現在東北端に和楽備神社がある。和楽備神社から南方の市道を歩くとその縄張りの大凡が理解できる。

案　内　JR京浜東北線蕨駅西口下車市役所西方の和楽備神社を目指す。

岡城跡

所在地　朝霞市岡３丁目。北緯35.484580, 東経139.360891, 標高10.0ほか

歴　史　『新編武蔵風土記稿』には太田道灌の持城と記される。また、永禄年代には後北条氏家臣であり、後に後北条氏に滅ぼされた太田康資が領した地域であったと言われ、太田康資に関わりがある城郭と推定されている。現在は城山公園として環境整備が行われ、保存されている。

遺　構　県道沿いにあり、入間川低地に望む入間台地東端にあり、台地裾を黒目川が流れる。台地は南北共に侵蝕谷が東側から入り、舌状に細長く低地に突き出す。比高は 10m 程になり、名前のように全くの岡のように見える。台地は西端部で細く括れ、小室栄一氏によれば県道が縦断している西側の本仙寺墓地東で上幅 10m、深さ 2 m の堀切で掘りきられるが、破壊され今は観察できない。東西 210m、南北約 75m の範囲に縄張りされる。高さ 10m 程の楕円形の丘は折りを備える 4 本の堀切で分断されていたことが、小室栄一氏の調査で明らかにされている。

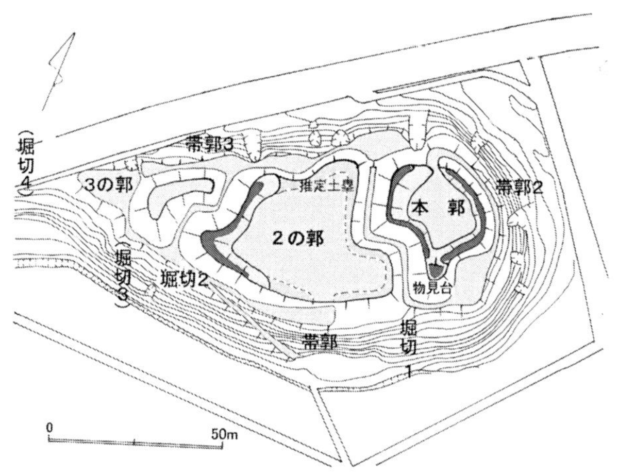

朝霞市岡城（岡の城山）

城郭は丘全体に郭配りが見られる。本郭と 2 の郭の間にある堀切 1 は上幅 20m 位、深さ 2.5m に掘られ、堀底は現状で約 3 m の幅を測る。 2 の郭西の堀切 2 の上幅は約 20 ～ 25m と大きく、深さは約 2.5m となる。

郭は本郭と 2 の郭の二つの郭からなり、その外側に通路となる帯郭が幅 1.5m 程で鉢巻き状に廻る。帯郭は要所要所が広げられ腰郭（1 ～ 4）を作る。

本郭は楕円形に窪んだ平坦地を作り、周囲に掘り残し状に 1.5 から 1 m の土塁が廻る。小口は北にあり、帯郭からの道は緩い登り坂となる。本郭の南には一段と高く作られた 8 × 8 m 程の出郭状の突出部があり、櫓台と見られる。また、西側の空堀斜面部には柵列の柱穴が発見されているという。 2 の郭は西側の堀切 2 側に高さ 1.2m 程の土塁が残るが、これはかって削平したと言われているので、全周していたと考えておきたい。これは本郭側が 1.5m 程しか無く、土塁の存在を想定しなくては全く防御に成らないからである。しかも、現公園部から上る坂道が大手口の登り道と考えられ、帯郭となる通路が逆 S 字状に廻って本郭への通路を形成しており、現状では 2 の郭と本郭の間に堀切 1 は本城最大の防御線になると考えられる。

また、この城に現在見られる防備は、帯郭の入り組んだ配置に比べ、極めて貧弱であり、他の防御線が存在したことを考えておく必要は無いだろうか。すでに消滅した 3 の郭はその一部が削平され西端部に残るが、規模は東西 60m、南北 10 ～ 20m であったという。現在駐車場になる東側裾部に堀状の窪地が続いているが、丘の裾部に大きな堀が回っていたと考えるのは考えすぎだろうか。

案　内　東武東上線朝霞台駅東方約 1000m の城山公園、「城山公園前」交差点が目安。

柏の城跡（引又館・消えた城郭）

所在地　志木市柏３丁目 . 北緯 35.495835, 東経 139.341211, 標高 10.0

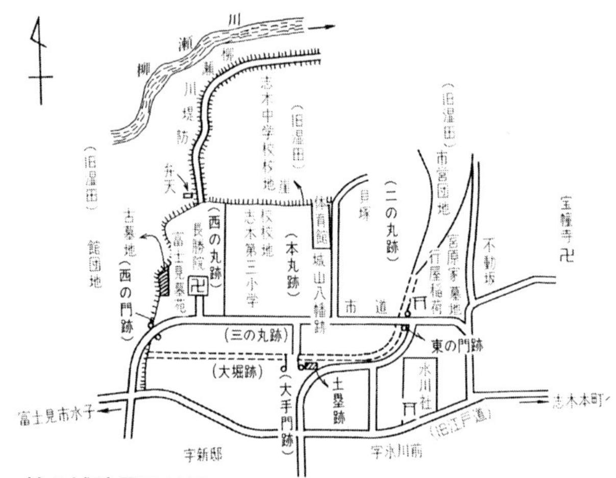

柏の城跡見取り図

（『舘村日記』記載の「落城後の屋敷割り図」から作成されたもの、志木市史より引用）

歴　史　享保 14 年（1729）に舘村名主が作成した『舘村旧記』に「一、永禄年中当所柏之城没落して、大石信濃守殿の家中並に百姓町人等、悉く離散し、此所彼所に徘徊す。程有って宮ケ原、伊藤、佐藤等当所へ立戻り、城の三之郭の北側に屋敷取りす。即ち本丸の前に、宮ケ原監物屋敷取る。是を上宿といふ。二之郭の前に、岸茂右衛門屋敷取る。是を中宿といふ。また三の丸の東の方に伊藤清左衛門屋敷取る。是を下宿といふ。その東に佐藤平蔵屋敷取る。但し城の有之し時は、北側はすべて間口十五間づつに割りたる家中屋敷也。舘村再始の時、是を割り直し屋敷取りす、南側に住する輩は、岡田、榎本、矢部、岸山、澁谷、小沢等也。但し南側は間口十二間づつに割りたる家中屋敷なり。是を割り直して住居す。すべて家数十七軒、家内人数男女合はせて六拾七人住す。右之通り舘村芝分けの根元是れ也。その後に至り、入間郡所沢村より三上氏来たり、岡田が屋敷跡に住す。その後彼の城の三の郭の外、大手口の少し東の方に屋敷取りして住す。この所を新屋敷といへり。云々」。

　これにより市史の研究では文明年間に築城され、大石信濃守の居城であったという。『埼玉の館城跡』では、大永４年（1524）に大石信濃守信吉が城郭に改修したこと、『新編武蔵風土記稿』等では、天正 18 年落城した事を伝え、

柏の城で確認された大堀・溝の位置　昭和 24 年撮影・国土地理院
『志木の文化財第 54 集』城山遺跡第 71 地点発掘調査報告書に掲載された遺構の合成配置写真

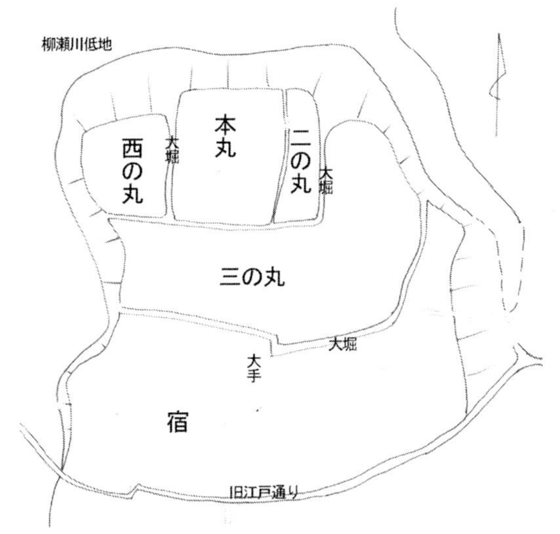

柏の城縄張り推定図

北条氏照の家臣大石氏の館であったと伝えている。

遺　構　上記の旧記では、城には本丸、２の郭、３の郭、大手門が有ったことが知られ、その位置は本丸が現在の志木第三小学校の地点とされる。市教委がまとめた発掘調査の成果（尾形則敏ほか 2002）と絵図によって推定される柏の城は、舌状台地先端部を掘りきって築城したと考えられるもので鉢形城タイプに近い形を持っていたと考えておきたい。

現在は地表に残された遺構を確認することはできないが、市教委が掲載した昭和24年の航空写真では、堀などの痕跡と見られる地表面の変化を読み取れ、『城山遺跡第71地点』の発掘調査報告書（稲村太郎他 2013）の中で検討した写真と市史の調査で確認された３の郭外側の大堀跡をはじめ、これまでの城郭遺構の調査成果を重ね合わせた「第128図」は極めて示唆に富むものであった。

これまでも、『舘村旧記』の中で示された「落城後の屋敷割図」から柏の城が本丸、二の丸、三の丸、西の丸からなっていることが考えられ「柏の城見取り図」（『志木市市史』中世資料編）が示されている。その規模は東西約340m、南北約250mを測り、極めて大規模な城郭として示されている。これらの資料を更に検討してみると、その構造は、「柏の城縄張推定図」の様になるのではないだろうか。柳瀬川の低地に突出した比高５mの台地上に南側の低い部分を堀切って構築した鉢形城タイプの城郭で、台地端部に本丸・二の丸・西の丸を置き、それぞれは上幅５～７m、下幅１～2.4m、深さ２～3.7m位の大堀で囲画されていると見られる。

本丸の規模は東西約110m、南北150mで、二の丸は東西約40m、南北150m、西の丸は東西90m、南北100m位と見られ、その南部に奥行き100m位の三の丸が二の丸東側に回り込むように配置されていたらしい。三の丸南端の土塁を伴っていたという大堀は一部が発掘調査されたが、その規模は上幅12.5m、底幅1.6m、深さ4.7mの箱薬研堀であった。この大堀は中央部分で折り歪みが存在し、ここに大手口が有ったと確認出来よう。小口については、旧記に枡形小口の記載があるが、確認されていない。規模は大きいが、構造的には単純な縄張りを示す城郭である。

案　内　東武東上線柳瀬川駅東方約600mの志木市立第３小学校目標

菅谷北城跡

所在地	上尾市菅谷２丁目45ほか。北緯35.573887, 東経139.342401, 標高15.0ほか

歴　史　『新編武蔵風土記稿』に堀の跡があり、方２町ばかりの範囲を占め、２の郭とも云うべき堀跡ありと伝える。城主不明と記すが、観応３年（1352）に、この地を与えられた春日八郎行元の築城かとしている。上尾市教委の『菅谷北城跡』調査報告に記されるようにその詳細は定かでない。

遺　構　西上尾第２団地東方約500mにある。龍真寺の北側一帯を占め、原市沼川右岸の台地縁辺部を長方形に占地して作られる。周辺一帯は区画整理事業が進み、堀や土塁は消滅しているが、市教委の調査で図示するような堀、土塁の配置が確認されるという。東辺320m、西辺250m、北辺230m、南辺280mの台形を呈する方形館の形態が示される。北辺には道路沿いに堀跡と土塁の痕跡が残り、郭中央部にも東西方向に土塁と堀が確認されるという。西辺内側に残るクランク状の堀跡にトレンチ調査が行われ、それらが確実に堀跡であるという確認がなされた。

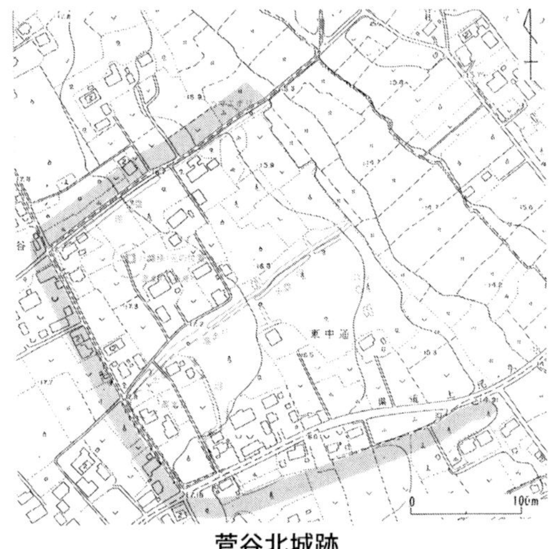

菅谷北城跡

上尾市教育委員会 1997『菅谷北城跡』挿図より引用

市史編纂に伴う調査では第２トレンチのもっとも古い堀跡から出土したカワラケによって「14 世紀の中頃から築城または存在していたことが判明した」（上尾市教委 1997）という。そして、同報告書はその年代観から「春日八郎行元である可能性が強くなってきた」と記している。堀跡から 15 世紀代の陶磁器類が出土した。折りを持つ堀のラインが確認され、防御性を高めた館城と考えられるという。

案内　国道17号線久保交差点から県道80号線を北上し、龍真寺を目標にする。県道を挟んで寺の北側一帯。

（伝）源経基館跡　（城山）

所在地	鴻巣市大間字原 1029。北緯 36.032956, 東経 139.300004, 標高 19.0 他

歴　史　鴻巣高校の南側に接して存在するこの城郭は源経基館跡として名高い。『将門記』に記される平安時代後期に発生した天慶の乱の一方の当事者源経基の館跡として『新編武蔵風土記稿』にも記され、旧埼玉県史でもその可能性を指摘している。天慶の乱（983 年から）で活躍した経基の館跡で県内最古の城郭と記される県指定史跡。箕田城、大間城ともいう。昭和 16 年３月 31 日付け県指定史跡。

遺　構　史跡として見事に保存されている城郭は近年、所有者から市に土地が寄贈された。大宮台地西縁を区画して作られ、眼下は荒川の造る低湿地となり、比企丘陵から秩父山地、群馬の山並みが一望できるところにある。荒川低地との比高は約５m、標高 20 ～ 25m の地点にある。北に隣接して県立鴻巣高校がある。

東西 90m、南北 82m を測る方形単郭の城郭で、西斜面側を除く３方に空堀・

源経基館跡実測図（鴻巣市教委作成図に加筆）

土塁南東隅の折（上）、東空堀（下）

土塁を配する。北側は堀を斜面下まで流しており、防御は完全になっている。土塁・堀幅は約20mとなっており、堀底から土塁頂部までの比高は約3mを測る。西の荒川低地側は緩い二段の斜面になり町道から気軽に入れる構造となっている。内郭は約1mほどの窪地状に実測図では示されるが、視覚的には略平坦に見られる。東辺土塁の両角には「角落し」が加えられ、本城が平安時代後期に遡りうる城郭には見えない。昭和62年の市教育委員会の空堀の調査では箱薬研堀を確認しているが、平安時代の出土品は発見されていないという。郭内からは西斜面側に柵列のピット群が発見され、内部の東よりに南北に並列する建物跡も発見された。一棟は3面に庇がつく6×4間の側柱式大型建物であり、北側の一棟は4×2間の総柱建物で、主屋と副屋と見られているが、主軸が土塁に平行せず、時代感が定まらないと云う。

案　内　JR鴻巣駅西方の台地縁にあり、県道鴻巣東松山線を陸橋西で都市計画道路を入り、鴻巣高校を目指す。

加納城跡（消えた城郭）

所在地　桶川市加納2046番地。北緯36.014008, 東経139.340585, 標高14.0,

歴　史　『新編武蔵風土記稿』では「加納古塁」、「主不明」と記す。

遺　構　発掘調査は宅地造成により昭和42年に出郭部分で実施され、その後、昭和62年にも南部外堀が確認調査された。城跡は大宮台地の標高15mの舌状台地部にあり、北は深田、東西は湿地である。城跡は南に幅約9m、深さ2.7mの堀と、基底幅4.2mの土塁が直線的に設けられていたという。さらに東側から北にかけては幅3mの空堀が周り、内側に幅4m、高さ1mの土塁が認められた。西側には高さ2mの台地縁が有り、それを利用していたらしく、土塁などは存在しなかったという。

外郭の規模は南北210m、東西200mほどになる。城郭の主要な部分は調査者によって内郭部と名付けられた主郭で、南の堀跡から北へ70m、東の堀から40mのところに位置している。内郭部は約70m × 40mで幅2～3m、最大の深さ2mの空堀とこれを挟んで廻る二重の土塁で構成されている。北側には出郭が付随するが、その平場は35m × 25mとなり、ここに5間（柱間6尺）× 2間（柱間9尺）で北側に庇を付ける掘立建物跡1棟が検出されている。主郭と出郭は底幅約5mの空堀で仕切られている。南側の土塁と空堀は中央部で破壊され一部の形態が把握できない。発掘調査では主郭部から地下室遺構、井戸の他、主郭が北側へ拡張された事を示す古い堀も発見された。

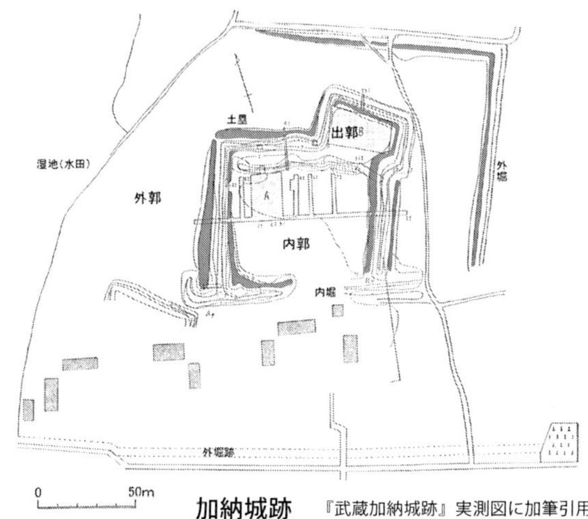

加納城跡　『武蔵加納城跡』実測図に加筆引用

出土遺物は、青磁、天目、瀬戸、常滑、白磁等の陶磁器類や、板石塔婆、木器等があり、その年代は鎌倉期から室町時代の城であり、板石塔婆の年代天文15年はこの城の下限を示すとされている。調査者は土塁・堀に見られる「折歪」等から、戦国期の物であるとしている。

本城は、筆者の学生時代の調査参加遺跡の一つで、思い出深い遺跡である。調査はトレンチ法で行われた。トレンチにあたった遺構を拡張調査するもので、当時はもっとも一般的なものであった。旧堀跡や、地下室遺構を掘り上げた記憶がよみがえる。地下室は竪坑が開けられていたが、今日所沢などに残る、ウド栽培の室に極めて類似したものであった。中世遺跡への行政としての対応初期の例で、陶磁器などに対する認識も今とはだいぶ隔たりがあったことを思い出す。現在は加納団地となり、その面影を残さない。

案　内　JR高崎線桶川駅から県道川越栗橋線を北上し、バス停宮の脇西側

三ツ木城跡

所在地	桶川市川田谷字城山1267. 北緯35.592673, 東経139.312449, 標高16.0,

歴　史　石戸城とともに岩付城の支城の一つといわれている。足立遠元あるい

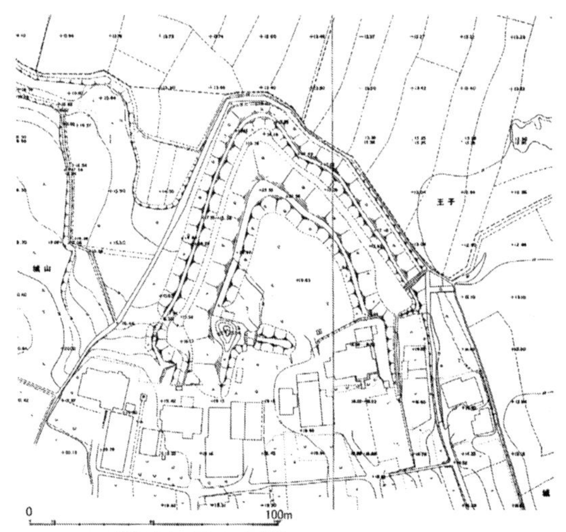

桶川市 三ツ木城　『桶川の館城跡』より引用

東空堀内部現況

は安達盛長の居館といわれる城郭の１つであるが、これには難があるようで城主は実際の所不明である。『新編武蔵風土記稿』では石井丹後守と伝え、岩付太田氏に属していた武将で戦国期には岩付城の支城として機能していたとみられる。

遺　構　桶川市の西端、大宮台地縁辺部に所在し、川田谷支台の東縁部に北に張り出した舌状部を掘りきるようにつくられる。台地の先端部を堀と二重の土塁で囲んだ三角形状を呈する特殊な形態を持った城郭である。南部は内側土塁西側半分が残っているが、南部に防御を備えないと完成しないので基本的には南部も構築されていたと考えてよいだろう。小室栄一氏の『中世城郭の研究』測量調査の報告では南部には土塁が構築され、東端に小口を置いて封鎖していることが記される。小室氏の研究成果を基に城郭の規模を測ると主郭の広さは約 2100 平米ほどになる。

南側基底部最大幅 60m、西側辺長 80m、東側辺長 80m のほぼ隅円三角形を呈し、土塁間の上幅は約 15 ～ 20m、底幅３m であるが、広いところでは８m を測る。土塁頂部と堀底の比高は約 10m、土塁上幅２m。外部土塁は堀底から約３m、谷面からは 3.5m 位の比高を持ち、上幅 1m である。外部土塁と内部土塁とは約 2.5m ～３m の比高があり、内部土塁の方が高い。土塁外部は自然の谷を利用しており、水がある。内部の郭の規模に対して堀が大規模なことが特色である。南側には空堀の周り方を推定させるものはなく、東側の堀は民家の裾で南に回り込む様子が見られるが、この城郭が南をどのように防御したかは、極めて興味がわく内容である。

本城のように、２辺であるが完全に二重土塁で、しかも深い空堀を置いて防御を完成させる意図が感じられる城郭は、県内では他に全く知られていない。

同様な二重土塁を持つものとしては小川町中城跡、東松山市青鳥城跡があるが、これほどまでに比高差がある城は他例が無い。本城については先学各氏が形態上の特徴から戦国期築城と見ている。

案　内　JR 桶川駅西口から川越方面に向かい川田谷に城山公園を目指す。公園西に接している。

武（たけ）城跡

所在地	桶川市川田谷 5819。北緯 36.002036, 東経 139.315641, 標高 20.0, ほか

歴　史　『新編武蔵風土記稿』に「竹内」と記されるだけで、館等と認識された記録は一切存在しない。桶川市教育委員会の調査で、新規にその存在が公にされた城館である。

遺　構　桶川市教委による測量図に示される武城跡と『埼玉の中世城館跡』に示された実測図がある。桶川市教委はその実測報告書によって、現状破壊が甚だしく、遺構の現状は掴めないと報告しているが、実測図に示されるところでは僅かな高低差として表現された遺構が確認出来よう。特に、北側のＬ形の土塁・空堀とされる部分の東には両図に示されてはいない直線的に延びる堀状の窪地と土塁状の高まりが約 50m にわたって延びているのが図示されているが、この報告は無い。

　現地はブッシュで覆われていて現状把握が困難であったが、歴史資料館の調査報告を頼りに遺構の状態を示そう。形態は極めて異質なもので、台地の南斜面に造られ、低地を取り込むように堀と土塁が２重に廻る形を示す。低地に向かってコの字形に堀を廻らしていたと見られ、その堀に挟まれる空間側に土塁を築いている。

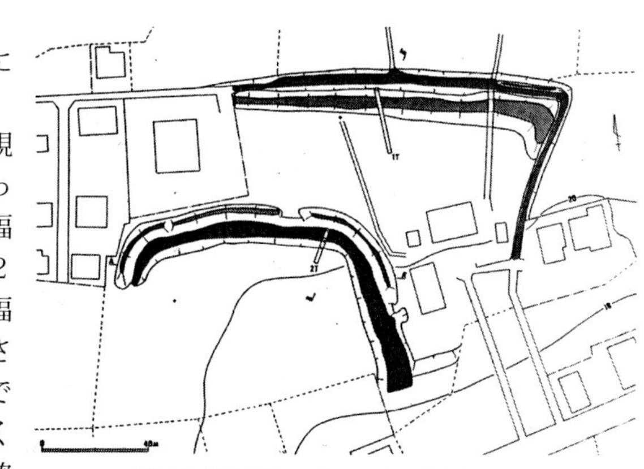

桶川市 **武城跡**　『埼玉の中世城館跡』より引用

　歴史資料館の詳細調査によれば内堀は上幅 7.8m、深さ４m、下幅 1.2m の規模を有する箱薬研堀であった。土塁の現状は基底部幅５m、堀底からの高さ約２m、外郭の土塁は基底部幅約 10m、堀底からの高さ 20cm、空堀は上幅８m で試掘調査の結果空堀も深く掘り込まれていることが確認されている。資料館の調査者は長さ 200m、幅 35m ほどの土塁と土塁に囲まれるコの字形の空間が郭内部という構成を考えて報告している。

このような形の城館は、低地に向かう斜面部の囲画という形で見れば、橋口定志氏が最初にその存在を所沢市椿峰遺跡で指摘しているタイプのもので、武士の館を囲画する溝として本庄市の大久保山遺跡の検討で具体的に語られている。大久保山遺跡では土塁の存在は確認されていないが、これに類するタイプの館跡といえようが、この構造が良く理解できない。

案　内　桶川・北本水道企業団川田谷浄水場北側 100m の県道を挟んで存在する。桶川駅から北側の県道を西に進み、桶川・北本水道企業団川田谷浄水場を目指す。

石戸城跡

所在地	北本市石戸宿字城山耕地。北緯 36.003322, 東経 139.302039, 標高 19.0,

歴　史　本城は戦国時代には岩付城の付城として機能していたようで、大永５年３月、岩付城主太田資頼は北条氏綱に岩付城を攻められ、本城へ逃れている。また永禄６年（1536）２月には松山城後詰めとして上杉謙信がこの城に到着するなど、太田氏にとっては本城は松山城に対する向城として重要な役割を担っていたようである。『新編武蔵風土記稿』には「扇谷上杉の臣、八右衛門が居りし所なり」とある。

遺　構　大宮台地の西端の北に延びる舌状台地先端部に築城されている。台地

石戸城全景（北から）　北本市教委提供

の東、北、西は6～9mの急崖となっており、西は荒川河川敷、北と東は溺れ谷になる。城郭の備えは南側の台地続きを大きく掘りきっている堀切と台地上の空堀、土塁、段築によって行われている。鉢形城タイプの城郭といえよう。

歴史資料館の実測で、確認できる城域は南北250mに及ぶ。南端には幅20～40m程の堀切を喰違いに置き、その西端部は15×30mの範囲に若干高い部分が見られるが、削平されているようで詳しくは解らない。堀切の形は不揃いであるが、後世大きく改変されているのだろうか。さらに内部には上幅約10mの堀切が置かれ、これは市道部分の中央を縦断する堀に連なっているように観察される。台地東縁部は段築され、井戸のある幅5～10mの帯郭となり、台地北端部の腰郭に連なる。この腰郭は現在西端を道路によって破壊されているが、ここは堀であったのだろうか。腰郭は外郭から曲の手に主郭東側に回り込んでいる。上段の腰郭は外郭とは浅い窪地状の堀によって区切られ、主郭と同レベルである。中段は約4m下がる。下段の腰郭はさらに1m低い。

石戸城跡実測図　北本市教委 2002『石戸城跡』

本郭と伝える小高い20×25mの郭は北側から土塁上にあがる道が存在する。その西側に深さ約5.5mの内堀を伴って復元される60×70mの方形の郭があり、主郭と考えられる。主郭は幅の狭い空堀を回しているようで肩部と堀内側に土塁を備える。試掘では1.7m程の深さが確認されているので、ある程度の防御施設として存在したものだろう。

実測図から復元できる石戸城跡は方形を基本とする縄張りの中で主郭を中心に、外郭、腰郭4、帯郭1からなり、堀には折り歪みを備え、喰違い小口を持つ本格的城郭であった事がわかるだろう。現状から捉えられる石戸城の主体部は主郭と腰郭部であったと見られる。ただ、中世戦国期の城郭の中では方形の主郭に見られる内堀は具体的事例を見ないもので、1999年度に調査された、川越市宮廻館跡一箇所を知るだけである。しかし、規模が全く違う。

石戸城の発掘調査は数次に亘って確認調査が行われているが，本郭などでは近世以降の「ドロッケ」による客土によって城郭遺構が 1.5m 程埋没し、完全保存されている可能性が高い。多くの陶磁器類も出土しており、その年代は主として 16 世紀第 2 四半期から末のものという。城跡は石戸宿を南側に置く県内でも数少ない宿と城が一体にとらえられる城郭で、宿南部を区切る道は岩付から松山城下への街道となり、八幡宮南の道を西の崖下に降りると荒川の渡船場が存在したという。また、東側の谷を越えると堀の内館跡の前を通る羽生からの街道があって、石戸は松山へ向かう交通の要衝にあったと考えられる。

案　内　JR 北本駅から県道東松山桶川線を吉見に向かい荒川に下りる手前を南に折れ、石戸宿を目指す。宿手前。

堀ノ内館跡

所在地　北本市石戸宿字堀ノ内。北緯 36.002607, 東経 139.304648,
標高 22.0,

歴　史　国指定天然記念物「石戸の蒲桜」が所在する源範頼館跡とも伝えるもので、市教委の調査によって館跡の全体像が知られるようになった。市史では『吾妻鏡』の寛元 4 年（1246）に鶴岡八幡宮の「放生会の条」に将軍頼嗣に従って出席した石戸左衛門尉としている。

遺　構　市史資料編によると八幡神社南方に方形の主郭を置き、その周りを二重に堀がめぐる縄張りが推定されるという。発掘調査によって円形にめぐる大規模な堀跡の一部が確認され、全体の規模は南辺約 400m、南北 350m の少し三角形状を示すおむすび形の城郭であったと推定している。確認された外堀は上幅 5.3m、深さ 2.3m、下幅 1.3m の箱薬研堀である。

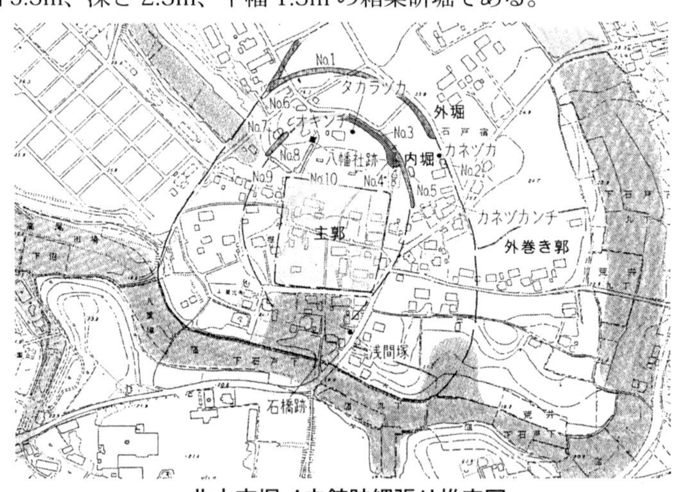

北本市堀ノ内館跡縄張り推定図

北本市史第 3 巻下古代・中世資料編付図引用

主郭部は字堀ノ内にあり、内堀は現状でも若干の窪地として確認され、南北265m、東西約210mの範囲で見られるという。外堀は台地縁辺部にあり、南部は谷を利用していると推定されている。また、市教委は幅広の台地にあるための東側の弱点を補うために「外巻き郭」を置いたとしている。これによると堀ノ内館跡は東西550mの台地幅いっぱいの縄張りを持つ館跡となることになるという。方形館をさらに二重の土塁・堀で囲郭するタイプの城郭で北武蔵に知られていない。鎌倉期とされるが、市史では鎌倉時代後期から南北朝時代初期に廃城になったとしている。城内には国指定の板石塔婆と天然記念物「石戸の蒲桜」が所在する。

案　内　石戸の東光寺と蒲桜が目標

伊奈城跡（伊奈氏屋敷跡）

所在地	北足立郡伊奈町小室字丸山。北緯35.583679, 東経139.373791, 標高12.0, ほか

歴　史　天正18年（1590）に徳川家康が江戸に入国後、関東郡代伊奈備前守忠次が鴻巣・小室等1000石を領し、陣屋をおいたところである。2代忠正の弟忠治は陣屋を元和～寛永年間に川口の赤山に移す。伊奈氏陣屋時代は約

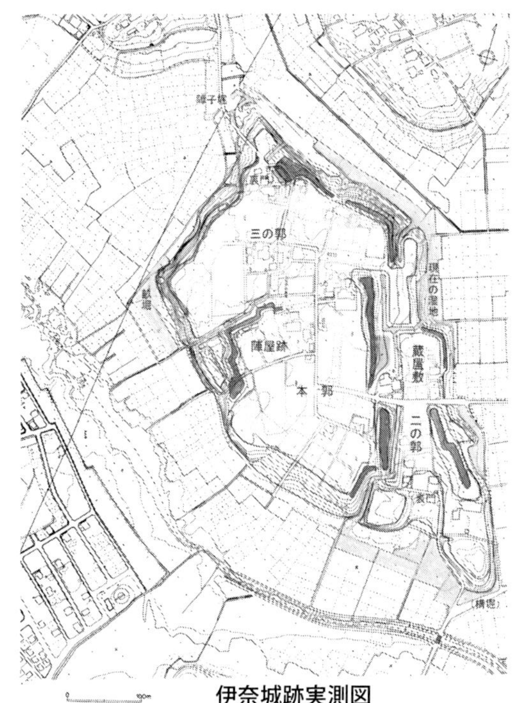

伊奈城跡実測図
（財）埼玉県埋蔵文化財調査事業団調査報告書に加筆

25から50年間と見られる。発掘調査では伊奈氏以前に遡る障子堀遺構も発見されており、伊奈氏以前から城郭が存在したと考えられる。かってこの地に有り、小室に伊奈氏によって移転させられた無量寺閼伽井坊は、岩付城の太田資正に弘治３年（1557）に所領安堵された有力中世寺院であり、ここに岩付太田氏に関わりのある城郭の存在が指摘され、障子堀の発見によってそれが現実のものとなった。

遺　構　城郭全体が近世初期の城郭遺構として県指定史跡となっている。城郭は大宮台地東縁部に形成された原市沼等の湿地帯に囲まれた比高約５ｍの島状の台地全体に築城されている。

城跡の規模は北西－南東方向で720m、東北－南西方向で最大230mを測る。城跡内には土塁、堀跡が各所に遺存している。裏門とつたえる台地西北端部から台地縁にそって基底幅約４ｍ、高さ2.5m程の土塁が北半部に廻る。館跡ほぼ中央に陣屋跡という地名を残しているので、ここが伊奈氏の設けた陣屋跡と思われる。陣屋の土塁の西部に空堀を挟んで一段低く造られる40m × 20mの長方形に平場を造る頭殿神社地があり、城内には裏門、表門の屋号を持つ家があり、さらに、２の丸跡、櫓跡、蔵屋敷跡の地名を残す。

東南端部には横堀という円弧を描く堀跡が残るが、西側には表門という屋号を残す家があり、ここが大手口であったことが知れる。

城跡最西端部の台地縁に新幹線の建設に伴う発掘調査で幅約6.8m、深さ30～80㎝の障子堀が発見された。この障子堀は伊奈町遺跡調査会の昭和59年の裏門跡の発掘調査でも喰違いに堀が配置される桝形小口が調査され、これを形成する堀は幅約５ｍ、深さ2mほどに平行する２列に長方形区画が連なる障子堀となっている。

明治８年２月７日に小室郷戸長が政府に提出した「丸山村旧陣屋敷地内凡見積図書上」によれば城外縁辺部の湿地部に「カマイボリ」が南西部の小室沼部分を除いて全周していたことが記されている。これは、３の郭西角でも障子堀が発掘調査されているので、今でも、館跡には各所に台地縁を廻る堀跡と思われる湿地が確認され、全体が水堀によって防御されていたのだろう。障子堀部は水田部より若干高い部分に造られており、調査された堀の東には、これに続くと見られる幅10mの平坦地が存在しているので、障子堀が回されていた可能性がある。２の郭は肩部を土塁によって守られているが、搦手門より東部は高さ、１ｍほどの土塁で、西側は明瞭でない。裏門には

蔵屋敷と本郭を区切る堀

搦手門前に発見された障子堀跡
さきたま史跡の博物館提供

土塁端部に方2.5mほど、堀底からの高さ6mの櫓台が設けられ、今も櫓台跡と伝える。土塁の遺存状況から、城郭の郭配りプランを捉えると城内は3郭構成であったと思われる。北の台地接続部に嘴状に突出する搦手口側に台地の3分の1をしめる広大な3の郭を置き、陣屋がおかれた本郭をその南に、そして、台地東3分の1を大きな土塁で区切って蔵屋敷が在ったと伝える2の郭が確認できる。

本郭への小口は明確にできないが、あるいは、蔵屋敷と2の郭と記した間に在る町道が土塁を切る部分であった可能性も高い。郭の北側中央部には小口が開かれていたらしく、出桝形土塁が確認できる。出桝の東側は全く消滅しているが、屋敷境の道に沿って延びていたものであろう。本郭の土塁は堀底からの高さは約2.5m、空堀は下幅1.5m、上幅4m位である。本郭と2の郭の境の土塁は土塁東側に設けられる空堀の堀底からは5m程の高さを持つ大きなものであるが、個人の宅地であるため深く立ち入れず、実体が今ひとつつかめない。蔵屋敷北には幅5～6m、深さ2.5m程の空堀によって区画される小さな郭が存在し、北西の小口は喰違いに造られる。沼側に曲の手状に掘り込まれた部分が造られ、船つき場とも見える。東郭では大手口の伝承がある部分が幅50m程に大きく開いて上り坂になり、両サイドにこれを防御する位置に郭が配置されているのがわかる。

一方、3の郭西肩部には土塁が有るとこれまでの研究者が指摘しているが、部分的には小さな高まりが見られるものの、全周していたかどうか今は事情があって確認できないので、前例に従っておいた。

酒井清治氏は伊奈氏屋敷の調査報告書の中で「伊奈城」の成立時期について検討し、後北条氏の岩付城攻略をめぐって岩付城主太田資正によって築かれた城郭とし、天文6年（1537）以降、天文17年（1548）の存続と推定している。出土遺物の年代は16世紀後半という。

なお、搦手門部分の障子堀遺構は史跡に加えられ、現状保存されている。

案　内　新都市交通線丸山駅下車すぐ東が搦手門跡となる。

第3章　入間地域の城郭

河越城跡

所在地　川越市郭町1，2丁目。北緯 35.553305, 東経 139.291394、標高 15.0 他

歴　史　川越市の中心部から北東に位置し、城跡は川越台地の北端部にある。台地は入間川の支流新河岸川が西から北、東と裾を洗い、それに囲まれた台地上と、東側の湿地を取り込んで築城されている。

長禄元年（1457）に太田道真・道灌父子によって築城されたとされるものであるが、絵図に示された縄張りからは、その当時の範囲を特定することはできない。研究者によっては本丸を中心とした範囲という見解も出されているが、それも参考程度のものでしかない。

『鎌倉大草紙』の記録によれば、河越城は室町時代に古河公方足利成氏と関東管領上杉氏との対立の中で、上杉氏の対古河公方拠点の城郭として、太田氏等によって築城された。寛正3年（1462）、将軍足利義政が河越庄を上杉持朝に宛行れて以来、河越城は北武蔵の政治の中では重要な役割を担ってきた扇谷上杉氏の拠点の城郭であった。応仁元年（1467）9月に持朝が没すると、扇谷上杉政真が後継となる。文明5年（1473）にはその政真が五十子の戦いで足利成氏と戦い敗死、定正が嗣ぎ、その手腕を発揮している。文明年間の「長尾景春の乱」では、定正は五十子陣に拠って、景春追討の戦いを進めるが、上杉勢は劣勢で、太田道灌等の活躍でようやくこの乱を終息させたというところであった。

河越城が戦乱の渦中に置かれたのは、長享2年（1488）に起きた両上杉氏の同族の戦い「長享年中の大乱」である。この戦いは、上杉定正が糟屋館で太田道灌を謀殺した事に始まる合戦であるが、その理由は定正自身が「上杉定正書状（写）」の中で述べており当事者の語りとして参考になろう。

「一、諸人は今度の大乱は定正自身が引き起こした事と批判するが、乱を治める方法についての決定を行う前であったが、太田道灌資長が強く山内殿へ不義を為そうとの企てをしていたので、度々使いを立てて注意をしていた。この度の乱が起きたことはその前から承知していたことであるが、誤っていたのだろうか。左伝に『都城百雉にすぐるときは国の害なり』というが、確かに江戸・河越両城を堅固にし、山内への不義無礼が重なったのではよろしくないし、この際周囲の注意を引くような事は避けた方がよいと申し付けたが、聞こうともしなかったので、思いあまって遂に打ち殺した。鉢形へ知らせたところ、顕定は合力として、高見まで軍を進め、旗を高々と掲げた。かたじけなく思っていたところ、程なくして考えを翻し、先ず、太田源六資康が（長享元年）甲州へ忍び出て、種々当方への懲罰を与えようと画策した。これは（太田道灌誅伐のこと）別に度を超したことではなく、すでに12代にわたり当家の興隆をなした太田父子が山内殿へ逆心を抱いていたので懲罰を加えたが、結局は定正を退治するという謀略であった。なんと言うことか。関八州亡国の悲しみや嘆きは、三才の子供でもこれを知っている。この計略を阻むのは難しい。定正父子が五十子から上野へ退散した後、この家には孫子や呉子に勝る兵法家（太田道灌）がいたが、考えが廻らないでいた間に、この（太田道灌）一族は長享の乱を引き起こした張本人になった。なんと悲しいことであるか、これからの者は、よくよくこのことを知り置きたく、このことを書き置いた。」等と記している。結局、太田道灌の悴、資康は山内上杉氏に与して戦っている。

長享２年の「関東三戦」は扇谷上杉氏の優勢の内に終息したが、明応３年（1494）再発し、10月には定正が寄居町の「赤浜河原」で頓死、援軍として武蔵に初めて進攻した伊勢宗瑞軍と共に敗走、扇谷上杉勢は河越城に逃げ込んでいる。そして、この勢いに乗って顕定勢は南武蔵から相模西郡まで進攻し、上戸に陣を張って、扇谷上杉朝良を攻囲し、７年間在陣したという。

永正元年（1504）の立河原合戦では今川氏親・伊勢宗瑞の援軍もあって顕定勢が討死２千余人を出して大敗。朝良は余勢をかって上戸陣を攻め、長尾弥五郎等を討ち死にさせている。しかし、12月には反攻し、同２年３月には朝良を河越城に攻囲して和睦した。この時に朝良は江戸城に退隠となっている。

この長年に亘る両上杉氏の同族同士の内乱は、結局関東管領家を衰退させることになり、この時を待っていた伊勢宗瑞が関東への本格的進攻を開始したのである。しかし、相変わらず両上杉氏の戦いは続いていたが、顕定が越後長森原で永正７年（1510）討死。永正15年朝良が没し、朝興が河越城に扇谷上杉の当主として在城した。

また、伊勢宗瑞も永正16年に没し、大永になると、長享・永正の各乱を主導したそれぞれの当主が代わり、両上杉氏は和解し、後北条氏に対峙していた。大永４年（1524）河越城に上杉朝興が復帰している。享禄３年（1530）、朝興は相模小沢原にて初陣の北条氏康と戦い敗退した。この時の朝興の軍勢を率いていたのは、河越城将として朝興を支えていた上田蔵人（左衛門尉政方）と難波田弾正（憲重）であったという。

この後、後北条氏の北進の圧力は更に強さを増し、天文４年（1535）北条氏綱は河越口に出陣し、天文６年になり、一時扇谷上杉氏の軍事力を回復した朝興が６月に河越城内で没し、朝定が嗣ぐと、７月には三木の戦いで後北条氏に敗れ、難波田善銀の守る松山城に入っている。河越城はここで後北条氏の手中に入った。天文10年には朝定が江戸城・河越城を攻めたが敗退し、後北条氏による河越城の守備は北条綱成が城主として入り盤石の守りを固めている。

天文14年（1545）８月には管領上杉憲政は河越城攻めの体勢に入り、９月

26日砂久保に布陣した。そして、古河公方足利晴氏も12月に出陣し、河越城包囲網を敷き、兵粮攻めとしている。古河公方と手を組み、上杉氏の全勢力8万を投入したと戦記物に伝える河越城包囲戦は、天文15年（1546）4月20日の河越夜戦によって決着したという。

古河公方・上杉氏対北条氏の合戦は北条氏の勝利に終わる。これを境に上杉氏が没落し、北武蔵は北条氏の支配にゆだねられることとなった重要な合戦であった。現在、絵図等によって知られる川越城の縄張りは、江戸時代に入ってから、徳川氏譜代の重臣が配置される重要な城郭として位置づけられたため、整備に整備が加えられてきた結果であろう。

遺　構　現川越市役所部分を西大手とし、川越小学校の南に南大手が置かれる。これらの大手口は三日月形の堀と土塁によって防御された丸馬出に造られている。曲輪は追手御門の内側に西大手、その内に南大手の曲輪を置き、八幡曲輪・3の丸、2の丸、本丸と連なり、2の丸北に新曲輪、そして、本丸を囲むように帯曲輪などを置く。

各曲輪の小口は桝形に造られ、横矢がかけられている。本丸は現在本丸御殿が存在する部分で、川越市立博物館は2の丸に、川越高校は3の丸南部の八幡曲輪に所在している。川越図書館蔵の昭和10年作成の絵図には川越城の門や施設が詳細に描かれており参照されたい。

本丸の規模は天神郭を含めて約200m四方を測る。堀は幅30mから20mとなっており、大手門付近では上幅20m、下幅3mほどの堀が描かれている。また、氷川神社に接する3の丸北側の堀は水面幅40～60mとなっている。城の堀は殆どが水堀であったが、西大手門両サイドと天神曲輪と本丸の間の堀は空堀であったと描かれる。発掘調査では三の丸西と二の丸東から障子堀が確認されて

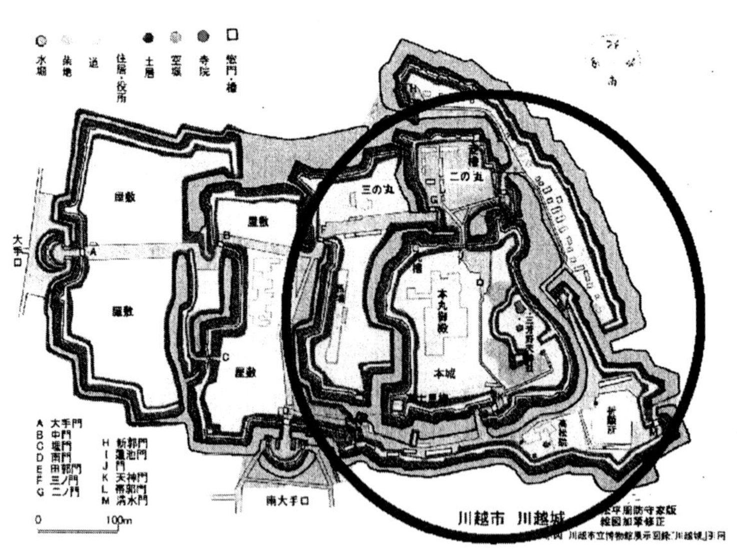

川越市立博物館展示図録「川越城」引用

いる。本丸にあった櫓は富士見櫓の他１基で、いずれも２層櫓であった。

現在、城郭遺構は三芳野天神社の所に土塁と堀跡が遺存している他、富士見楼台であった本曲輪西南隅の土塁跡と空堀跡がみられるにすぎない。多くは市街地として見る影もないが、土塁を除けば堀を始め、建物跡の掘り方等、多くの遺構は地下に埋没したままである。現在絵図等で知られる城跡は江戸時代松平氏段階のものであるが、その中には中世河越城時代の遺構が埋もれている可能性が高い。

城跡についてはこれまでの発掘調査例がきわめて少なく、川越市立博物館建設・美術館建設に伴うものと、川越高校改築に伴う発掘調査しかない。川越市立博物館建設に伴う２の丸の調査は昭和62年11月から63年２月に行われた。このときの調査では数多くの井戸跡と共に、16世紀前半の南堀（上幅3.5m、底幅2.3m、深さ1.4m）、16世紀中頃の東堀（深さ0.44～5.4m）、西堀の一部が発見された。

平成９・10年の川越高校改築時の調査では戦国末期の堀が確認できた他、本丸の堀を始め、多くの堀跡が確認されている。特に八幡曲輪部分に該当する管理棟東端部前庭の調査では、15世紀末の空堀が確認された。空堀の断面は箱堀状を示し、底幅1.1mで、深さ２m程の規模まで確認され、中央部間口1.7mの小口を置き、全長10.5mの桝形状に西へ張り出す形で存在した。堀底からは15世紀後半～末の土釜が出土し、報告者は河越城築城時の遺構の可能性が高いと指摘している。また、この地点は近世河越城絵図に描かれる馬場の南端部で丁度西へ張り出す桝形土塁の内側に当たり、この地点からは16世紀代の遺物の出土は極端に少なくなるという。後北条時代には生活の主体は存在しなかったのではなかったかと報告される。

なお、近世に入っては「川越城」と記される。戦国期の河越城についての知見は限られた資料しか見られないが、河越城をテーマにしたシンポジュームでは、齋藤慎一氏が河越城の構造を「群郭式の城館である可能性が高い」（斎藤2007）としたが、田中信氏も発掘調査の成果を検討して、その範囲は本丸・２の丸・３の丸位を後北条氏時代の河越城の範囲と考え、さらに東に３mを越える堀が存在する事から、これが武家屋敷を囲画するものならば、斎藤氏のいう群郭式という考え方を補強する資料となるとしている（田中2008）。

県内に群郭式の城郭は確認されていないので、これが群郭式と考えられるなら唯一の事例となろうが、群郭式は中心となる郭を明確にしない所に特色があり、河越城は主郭を中心に置いており、同心円状の輪郭式の一パターンを示しているもので、深谷城同様の構造であった可能性が高い。この構造は武蔵のおける初期城郭である河越館跡内の「上戸陣」に見られる「二重囲画式」の縄張りを発達させた構造のタイプと考える方が妥当性が高いのではないか。

案　内　川越市役所は西の曲輪大手に位置する。国道254号線に隣接する初雁球場、川越市立博物館が目標。

河越館跡・上戸陣跡

所在地	埼玉県川越市上戸 207 ほか。北緯 1.555036, 東経 139.270262, 標高 19.0 ほか

歴　史　河越氏の出現は12世紀中頃とされ、源頼朝に仕え幕府の要職にあり、北条政権の中でもその地位は揺るぎないものとして大いに活躍した。建武の新政から南北朝の動乱をへて、武蔵国留守所総検校職を相伝した有力武将であり、足利尊氏によって相模国守護にまでなる。

河越氏は応安元年（1368）におこった「平一揆の乱」で没落するが、この時には高坂氏や竹沢氏なども所領を没収されている。宝徳元年（1449）の上杉持朝の隠居地「河越」はこの河越館であった可能性が高いと言われている。

河越館が再度歴史に大きく登場するのは山内上杉氏の河越城攻防戦に際しての上戸陣であろう。長享２年（1488）の須賀谷原合戦、高見原合戦の後、明応３年（1494）扇谷定正の急逝により、上戸に陣を張り、永正２年（1505）の両上杉の和睦まで在陣が続く。この上戸張陣は河越城に撤退した扇谷上杉を追っての在陣であり、周辺には援軍として古河公方足利政氏の大軍が集結している。

河越館跡の航空写真　川越市教委提供

遺　構　河越館跡はこの河越氏の館であり、入間川北岸に接して現存する。史跡の範囲は常楽寺を中心とする東西 200m、南北 250m 程の長方形の範囲である。館跡はこの指定範囲を東側に大きく超えることが最近の調査で理解されているが、上戸小学校校庭の入間川に接する東南側は入間川によって大きく削り取られている。調査結果からするとこの入間川に浸食された地域に河越氏の館があった可能性が指摘できるだろう。『宴曲抄』に秩父冠者の屋敷が洪水に流されるくだりがあるが、想定される河越館の位置と入間川の関係を見るとまさにここの事を記しているのではないだろうか。

この現存する館跡の規模について川越市教委は試掘や部分発掘調査の成果などから発掘調査報告書では「方２町を本体とする」ものであるとしているが、実測図や発掘調査成果から見ると、最大時の館跡はあるいは２重方形の区画を持つ阿保境館等に類似した構造の大規模な物であった可能性が考えらる。この時代は明応６年（1497）山内上杉顕定の河越城攻めに伴って築かれた「上戸陣」の時代であった。現在「館跡」には僅かな土塁と空堀が見られるが、常楽寺北から東側南半分に深さ 1m 程の空堀と、西辺に高さ 1m ～ 1.5m の土塁が残っている。

館跡は、上戸小学校の建設などに伴って史跡外の周辺地域が発掘調査され、ある程度の成果が示されている。特に山内上杉氏の主要な支城で出土することが最近話題になっているカワラケ（中世を歩く会 2002）も発見された。常楽寺東側の入間川北岸の区域では上幅 3 ～ 4m の堀が確認され、その内部区域からは輸入陶磁器や白カワラケの出土が見られ、13 世紀後半から 14 世紀中頃の平一揆の乱段階では、館として重要な機能を有していると共に、館跡の中でも主要な地域であったと考えられている。

また、北側の上戸小学校敷地内では入間川に直交する大きな堀が確認されている。常楽寺周辺の指定地内は史跡整備に伴う事前調査が行われているが、河越合戦時における山内上杉氏の上戸陣以降の遺構や遺物が散見されている。特に、河越館終期段階にあたる大道寺氏段階では、防備を施した大規模な館遺構は確認されていないものの、この館に後北条氏に支配が及んでいた事が市教育委員会によって指摘されている。

川越市教育委員会の発掘調査報告書（平野寛之 2015）に報告された詳細な発掘調査結果の概要は次の様である。

Ⅰ期ａ　河越氏の時代前期（12 世紀後半～ 13 世紀初頭）
上幅約１～２ｍの程度の堀による区画、遺構の確認が少ない。
＊常楽寺東の小学校校庭や南の幼稚園部分などに小規模な方形館跡が確認されている。

Ⅰ期ｂ　河越氏の時代後期（13 世紀前半～ 1368 年頃）
上幅 4 ～ 5m の堀による区画Ａ（先祖供養の場を持つ屋敷）と塀による区画Ｂ（寺域・墓域）、生け垣による区画Ｃ（墓域）と道路跡。

Ⅱ期　寺院を中心とした時代（14 世紀後半～ 15 世紀後半頃）
Ⅰｂ期で造られた区画Ｂ、Ｃ空間が残るが、塀や生け垣で区画されるのでは無く、幅１ｍ程度の溝で区画される構造に変化。後半はこれが２～ 4m の堀に付け替わるという。

Ⅲ期　上戸陣の時代（明応６年～永正２年頃）
上幅１～２ｍの溝を廻らした区画から３～５ｍの堀を廻らす区画へ

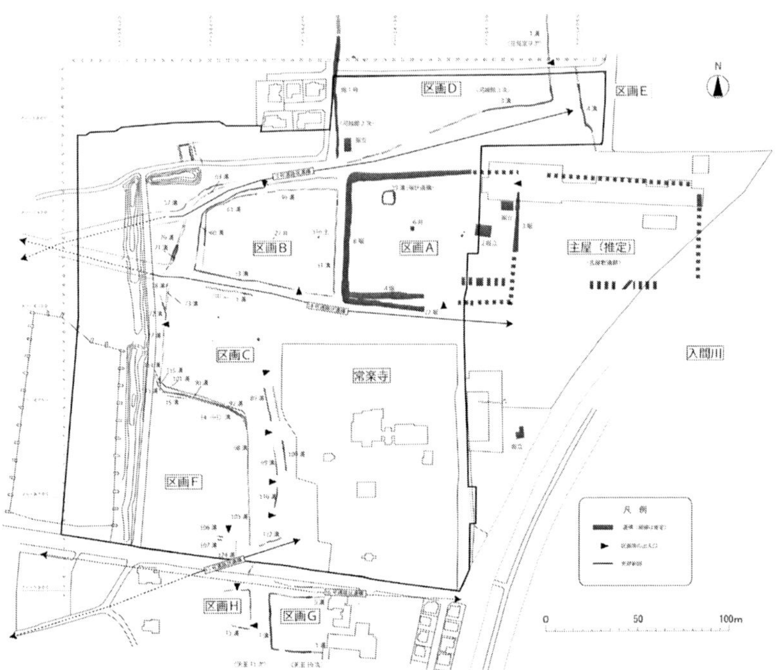

河越氏の時代Ⅰｂ期　『河越館跡調査報告書第３集』より引用

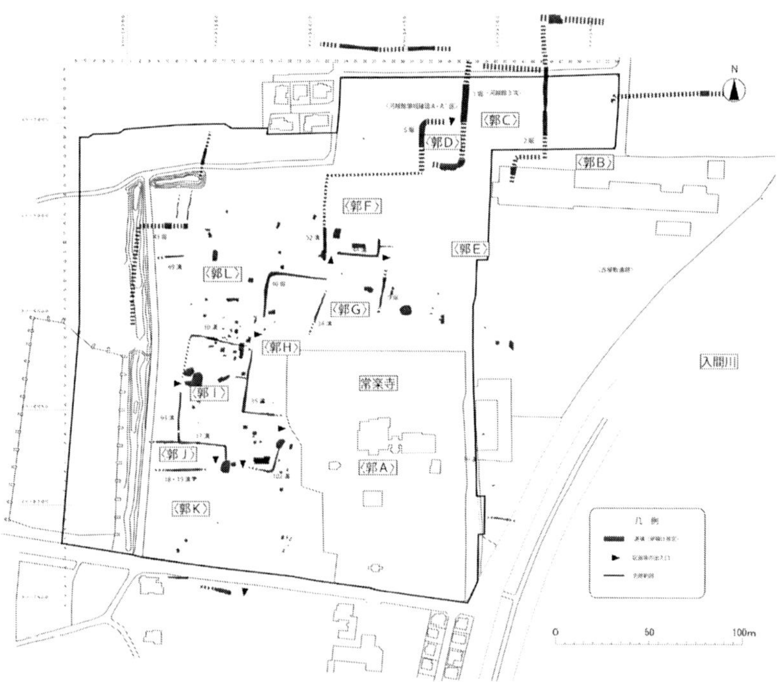

上戸陣の時代Ⅲａ期　『河越館跡調査報告書第３集』より引用

と変遷する。a期からd期までに細分されるという。Ⅲa期では郭A（常楽寺）から郭Lが構築されるという。特にⅢc期には幅5mの堀で囲まれる郭Aが明確な形で出現し、陣の機能がより拡充された事が考えられるという。特にc・d期では郭Aを中心にした様々な郭（区画）が想定されている。

＊この上戸陣の構造は基本的には二重囲画方形館タイプを示す陣城であったのだろう。内郭を主体にするが、外郭内に多くの区画が設けられると示されており、平野氏が想定した陣群のあり方は、大堀山館跡所在地区に見られる陣跡群の構造に類するものの様にも見える

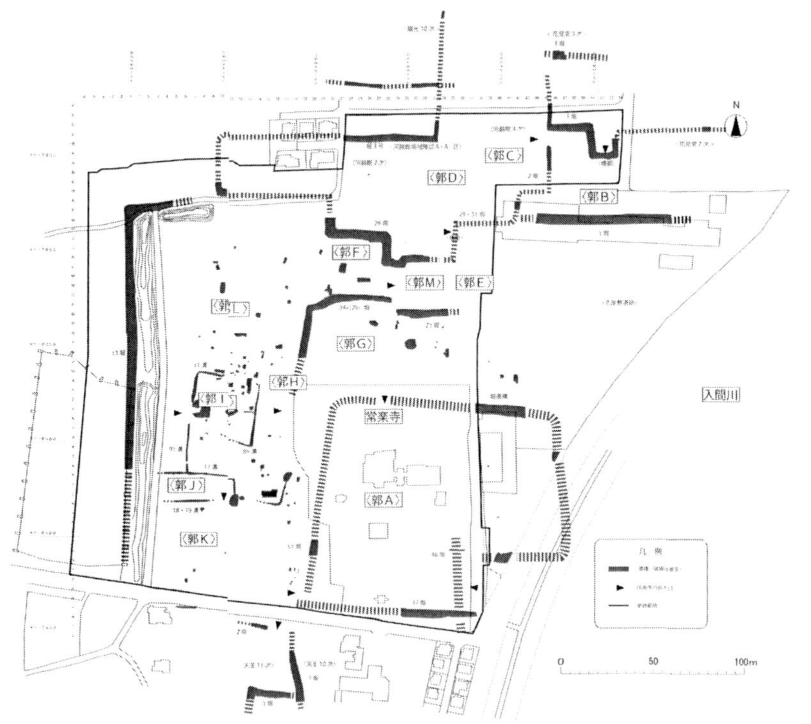

上戸陣の時代Ⅲc期　『河越館跡調査報告書第3集』より引用

Ⅳ期　大道寺氏砦の時代（16世紀中頃～天正18年頃）
『新編武蔵風土記稿』の記録に砦があったとされる。大道寺氏の墓所が置かれるが、遺構は明確に確認されていない。

案　内　東武東上線霞ヶ関駅から入間川沿いに北に700m程歩いて常楽寺を目指す。

大堀山館跡

所在地	川越市下広谷字牛原南333。北緯35.572668, 東経139.255869, 標高22.0, ほか

歴　史　地元では大堀山と言われる方形の城郭は、『新編武蔵風土記稿』に古蹟３カ所ありと記される城の一つに該当するもので、それ以外の伝承さえもない。

遺　構　埼玉県中世城館跡調査で行われた詳細調査によって提示された詳細実測図によって具体的な姿を知ることができる。

全体の規模は南北220m、東西180mに推定され、３重の堀と３重の土塁によって防御される方形の形を示す。そして、その最も内側の空堀、土塁状の遺構は僅かな窪みと掘り上げ土の高まり程度の規模で、完全に土塁、空堀とはいい切れない部分もある。北辺の残りのよい空堀の規模は上幅５m、底幅１m、深さ１mを示す。この遺構は方形館として一般に知られ、基本形は２重あるいは３重に防御された方形館と見られる。その示す形は複雑で、単に館として表現するには難しすぎるように思う。

東南の隅は太平洋戦争時の航空機格納誘導路建設によって破壊されているものの、南辺の堀は東端で折りが付けられるのが認められる。館全体の保存は優

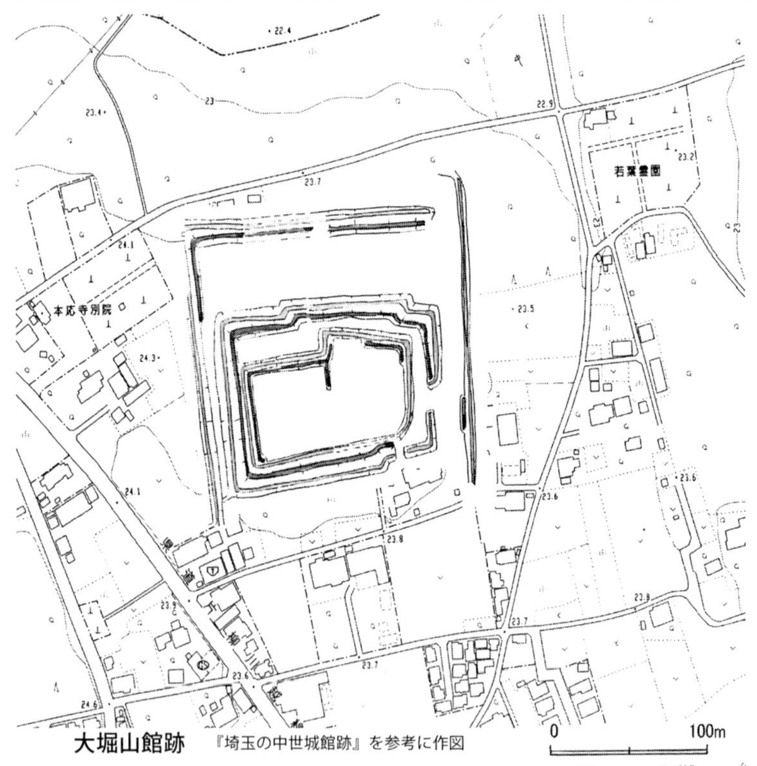

大堀山館跡　『埼玉の中世城館跡』を参考に作図

れる。現存遺構は主郭となる本郭から北に向かって主要な縄張りが見られ、本郭の北と東に存在する幅5m～13mの空間を2の郭とし、その北側の180m×36mの空間と、東側14mの空間を3の郭とされるように、北と東側に曲の手状に帯郭を二重に置いた形態を示す。外郭は上幅9m（北、西）、4～6m（東）の空堀に囲まれるが、北東隅で喰違いとなる。

本郭は90m×55mであるが中央部で区切られるようで、西半分は45mほどの方形を示す。堀幅は3m、深さ1m程であったが、県立歴史資料館の試掘調査で深さは1.5mほどに確認され、現存土塁上までは2.3mを測る。2の郭は6～16mの幅を持って北から東側に曲の手に造られる空間であるが、帯郭とも云うべき空間である。これを画する空堀と土塁の規模はもっとも大きく上幅9m、底幅2m、深さ2.5～3mを示し、東北部の隅が最も高く作られる。3の郭も同様に北から東に置かれる平場であるが、この幅は30m、12mであり、南側を道路までとするなら約40m近い空間を持つことになる。西辺は4～6mとなるが、この地区の他の遺構がそうであるように、空堀・土塁が西側に接するタイプのものと見て、基本的には土塁敷であったと考えておきたい。東辺の空堀は上幅6m、底幅2m、深さ1m位となる。

この地区には、東西南北に並んでいくつもの館跡が存在することが知られるが、大堀山館跡の150m西には戸宮前館跡、150m東には広谷宮前館跡があるが、これらは明応6年（1497）の上戸陣に伴う関連陣城群となる可能性が高い。

大堀山館跡の主たる年代は出土陶器や古銭から15世紀以降16世紀初頭頃と推定されている。埼玉県指定史跡。

案　内　県道片柳川越線観音堂交差点の北側、Y字路東にある本応寺別院墓地が目安。その東側一帯。神明社が祀られる。

広谷宮前館跡

所在地	川越市下広谷字宮前。北緯35.572575,東経139.261255, 標高20.0,

歴　史　『新編武蔵風土記稿』に記載される古蹟3ヶ所とされるものの1つ。それ以外の一切の伝承を伝えず。『埼玉の館城跡』には「68　某館」とある。

遺　構　基本的な縄張りが捉えられないほど複雑な縄張りを持つ城郭である。北東部はグランドによって原状がわからなくなっているが、東辺は市道となろうか。そうなれば東西180mとなる。南側は堀が次々と連続し、南北150mまでの範囲内に遺構が確認される。

関口和也氏の名付けた主郭Aの北側にあるB郭は高さ1mの土塁に守られ、外側に上幅約8m、深さ1.5m程の空堀が置かれる。西辺は主郭の堀と平行し、

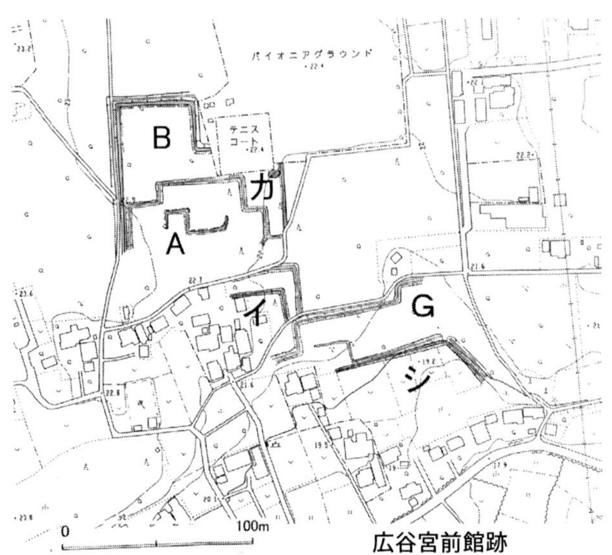

広谷宮前館跡
『中世城郭研究４』の付図を参考にした

やはり２重堀を形成するが、内部の堀は浅いもので 0.5 ～ 1 m 位の深さしかない。B 郭の規模は東西 45m、南北 40m であるが、西南部でさらに主郭側に 10m 程突出する。B 郭の東では土塁が大きく南に 40m 程くぼみ、幅 35m でまた元に戻るという極端な桝形状の凹みを示す。

関口氏の調査図では、この他 C 郭～ E 郭と見られる方形区画を図示しているが判断に苦しむとされる。この遺構は特に南側へ上幅 4 m 程の堀が連続し、イのように人家を区画するものも見られる。シの部分には高さ 2 m 程の土塁が東西 85m、南北 30m 程に横たわっているが、その北側には上幅 7 ～ 8 m の空堀があり、コーナー部分では空堀が切れ、土橋状になっている。シは南部の低地まで延びて低地を前面に置く一つの郭を形成すると見てよいだろう。さらに幅 11m 程の空間を置いて G の北には上幅 10m、下幅 2 ～ 4 m、深さ 2 m 位の空堀が置かれるが、その形はクランク状になって東西に延びる。A 郭内に見られる堀状の遺構は幅 3 m、深さ 0.5m 位の浅いものであった。これは空堀や土塁の区画する形が明確にとらえられないが上戸陣関連遺構であろう。

案　内　大堀山館の真東にある若葉霊園が目標。その東側に接して所在する。

戸宮前館跡

所在地	川越市大字下広谷字戸宮前 420、421。 北緯 35.572650, 東経 139.254300, 標高 24.0, ほか

歴　史　『新編武蔵風土記稿』に古蹟３ヶ所と記される遺構であるが、詳細を伝えず。

遺　構　大堀山の西約 300m にあり、広谷宮前館跡、大堀山館跡と東西に一直線に並ぶ。城跡の範囲は東西 250m、南北 300m 位と見られるが、開発等によって内部が相当破壊されていると見られ、埼玉の城館跡などの図で、大凡の遺構範囲が復元される。関口和也氏の調査で A と記される主郭部は東北隅

発掘調査前の戸宮前館跡　『中世城郭研究4』の付図を参考に作成

戸宮前館跡調査区内全体合成図

（財）埼玉県埋蔵文化財調査事業団
調査報告書第297・342集より引用転載

に角落としが見られる長方形を示し、土塁の内外に空堀を備える２重の空堀によって守られ、内郭部は約 50m ×約 100m の規模を有している。空堀の規模は幅 10m、深さ 2m の現状を示し、土塁の高さは約 1.5 ～２m である。

主郭北部は 17m の空間を置いて同規模な土塁と空堀が東西 170m にわたって置かれ、東端部は県道に接し、そのまま、南に折れ、外郭線を形成しているように観察される。西側は端部が地境になっており、これがラインとなろうか。南側のラインは掴みようがないが、小さな市道が境界とも見られる。東辺には幅４～ 50m 程、南北 100m 程で方形に幅４m 程の空堀で区画される郭が３区画認められるが、このような区画は（財）埼玉県埋蔵文化財調査事業団が行ったＡ郭南部の圏央道敷地内の調査でも確認されている。幅４～５m、深さ 2.5m にもおよぶ堀に囲まれる 50m × 100m 位の規模に区画された方形郭が極めて複雑に絡み合う城郭であったようである。そのパターンは大堀山館跡と類似していると観察できる。館跡の一部が市教育委員会によって発掘調査されたが、そこからの出土したカワラケ・鉢・常滑甕の年代は 15 世紀後半であったという（中世を歩く会 2002）。

館跡は更に圏央道建設に伴い、（財）埼玉県埋蔵文化財調査事業団によって２度に亘る発掘調査が行われた。調査者は発見された複雑多岐に亘る遺構を分析し、館跡の形成を３期に分類している。Ｉａ期とされたのは 15 世紀中葉段階で、溝による区画が行われ、掘立建物や井戸の構築がみられるという。

第２段階のＩｂ期は 15 世紀後半で拡張拡充されている。Ⅱ期は廃絶段階でやはり、15 世紀後半とされた。この時、土壙が造られるという。そして、建物跡・溝・柵列の方向性を検討した結果、少なくとも５回に亘る立て替えが短期間に行われていたことを示していたと分析した。次のⅢ期は 16 世紀代と推定され、細い溝による小区画が行われる段階という。これも上戸陣関連遺構であろう。

案　内　大堀山館の西 150m、若葉台工業団地東境に接して存在する。

宮廻館跡

所在地　川越市下広谷字宮廻り。北緯 35.570530, 東経 139.253709,
標高 25.0,

遺　構（財）埼玉県埋蔵文化財調査事業団は平成 11 年度川越市北部の圏央道予定地内において宮廻館跡の発掘調査を行い、更に平成 17 年に２回目の発掘調査を行っている。宮廻館跡については関口和也氏が「字宮廻り所在の遺構」とされたものであるが、この遺構は『埼玉の古城址』に「広谷南城」とされた遺構と同じものであり、『埼玉の中世城館跡』は「広谷南城」の位置を誤認している。

宮廻館跡は北武蔵では初めて調査された戦国期の方形館とされるものである

館跡第一次空堀発掘後

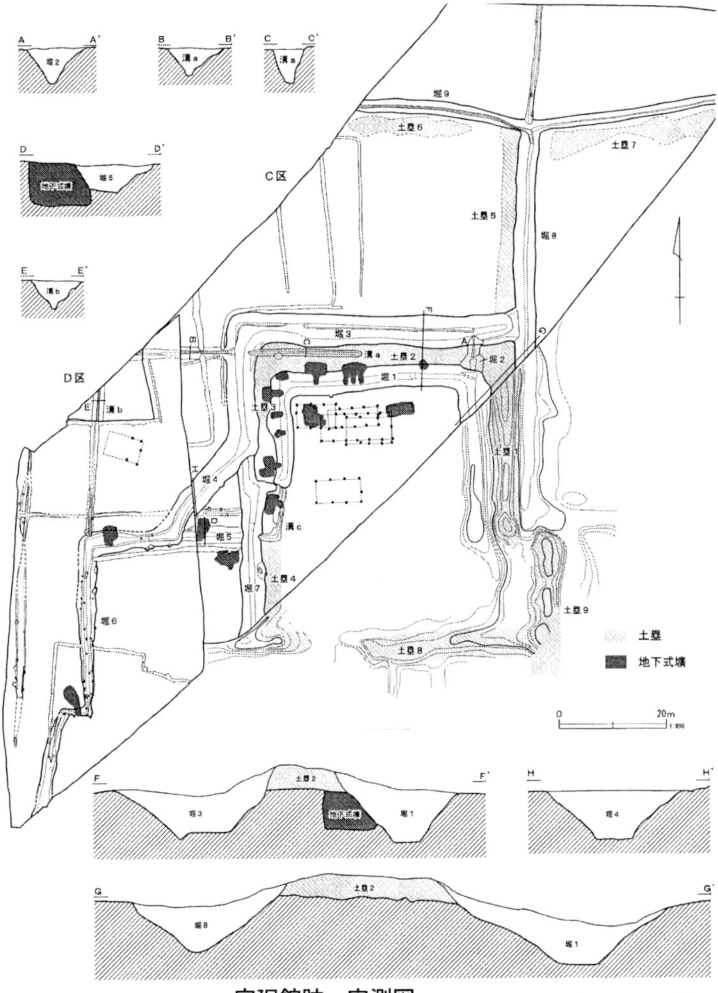

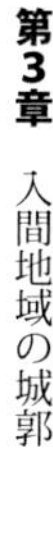

宮廻館跡　実測図

（財）埼玉県埋蔵文化財調査事業団報告第 354 集から引用転載

が、その内容は、これまで知られていない複雑なものであった。隣接する東部地区には大堀山館跡が存在する。館跡の状況は（財）埼玉県埋蔵文化財調査事業団発表の平面図によって手に取るようにわかる。館跡は基本形を方形とする二重の薬研堀を有するもので、堀の間に土塁が一本廻る。

発掘調査は限定された道幅内において行われているが、周囲の踏査を行うと外部の堀はさらに延長し、次の郭を形作る堀となって、それが連続している様に観察される。調査で確認された最大の方形館部分は東西の幅約 58m を測るもので，図示されるように館跡の堀は発掘調査によって繰り返し構築されていることがわかった。

館跡の年代は 14 ～ 15 世紀のものであったと見られるが、調査者大谷徹氏は遺構の変遷を 4 期に分けている。第 1 期は溝 a・b・c に囲まれる一辺 40m ほどの方形郭であり、第 2 期では土塁 1・2・8 と堀 3・7・8 に囲まれる方形館として東端部に大きくなって移動する。土塁と堀を伴うが、堀の短辺は約 58m ほどになる。そして掘立建物跡は西側隅に集中する。第 3 期では遺構が図示されるように全体に広がった段階という。内郭内側に幅 5m ほどに堀が設けられ、二重堀を持つ特殊な構造を示す。また、西側小口部は喰違いになる。

主郭の外堀は上幅 5.2m、下幅 2 m、内堀は上幅 3.6 ～ 5.2m、下幅 2.3m 位の規模を測る箱薬研堀で、間にある土塁は堀底からの高さ 2 ～ 2.5m となる。外郭の堀は幅 3.2m の薬研堀であう。土塁の規模はほぼ変わらなかったものと見られるが、外郭には内堀を備えていない。主郭西中央部が切れ、土橋を造り、小口となるが、この小口は完全な喰違い小口。外堀は西に流れ、堀に囲まれる帯郭的な空間を作っている。

第 4 期は堀 1・7 が埋まった段階で堀 2 は埋められ、土塁が構築される。この館跡は調査区外にも空堀と土塁が順次廻り、多くの方形の郭を作り出すが、その並び方には規則性や優位性が見られず、複数の集団の郭の集合体そのものであるように観察される。この構造も大堀山館跡や戸宮前館跡、広谷宮前館跡と変わらない。また、発掘で明らかにされた内部に見られる主郭と見られる方形郭の規模や位置に変化が見られるという結果は、この館は数度にわたる作り替えが行われていることを示す。

発掘調査では外郭の空堀底から 15 世紀の常滑大甕が出土したほか、主郭内に廃城後造られた土壙内からカワラケや六文銭が出土し、遺物は常滑産の大甕や板石塔婆、古銭などが発見されているが、その年代は 14 ～ 15 世紀で 15 世紀が主体を示すという。これも上戸陣関連遺構と見られる。

案　内　東武東上線若葉駅東方にある若葉台工業団地の南境の県道南にある。県道川越坂戸毛呂山線の富士見 1 丁目交差点から東に入ると右手である。直進すると戸宮前館跡・大堀山館跡に至る。

滝の城跡

所在地　所沢市大字城。北緯35.480217,東経139.315523,　標高43.0ほか、

歴　史　「所沢市史」上で福島正義氏は城主について大石氏とし、築城年代については室町時代後期前半としているが、発掘調査で得られた資料年代は16世紀前半の大永年間を遡っていないという。

大石氏は武蔵守護代を歴任した武蔵の有力武将で、永正の乱によって椚田の要害を攻略された大石道俊が八王子の油井（浄福寺）城へ移った事が考えられている（斎藤慎一2001）。最近の黒田基樹氏等の研究によれば大石源左衛門道俊（心月斎・真月斎）は遅くとも大永４年までには後北条氏に従属したと言う。翌年、道俊は出家し、家督は源三憲重（綱周）に変わった。弘治２年には養嗣子として北条氏康３男氏照が確認され、以後大石氏の旧領を襲封し、氏照は永禄６年から10年９月まで油井城を本拠とし、この間に滝山城を築城して、移ったと斎藤慎一氏は結論づけている（斎藤2001）。

特に、滝山城の造りは、内郭部分とそれを取り巻く外郭部分の造りが大きく異なる点が指摘できるが、滝の城も内郭部分と外郭部分の造りに大きな違いが認められ、その違いを造りだしたものが後北条氏段階における修築と考えられる。

滝の城跡の所在する所沢地域は大石氏の領有が確認される入東郡北野が含まれ、所沢地域は大石氏の支配するところと考えられている。志木市の柏の城を含め、浄福寺城－滝山城－滝の城－柏の城という大石氏の所領を横断する繋ぎの城郭群を構成していたのであろう。河越領との境目を形成する要衝の地にあ

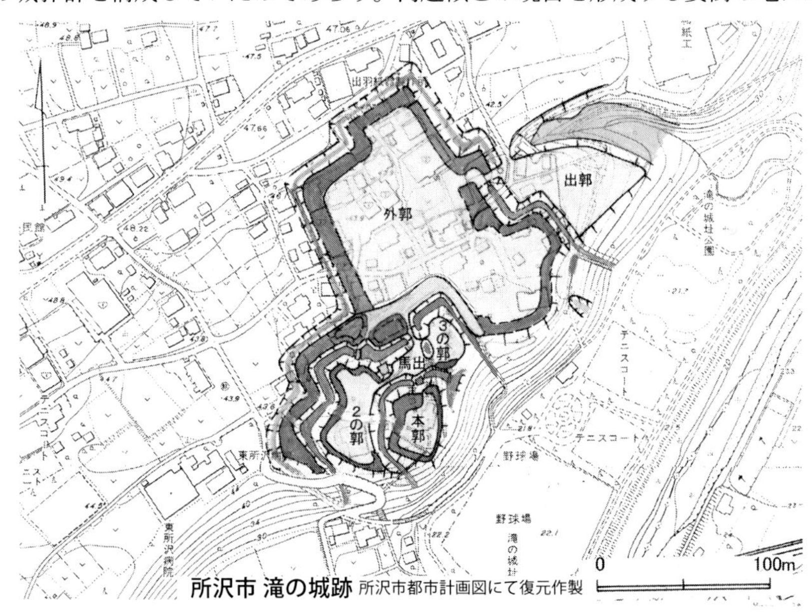

所沢市 滝の城跡 所沢市都市計画図にて復元作製

る城郭と確認できる。滝の城の南、柳瀬川沿いにある清戸は、氏照によって永禄７年北条氏照印判状に示される「清戸番所」が置かれた所である。江戸からの勝沼筋（清戸道）、又、清戸で分岐して北進する河越筋、あるいは滝山から志木・岩付を経由して関宿へと通じる交通の要衝となっており、この清戸番所と滝の城は一体のものとして交通の要衝を守る役割が与えられていたと考えられる。この道筋の意義付けについては橋口定志氏が卓見を示した（橋口 2014）。

滝の城は当初、大石氏によって築城されたと文化９年（1812）成立の『小田原編年録』に記されるように大石氏の築城と認識して良いだろう。そして、外郭に見られる大規模な障子堀の構築は、後に、後北条氏によって再構築された城郭と見るに十分であろう。

遺　構　柳瀬川を眼下に見下ろす比高約25mの台地縁辺部に築城されている。城の主要な部分は埼玉県指定史跡として保存されているが、方形をなす外郭部は宅地化され旧状を止めない。

城郭は大きく２つに分けて構成される。第１は本郭を中心とする扇形に配置される本郭、２の郭、３の郭で、もう一つは北側台地部に大きく張り出して作られる約 1.3ha 程の広さを持つ方形を基本とする外郭であろう。平面的な縄張りから見ても、この２つの違いは歴然としている。前者の縄張りに、後から外郭を追加して防御を強固にしたと観察できる。

外郭では市教委の発掘調査によって、小口部で障子堀が確認された。これに対して、本郭などは折りを多用した屏風折りの土塁、空堀によって、縄張りが規定され、複雑な外郭線を構成する。堀は大きく幅広で、堀底も畝等をおいて高低差をつけ、水が溜まるように作られていることがわかる。２の郭の土塁は基底部幅４m の小規模なもので高さは１～２m しかない。３の郭も同様であるが、土塁が小口部を除いて明瞭にならない。内部は窪んでいるように観察され、東部では土塁の手前が掘り窪められ、見かけ上土塁の高さを保っている。本郭小口は神社裏に発掘調査によって門跡が発見され、ここが小口であった事がわかる。空堀は深さ約８m の堀になっているが、小口部では３m の高さを持つ障壁が築かれる。この障壁面から本郭小口面まで、さらに４m 程の高さがあるので、ここには橋脚の存在を考える必要があろう。

本郭へは橋脚利用の木橋とみたい。本郭内は小口西に高さ３m 程の櫓台と見られる高台があるほか、土塁は掘り残し状に高さ 50cm ～１m に存在する。この部分は発掘調査によって四脚門跡が確認され、土塁裾部には石積が見られた。ここから「馬出郭」へ架橋され、馬出郭側にも橋台と見られる遺構が確認されている。２の郭、３の郭の空堀の外側に大規模な土塁が巡り、その外側にもう一つの空堀が存在する。空堀については市教委の調査で一部が確認され、障子堀であった。土塁は幅 10m 程の大規模なもので、これが第１期の改修であろう。そして、第２の改修が外郭部の増設であったと推定できる。外郭では滝頭部に接して障子堀が確認されているが、ここには、市教委の発掘と確認調査で確認された土塁・堀によって桝形に作られる喰違小口がある。

近年、史跡整備に伴う事前の発掘調査で２の郭・３の郭の内部と富士見櫓外部、「馬出郭」東端部が調査された。２の郭の調査では、土塁際に郭の構築直前に行われたと見られる地鎮的儀礼跡と見られる小屋掛けを伴う土壙が発見されている。この土壙は直ぐに埋められており、直後に郭造成が進められた可能性があると報告されている。

本郭北側にある「馬出郭」では東端部の富士見櫓への出口土橋の付け根部分で四脚門跡が検出され、柱穴４本と石敷・角材と丸太の炭化材等が発見された。出土遺物は 16 世紀前半の扇谷系カワラケと報告されている。

滝の城跡馬出から３の郭北空堀と土塁現況（上）、外郭障子堀跡（下）　所沢市埋文センター提供

また、３の郭では中央北側に 10m × 11m の大井戸が発見された。この構造はロート状を呈しており、中段斜面部底までは６段の階段が付けられ、下部の円筒部は垂直に掘られていた。深さは郭面から 8.4m 以上あったが、水位が低下しており、湛水面は確認出来ていない。井戸内からは瀬戸擂鉢の他、井戸底から染付等が僅かに出土した。

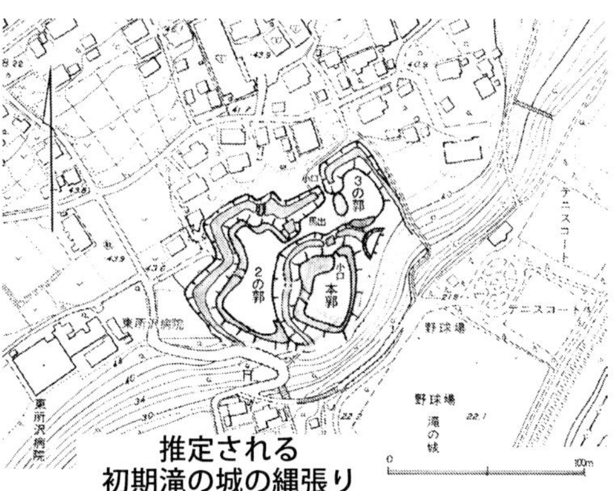

推定される初期滝の城の縄張り

滝の城跡からの出土品は少ないが、16 世紀初頭を上限とし、多くは 16 世紀中頃の年代観を示すと田中信氏は指摘した。これは大石氏が後北条氏に従属したと指摘される大永年間に一致するもので、享禄３年（1530）には河越城主上杉朝興の軍勢が府中に出撃し、小沢原で北条氏康に敗退するという軍事的緊張が起きている段階であった。

外郭の大規模な郭の構築が行われた第２段階は、天文 15 年の河越夜戦か、清戸番所の設置に伴う修築とが考えられるだろう。更に３の郭は大井戸以外の遺構が造られていない事も解り（所沢市教委発掘調査年報参照）、これも又、滝の城に兵站基地の役割が賦課されていた事を認識させるのに十分なのである。

案　内　関越自動車道所沢ＩＣから県道所沢青梅線を所沢方面に向かい、城交差点左折。東所沢病院の東に接する。

山口城跡

所在地	所沢市山口 1517 ほか。北緯 35.464023, 東経 139.260684, 標高 76.0

歴　史　山口城跡の築城者といわれる山口氏は、武蔵７党村山党の出身で、村山頼家の子家継を祖とする。家継は村山小七郎あるいは、山口七郎と名乗り、山口城に居住したので山口氏と名のるようになった。山口氏は戦国時代にも山口領を支配していたと言われ、『小田原衆所領役帳』に「山口平六」が 40 貫文を領している記載がある。所沢市史の著者福島正義氏は「山口城は、先述したように初代家継以来、山口氏の歴代居館として戦国時代まで利用されたことは事実である。」という。

『所沢市史史料編』によると室町時代の末期には大改修が行われたが、本来は館であったため、山口氏は別個に根古屋城を築き、山口城の城郭としての機能は根古屋城に移ったとしている。報告者の１人である安藤隆氏は山口城のあ

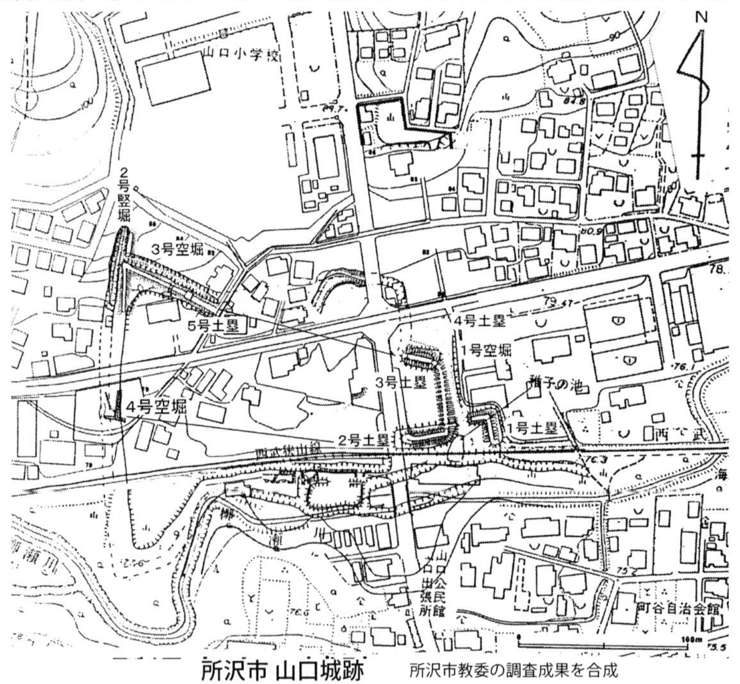

所沢市 山口城跡　所沢市教委の調査成果を合成

る位置が鎌倉道に接する地点を占める居館との見方を示し、市教委では根古屋城築城後の戦国期に城として改修が行われたとしている。

遺　構　狭山丘陵の標高 79m ～ 90m の南斜面に所在し、南麓部は柳瀬川が流れている。現状では土塁の一部が保存されているにすぎない。

城郭は、東西 200m、南北 200m の規模を有する多郭式の城郭であり、本郭と両側に東西の郭を備え、南部にも郭の存在が認められるとされ、以前の測量図では、南端を柳瀬川の段丘崖に置き、これを防御線とし、台地裾を丘陵から掘り切って方形に区画した館であったように示されたが、所沢市教委によって、測量調査と試掘、開発に伴う８次の発掘調査などが行われ、ある程度の状況が示され、詳細調査の実測図では大分様子が変わってきている。

２，３号土塁部分は、土塁が上幅２m、高さ１～３m、１号空堀は上幅６～８m、下幅４m、深さ 1.5 ～３m 位という。第７次調査では上幅３m、下幅 30 ～ 80cm、深さ１m 位の第４号堀がＬ字形に発見され、西武線に平行して東に向かっている様子が見られる。実測図から南から上って入る空堀道状の空間が存在したことが知られ、南部にある８m ほどの堀状遺構は重ね図では柳瀬川に重なり、河川の流路跡とも見られるが、34m × 16m の方形に描かれる郭状遺構の確認のために行われた発掘調査では深さ 1.9m 程の箱堀状を示す溝であったと報告された。この地区のものは奈良・平安時代の遺物を出土する溝が主体で、１つは流水堀であったとされるが、河川の痕跡とは想定されていない。

また、西部の第２号竪堀は上幅８m、下幅 1.6m、深さ４m の竪堀であるが、上端から３，４，11、９m の間隔で、40cm ～１m の高さをもって階段状に造られている。また、上幅４m、下幅 80cm、深さ４m 程の第３号空堀は丘陵端部からの堀切であろう。

発掘調査の結果、東部の３，４号土塁等のうち４号土塁は土塁でなく、造成切り土による誤認であった。２，３号土塁はその後の調査で、市道部分で回り込む 20m × 35m の方形の小規模な郭になる。また、第６次調査区の堀は、やはり隅丸方形の区画を示すだろうということが確認され、それも近世段階の可能性があることが推定され、山口城跡の全体像は３号土塁と５号土塁を結んだ線、４号空堀と２号土塁を結んだ線の範囲に収まることが予測されている。現状から把握される城跡の規模は東西 200m、南北 100m である。

城跡から出土した遺物はカワラケ、常滑甕、鉢等の出土品があり、その主たる年代は 15 世紀後半～ 16 世紀前半であり、報告者は山口氏の主たる活躍の年代を示すもとして 13 世紀段階の青磁なども若干出土していると報告している。

また、稚児の池は近世初期における溜池と推定されている。城跡の示す構造は単郭方形の郭の東部に馬出郭的な小規模な方形郭が付加された構造と見られるが、城跡の持つ土塁、空堀の規模は大きく、戦国期後半の様子を示す。小規模方形郭部の調査では、土塁の下から 15 世紀後半の常滑の甕や擂鉢を出土したことが確認されたというから、少なくとも報告にあるように、現在確認される大凡の山口城跡は、16 世紀段階に大規模な土塁と空堀が備えられる城郭に修築されたと考えてよいだろう。

案　内　西武池袋線新所沢駅から県道 55 号線を狭山湖方面に向かい、西武狭山湖線下山口駅前を通過した先の山口城前交差点を左折、踏切付近一帯。

所沢根古屋城跡

所在地	所沢市上山口字勝楽寺。北緯 35.464641, 東経 139.242874, 標高 126.0

歴　史　勝楽寺一帯は武蔵七党山口氏の拠点となる地域であるが、なかでも山口湖に水没した勝楽寺は武蔵武士と中世寺院のあり方を知りうる貴重な遺跡であったのではないだろうか。詳細は湖底にあり、つまびらかにできないのは残念である。城主等一切を明らかにしない。『所沢市史中世史料編』では、「山口系図」に山口小太郎高忠が応永（1394 ～ 1428）の頃築城と伝えているという。

遺　構　狭山丘陵の一角、標高 30m の丘陵上に所在する。現在は狭山湖の北岸に在って直下を湖水に洗われているが、城郭としての旧状をよくとどめている。

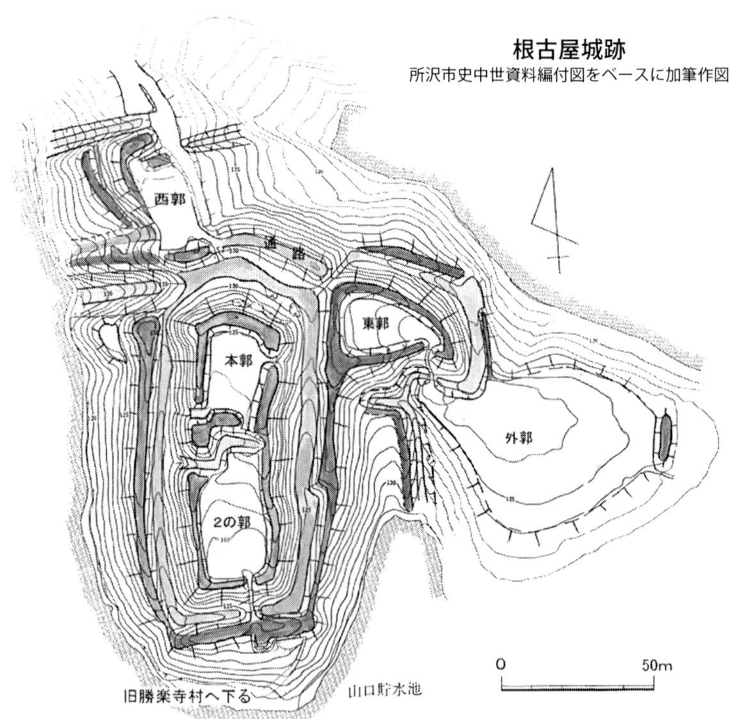

城郭は主郭が折りを持つ空堀によって区切られる複郭式の縄張りで、さらに大きく楕円形の横堀を構成する空堀と、土塁によって周囲を囲まれ、南北130m、東西65mの規模を有する二重土塁囲郭の形態を示す。横堀は丘陵肩部に構築したもので、外側の土塁は小川町中城跡のように空堀構築によって相対的に形成されるものである。所沢市教委の市史編纂調査で行われた測量調査データ（「所沢市史　史料編中世」）を参考にすると。

本郭の規模は17×25m位で、土塁は高さ1.5m、幅2m～4mで廻るが、全体の形は長方形の郭を中央部で深さ1～3m、上幅5～7mの堀切によって2分したものとみえよう。本郭には北東部、南西部、2の郭には南部東寄りに小口が造られる。本郭小口部にはそれぞれ木橋を想定できるが、南西部の小口は桝形に造られるものの、対岸の土塁とは約4m程の比高差があり、木橋が架けられたかどうかも判らない。南側の2の郭は22×45m、周囲に上幅約2m、高さ1～2mの土塁を廻らしている。本郭、2の郭を囲画する空堀は上幅10～20m、下幅3～5m、深さ内側6～8m、外側1～3m位を測る。この土塁と空堀は、2の郭南側中央で切れ、間口約2mの坂小口が形成され、幅1mの土橋が前面に置かれる。ここからはそのまま勝楽寺方面へ下ったのだろう。

外部の郭は、北側の丘陵尾根続きを掘り切って設けられた桝形小口を備える小さな西郭と、東側へ延びる幅広の丘陵括れ部を活かした東郭と外郭がある。本郭に対して両翼の様に配されるが、東郭は周囲に高さ1m程の土塁を廻らし、30m×15m程の楕円形に造られた郭である。外郭へ桝形風に造られた小口や、西南部の本郭への木橋を想定できる地点の存在を見ると、ここは馬出郭であったと考えられる場所である。

また、東郭の外側には外郭が置かれているが、大きな造成は無く、自然に近い形で要所のみが整形されたものといえよう。東西65m、南北65mの規模を有する。西郭と本郭の間に置かれる竪堀は上幅約20m、深さ約4mと大きく、直に切り込まれている。西郭は幅16m、長さ30mほどの規模を有し、北端に桝形小口を造る。北側には上幅3mと7mほどの竪堀が通路を狭めるように東西に喰い違って置かれる。

山口氏系図に山口小太郎高忠が応永（1394～1428）の頃築城の記録が知られるというが、所沢市史では占地、形態、防御施設のあり方から戦国期と推定している。根古屋城の構築年代を想定する資料は無いが、北武蔵ではこの応永の頃という年代観を示す城郭は阿保境館跡、安保館跡、庁鼻和城跡等「二重囲画方形館タイプ」であり、単郭で二重土塁の中城は15世紀後半の年代を示す。しかし、城郭の構造的な観点で年代を見ると、このような大規模な横堀を丘陵全体に廻らし、クランク状の折歪、桝形小口、馬出郭などが存在する事を考えてみると、現存する遺構は、やはり後北条氏段階に入る築城と考えた方がよいだろう。

案　内　狭山湖北岸にあり、東京都水道局管理地内の為自由見学はできない。

リュウガイ城跡

所在地	飯能市原市場東沢 1711。北緯 35.515639, 東経 139.131071, 標高 394.0

歴　史　不明

遺　構　中屋敷から天神峠に向かうアップダウンの激しい尾根を登っていくと標高 394m と地図に記される山頂に達する。しかし、この尾根筋の登りはどこから登っても急峻で困難を極める。城跡への道は現在明確にできないが、本郭の祠が妻沢地区の方々によって祀られていること、また、城跡の眺望は北側の中藤川沿いの谷を見下ろす位置にある事を見ると、妻沢地区に登り口が有ったと考えられる。尾根からの道を降りて見ると道は途中で無くなるものの、おおよそ高源寺付近に降りる。南側の赤沢の谷は全く見えない。赤沢側は意識していないといえるだろう。

遺　構　山頂を中心に東西の尾根上に見られるが、堀切の状況を見ると東側に

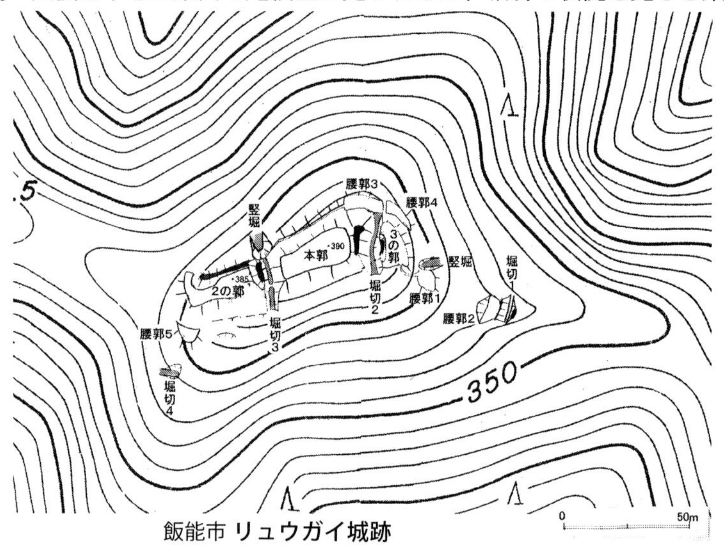

飯能市 リュウガイ城跡

堀切3

3の郭の西土塁

向かって備えていると見られる。東から尾根を登って標高 360m 地点に浅い堀切 1 がある。3.5m 上に奥行き 2.5m の腰郭 2 がある。急峻な斜面をさらに 10.5m 登ると幅 7.5m、奥行き 5.8m の腰郭 1 に到達する。北側に小さな堀切があり、上部が切り落とされるので小口郭を形成しているのだろう。

標高が約 385m の尾根東端部に上り詰めると、堀切 2 の手前に作られる 3 の郭となる。3 の郭は南北 17m、東西 8 m 程の平坦な郭で、北隅が低くなって堀と落差が無くなる。堀切側には掘り残しと見られる高さ 1m の土塁が僅かに見られる。堀切は長さ 23m にわたって斜面部まで延び、本郭側の最高部で深さ 3.5m を測る。

北斜面には腰郭 3 があり、堀切と連結しているが、この腰郭 3 は奥行き 3 m、長さ 15m ある。そして、東側に一段下がって腰郭 4 となるが、ここは、緩やかな斜面部に成っている。腰郭 3 から本郭下に直線的に幅 50 ㎝ほどの道が造られているが、下から見ると段築の様に見える。本郭は幅 14m、長さ 28m の長方形を示す。東端部に高さ 1 m の土塁を置く以外構造物は無い。中央に祠が祀られている。南北の斜面は約 45 度位の急斜面で、西端部は堀切 3 となる。堀切 3 は深さ 4 m 程、下幅 1 m に掘られ、中央から両側に下り勾配で掘られ、北側は斜面部でさらに大きな下幅 2 m の堀切となっている。

尾根西端部に置かれる 2 の郭は、郭部が平坦ではないが、周囲は切り落とされ、郭造成の意図が明瞭に読みとれる。東辺から北辺にかけて、掘り残しと見られる土塁が存在し、郭内側から見ると高さ 1 m 程になる。ここから南に降りる尾根筋には 5 m 下に腰郭 5 が置かれ、さらに下部には小規模な堀切 4 がある。ここから下は斜面が緩やかになっている。2 の郭から西の尾根筋には遺構はなく、急斜面で切り落とされるのみである。東斜面部も強く切り落とされ、今もその崖線頂部のラインが確認できる。下部には切落しの土がまとまって平場風に見られる所もある。

案　内　原市場から妻沢地区に進み、高源寺付近から南西方向に見える城跡に向かって山を登る。尾根手前で赤沢方面からの山道に出る。それを右手に登る。

小瀬戸城跡

所在地　飯能市小瀬戸。北緯 35.520207, 東経 139.161803, ほか標高 182.0,

歴　史　関口和也氏によってすでに所在が明らかにされた城郭であるが、『埼玉の城館跡』には記録されていない。『新編武蔵風土記稿』等でも記録されない不明の城郭である。

遺　構　飯能第二小学校の裏山に所在する小さな城郭で、標高 184m から 194m の狭い尾根先端部を掘り切って作られている。堀切は金毘羅社の祀られる先端部岩場から尾根伝いに約 30m 程奥まった地点にある。堀切の規模は上

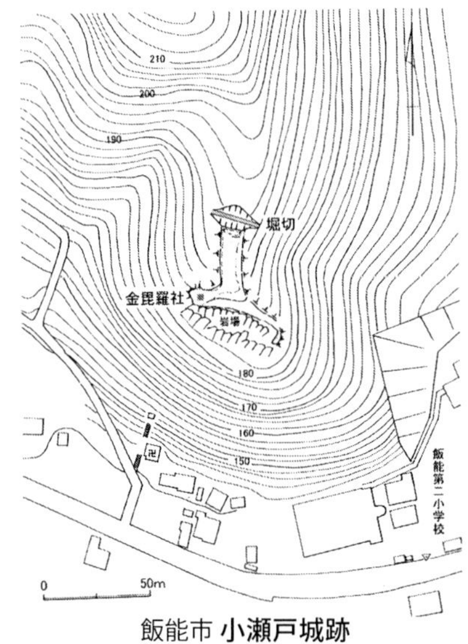

飯能市 **小瀬戸城跡**

堀切現況

幅が7mくらいで底幅が1m、長さ24mを計る。掘り上げ土は南側に盛り上げ、尾根幅いっぱいに50㎝ほどの高まりが観察される。

主郭と見られる標高192mの尾根幅は11m位であるが、地形の痕跡は見られず、両サイドの斜面部も緩やかで、切落しなどの形跡は無い。しかし、先端部は岩場で、急斜面となり、かっては小学校方面からの登り道があった。金毘羅社には鉄板製の大小鳥居が奉納され、鋳物師や鍛冶師の信仰の跡を伺わせている。山麓にはお堂があり、至徳4年（1387）銘の見られる安山岩製の宝篋印塔の一部が3組分残されるほか、板石塔婆も存在する。

案　内　飯能から名栗方面に向かい飯能第二小学校が目標、学校体育館裏山。右手の団地側から登る。

大河原城跡

所在地	飯能市大河原竜谷山頂上。北緯35.51058, 東経139.181367, 標高192,

歴　史　不明。殿屋敷は大河原氏の館跡と伝える。

遺　構　吾妻峡の南側に聳える竜谷山頂上部に大河原城が作られる。金蔵寺西の八耳堂から真南の標高166mの尾根に登ると、殿屋敷といわれる下位の尾根に出る。ここには尾根付け根部に15m × 20mの平場造成が行われ、屋敷地となっている。この地点から直登で標高206m地点の尾根まで上がるが、この尾根には城郭としての郭配りは認められない。竜谷山頂はここから西に上り詰めた地点にある。

途中の斜面には幅 2.5m から 3 m 程で斜面長 7 から 8 m 程の竪堀が並び、畝状竪堀群の如き配置を見せる。この配置は、他方の尾根筋が総て堀切によって防御されるという本城の造りから見ると、ただ一つ堀切が無い尾根になるので、防御施設として有効な施設となる。ただ、この中には頂部が深く掘り込まれ、一つは坑道になるなど下部の岩石を掘削しているものが数カ所見られることである。これはこれらの竪堀群が城郭に関わる遺構であるという考えを躊躇させるものになっている。さらに頂上直下の高さ 6 m 程の堀切状のものも、両サイドが斜面にかかわらず中途半端であり、堀切の機能を果たさない。やはり、黒っぽい岩石を掘削している。

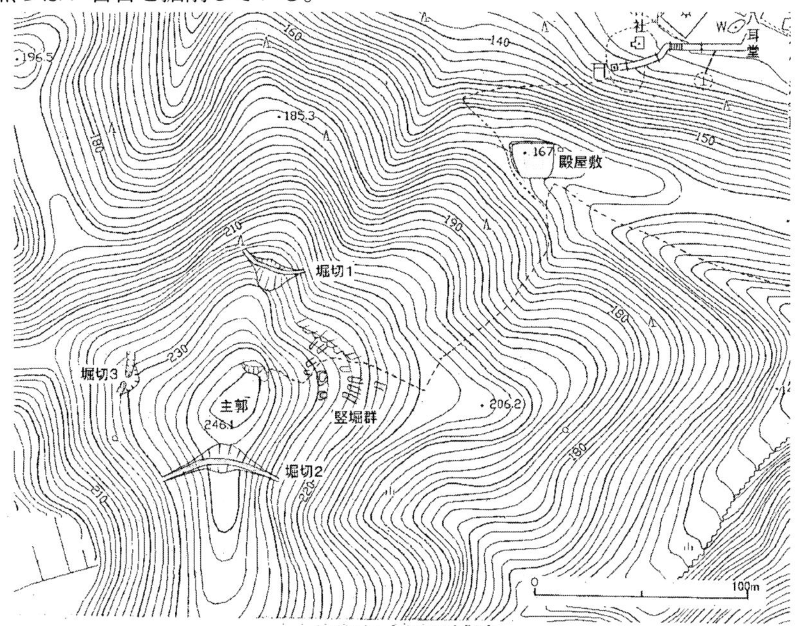

飯能市 **大河原城跡**

堀切 2

竪堀群現況

主郭は山頂の長さ24m、幅15m全体に見られ、平坦に造られる。サイドは切り落とされる。南側には深さ６m、下幅２mに切り落とされる大規模な堀切２が見られる。このような堀切は北側斜面途中にもあり、深さ６m、下幅１mに切り落とされている。西側には10m程下がる斜面変換点に深さ1.5mほどの切落しがあり、両側に上幅1.5m程の小規模な堀切３が竪堀状に置かれている。山腹途中から四方に平坦に尾根が延びているが、これまでの調査では、ここに郭の存在が指摘されてきた。

しかし、尾根上に地形の痕跡は認められない。市教委は、本城付近では戦前西斜面を中心にマンガン鉱塊の採掘が盛んで、人夫を使って東京の会社が行っていたという。竜谷山や付近の山でも盛んで、あちこちに採掘穴が見られるというので、東斜面部で見られる黒色を帯びた岩石まで達している深い堀はこの採掘鉱と見てよいだろう。県立自然史博物館のおこなった地質調査結果でも多くのマンガン鉱採掘の事例が確認されている。

案　内　飯能市郷土館下から飯能青梅線に入り、大河原交差点を右折し、八耳堂・軍太利神社を目指す。境内から山道を登り、殿屋敷跡の平坦地に出て、さらに山頂に登り詰める。

リュウガイ山城跡・岡部屋敷跡

所在地　飯能市坂石、北緯35.542013, 東経139.134099, 標高357.0, 他

リュウガイ山城跡は、旧坂石小学校跡に西に横たわる尾根頂上（357m）に見られる城郭である。その山頂から下る北斜面裾部（340m）のテラスに見られる平坦地が（伝）岡部屋敷跡である。この両者については埼玉県立歴史資料館の埼玉県中世城館跡調査と坂戸市の関口一也氏によって既に報告が行われているものである。

岡部屋敷跡はテラス状に削平された42×40mほどの北に開けた平坦地で南は山頂部となり、日射は極めて悪い。削平にあたっては斜面部の状況を観察すると、東側の谷斜面部へ掻き下ろしたと見られ、歴史資料館の試掘調査で削平が確認されている。平場内に高さ２m程の大きなチャートの転石が見られ祠が祀られているが、この転石を掘り出す程削平したのだろうか。平坦地北側にも若干の細い平坦地が有るが、城郭遺構かどうか判断できない。

一方、西側60mの15m下がった地点に15×10m程の平場がある。ここは集落の直上部となる。また、この両地点の間は窪地となるが、浅い平坦地を形成して傾斜し、３段程の緩やかな平場が見られる。このような作りは、日尾城にも有るが、小屋掛けなどをした地点か、あるいは耕作地かは現状では確認できない。また、この上部10mほどににも小さな尾根状の張り出し部があるが、この上面も15×10mほどに平坦に造られる。

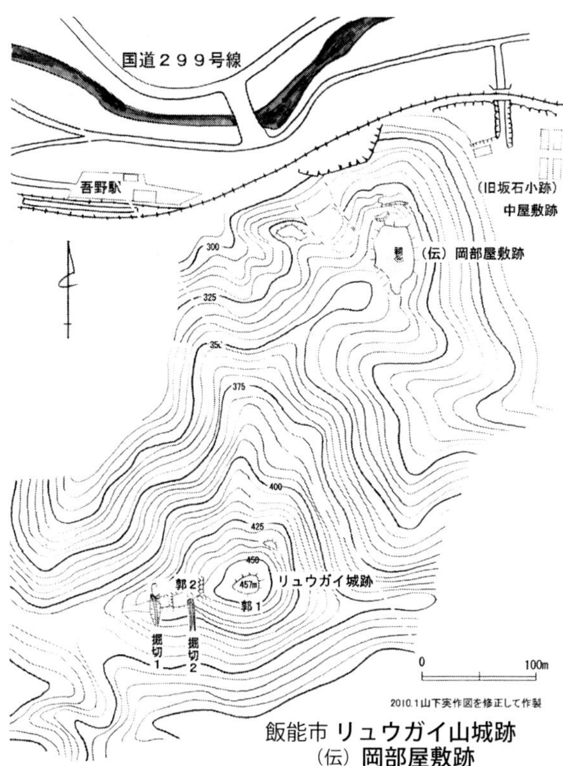

飯能市 **リュウガイ山城跡**
（伝）**岡部屋敷跡**

山頂部に造られるリュウガイ山城跡は、標高357m地点が19.5m×12.7mに平場整形されるのみである。所々にチャートの転石が露出している。明確な城郭遺構は西に続く痩せ尾根上にある。この尾根は３ケ所にチャートの露頭が見られる地点であるが、この中間の左端が10mにも及ぶ垂直で大規模な露頭右端の基部を上幅7m、深さ4m程切り下げ、堀切２を置く。また、更に上段の露頭部下5mに上幅4m、深さ１～1.5mの堀切１を置くが、これは尾根の南側半分に造られる。

岡部屋敷とは、鎌倉時代の畠山重忠の郎党であった武蔵七党猪俣党岡部氏の屋敷にかかる伝承である。岡部氏は坂石の法光寺の開基という（『埼玉県の地名』517p）。法光寺は屋敷跡北西山麓の吾野駅西に隣接する寺院として存在する。14世紀後半の至徳３年（1386）には岡部新左衛門入道妙高が記録される。

もう一つは、松山城将・岡部越中守に関わることで、この地域の高麗郡日影郷（飯能市中藤上郷・中郷・下郷）は小田原衆松田左馬助（日懸谷400貫文）の被官・岡部氏が土着した地域（藤木久志1995『戦国史をみる目』）であり、これとの関わりを考えることも重要になるだろう。

旧小学校敷地は中屋敷と称される。この地域は畠山氏とのゆかりを伝えており、青梅の御嶽神社には畠山重忠奉納の大鎧が国宝として保存伝承されている。しかし、これらの城郭遺構が、12世紀の鎌倉時代まで遡る事は到底不可能であるが、入間川・高麗川・名栗川流域は古くから開発が進められてきた地域であったことを示している事だろう。リュウガイ山城跡の造りは単純な造りで、２本の堀切で防御された１つの平場形成となる。そして尾根の三方は山頂直下が比高50mにわたり約45度程の急斜面を形成するのみで、何ら施設は造られない。また岡部屋敷跡部分は平場形成のみで城郭とは言えず、伝承のように屋敷跡と見るべきなのだろうか。

関口氏は報告の中で「この辺りの領主の築城パターンの一つといえるかもしれない」（関口和也 1991）と述べているが、山麓部に館を置き、背後の山に小規模な要害を配した、在地領主の居館のあり方を理解できる可能性が高く、注目しておきたい。

案　内　国道 299 号線を正丸トンネル方面に向かい西武池袋線吾野駅手前の旧坂石小学校敷地内に入る。

吉田山城跡

所在地	飯能市坂石。あじさい館南後方の山頂。 北緯 35.545709, 東経 139.122575, 標高 412.0,

歴　史　記録なし

遺　構　城跡へは秩父御嶽神社入り口から標高 350m 地点に有る秩父御嶽神社本殿を目指して上り詰め、社殿右手の登山道を小床峠方面に向かう。神社から標高で 90m のぼって標高 435.5m の頂部に着く。更にそれを尾根伝いに北西へ 90m 程進むと標高 444.1m の吉田山山頂に至る。ここまでは急斜面を上り詰めることになり、歩行に十分注意が必要である。

城跡はこの山頂から北に延びる上幅２～３mの痩せ尾根上に築かれている。尾根の折れ曲がる地点にあり、南北 11m、東西６m 位の長方形をした平坦地を挟んで両端部に堀切が置かれるのみである。手前の堀切１は堀底が浅く、幅１m に－ 50 ㎝の所で土橋状に掘り残されるが、西側に６m、東側に４m 程掘り切った全長 11m 程のものである。北側の堀切２は上幅７m、深さ 1.8m、長さ 13m 程に造られている。これより先の尾根端部は岩石が露出したがれ場となっている。がれ場西下部には奥行き４m、間口 12m 位の平坦地があるが、城跡との関係は不明である。

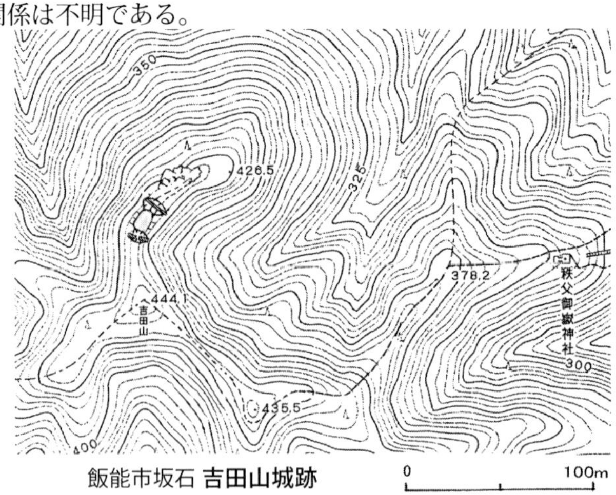

飯能市坂石 **吉田山城跡**

本陣山砦跡

所在地　飯能市南川字本陣、北緯 35.554467, 東経 139.113600,
　　　　標高 284.0, 他

歴　史　この城郭の周囲の地名は、山麓の小さな集落が本陣、山頂が本陣山、山頂北西部の谷が本陣沢、南東が本陣平と「本陣」という地名が残される。本陣という名の由来については何も残されないが、この名を聞いて思い浮かべるのは享禄３年（1530）の「吾野蜆城合戦」『石川忠総留書』で河越城にいた上杉朝興が遠山直景を攻め破った合戦である。これについては蜆城そのものが確認されていないため、余り論評されてこなかったが、或いはこの地域であった可能性も考えられるが、如何にしても小規模すぎる。

遺　構　特別養護老人ホーム「吾野園」に接する東尾根の更に東側に、「子の権現」から北に延びる尾根筋にある。標高 442m の本陣山山頂から北に延びる尾根先端部に位置し、標高 332m ～ 275m の痩せ尾根の端部に造られる。325mほどの尾根基部の鞍部を上幅５mで深さ１～1.5mに掘り切り（堀切２）、北側は約 4.5m 上る。７m 先に上幅 7.4m、深さ 1.5m の堀切１を置く。その先に尾根を削平して造った 9.5 × 6.5m の郭２、更に３m 上がって尾根先端の

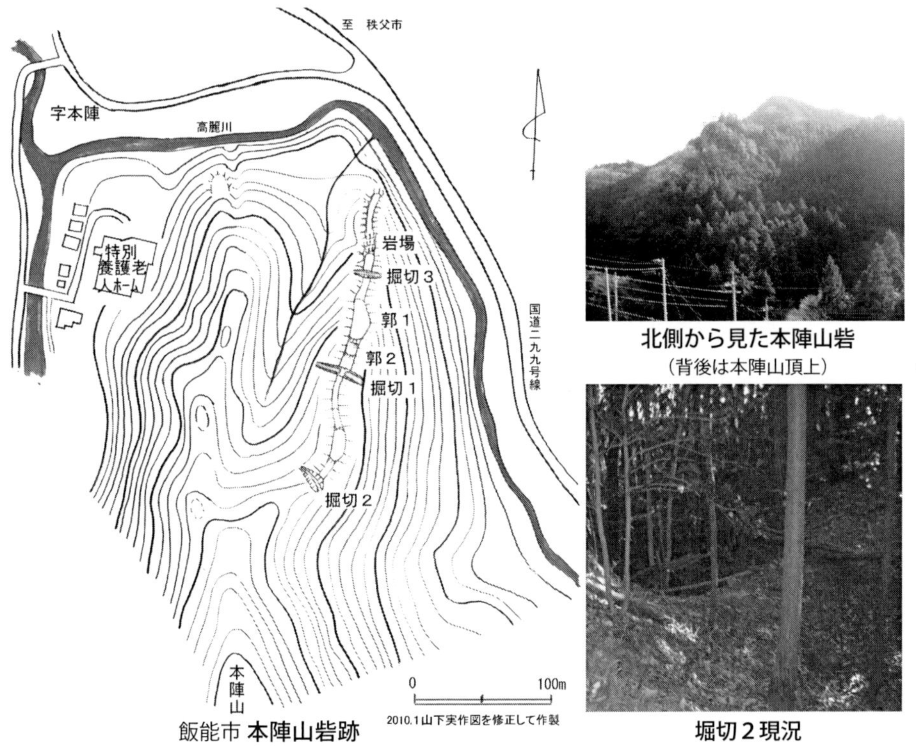

飯能市 **本陣山砦跡**

北側から見た本陣山砦
（背後は本陣山頂上）

堀切２現況

最高部（332m）に 24m × 8.6m の郭 1 を造っている。ここから真北に一気に 80m ほど下がって高麗川まで下る。

途中、上幅 3 m、深さ 1 m 程の堀切 3 が置かれる。従って北側の極めて細い尾根筋は登坂路として利用されていた事になるが、この急斜面部には今も尾根道が見られる。なお堀切 3 直下になる上半分は落差 25m ほどの岩場を利用した障壁となる。極めて小規模な城郭であるが、堀切と郭形成は比較的しっかりと行われている。本城からの見通しは谷が狭く、深く、屈曲しているため東でも 300m 余と極めて悪い。

案　内　国道 299 号線正丸トンネル手前に根の権現方面に入る県道が分岐するが、この道を下って集落を通り抜け、特別養護老人ホーム「吾野園」裏山を北端部から回り込むように入り尾根伝いに行く。手前の尾根から堀切 1 は見える。

河又城跡

所在地	飯能市上名栗字河又（龍泉寺裏）。 北緯 35.522871, 東経 139.110402, 標高 304.0, ほか

歴　史　無し、寺の住職も城郭の存在を知らなかった。

遺　構　有間川と名栗川の合流点に突き出す尾根の端部に所在する。尾根裾には曹洞宗龍泉寺があり、丁度有馬ダム入り口に当たる。

城跡のある尾根の部分の標高は最高点で 314m である。この西側に南北両側から溺れ谷が食い込み、尾根を大きく括れさせているが、ここの尾根上に堀切 1 を置き、南東へ延びる尾根を更に 2 箇所で掘りきっているだけの縄張りで

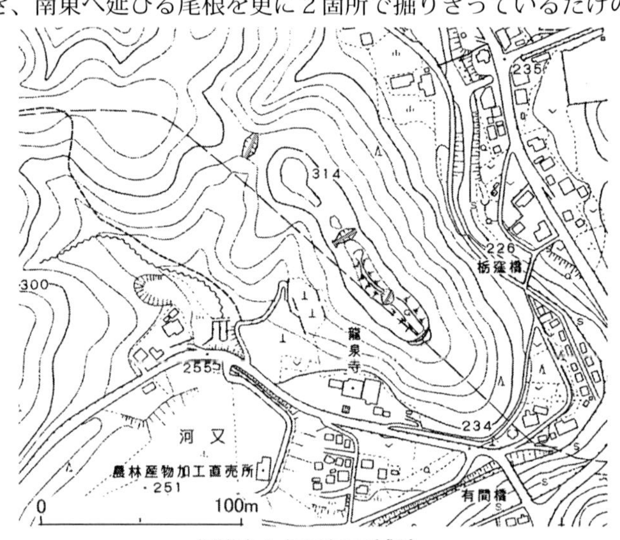

飯能市上名栗 **河又城跡**

堀切２現況（上）
城跡全景（左）

ある。堀切１は上幅約６m、深さ１m 位のものであるが、城内側となる尾根最高地点の真下であるため堀底から、最高地点の頂部までは約 18m を測る。この頂部は 10 × ３m 位の広さしかなく、地形の痕跡は見られない。

このまま、南東へ尾根を移動し、中間点の頂部を過ぎると堀切２が置かれる。堀切２は上幅約８m、深さ 1.2m 位となる。堀切は両サイドへ約４m 位下まで掻き下ろしているように観察される。これから更に南東へ尾根を第３の頂部へ上がると上幅１m 位の両サイドが極端に削り込まれた痩せ尾根となり、若干下って堀切３が有る。堀切３は上幅約６m で山側が３m 程掘りきられ、先端側が１m 程となる。さらに尾根 20m 程進むと端部が１m 位切り落とされ、其の地点に間口 10m、奥行き１m 位の平坦地が見られる。以上が河又城跡に見られる遺構の総てである。

案　内　城跡への明確な進入路はないが、龍泉寺への自動車進入路を入って車庫手前から右手に登っていくのが一番だろう。

名栗根古屋城跡

所在地　飯能市下名栗字根古屋。北緯 35.511362, 東経 139.112820,
標高 340.0,

歴　史　『新編武蔵風土記稿』など一切の記録に現れない。地名に根古屋のみを残す。

遺　構　遺構の所在は中田正光氏や、関口和也氏によってすでに明らかにされているが、『埼玉の中世城館跡』の調査では地点のみの記載で、具体的には調査漏れとなっている城郭である。城跡の存在する地点は、県指定民俗文化財「下名栗の獅子舞」で著名な諏訪神社の南西にそびえる尾根先端部の山頂にある。山麓には根古屋という集落があり、その集落から南東に登った比高 120m の山頂である。頂部は非常に狭く、４～６m 幅の細長い尾根が西南から西方向

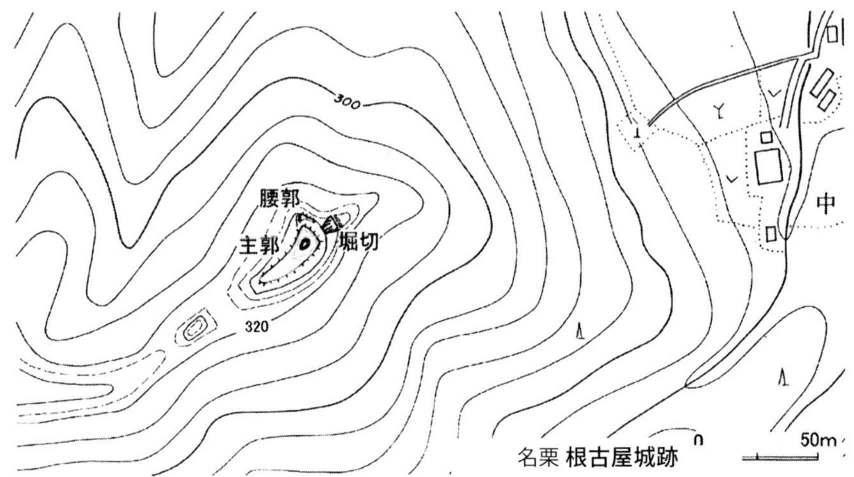

名栗 根古屋城跡

城跡全景

に続く。

遺構の見られる地点は標高340m程の頂上部とその北斜面部であるが、頂上部は平坦で最大幅9m、南部で4m、長さ28m程の平坦部であるが、整形された痕跡を止めない。北端部の広くなった地点に4×2.5m、深さ1m程の大穴があけられるが、これまでの調査者は抜根の跡だろうとしているものの、これまで、幾つかの城郭で狼煙場と見られる大穴を発見しているので、直ちに抜根跡と断定する訳にはいかないだろう。

さらに、12m程下がった北斜面変換部には、埋まっているが、堀切と見られる窪地がある。その規模は上幅2.5m〜3mと見られ、斜面下側に堀上土が盛られているらしい高まりが認められる。ここより右手上方に道らしき痕跡があり、長さ12m、幅4〜5mの腰郭らしき平坦地が曖昧に観察できる。腰郭の奥は幅5mに亘って明らかに掘り窪められ、そこから4.5m程あがって主郭に到達する。城跡にはこれ以上の遺構らしきものは無いが、南側は狭い尾根が、

30度ほどの勾配で11m程落ち込み、幅9m程の鞍部を造り、まるで大きな堀切が設けられたようになっているので、地形を加える必要性は無かったのだろう。城跡は地名から根古屋城跡と云われているが、小さな物見の砦であったのだろう。

案　内　飯能から名栗村に入って最初の桐木平地区の諏訪橋をわたり、諏訪神社を目指す。神社西の沢向こうに迫る尾根山頂が城跡。

柏原城跡（城山砦）

所在地	狭山市柏原2376他。北緯35.530449, 東経139.243986, 標高49.0,

歴　史　この城は、天文15年の河越夜戦の際、河越城を守る北条勢を攻めるために、山内上杉憲政によって築かれた陣城と伝えられている。『狭山市史中世資料編』では、この城を足利基氏の入間川御所を守る一連の城郭の一つとしている。城山砦ともいう。『新編武蔵風土記稿』には字上宿の南寄りと、東南にそれぞれ砦跡ありと伝えており、前者を新田義貞の築城、後者を上杉陣と伝えると記す。現存遺構はこのうち後者の遺構で『新編武蔵風土記稿』は「土人は「上杉城」と称す」と記す。構造的に見れば河越合戦時の築城と考えるのが妥当だろう。

遺　構　昭和48年3月1日に市指定文化財史跡に指定され保存されている。入間川の河岸段丘面との比高10m程の台地縁辺部にある。台地の屈曲点を掘り切って構える。堀は箱薬研堀に作られ、最大約18m～9m程の上幅を持ち、堀底の幅は約2m。本郭側は4.5m、2の郭側は1.6mの深さを保つ。2の郭の空堀は相当埋まっていると考えられる。2の郭には土塁は見られないが、小口際に稲荷様を祀る低い塚状の高まりが存在する。馬出郭であったと考えられている。

本郭の土塁は出桝等を設け、折りを多用し、塁線を複雑にする。堀底からの高さは約4.5mを保ち、内側では約3mの高さを持つ。従って、約3mの盛土によって土塁が築かれたといえるだろう。土塁上は3mと比較的狭いが北端部では三角形状に広げて作られる部分がある。2の郭に作られる城内への小口は喰違いに作られ、本郭へは西南部に開かれた落差1.5mほどの坂小口が存在し、土橋を通じて通路が開かれる。本郭内は平坦で、台地端部には土塁は存在しない。本城が示す縄張りは、前者の考えを理解できるところにあるが、大規模な土塁の構築は、滝の城などに類するところがあり、後北条氏段階にかかわる城と考えている。

案　内　入間川左岸に沿う県道鯨井狭山線の柏原交差点の約200m東から南に入った台地縁にあり。

難波田城跡

所在地　富士見市下南畑 589。北緯 35.512841, 東経 139.340077, 標高 5.0,

歴　史　上杉憲政の家臣、松山城主難波田弾正は戦記に松山城風流歌合戦等で登場する著名な武将であるが、この難波田氏ゆかりの城郭である。『小田原衆所領役帳』では上田左近の所領となっているが、これは天文 15 年（15）の河越夜戦の後、北条氏の支配するところとなった結果である。

難波田氏は東秩父村浄蓮寺の過去帳に、河越夜戦で討ち死にした難波田善銀父子の法名が記載されており、上杉氏の重要な家臣であったことが伺われる。『新編武蔵風土記稿』に、上杉の臣難波田弾正憲重の居城で憲重討ち死に後、上田周防守が居城と記載されるが、この人物は、天正 4 年に東松山市妙安寺の日蓮坐像を造立し、天正 5 年 4 月 15 日に没し、法名を日道という。難波田城領内水子性蓮寺に墓がある。周防守は左近にゆかりの人物か左近自身と考えられる。なお、左近は永禄２年の『小田原衆所領役帳』以降その名は知られない。

遺　構　『新編武蔵風土記稿』に「今城跡ノサマヲ見ルニ四方二町余ノ地ニテ追手ハ南ノ方ノ小名宿畑ト云ル辺ナリ土居及ヒ堀ノ遺跡ハ四方ニ見ユ西ノ方ニ櫓台ノ跡アリ夫ヨリ一町余ヲ隔テテ馬場蔵屋敷ナトノ跡残レリ東ノ方三町許ニ代官屋敷ノ跡アリ土人ノ話ニ昔ハ外廓アリテ堀ヲ二重ニ構ヘシ由」と具体的に城郭の構造に触れる記載がある。

この城跡では浅野文庫の難波田城図、酒井家文庫の難波田古城図など数枚の絵図が残され、さらに市教委の地道な発掘調査によって、絵図と変わらない縄張りを持つ城郭の存在が確認された。遺構の存在する部分は公有地化され、本

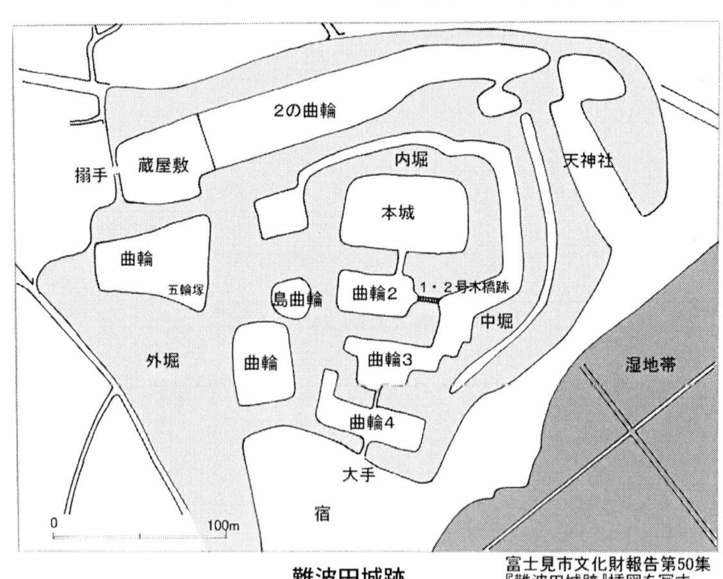

難波田城跡　富士見市文化財報告第50集『難波田城跡』挿図を写す

郭を除いて市の城跡公園として整備公開されている。城跡は旧入間川の形成した自然堤防上に築かれており、現状は水田と自然堤防上の集落となっているが、発掘調査によって確認された遺構と絵図を重ね合わせ、市教委によって復元された城跡が図のようになるという。

曲輪２と曲輪３を繋ぐ木橋１跡
（富士見市教委提供）

城跡は本城を中心に郭を基本的に同心円状に配された城と見られ、北に蔵屋敷のある２の曲輪、そして、蔵屋敷の西に搦手口がある。東に天神曲輪、南に曲輪３、曲輪４を置き、大手口を通じて宿に通じる構造になっていたらしい。西に島曲輪のほか２つの島状の曲輪を置く。それぞれの主要な郭は帯郭と橋によって連絡されていたようで、本城南の曲輪２の馬出郭部では曲輪３との間の堀内に橋脚列が発見されている。橋杭の幅は約１間で 1.7m から 2.6m の間隔で５列が確認され、長さ 11m の橋が架けられていた。

城の全体の規模は径 350m 程の範囲に広がり、馬出郭から曲輪３、島曲輪、五輪塚部分が史跡公園として保存された。本郭の規模は 40 × 70m 程で、２の郭は東西に 250m となる。発掘調査では堀や建物跡、井戸跡などの遺構の他、本城部分では 14 世紀から 16 世紀の陶磁器などが出土した。また、一部であるが、大手口に近い小さな郭では、13 世紀の遺物も発見されているという。

この城は難波田氏の時代以降、本城を中心として拡充整備されたと考えられている。そして、発掘調査の成果からは本城の成立年代を 16 世紀頃と推定し、上田氏の築城が考えられている。尚、発掘調査では建物跡と倉庫跡の遺構が確認されたが、建物跡では径 30 ㎝、長さ１ｍの栗の木を基礎に埋め込んで建物が沈み込まないように工夫してあり、倉庫跡では、竹を束ねて造ったと見られる壁の存在を窺わせる発見もあったという。

郭配りの中で特に注目される点は、本郭と馬出郭の配置で平城ではあるが、比企の上田氏関連の城郭に見られる小口前に小規模な郭が置かれるという共通した特色が見いだせる点であろう。城跡の発掘調査で出土した遺物の年代は 14 世紀から 17 世紀前半の陶磁器・カワラケなどが出土し、主たる年代は 16 世紀の物であったという。報告者は難波田氏の館から整備拡充して城郭にしたものとの見方を示している。

案　内　富士見市役所前の市道を北東に向かい国道 254 号富士見川越バイパスを越え、上南畑の交差点を北に向かう。市立難波田城資料館が城内にある。

多和目城跡

所在地	坂戸市多和目字城山。北緯 35.552905, 東経 139.195583, 標高 113.4,

歴　史　『小田原衆所領役帳』に「田波目葛貫 146 貫 36 文　御家中衆左衛門佐殿知行」とあり、永禄段階では、北条氏尭の知行地の城郭と認識される。後北条氏支配以前の築城であったと考えられるが、築城者等を伝えていない。

遺　構　市営水道の配水池のある城山頂部にある。標高は 113.4m をはかり、高麗川を真下に見下ろす北岸の断崖上に構えられる要害である。

丘陵は北に続くが堀切等は見られず、北東と南西、北西側に空堀と土塁を置き、防御している長方形をした単郭の城である。東西 110m、南北 45m を測り、北東隅の塁線に折りを設けている。南西の土塁は堀側で約３m の高さを持つが、北東側では約１m の高さしか残っていない。東南部コーナー付近は斜面部に入り、緩い傾斜を持っているが、ブッシュが激しく詳細がつかめない。土塁に折りの見られる南に小口が存在すると言われているが、土塁に切れ目はなく、傾斜部にかかって消失するが、ここに小口は存在したとは見られない。むしろ、南西部の崖に降りていく地点に土塁の折りが作られ、その南部が小口状に切れており、ここがその可能性が高いと思う。

高麗川の急崖上にある城跡

配水池部分は丁度北コーナー部を破壊しており、城郭の４分の１が失われたことになる。周辺は地形的に緩やかで平坦部も続くが、遺構は全く存在しない。

案　内　高麗川左岸の丘陵上にあり、城山配水池が目安。西坂戸団地に南はずれに接し、団地内駐車場からすぐ。

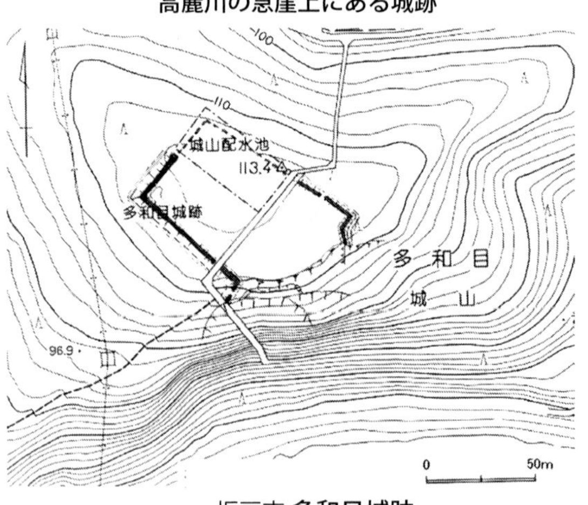

坂戸市 多和目城跡

浅羽城跡（失われた城）

所在地	坂戸市鶴舞1丁目。北緯 35.565338, 東経 139.222021, 標高 35.0

歴　史　『新編武蔵風土記稿』に、浅羽下総守を城主と伝える。浅羽氏は武蔵七党児玉党に支族として、その歴史が古くから伝えられる武将で、入西三太夫資行の子小太郎行業が浅羽に住して浅羽氏を名乗ったのに始まるという。『関八州古戦録』には、天正 12 年に北条氏に加わり、氏照に従って高名を挙げる事などが記されている。

遺　構　城跡は完全に住宅団地となり、その面影を留めていない。埼玉県の中世城館跡調査で、その位置の確認が行われ、略所在場所が確定した城郭である。試掘調査では 16 世紀前半のカワラケが出土している。

城郭の所在した場所は、坂戸台地の西縁部で西に北流する高麗川があり、それに面した台地縁辺部に築城されていたと見られる。いくつかの城郭図が残されており、浅羽城のおおよその形を知ることが出来る。『坂戸市史』通史編では大徳子龍氏の描いた図を例示し、「おそらく実地に即して作図したと思われ、各大名家に伝わったものより実際に近い様に感ぜられる」として引用している。

この城は台地縁に本郭を置き、それを次の郭が囲み、また、次の郭群が取り巻くと言った「菅谷城」同様の形を示している。一方、「大徳子龍氏絵図」は「青鳥城」の様に台地縁に置かれた本郭をコの字形に囲む形を示す。主郭の規模は東西 15 間、南北 24 間と記される。２の郭、大手の３の郭と見られる郭の他に北方に堀を挟んで外郭と見られる郭群があり、主郭と２の郭が堀に囲まれる他は、絵図では周囲を深田と記し、自然の湿地を利用した城造りが行われていたことが判る。この絵図で理解できる事は、大手から東側の２の郭の塁線には

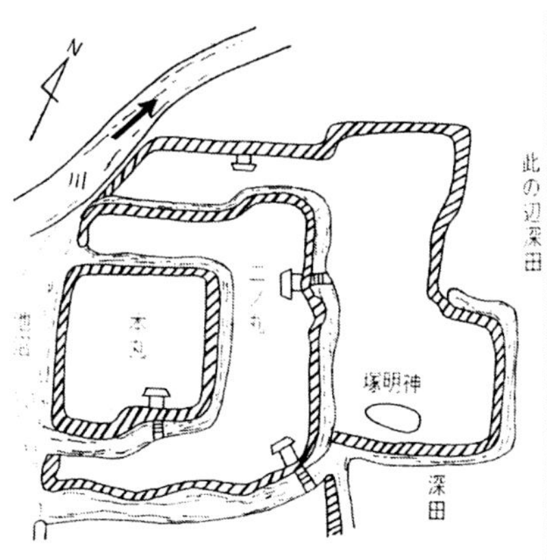

浅羽城図
大徳子龍「浅羽古城略記」『坂戸市史』通史編引用

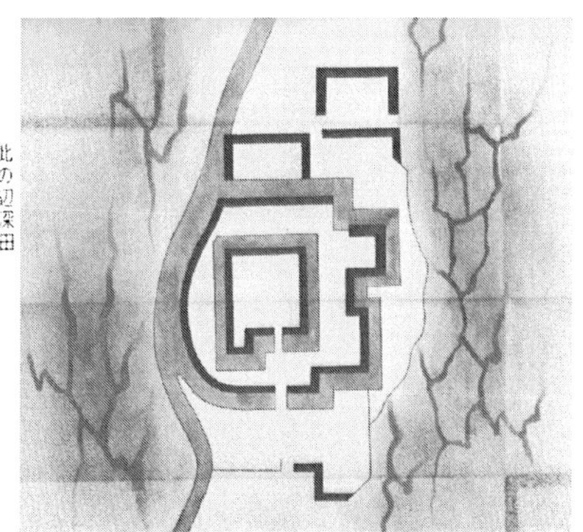
浅羽城絵図
浅野文庫蔵『諸国古城之図』武蔵浅羽（部分）

「折歪」が多用されていることであろう。更に南の大手筋では、土塁による遮断線が構築されているようである。

「２の郭」小口が直線上に置かれていることについて、齋藤慎一氏は、戦国期の城郭としては一般的でなく、折り歪みが多用されている東側の塁線部分に木橋をかけた小口が存在したことを指摘しているが、可能性としては東中央部の出枡形土塁に両側を挟まれる内側にコの字形に入り込んだ部分ではないだろうか。「大徳子龍氏絵図」ではここに門が描かれている。『城郭規範』では南に大手口が描かれるが、この位置取りは不自然で、「大徳子龍氏絵図」に示される北側にある出丸状枡形部分にある小口が一致した描かれ方をしている。『城郭規範』の図で見られる大手前の郭については「大徳子龍氏絵図」には描かれていないが、一部土塁と見られる表記があるので、同様な郭部分があったと解釈もできる。

いずれにしても、２つの絵図が示す浅羽城図は城郭の縄張を考える上で大いに考えさせられるところが有り、城郭絵図を考える上で参考になる資料といえるだろう。浅羽城は天正 18 年の小田原落城と同期に落城したと伝えるが、その歴史は明確にされない。

案　内　県道 74 号線を南下し、鶴舞団地入り口の信号を左折、北進、大栄寺を目標にし、その東側高圧線下一帯。

毛呂城跡（旧名・毛呂氏館跡）

所在地　入間郡毛呂山町小谷田字鳳谷 324。
北緯 35.560716, 東経 139.182306, 標高 111.0,

立　地　低位の山地の石尊山東端部山麓中段長栄寺裏山にあり、東側の畑との段差は約 10m ある。

歴　史　毛呂氏は文治２年（1186）吾妻鏡に毛呂太郎藤原季光を初現として鎌倉時代から毛呂を本拠として活躍した武蔵武士であり、中世を通じて活躍の足跡を数多く残す。毛呂城が記録に登場するのは『石川忠総留書』に「武州毛呂城落居」と上杉憲房・朝興に攻略され、後北条氏との間で毛呂城をめぐる仕置きの和睦が記される。

また、『関東幕注文』には長尾景虎方の武将として毛呂安芸守の名が見えるなど山内上杉勢の武将として後北条氏と対峙し、大永４年の毛呂合戦など記録に残る合戦も行われている。現在、毛呂城は毛呂山町毛呂本郷に所在する館跡がそれに該当するとされ、毛呂土佐守顕季居城とされているが、『埼玉県史第４巻』ではこれを「毛呂館」と呼称し、本城は記録されていない。また、『新編武蔵風土記稿』では字堀ノ内に毛呂土佐守顕季陣屋跡ありという。長辺 120m ほどの長方形の館跡であり、昭和９年頃には堀跡が明瞭に捉えられたと、現在地元で毛呂城と呼ばれる遺構を示している。

遺　構　紹介する遺構は現在、長栄寺境内の一部となっているが、『浅野家文庫版諸国古城之図』に示された「武州毛呂」と記された縄張り図に一致する形態を持つ城郭として知られる。城郭は長栄寺の裏の一段高い部分に見られる。絵図によればこの部分は主郭に該当する部分で本堂部分が南側にあった腰郭部と見られる。主郭東の２の郭に該当する部分は境の土塁・堀が消滅しているが、ここは切り落とされ一段下がった平場として長栄寺庫裏等の施設が置かれている。南北 100m、東西 60m ほどの規模をはかる。

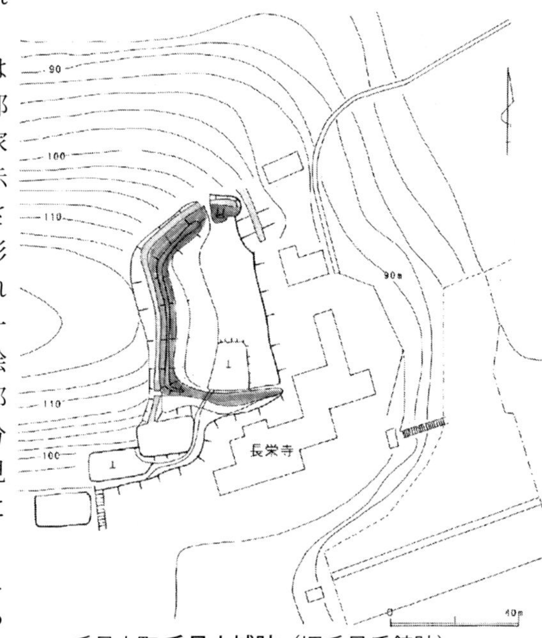

毛呂山町 **毛呂山城跡**（旧毛呂氏館跡）
埼玉の中世城館跡より引用・加筆

現状では土塁と空堀は山側に明瞭に見られ、大きな空堀を置いて丘陵端部から城郭部を切り離している。本郭南部には僅かな高まりを持って土塁の痕跡を認めることができる。これによれば主郭内部は南北 50m ほどになるだろう。試掘調査結果によれば堀切状になる空堀は地山を深さ 1.8m ほどに掘り込む幅３m ほどのもので、土塁はそれほどの高さは確認できていない。堀切の延長上南斜面部には 17 × 10m の平場があり、墓地はその下段にある。城郭の規模、縄張り共に小規模なものである。

毛呂城に関しては当城跡の他、これまで毛呂城とされてきた遺構（毛呂土佐守顕季館跡）があるが、浅野家文庫資料の絵図は当城が描かれる。当城は戦国期の城郭として理解できるものであり、毛呂本郷所在の遺構が『埼玉県史』に記されるように毛呂氏の館であったと考えるべきだろう。毛呂城と毛呂氏館の名称がいずれの段階にか入れ替わった可能性が大きい。大永４年（1524）10 ～ 11 月に北条氏対上杉氏の間で毛呂城をめぐって合戦が行われたを示しているが、毛呂合戦の主たる舞台は、毛呂城の西約 500m、谷を隔てた北西の山頂にある竜谷山城をも考えなければならないだろう。

案　内　JR 八高線毛呂駅から埼玉医大方面に向かい、その西方山際にある長栄寺を目指す。

竜谷山城跡（要害山）

所在地	埼玉県入間郡毛呂山町大字阿諏訪字滝の入 908 他。 北緯 35.561256, 東経 139.173957, 標高 210.0, ほか

歴　史　本城は記録に登場しない。この地域では大永４年（1524）10 月 10 日に上杉憲房と上杉朝興の両上杉氏が北条氏綱配下の毛呂顕繁が守る毛呂城攻撃が知られるが、この時、毛呂氏が立て籠もった城は毛呂城である。しかし、最近の研究では、これは現存する毛呂城ではなく要害堅固な本城であったとも考えられている。毛呂城は和議成立により、以後、上杉氏支配にゆだねられている。

遺　構　地元では竜谷山あるいは要害山と呼び、山頂に雷電神社を祀る山に造られる。毛呂本郷の集落西端に位置し、町の中心部を一望するが、毛呂城は山陰に入り見えないが、城のある山の山頂は直ぐ近くに見える。遠く越生方面の眺望はよい。城の周囲は鶴ヶ島カントリー倶楽部のゴルフ場となっているが、城郭の範囲内には入り込んでいない。

山頂は標高 210m ほどで、独立してそびえ立っている。縄張りは標高 175m ラインより上に見られ、最大の平坦地は神社参道の階段を上り詰めたところにある。全くの平坦地で、幅 16m、長さ 85m を測る。これを３の郭とする。３の郭の西側下に二段の幅２m ほどの段築が設けられ 60m ほど延びて北端に幅 20m 奥行き 8m の腰郭と下段に幅 16m、奥行き 6m の腰郭を置く。腰郭の先には竪堀が２本置かれる。２の郭は社務所、神楽殿のある平場で、幅 40m、奥行き 30m の台形状をなす。本郭は２の郭より 9m ほど高い山頂部に造られ、

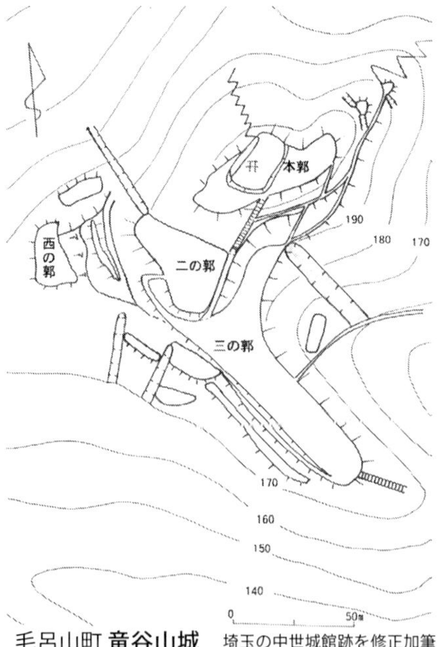

毛呂山町 **竜谷山城**　埼玉の中世城館跡を修正加筆

遠景（上）と本郭現況

22m × 16m の社殿部を一段高く置き、3 m 下に幅 15m、長さ 62m に平場を造成し、東端は毛呂本郷を見下ろし、すばらしい眺望が開ける。

東側尾根には小さな腰郭が２つ置かれるが、これらは両サイドが小さな竪堀で区切られ、下段の腰郭を横切って、下方からの折坂道がある。幅 1m くらいのこの道はこのまま、本郭下を西に延び３の郭に繋がると共に、途中で折り坂をなし、本郭への通路となっている。本殿のある平場に見られる土塁状の高まりは、土塁ではなく社殿築造にともなう削平の結果であろう。本城には土塁は見られない。また、社殿裏の北側急斜面にも細い折坂道が確認される。２の郭西下部には浅い堀切状の堀が見られ、その北側下段と西下段にそれぞれ腰郭が置かれるが、西側の腰郭は駐車場整備で形状が変わっていると見られる。東側斜面中央部には上幅７m 程の竪堀が置かれ、上端部は本郭に通ずる犬走り状の道まで延びている。

本城は山形に倣って多段に腰郭を置く多郭形成の城郭で、斜面部には竪堀が配されるが、本格的な堀切は造られないという造りを示す。

案　内　毛呂本郷交差点を西に入り、新川橋をわたって右手にある雷電神社入り口の看板が目印。ゴルフ場の脇道をそのまま上り詰めた神社境内が城跡。

高取山城跡

所在地	入間郡越生町越生。北緯 35.573726, 東経 139.172867, 標高 172.4m 他

歴　史　地元では中世越生氏の居城であったと伝え、越生氏の館は今の越生神社付近にあったと伝承される。町史では商工会付近に方１町ほどで存在しただろうと推定している。

今に残る高取城跡は越生氏の活躍した時代のものではなく、室町後半から戦国期のものと見られるので、少なくとも文明 12 年（1480）１月 20 日の長尾景春と太田道真の戦いの頃を中心とした時代のものであろうか。しかし、本城は北武蔵の戦国史上に登場しない。

遺　構　越生神社の裏山山頂部に築城される。大高取山から東に延びる尾根先端部にあり、本郭の標高は172.4mとなる。越生神社からの比高は約83mあり、今参道が直線的に延び、急斜面部に取り付くと 13 のつづら折りとなる急な折坂道で上る。

山頂には越生神社奥の院が祀られる本郭が置かれ、折坂道は本郭下 6.5m にある幅２m の帯郭に繋がっている。帯郭は弧を描いて延び、西側では幅３m となり、長さ 31m を測る。西端は一段下がって横堀となる。横堀はやはり地形に倣って弧を描き、深さ 1.5m、長さ 19m に造られる。斜面側は土塁状に

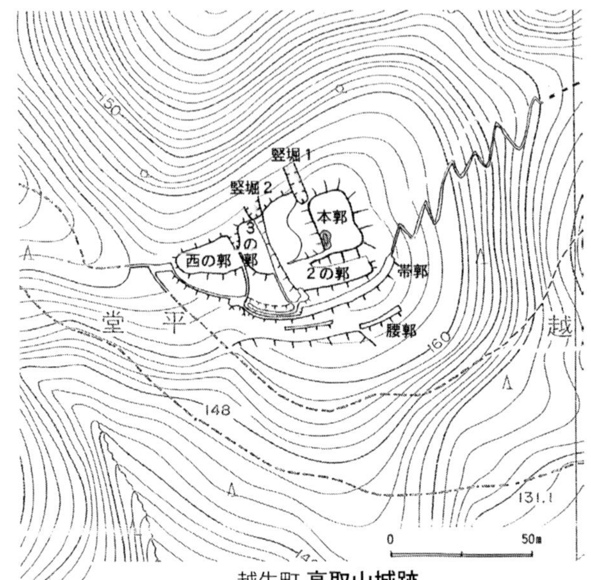

越生町 **高取山城跡**

本郭小口部に置かれる蔀状の塚

形成されていることが認められ、外部は 1m ほど切り落としている。この横堀内は通路となって、３の郭に入っている。２の郭は本郭下 2.5m に幅６から７m、長さ 28m の細長い平場である。

本郭西側は坂小口となっているが、この坂道の北側の２の郭部は削平されているものの、平坦ではなく若干窪んだりしている。３の郭は幅 20m、奥行き７m、西の郭は幅 11m ～４m、奥行き 22m で、１m 程下がってそのまま大高取山への道（約 169m）に連なり、登り坂となる。堀切の痕跡は無い。山道はこのまま山腹南斜面を巻くようにして越生神社へ下る。３の郭と西の郭の間には高さ１m の切落しがあるが、ここには浅い堀切があった痕跡を残す。３の郭への通路は土橋であったようだ。この尾根南斜面は緩斜面となっており、通路となる帯郭、横堀、切落し、そして、さらに下段に腰郭、切落しと防御線を備えている。北側は急斜面となっているが、２本の竪堀が置かれる。一本は本郭基部で上幅６ｍと大きい。

本郭は東西 13m、南北 23.6m の長方形をなす郭で、岩盤を削って平坦に造られている。西端部に置かれる小口際に径３ｍ位、高さ 1.5m の小高い塚が築かれ、この上に祠が祀られる。蔀土塁という見方もある。眼下には越生の町の全貌が見渡せる。本城は本郭を中心とし、直線的に延びる尾根上に郭を配し、南側斜面部を鉢巻き状に腰郭を置き、防備した造りの城郭といえよう。本城の造りは堀切を設けず、尾根を階段状に段築して構成した城郭である。防備は極めて単純で、しかも、背後の大高取山を意識外においたと見られる事等、縄張りや占地等の点から、初期段階の城郭の感を強くしている。

案　内　越生駅を出て報恩寺右手の交差点を入り、越生神社を目指す。神社から西に山頂に向かって延びる山道を登り詰めると城跡。

第4章　比企地域の城郭

青鳥城跡

所在地	東松山市大字石橋字城山。北緯 36.015274, 東経 139.223292, 標高 40.0,

歴　史　上田朝直の家臣、山田伊賀守直安居城とつたえる。『鎌倉大草子』、『公方九代記』、『九代後記』等に、永享12年（1441）結城合戦のおり、上杉憲実が「唐子・野本に逗留」とあり、この時青鳥城が存在したのではないかと推定される文献が多いが、城については記録されていない。『小田原衆所領役帳』に「狩野介40貫比企郡青鳥居」とある。また、天正18年の松山城攻めに際して前田利家の陣が置かれたと伝える。大規模な二重囲画郭式の平城であり、室町時代を中心とする時代と考えられている。

遺　構　東西750m、２の郭まで南北280mの規模を有し、台地端、崖線上にあり。一辺100mの規模を有する方形の本郭を中心として北に２の郭、３の郭と広がると推定される。二重囲画方形館タイプの構造に類する。今は３の郭は確認できない。航空写真では、おため池東の谷が北にのび、国道254号

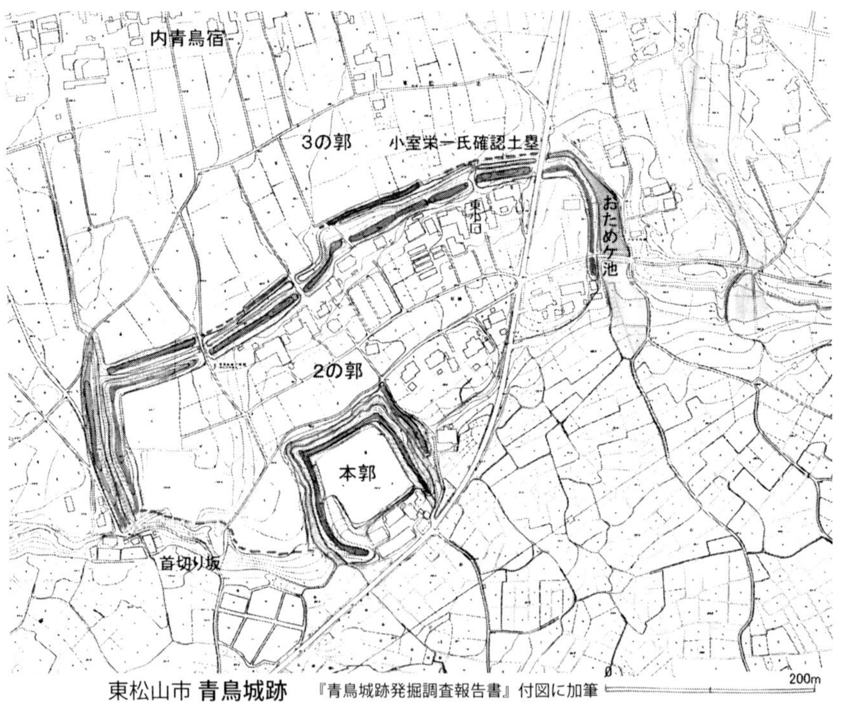

東松山市 青鳥城跡　『青鳥城跡発掘調査報告書』付図に加筆

線北の宿青鳥の集落を結ぶ線が観察される。本郭は東北西が土塁によって囲まれるが南の崖線部には見られない。土塁の基底幅８m、高さ３m、長さ 100m を測る。西の土塁は崖下まで約 50m のびる。ここには坂小口状の窪地が観察される。空堀は底幅３から 10m、深さ約３m に作られる。空堀内には土橋状の遺構も見られる。土塁には折もつけられる。２の郭は土塁とその外側に置かれる空堀によって東北西の３方が守られる。土塁は基底幅約９m、上幅 1.4m、堀底からの高さ６～７m である。外の堀は、東におため池を形成する水堀とし、北のそれも各所で湧水が見られ、湛水している。

小室栄一氏の調査（小室 1965）では北東部の堀外側にも低い土塁が存在した事が記録され、２の郭空堀北辺の約半分には、今も高さ１m 程の低い土塁が認められる。西部に見られる二重土塁構造は２の郭全体に見られた可能性が高い。城の大手は２の郭西南部にあったと見られ、今も水田に大手前という地名が残る。２の郭には、持仏堂的施設の存在を予測させる発掘調査成果があり、城内からは以前、室町時代の瓦が多量に発掘されている。

先に第１章でも指摘したが、橋口定志氏がその構造と年代を検討し、２の郭西端部にあったと見られる方形館が整備拡張した可能性を指摘し、方形館部分の成立について「古青鳥館址の存立年代を 14 世紀をあまり前後しない時期に求めても大きな誤りは無いと思う」（橋口 1987）としている。『検証・比企の城』では青鳥城の出土遺物の年代が、13 世紀初頭から 14 世紀初頭の前半期と 15 世紀初頭から 16 世紀第Ⅲ四半期の後半期が存在する事を示した。これによれば、青鳥城跡は前半期に方形館として築かれ、その後１世紀ほど経過した 15 世紀初頭に城郭として再構築された事を示し、整備拡充された年代は後半期となる可能性が高い。

２の郭内部は全体が宅地化され、特に「古青鳥城跡」と指摘された部分は大規模な畜舎が建てられる等、城跡郭内の現状を見ることはできない。北側の土塁・空堀は全体像を残している。

案　内　関越自動車道東松山 IC からバイパスを小川方面に向かい、最初の信号を北に入る。城内２の郭東端を関越自動車道が通過する。

城跡全景（市教委提供）

二の郭東側小口

足利基氏館跡

所在地　東松山市岩殿字油免。
　　　　北緯 36.002041, 東経 139.222071, 標高 65.0,

歴　史　足利基氏は貞和５年（1349）に関東管領として鎌倉に本拠地を置き、反足利勢力に備えた。『太平記』に貞治２（1362）８月に足利基氏は武州岩殿山にて宇都宮氏綱・芳賀高名と戦うとあり、この付近で大きな合戦が行われた事を伝える。市史などでは、この時の陣の可能性を指摘している。

遺　構　丘陵西斜面に 130m × 80m にわたって所在する斜面の上端、両側面部を空堀で区画し、斜面下は九十九川の流れを利用したものと思われる。堀の内側に高さ 2.5m の土塁が配され、北東隅に櫓台と見られる広く作られた部分がある。土塁は上幅３から４m、高さ 2.5m、空堀は幅約 10m、深さ２から３mの箱薬研堀となっている。

東松山市教委の調査によって東側にもう一つに郭があることが指摘された。斜面地という極めて特殊な構造を持っており、現在水田となる九十九川低地にまで範囲が広がる可能性も否定できない。斜面を囲画するという構造に着目すれば、椿峰遺跡、羽尾城等いくつかの城跡遺構の存在に気づく。館跡機能を拡張した初期城郭の可能性も高い。現存する土塁は規模が大きく造られている。単に館と考えるには無理があるだろう。新編武蔵風土記稿にいう陣塁か。市史の見解は傾聴に値しよう。位置的には正法寺の前面を押さえる位置にある。この続き北には正法寺阿弥陀堂跡と「泣かずの池」があり、堂跡からは大型の板石塔婆が存在し蔵骨器の出土が知られる。

案　内　東武東上線高坂駅西口から鳩山方面に向かい、九十九川手前を正法寺に向かって入ると右手にある。

上部土塁上から見た２の郭東の土塁と空堀

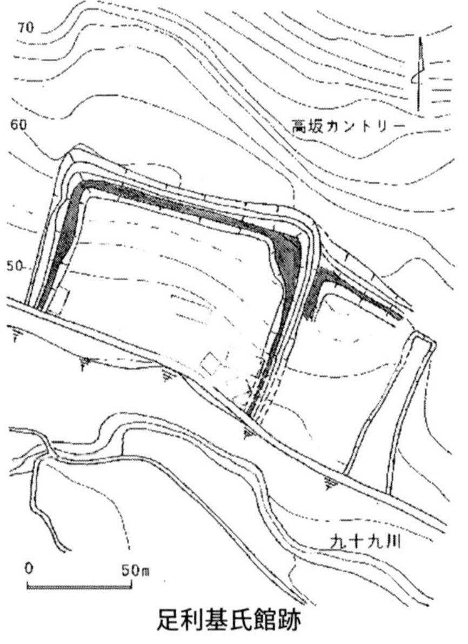

足利基氏館跡

高坂館跡

所在地	東松山市高坂字高済寺 834。 北緯 36.002462, 東経 139.240484, 標高 30.0,

歴　史　『新編武蔵風土記稿』には、「一説に小田原北条の臣、高坂刑部と云者の屋敷跡なりと伝えど其據をしらず」と記される。「喜連川判鑑」に高坂氏は平一揆の主要な構成武士団の一員で、応安元年（1368）に起こった平一揆の乱で河越氏とともに足利氏満に背き敗北し、応永 23 年（1416）の上杉禅秀の乱では、白旗一揆着到状に高坂御陣と記される。この時、高坂には高坂氏の住していた館が存在していたと見られる。

また、永禄年間の後北条氏による松山城攻めの時には氏康が高坂に陣を張ったことも正法寺文書に伝えられる。城内の土塁上には徳川時代にこの地を 1 万石で領し、元和元年（1615）に家禄断絶をされた加賀爪氏累代の墓地が所在し、立派な宝篋印塔が造立されている。江戸時代初期には加賀爪氏の陣屋として使用された。

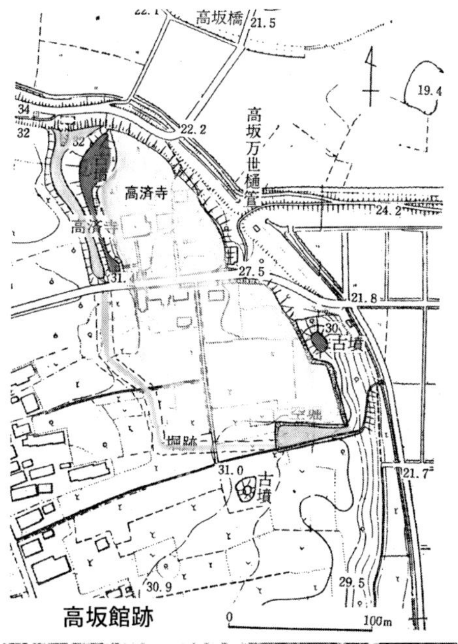

高坂館跡

遺　構　台地端部にあり東西 170m、南北 230m を測る。台地端部にあるいわゆる崖縁城。台地コーナー部に屏風折に作られた土塁と空堀で構えた単郭式の城郭構成を示す。高済寺に一部の土塁と空堀を残す。南部の土塁などは市教委の確認調査によって所在が確認されている。空堀の幅約 10m、深さ 2.5m で、土塁は大規模なもので上幅 5m、高さ 2 から 2.7m となっている。堀底から土塁上までは 5m～6m の高さを持つ。市史の調査によって市道南部まで土塁は屏風折りに延びることが理解され、単郭構造と知られる。郭も広大で、土塁、空堀が大きい城

高坂館跡土塁断面写真

東松山市教委提供

郭である。

区画整理事業に伴う高済寺門前の市教委の発掘調査で土塁の断面が確認されたが、土塁はその断面図の観察により、二時期に亘って構築されていた事が理解された。郭内北半分は総て高済寺境内として使用されており、遺構などの確認はなされていない。また、台地縁辺部には遺構の痕跡は見られない。郭南半部はやはり、区画整理事業用地として発掘調査されており、屏風折りの空堀が確認され、その内側肩部には柵列とみられる柱穴痕も確認された。

現存する館跡は屏風折りに造られる土塁と幅広な空堀に囲画される郭規模の大きな単郭城である。現存する城跡は戦国期のもので、陣城として築城されていると考えられるが、この場所に陣が置かれたのは、明応３年（1494）の赤浜合戦時に、扇谷上杉氏の援軍として参陣した伊勢宗瑞が赤浜からの撤退の時と、永禄４年（1561）の夏、上杉輝虎越後帰陣の後、北条氏が反転攻勢に出て、秩父へ進軍途中に在陣した記録がある。また、翌年の永禄５年、北条氏康松山城攻めの際には、正法寺古文書によれば「小代・高坂に陣を取り」とあり、土塁の調査で示された築城２期は明応３年と永禄４年・５年段階と考えておきたい。すると、14 世紀前半の高坂氏滅亡までの館については、その位置を含めて改めて考えなければならなくなる。館跡南側では高坂二番町遺跡の区画整理事業に伴う発掘調査が行われた。その中では 13 世紀から 14 世紀に懸けての遺構や遺物も多く発見されており、高坂氏館跡と考えられる地点が存在する可能性を示している。

案　内　東武東上線高坂駅東口を出て、高坂集落の北端高済寺を目指す。高坂台地の北東端に位置する。

青山城跡

所在地　比企郡小川町大字下里字城山、大字青山。
北緯 36.021573, 東経 139.160544, 標高 265.0, ほか

歴　史　『関八州古戦録』に永禄５（1562）年「小田原より松山城には上田安礫斎、同上野介朝広を置き、青山、腰越の砦と共に守らしむ」とある以外記録は知られず、『新編武蔵風土記稿』にも城主等不明とするので、すでに地元にも忘れられた城跡であったのだろう。

遺　構　小川盆地を見下ろす仙元山の背後に位置し、山頂尾根上の標高 265m、比高 180m 地点に築かれる。全体は見渡せないが、下里から遠山方面の槻川筋、ときがわ町五明方面から青山筋の大河原谷への進入路を押さえ、腰越方面を眺望できる位置をとっている。特に五明方面は谷筋のわずかな空間しか眺望が開けていないので、物見とすれば拠点を押さえる位置としてはここしかなかったのだろう。

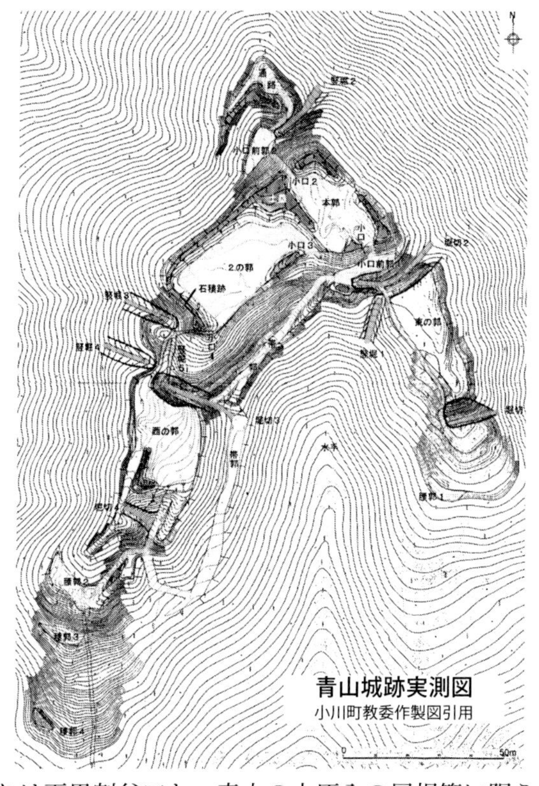

青山城跡実測図
小川町教委作製図引用

城への登りは下里割谷口と、青山の大原入の尾根筋に限られるが、城への最短登坂路は五明地区の谷筋だろう。本郭を北の端の標高256m地点に置き、２の郭・西郭と東郭を南にのびる尾根に燕尾状に配置している。東郭は本郭とは大きな堀切によって区切られ、南端部も落差３mほどの堀切が置かれ、下里方面割谷口に備える。西郭は玉川五明筋に備えている。２の郭は本郭より若干低く作られるだけで、間に置かれる土塁は大きな防御線になっていない。この土塁の隅には櫓台的な平場が形成されている。２の郭は40m × 20mほどの窪地状の平坦地である。

土塁は低く作られ、南西部の土塁上には片岩が敷かれた形跡を残す。小倉城に見られる片岩の小口積石積が、土塁裾部に設けられた可能性が高い。西の郭との間は窪地となっているが、西斜面には２本の竪堀が置かれる。西郭北端部を切るように東側にも堀切が置かれるが、ここは東側下部に置かれる帯郭からの小口となる。この帯郭は北にのびて本郭小口に続く。

本郭北には大原口からの小口があるが、空堀に守られ、小口前郭を配置するという特色がある。本郭南の小口は、手前にやや大きめな小口前に腰郭を置くが、比高差が少なく、しっかりした防御的意図はくみ取れない。東郭と西郭には端部に向かう二筋の道がそれぞれ設けられるが、この意図は何であろうか。

尾根筋をいったものは東郭は堀切で途切れ、西郭のものは山の斜面上端部で途切れている。一方、西の郭下の帯郭は約３ｍとしっかり作られたものであるが、南端で消滅する。水源は東郭の堀切を南に下った谷底に求めてよいだろう。しかし、この城は本郭・２の郭を除いた東郭と西郭は内部造成が極めて中途半端であり、完成した城郭と見るのは躊躇する。物見として利用されたものではないか。

西の郭の堀切３にある小口

本城への登攀路は割谷口と青山口の２カ所が存在するが、主体的な登攀路は割谷口だろう。ここは山麓に板碑製作遺跡が発見され、国指定史跡となっているが、これに関わった石工集団として考えられるのは、近世以降、下里の石屋として板石の切り出しと販売を行っている金子氏であろう。この金子氏は下里に有りながら、同所の田中氏と共に上田氏の菩提寺浄蓮寺の旦那であった。そして、下里は上田氏にとって「下里袋方・長尾弾正忠女」の居住した場所で上田蔵人入道政盛・法名蓮忠ゆかりの武将が又、この田中氏なのである。具体的な根拠は無いが、何か青山城との縁を想起させるところがある。

案　内　小川町青山から仙元山公園に上る自動車道を上り、公園の手前で尾根筋に開かれた尾根道のハイキング道を登る。仙元山山頂を経て、次の頂を目指す。山道の分かれ目に青山城跡への案内標識がある。また、下里の割谷地区から仙元山への山道を登り、先ほどの分かれ道に出る。

腰越城跡

所在地	比企郡小川町大字腰越字木落、根古屋。 北緯 36.024218, 東経 139.135505, 標高 188.0, ほか

歴　史　『関八州古戦録』の記録であるが、天文 15 年４月の河越合戦で惨敗した上杉勢の中にあった上田案独斎（政広）が安戸の砦に落ちるとされるが、この安戸砦というのがこの腰越城と考えられる。『新編武蔵風土記稿』には安戸城は安戸の東南にありと記され、腰越城を示している。そして、山田伊賀守直定が住せし所と伝えている。『寛政重修諸家譜』に安戸城主山田直安 300 石としるされ、兄、山田伊賀守直定は赤浜の原合戦で道祖土図書助により討たれる。なお、山田氏の屋敷は城下の東秩父村安戸にあり、山田稲荷を守る平野家

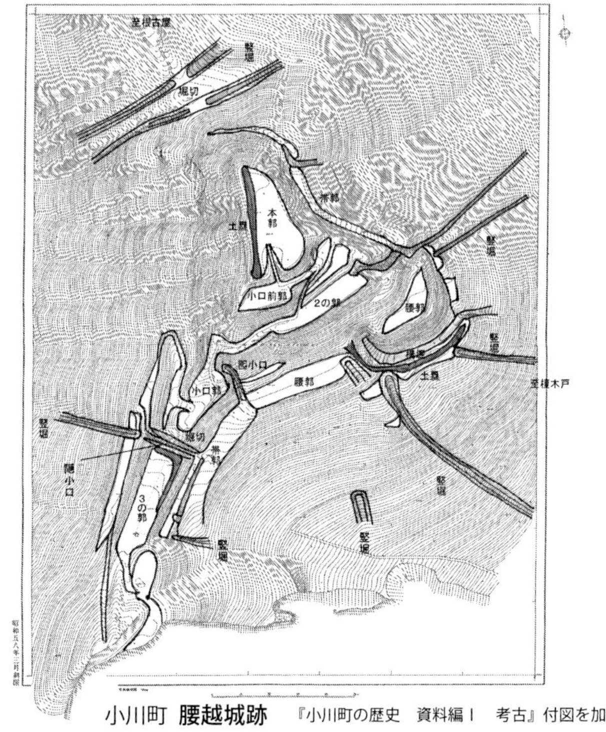

小川町 **腰越城跡**　『小川町の歴史　資料編１　考古』付図を加筆

墓地に大永４年銘のある山田道存（直義）などの五輪塔群が残される。

遺　構　小川と東秩父の境に、安戸を守るように楔状に突き出した山陵端部に築城されている。小川から東秩父は大河原谷と呼ばれた地域で、上田氏の本領であり、奥の御堂には上田氏の菩提寺である浄蓮寺、安戸には家老山田氏の屋敷跡が所在する。上田氏の本拠を守るための城だったのだろう。小川から東秩父方面に向かうと正面に台形の山が立ちふさがるように聳え、綺麗な均整のとれた形を見せている。本郭を山頂に置き、西に続く尾根上に郭が連続して配置されている。

東南斜面は竪堀が多く配置されるが、西北側斜面は急峻で岩場が多く、隠し小口裏面に１本しか認められない。尾根は本郭両側で掘り切られるが、本郭東では大小２本の堀切が連続してある。その西側の本郭下は急崖となっている。西の堀切は小口郭と西の郭の間に置かれる。きわめて狭く、深く掘り切られ、人間が一人通れる幅しかない。ここが隠小口であり、本城の１つの特色である。城の東山麓には榎木戸という地名が残りここが大手口といわれるが、ここからは２の郭に向かって大きな竪堀が置かれる。南斜面に８本の竪堀が配置されるが、城への登り口は一番西の竪堀の手前を右折するコースをとる。

上り詰めると、幅６ｍほどの緩やかな登り勾配を持つ帯郭があり、42ｍほど東へのびる。突き当たりは土塁があってその内側は横堀が大きく横たわり、進路を遮っている。本来の小口は、昇ってすぐの段築脇に見られる堀切（小口郭と３の郭の間）で、隠小口となっている。むしろ小口郭南下にある上り坂に造られる堀切状の堀がそれらしく見えるが、これもカーブして奥は見えず、突き当たりで袋小路状になり、完全な囮小口となっている。本城の特色ある遺構の１つである。小口の作りに極めて卓越した工夫をこらしており、小口郭と本郭には坂小口と小さな小口前郭、そして、折り坂を組み合わせた特色ある小口の作りを見せる。この作りは、大築城、青山城に見られる共通した特色である。本郭下に横堀を置き、その外側に土塁を配置する腰郭があるが、これは完全に孤立している郭で、特殊な使用意図が考えられるものである。

本郭にも土塁が見られるが、安戸方面の西側に掘り残して置かれ、内側に低い石積が築かれる。本郭は 20m × 18m と小さく、郭配りに精緻な知恵を廻らしているにもかかわらず、一カ所に多くの兵を置くことはできない規模の城である。腰越城は西に御岳山という同規模な石灰岩の山があったが、戦前に石灰の採掘で消滅したという。西の郭の西部に郭配りがあったとも考えてもよいが、現状で、ほぼ完成した城の姿を残していると考えて良いだろう。

史跡の整備の一環として町教委が発掘調査したが、本郭部分の調査では、小規模な掘立建物跡のほか小口・土塁裾に２から３段程度の小規模な石積が確認

腰越城から見た小川（上左）と安戸（上右）、
根古屋側から見た城跡（下左）、安戸所在の山田氏墓地（下右）現況

されている。城の西眼下には根古屋があり、今も城侍であったと伝える馬場3家がある。県指定史跡。

案　内　JR八高線・東武東上線小川町駅から県道小川秩父線を西に向かい、バス停「木落」が目印。県道脇に腰越城への案内標識が建てられ、登坂路は地区民や教育委員会によって整備されている。

高見城跡（四津山城）

所在地	比企郡小川町大字高見字四津山。 北緯36.052866, 東経139.154999, 標高189.0, ほか

歴　史　城主は『新編武蔵風土記稿』では増田四郎重富という。長尾景春の乱時の文明12年（1480）太田道灌が高見（城）に高見在陣衆を置くという記録が「太田道灌状」にある。また、長享2年（1488）11月の高見原合戦では鉢形城を拠点とする関東管領山内上杉顕定と河越城を拠点とする扇谷上杉定正の両勢力が激突した大きな合戦が起きている。この時は定正勢が勝利を収めるが、この合戦の記録は「上杉定正状」に詳しい。県指定史跡の名称は「四津山城」とされているが、同時代史料に基づくものとしては「高見在陣衆」として知られる高見城が適切で、あえて高見城跡と呼称する。

遺　構　小川町と寄居町の間にある標高197mの独立丘陵上にある。尾根上を大小5本の堀切で区切り5つのブロックとしているが、遠くから見ると4つに括れた山に見える。これが別称四津山城といわれる所以である。本郭は南の端に置き、つなぎの平場を置いて東に2の郭。そして、また大きなつなぎの平場を置いて、3の郭が北の端に置かれる。本郭大手口は、大手口のみに設けられる見かけ状の高さ4mの土塁によって防御される。規模は20×10m。

大手口は四津山神社参道がこれと見られ、上り詰めたところで左右に振り分けられ腰郭1と腰郭2が対に置かれる。北に向かう道は先方で折り坂となり、本郭北のつなぎの平場に到達する。腰郭1の上方には本郭からつながる腰郭3があり、侵入者に対する堅固な防御拠点となっている。2の郭は高さ0.5mほ

今市から見た城跡

本郭から見た熊谷・深谷方面

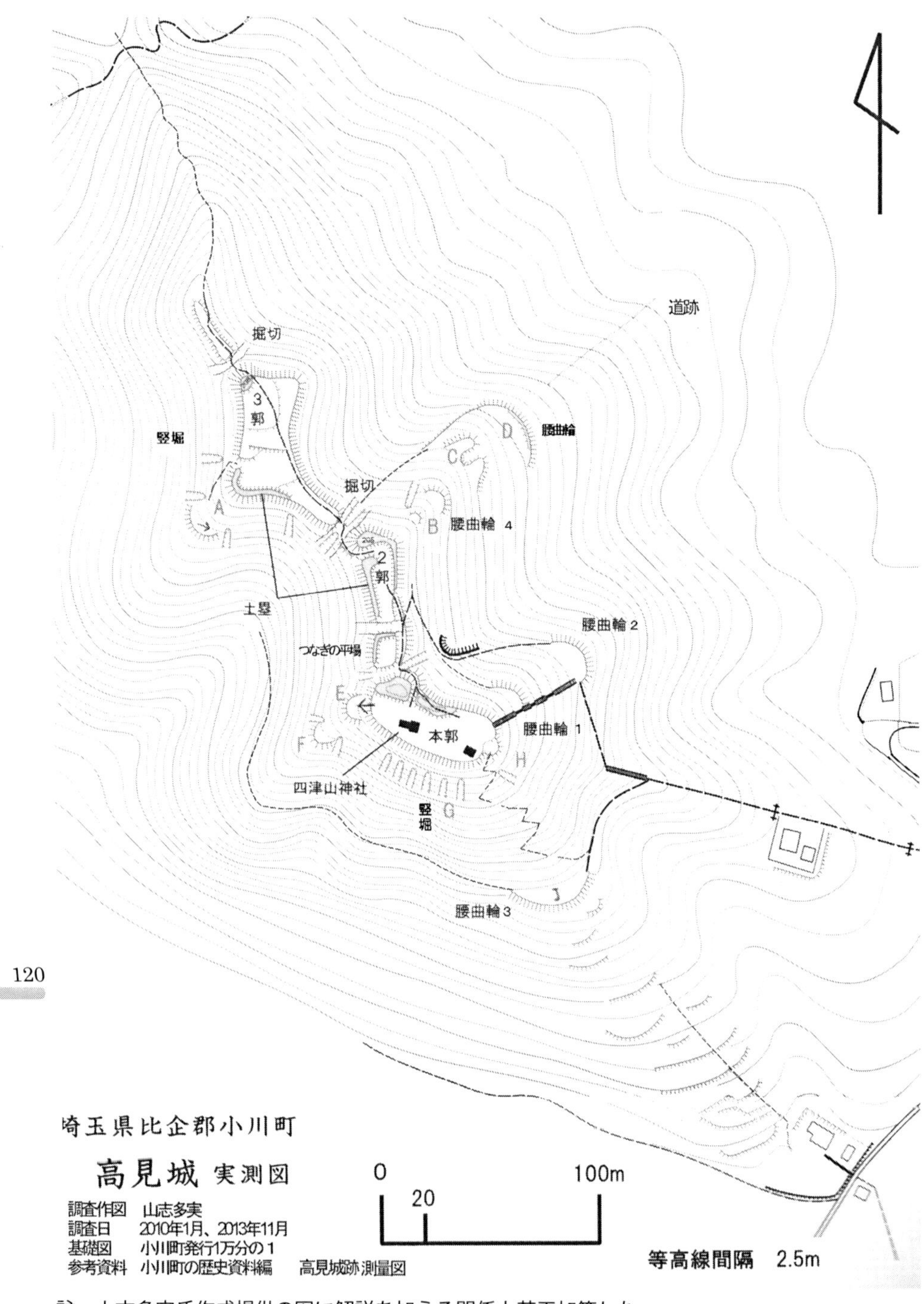

註　山志多実氏作成提供の図に解説を加える関係上若干加筆した。

本郭小口

2の郭北小口

どの掘り残し土塁が見られるが、内部は幅広の堀状になっている。3の郭との間にあるつなぎの平場2とは、幅3m、深さ4mによって仕切られる。登り詰めたところの土塁上には方形の平場があり、土塁と土塁の間は 1.5m となる。門跡と考えてよいだろう。3の郭は 12m × 22m の郭で、高さ 0.5 から 0.6m の掘り残し土塁が南側にある。上段は緩やかな斜面部となるが、3の郭の一部として利用しているのだろう。

尾根北端部は平坦で若干整形された痕跡を残す。北側最後の堀切は幅 2.5m、高さ5mに作られる。大手口背後となる中腹に腰郭を置くが、この地点は中腹を半周する犬走風の山道が残っている。なお、山下氏が本郭下の畝状竪堀群を調査し、図面と共に資料提供してくれた。これらは上幅 1.2m 程で長さは2～3m という。腰郭AとFは両端に竪堀を備えており、竪堀は上幅 1.2m、長さ3～4m で現況の深さは 50cm 位となっていると記録している。

本城は比企郡内では構造が他の山城と異なり、「高見城タイプ」をとる。高見城は、長尾景春の乱では太田道灌勢が在陣することが認められる城郭で、長享の大乱を通じては、山内上杉方の向城として、扇谷上杉方の本城河越城と松山城に対峙していたと考えられる城郭である。

町教委の管理が行き届き城跡全体がよく観察できる。県指定史跡。

案　内　県道小川熊谷線奈良梨交差点から寄居方面に向かい町境の市野川を渡る手前で左折し、四津山神社を目指す。

中城跡

所在地	比企郡小川町大字大塚字中城。北緯 36.032247, 東経 139.152048, 標高 108.0, ほか

歴　史　埼玉県史跡名勝記念物調査報告では、『万葉集註釈』の奥付に「於比企北方麻師宇郷政所云々」とある、仙覚律師が万葉集註釈を完成させた所に比定している。現在、仙覚律師遺跡として県指定旧跡となる。城主猿尾四郎種直

が鎌倉時代に居住と伝えるとしているが、その根拠も解らない。『太田道灌状』には文明６年、五十子城に向かう途中の記事として、「上田上野介在郷の地小河に一宿仕り候処云々」とある。

中城跡

小川町教委作製実測図加筆

遺　構　城跡は比高 18m の台地端部にある。図に示されるように屏風折り土塁を西に備え、中央部に小口状の窪地があり、橋の存在を類推させる。その南土塁上には、「半僧坊」が置かれる櫓台と考えられる大きな平場が造られている。西側を台地から掘切っているが、全体には東を除く３方に横堀を回すという構造を持つ城郭である。

西小口と土塁・空堀現況

北辺は見かけ上の土塁を外側に備える二重土塁で、中央に喰違いを示す坂小口が作られる。この部分の空堀は深く、土塁上まで約６～ 7.5m を測る。また、この北辺の構えは強固で、さらに２ヶ所に折りを持って造られている。空堀はそのまま東に回り込み帯郭に入る。東側は 10 メートルほどの崖となり、現状では土塁は見られない。

南側には土塁が見られないが、土塁はあったと考えてよいだろう。中城に伝わる伝承は、鎌倉時代の城郭としているところであるが、残される城郭の形は、単郭で横堀を回らし、二重土塁、屏風折り、喰違い小口という極めて大きな特色を持っている。

昭和 55 年に春日会館の建設に伴って発掘調査を実施した。発掘では土壙が発見されたが、最大の収穫は、築城面と見られる面の検出と、その面から出土した土鍋であろう。土鍋の年代は 15 世紀のもので、城郭構造や、出土品の総合的検証から、築城年代を 15 世紀後半と考えている。この時代は、文明６年（1475）太田道灌状にある「上田上野介在郷の地小河」とある時代に該当し、周辺の状況から考えると、ここがそれに該当すると考えている。町指定史跡。

案　内　小川町駅西方の宮崎病院の裏手台地上にある。八幡台上に所在する八幡神社の上り口右手に「中城入口」の案内柱がある。そこを上ると城跡内に入る。

高谷砦跡

所在地　比企郡小川町大字高谷字城山。北緯 36.041673, 東経 139.161193, 標高 136.0, ほか

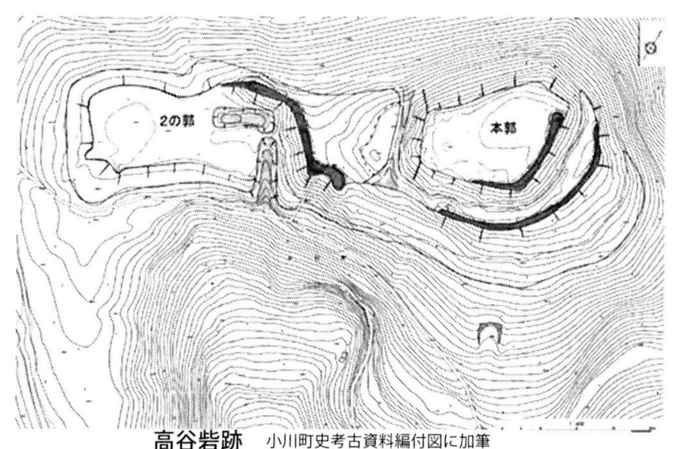

高谷砦跡　小川町史考古資料編付図に加筆

歴　史　『新編武蔵風土記稿』には金子氏の人住すという。『太田道灌状』に「太田道灌、文明 12 年竹沢と高見の間に在陣、長尾景虎を敗走させ高見在陣衆を置く」とある。

遺　構　東西 100m、南北 35m、標高約 136m の山頂部に本郭を置く。南側に向かって備えられた城郭で、南東部に低い土塁状の高まりが見られるが、果たして土塁であったか確認できるほどにない。下部に幅 2 m 程の横堀風に帯郭を配置し、端部にやはり土塁状の高まりを確認できるが、むしろ、土塁を築いたというより、土塁は見かけ状のものにすぎないのかもしれない。西側に 2 の郭が置かれるが、これは尾根筋におかれた小口の防御線で、3 本の堀で複雑な小口形成が行われている。

本郭は 22m × 12m、2 の郭は 17m × 25m 程度の広さを持つ。このほかに 3 の郭を記載する研究者もあるが、単に平坦地となっているだけで、地形の痕跡は掴めない。これは、2 の郭においても東端部を除けば同様である。構成はきわめて簡単なものであり、陣城として築かれたと考えていいだろう。

太田道灌が長尾景春の乱に際して、文明 12 年に高見城に向かって竹沢と高見の間の山中に在陣したというので、あるいはここがその場所であった可能性が高い。

案　内　国道 254 号線小川バイパス高谷交差点からバイパスを寄居方面に向かい最初の陸橋右手の丘陵。

古寺砦跡（失われた城郭）

所在地　比企郡小川町上古寺。北緯 36.013581, 東経 139.141096, 標高 136.0 ほか

歴　史　不明

遺　構　骨材石採掘に伴って発掘調査が昭和 63 年に小川町教育委員会によって行われた。慈光寺裏街道を眼下にする山間の山頂に存在する。小規模な郭２つから成り立っており、尾根の先端部を南に設けた堀切で断ち切り、二段に郭を設けている。郭は切落しによって地形され、最高部にあるⅡの郭は 27m × 19m の規模を有している。下段のⅠの郭には土橋状の通路をわたって下る。Ⅰの郭にはのろし台と見られる焚き火土壙があり、眼下に古寺からの慈光寺裏街道を望むだけで、眺望は利かない。

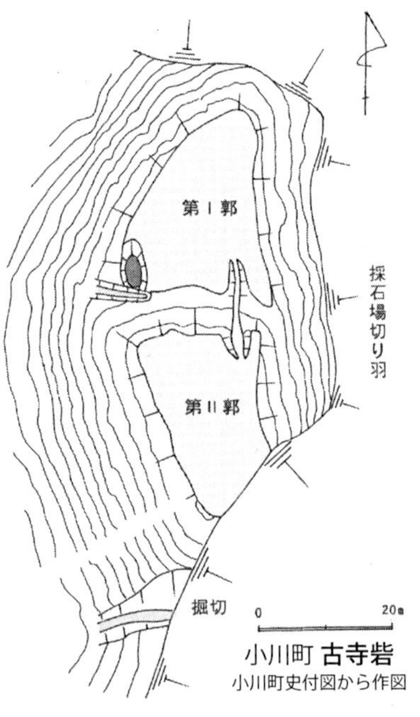

小川町 古寺砦
小川町史付図から作図

天文 15 年〜 19 年頃に行われたと考えられる上田氏による慈光寺攻めと、その後の監視のために、構築されたと考えている。15 世紀末〜 16 世紀初頭の遺物が出土している。

案　内　県道小川西平線松郷峠手前の光兆産業の採石場事務所上にあった。採石で消滅。

菅谷城跡（国指定名称は「菅谷館跡」）

所在地　比企郡嵐山町大字菅谷字城。北緯 36.020708, 東経 139.192026, 標高 54.0, ほか

歴　史　菅谷館の構築年代については不明であるが、この地域には鎌倉時代に畠山重忠の居館があったことは、『吾妻鏡』元久２年（1205）６月の条によって知られる。

長享年間（1487 〜 89）に入ると、山内・扇谷の両上杉家の争いの中にあって、太田資康は須賀谷原において扇谷上杉勢を相手に、長享２年６月 18 日に激しい戦闘を繰り広げている。この合戦の様子については万里集九の『梅花無尽

菅谷城全景（上部は西側方面）

蔵』に詳しい。「明王堂畔間君軍雨後深泥似度雲馬足未臨草吸血細看要作戦場文」この詩の題の注に、6月18日須賀谷原の合戦による戦死者7百余人、死んだ馬数百匹と合戦の激しさが書き加えられている。明王堂畔とは菅谷城の西方1.6㎞の所にある平沢寺を指すもので、この漢詩から、太田資康の陣が平沢寺の明王堂の境内に置かれていたことが伺える。敵塁に相対すと記されるものの、敵塁が菅谷城であった確証はなく、菅谷城が使用された記録もない。そして、『松陰私語』に須賀谷原合戦頃の記録として「松山楯鉾、向河越、須賀谷旧城再興」とある。その後、『東路つと』に須賀谷の「小泉掃部助が宿所」という記録が知られるだけである。

遺　構　菅谷城は菅谷台地の南端に位置し、槻川と都幾川の合流点を背後に控える急崖の上にあり、城の東・西にはそれぞれ浸蝕谷が入り込み、東谷は北方へ回り込んで大きく城を包み込む形を示している。浸蝕谷はきわめて深く台地を刻み込み、菅谷城はこれらの天然の堀に囲まれた所に築城されたものといえる。城からの眺望は南方に著しく開け、東西方向では都幾川・槻川に対してのみ開けている。南方は対岸の大蔵館から笛吹峠方面の鎌倉街道を一望でき、西方は武蔵嵐山渓谷から小倉城方面を、東方は高坂台地を望むことができる。一方、北方の眺望は著しく悪い。

菅谷城は先にも述べたとおり、畠山重忠の居館として鎌倉時代に機能していたと伝えられるものである。伊禮正雄氏の研究によれば、本郭部分が重忠の居館跡に該当し、長方形を基本形とするその形に、往時の重忠館の面影を偲ぶことができるというが、この考えは適切ではなく、現在の菅谷城には、鎌倉時代の館跡を思わせる遺構は表面上見られない。

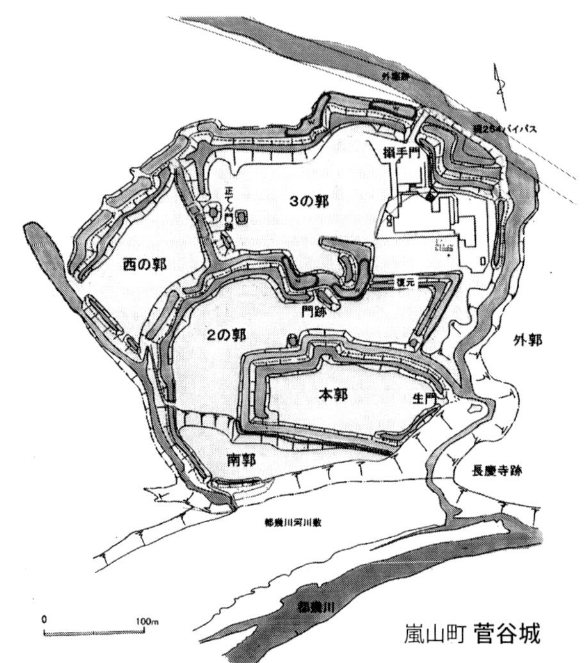

嵐山町 菅谷城

本郭北土塁（出枡部分）・空堀現況

本郭南空堀と掘残し土塁現況

復元された当時の３の郭小口前空堀・土塁

西の郭北側空堀現況

現況は明らかに城である。城は東・西・北を浸蝕谷に、南を都幾川に囲まれた自然の要害の地に築かれ、北方に対して強固な構えをもって備えている。西の郭・3の郭、2の郭・南郭・本郭とある5つの郭は、本郭を中心として扇形に配置され、それぞれ堅固な土塁と空堀および水堀によって防備されている。各郭を防備する土塁は、堀底よりの高さ約8m、上幅3～4mを示し、その斜面は急勾配をもって築かれている。なかでも本郭の土塁は高さ9m、2の郭西側の土塁は11mという見かけ状の高さを示し、この城の中でももっとも大規模なものである。

城のもう一つの防備施設である堀のうち、外堀を形成する部分は、自然の浸蝕谷を利用したもので、搦手門北側の発掘調査の所見では、谷自体に人為的な工作を加えず、あるがままの形を利用して泥田堀としていたことが理解される。これに対して、各郭の間を仕切る堀は明らかに人為的に掘割られたものである。2の郭と3の郭の間、特に2の郭門付近の堀は水堀となっている。そして、堀内に残る築堤状の部分の観察では、障子堀に造られている可能性が指摘できるだろう。このほか、西の郭に大手門、3の郭に正坫門・搦手門、2の郭に2の郭門、南郭に水の手小口、本郭に正門と呼称されるそれぞれの門跡がある。発掘調査は昭和48年と50年の2回にわたって実施され、搦手門付近と、その内側、3の郭東部の様子が明らかにされた。

発見された遺構は搦手門の内側を仕切る空堀1か所、捨堀と思われる大きな窪地、建物跡5、井戸5、溝5本であった。建物跡は最大のもので7間×4間、最小のものでは3間×1間というものもあった。井戸跡は大小2種類のものが発見されたが、なかでも搦手門のすぐ内側で発見された井戸は径2.8m、深さ2.8mと大きく、素掘りのまま使用されていたものである。一方、空堀は3の郭の内側に横たわって発見された箱薬研形のものが大規模で、南下してくる侵入者に対しての防禦意図が明確にとらえられるものであった。また墓地も設けられていた。この部分の発掘調査から得られた遺物の年代は15世紀中頃から16世紀前半を示しているという。

城跡は鎌倉街道上ツ道を縦軸とすれば両上杉勢力の接点を形成する都幾川を横軸とする交差点にあり、北武蔵の合戦史上重要な位置を占めている。特に長享年中の大乱時には、両上杉の勢力の境目の真只中にあり、都幾川・槻川に沿って並ぶ、扇谷勢力の前線城郭群を形成していたと見られる。菅谷城に残される本郭空堀等の遺構は、後北条氏によって整備されたと考えられる特色を示しており、戦国期に至っても後北条氏支配下の城として機能していたと考えている。これは菅谷館の発掘調査によっても、ある程度裏づけられたところである。国指定史跡「比企城郭群」の1つ。

案　内　嵐山バイパス沿いにあり、菅谷中学校向かい側、案内標識がある。県立嵐山史跡の博物館が城内3の郭に所在。

杉山城跡

所在地	比企郡嵐山町杉山字雁城 645。北緯 36.034620, 東経 139.184272, 標高 95.3, ほか

歴　史　本城は中世の築城理念を入念に再現しようとしたと言われ、いまに残る中世の築城教本といわれているにもかかわらず、その歴史については不明な点の多い城郭である。

『新編武蔵国風土記稿』には本城の居住者は「金子十郎家忠あるいは庄（杉山）主水と伝える」とあるが、本城は戦国期の築城と考えられるもので、金子氏の活躍した鎌倉時代までさかのぼることはできないだろう。一方の庄主水は、「天正庚寅松山合戦図（写）」に杉山主水弘秀と明記されている人物と同一と考えられるが、詳細についてはわからない。

永禄６年（1563）３月２日、北条氏康が武田晴信に応じて松山城を攻略した際、上田朝直らが謀って使者とした武蔵国住人勝（庄であろう）式部少輔とのつながりをも一考する必要があろう。庄氏については、武蔵七党に属する児玉党の一族の中に児玉郡本庄を本拠地とする、庄氏が知られる。『小田原衆所領役帳』に庄式部少輔は 33 貫５百文と記録されている。この庄一門の武将が戦国末期に松山城主上田能登守の家臣として存在したと考えてよいのだろうか。

この様な伝承的な記録の他に、足利高基関係文書の存在が竹井英文氏によって明らかにされた。その内容は 16 世紀前半頃とみられている書状で「椙山之陣以来、相守憲房走廻之条、神妙之至候、謹言」（「足利高基書状写」戦古一606）と記される書状の写しであった。杉山城に関する確かな史料として注目され、杉山城の築城年代を確認出来る史料とされた。

遺　構　都幾川以北で比企西部を通過する鎌倉街道は市野川に沿って、その西側を南下している。この市野川東縁には南北 4.2 ㎞の規模を持つ長尾根状を示す低い丘陵が存在する。この丘陵はその東・西両側における形状にきわめて著しい違いがあり、西側が急崖をなすのに対して、東側ではゆるやかな傾斜を示し、各所に舌状の突出部がみられる。この丘陵上に杉山城と越畑城の２城がある。

杉山城は長尾根状丘陵の南端部に近い（開析残丘状を示す）長さ 570m の独立丘陵の全域にわたって築城されたものである。本郭部分の標高は 95.3m、北３の郭は 96.3m を示し、１m ほど高くなっているが、この比高差は実際にはまったく感じられない。城はやはり斜面変換点に造られる大規模な横堀によって区切られ、10 余の郭が本郭を中心にして配される多郭式の城郭である。この郭配りを実測図によってみると、本郭を中心に置き、他の郭は三方に配される。それらは相互に連絡がとれ、連携して戦うことが容易になるよう工夫されているのが知られる。そのことは、本郭への小口が東・南・北の三方の郭か

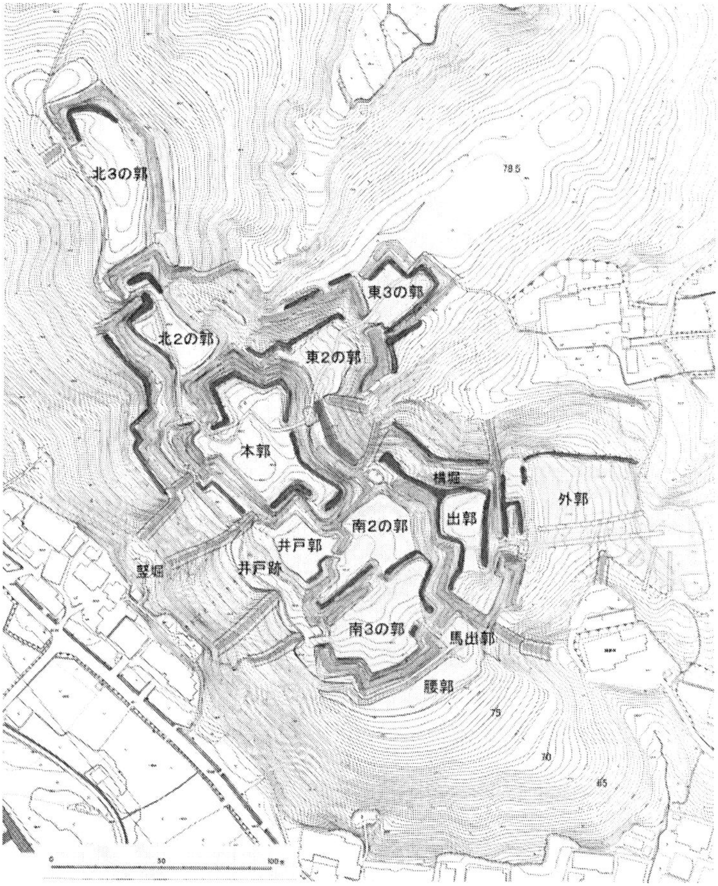

北3の郭
東3の郭
北2の郭
東2の郭
本郭
横堀
外郭
出郭
南2の郭
井戸郭
竪堀
井戸跡
南3の郭
馬出郭
腰郭

嵐山町 **杉山城跡**　『杉山城跡保存管理計画書』付図を加筆引用

本郭東下横堀・土塁・切岸現況

発掘された本郭東門跡（嵐山町教委提供）

らそれぞれ配置されていることによっても納得される。

大手口は本城の東南端にあり、外郭を付設している。東側に延びる舌状の丘陵突出部は、そこが大手口にふさわしい形状を示しているが、このゆるやかな舌状の丘陵を登りつめた部分に小口が形成されている。小口は高さ２ｍほどの土塁に守られた坂小口であり、さらに土塁の内側には空堀が配され二重の防備となっている。この小口部分の土塁、および突き当りの土塁は屏風折形の土塁形態を示し、南２の郭への木橋を想定すると、そこには一つの横矢掛かりが認められることになる。この屏風折形を示す塁線は本城の東と南の各郭および北２の郭に取り入れられているが、この構造は比企地方の他の城郭には認められないもので、以下に述べる種々の構造と相まって、築城教本といわれるゆえんの一つになっている。

最初に本城に設けられている桝形小口や馬出についてみると、それぞれ三方向に存在することが知られる。南３の郭のそれは馬出郭の形態を示し、深さ５ｍほどの空堀と、その両側に設けられた土塁によって守られる角馬出で、さらに外部に「馬出」を備える。東３の郭はやはり馬出郭を形成し、東２の郭からの横矢によって守られる角馬出となっている。また、外郭からの小口も桝形小口となる。これに対して北側の搦手小口は低い土塁と空堀によって桝形が構成される。２の郭にもまたそれぞれの工夫が認められる。南２の郭の小口部分は南３の郭から土橋で連なっているが、東側に土塁、西側に空堀、後方に西から延びる高さ3.5mほどの土塁を配し、喰違いをなし、桝形小口となっている。東２の郭は、東側の馬出小口を守る役割が中心であったと考えられるが、本郭への通路は幅の狭い帯郭を通って急傾斜を示す坂小口となっている。ここは他の郭部分に認められる小口の形態より単純な造りになっていることが知られるが、空堀と土塁上に幅狭く長く沿って延びる帯郭と急坂によって、その防備は充分であったと考えてよいだろう。

北２の郭の小口は、北３の郭へ突出した出桝形土塁、しとみ土塁、空堀によって、桝形小口が作られる。北２の郭から本郭への小口部分はほぼ直線的に入る坂小口で、その両側は単に大規模な空堀によって仕切られ、大きな横矢掛かりとなる。また北２の郭西側の下部には腰郭的に形成された空堀の外側に屏風折形土塁が配され、本城西側唯一の堅固な防禦線を形づくっている。東側は深い溺れ谷が直下まで迫っているためか、土塁・空堀などの防禦施設はまったく存在しない。さらに水の手となる本郭西方の井戸跡には、腰郭と井戸郭を配して水の手の守りとしていたようである。いずれにしても本城の空堀は上幅10m、深さ６～9mという規模で各郭を囲画している。

馬出や桝形の多用に合わせ、塁線は折り歪みが多用され、多くの横矢がかりが存在する事も大きな特色である。伊禮正雄氏は「随所に見られる塁線の『折』、土塁の高低の按配、喰違ひの虎口や桝形、意外のところに設けられた『かざし』、直線連郭を基調としながら馬出や帯郭等を用ゐて囲い付の利点も活用した郭配置、空堀の大小や縦堀の利用、土橋と木橋の巧みな使い分け」から本城の築城年代を16世紀後半とし、後北条氏の北関東攻略の作戦基地であり前線基地であり、天文20年前後から永禄7年頃の存続であったとしていた（伊禮1969）。この考えが、調査前の一般的考え方を主導していた。

これに対して、発掘調査を実施してきた嵐山町教委の村上伸二氏は、発掘調査成果から考えて、築城は足利高基の書状が示す15世紀末から16世紀初頭の早い段階の年代観（竹井2007・斎藤2008）が妥当で有り、それ以降は城郭として存続していた痕跡は見られなかったと強く指摘し、「（前略）火災と遺物の同時性が認められる。このように杉山城本郭において火災があり、その後かたづけられているが、火災後の郭の使用痕跡・生活痕跡が全く認められず、時期差を想定する遺構・遺物は一切検出されていないことから現段階では杉山城跡本郭は1時期であり、火災後に全ての遺構を埋めて片付け、東虎口の土塁と石積を崩して廃絶していると思われる」（村上2005）とした。しかし、この城の中で東3の郭、南3の郭に特徴的に捉えられた馬出郭の存在は、滝山城外郭部や、鉢形城のそれに匹敵する完成度の高いものであり、その年代観は伊禮氏の見解の最終段階を含め、以降の年代を完全否定するのに躊躇せざるを得ない。

織豊期の城郭研究を主導している中井均氏は、この杉山城について、その構造研究の全国的視点から「遺物との齟齬の問題は十分に理解しているつもりであるが、今杉山城を15世紀末年にすれば城郭研究は成り立たなくなってしまう」として大きな問題提起を行っている。中井氏はこの城郭が天正年間に築かれた織豊期の陣城との認識を示している（中井2008）。城郭史や構造論の立場と考古学的調査結果が示す事実との齟齬の解決点が見えず、「杉山城問題」として大きな論点となっている。

また、本城は完成度の高い小口と横堀、竪堀の多用が見事であるが、その反面、郭内の造成は不十分の感が拭いきれない。本郭をはじめ、殆どの郭が山形のままと認められる斜面を保持していることは、現地観察をされた方ならすぐに理解できる。陣城として築城されたという村上氏等の見解が的確なものであろうが、石積を伴って丁寧に築かれた本郭東小口の四脚門（間口2.8m）が調査され、本郭南小口にも同様四脚門と見られる門跡が発掘調査されている。そして、本郭の東側土塁際には焼けた壁土と炭化した竹材が多く出土し、土塁際に築地塀（規模不明）が存在した可能性を予測させている。

東門は所沢市滝の城跡本郭の四脚門と同様な構造であり、恒常的城郭であった可能性も排除できないところだろう。そして一方では、郭内が整形されず、掘立建物跡などの確認もできないという点などの特色は、この城が時間をかけて築城されたという形跡を示さない。国指定史跡「比企城郭群」の1つ。

案　内　嵐山町の市街地から県道嵐山寄居線を北上し、嵐山町立玉ノ岡中学を目指す。中学校左手の積善寺駐車場に入ると城跡内。

越畑城跡

所在地	比企郡嵐山町大字越畑字城山 910 ほか。 北緯 36.042303, 東経 139.181228, 標高 116.0, ほか

歴　史　『新編武蔵風土記稿』では杉山城跡と同じの庄主水が住すと伝える。城跡は調査結果によれば狼煙場として築かれたものであり、城主の住するような城郭では無い。

遺　構　丘陵山頂、標高 116m、比高 46m、鎌倉街道上ツ道を西の直下に眺望できる丘陵上に立地する。細長い尾根が連続する丘陵であるが、少し、独立峰的になったところにある。本郭と２の郭を南北に連ねる並郭式の郭配りであるが、堀切は全くない。中央につなぎの平場を置き、東側の斜面下に小さな腰郭を置くだけのものである。南北の両端には堀切などは見られない。

関越自動車道の建設に先立って筆者等によって発掘調査が行われた。本郭は繋ぎの平場の尾根を断ち切って西半分に設けられた上幅４m、下幅 1.2m の空堀と、北から東急斜面側の切落しによって守られる南北 48m、東西 35m 程の楕円形の郭であるが、内部は平坦でなく円丘状をなしたままである。

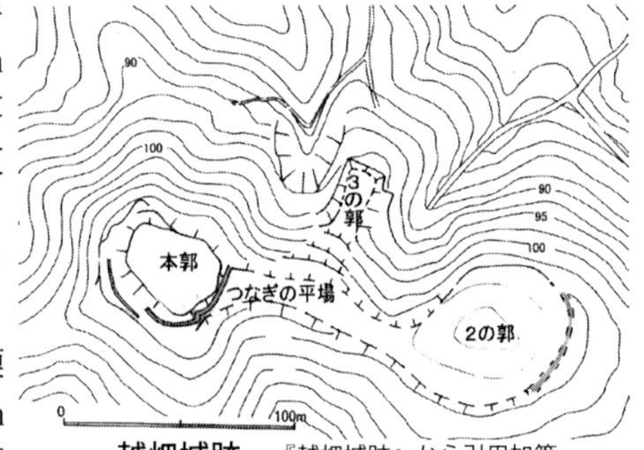

越畑城跡　『越畑城跡』から引用加筆

空堀は幅２m、深さ１m と小規模であるが、盛り土整形によって 2.3m という落差を持つ。西側中央部に幅３m の喰違い小口があり、南西部には３m にわたる折りが付けられる。空堀内側の郭肩部には柵を廻らしたと思われる小ピット列が確認され、内部には炭化した籾殻や、木の燃えくずが残る壁面が赤く焼けた３ × 2.5m、深さ 0.6m の焚き火跡（土壙５）が見つかり、ここで狼煙をあげていたと理解した。２の郭は 52m × 52m の円形に周囲を削り落としただけの構造で、南側は落差１m 前後であった。腰郭（３の郭）は切り落としによって段築され、20m × 10m の方形となる。腰郭か

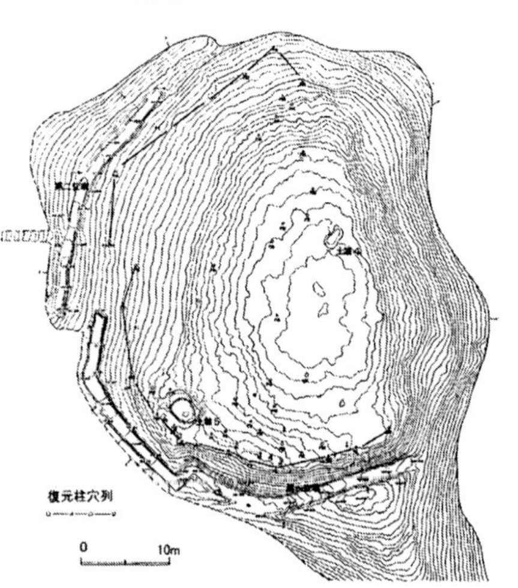

本郭実測図　『越畑城跡発掘調査報告書』引用転載

ら本郭へは、切落し高約１ｍに作られた３段の段築が見られる。

出土品は少ないが、美濃焼の擂鉢の他、カワラケ、土鍋、火鉢、板石塔婆などが主として本郭から出土した。中でも擂鉢は 15 世紀後半に比定されるもので、それ以前の遺物が出土しないこともあって、城郭の年代観がこの頃に絞られるという報告が行われた。この時代は長尾景春の乱から両上杉氏による長享年中の大乱の段階で、この地域が丁度混乱の真只中にあり、城郭出現の必然性が認められるところである。

案内　嵐山町越畑に所在するが本郭などは関越自動車道によって消滅。２の郭のみを残す。杉山城の西下を市野川に沿って延びる町道を北上し、約１km 先を右折、関越道手前を右手愛宕神社を目標に登る。

谷ツ遺跡城郭遺構

所在地	比企郡嵐山町杉山字谷ツ。北緯 36.040755, 東経 139.184794, 標高 78.3, ほか

歴　史　この地点に、城郭等が所在したことは全く記録に無く、遺跡下の阿部家にもその伝承は存在しない。

遺　構　関越道嵐山小川インター新設工事に伴う発掘調査によって新たに所在が確認された砦と見られるものである。杉山城跡とは谷を挟んで対峙する位置を占め、杉山城跡北東 500m に位置し、市野川の支流粕川の谷に向かって舌状に突き出す標高 78.3m の丘陵先端部に築かれる。比高 21m 程の丘陵は南北を溺れ谷に挟まれる幅 120m 程の狭い丘陵で、越畑城方向から南東に延び、粕川の谷津を見下ろす絶好な位置を占める。

発見された遺構は、関越道嵐山小川インターの建設に伴い、財団法人埼玉

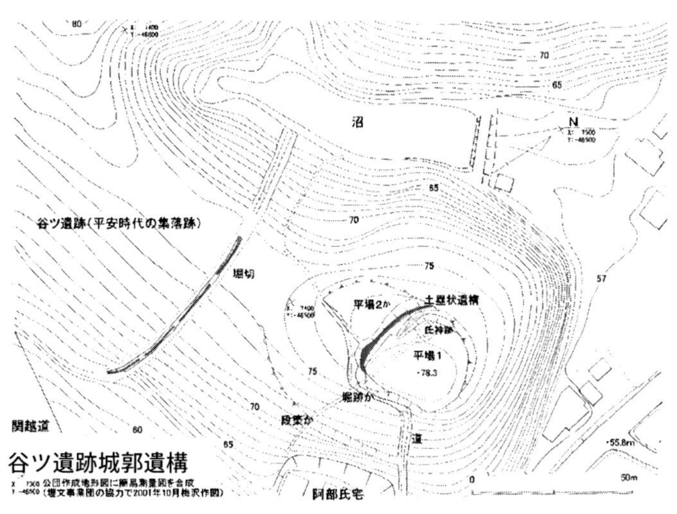

谷ツ遺跡城郭遺構
公団作成地形図に簡易測量図を合成（埋文事業団の協力で2001年10月梅沢作図）

県埋蔵文化財調査事業団によって、平安時代の集落調査が行われ、調査区東端部から上幅 1.8 ～ 2 m、深さ 1.5 ～ 2 m の薬研堀が検出されたことによる。この堀は舌状丘陵の括れ部を丘陵裾から完全に掘りきって存在する大規模な遺構で、その構造からは、明らかに中世城郭に伴う堀切と見られるものであった。

県文化財保護課や財団職員の要請によって調査をしたところ、道路敷地外の丘陵先端部上に明らかに人為的な造作を加えたと見られる部分が確認でき、この地点に城郭が形成されていたと考えられた。我々が確認した遺構は、丘陵先端部の標高 78.3m 地点の平坦部に東西 25m 南北 26m ほどに造られた郭を中心とするもので、備えは杉山城跡方面に意図的に向けられていることが理解される。周辺は切り落とされるが、南部は 1.5m 程に鋭く切り落とし、西部には高さ 60 ㎝ほどの土塁状の高まりが見られる。しかし、この反対側となる方面は大した造作は行われなかったのか、明瞭な形で切り落とし遺構等を確認できない。

そして、東南から南西にかけては、切落し下部が現状では通路になっているが、平面屏風折りになるこの通路は、あるいは空堀と観察できるかもしれない。通路は東南で阿部氏宅東側に下るが、10m 下った地点で西に延びる高さ 1.5m 程の切落しが形成され、西端部は明らかでないものの、２段築成による防御が行われていたことを伺わせる。なお、堀切から主郭西部の土塁状遺構までの距離は 50m 程である。堀切は先にも記したように上幅 1.8m ～ 2 m、深さ 1.5 ～ 2 m の箱薬研堀となるが、北斜面にはこの延長部の堀跡が確認でき、現状で上幅 5 m、深さ 60 ㎝ほどに観察される。そして、この東側には幅 3 m で高さ 1 m ほどに盛り上がった土塁状の高まりが見られるが、これは掘り上げ土を置いた痕跡であるだろう。

堀切は丘陵裾部まで築かれていたようで、現状でも沼の縁の平坦地まで下っているのが確認された。尚、主郭西部に残る阿部家氏神跡の西に堀状の窪地が見られるが、これが空堀等の遺構であるという確証はつかめない。砦として築城されたものだろう。

案　内　関越自動車道嵐山 IC の東、嵐山町役場東の町道を北上し、関越自動車道をくぐって、すぐ正面の阿部家裏山。

羽尾城跡（宮前城）

所在地　比企郡滑川町大字羽尾字金光寺。
北緯 36.030933, 東経 139.224025, 標高 45.0, ほか

歴　史　『滑川村誌』によれば「築城は元亀 3 年（1572）、松山城の出城として、山崎若狭守が普請奉行となって当り、山田伊賀守城主となる。天正 3 年（1578）、伊賀守宗道は没し、山崎若狭守が城主となった。同 18 年（1590）、豊臣秀吉の小田原攻めにより、徳川方の前田・上杉・真田連合軍が来攻、羽尾城は前田

利家の軍に包囲され、激戦数十日、戦闘熾烈の攻防を繰り返したが、４月上旬散る桜と共に陥城した」とあるが、本城についての記録は少なく、先の記述を裏づける史料なども みられず、記述の根拠がない。ただ一つ『新編武蔵国風土記稿』に「館蹟　村の巽の方にあり、広さ３反許、上田案独斎が家人、山崎若狭守が住せし所と云」とある。

遺　構　城は滑川村の南端、標高48m、比高12mの市野川に面する台地上にある。城のある台地の南縁は市野川の攻撃面となっており、この付近で市野川は大きく蛇行し、台地の裾を洗うように流れ、さらに南流する。

城は南北の幅100mの台地上の平坦部から南斜面にかけて、幅70m～110mにわたって構築されている。城全体の平面は矩形を示し、その縄張りは３つの郭を中心として造られている。主体となる郭は台地上部の大きな凹形を示す郭で、他の２つの郭は南側に設けられている大手口に対する腰郭であると考えることができる。本郭は特に北側に対する守りを堅固にしていたようで、高さ２mほどの土塁が間に空堀をおいて二重に配されている。本郭の西側には、幅４m、深さ１mの空堀を配し、その内側の北半分には土塁をも構築している。この配慮は地形を利用した空堀の効果を考えてのことであったようである。

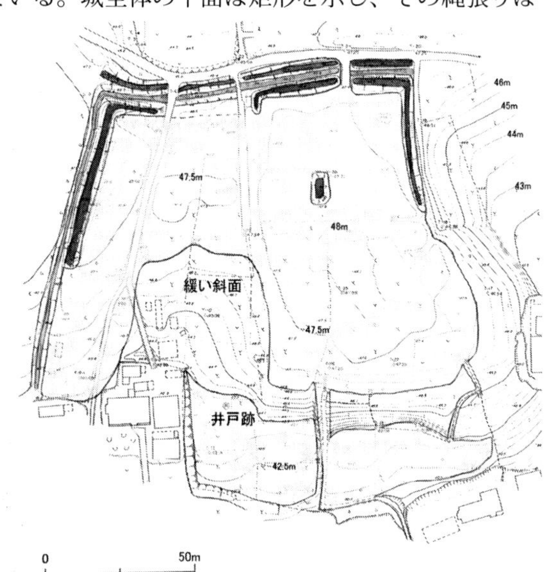

滑川町 **羽尾城跡**　滑川町史付図に加筆

東側と南側の台地縁辺部では、単に斜面の切り落としが行なわれているのみで、南側の腰郭以外、特に施設が設けられていた様子はない。南側の本郭下部４mのところにある大小２つの腰郭は、幅の狭い大手の小口を挟み込むようにして設けられている。

西側空堀と土塁現況

大手の小口は長さ 23m ほどの折坂小口となっており、規模の小さい本城の小口としては充分な配慮がなされていると思われる。しかし、この小口と入口部を一つにする坂小口が本郭へ直進する形で認められるのは、両者相反するものとはいえ、これが城の小口として設けられたものなら、先の折坂小口の形成はなんら役に立たないことになる。西側の腰郭への進入口は、本郭へ大きく南から食い込んでいる溺れ谷の東隅にそれとなく向けられている。この腰郭には、羽尾城の井戸と伝えられる井戸跡もあって、本城の重要な部分でもあったことがうかがえる。

このほか、本郭には東半分の中央に小さな土塁状の構築物をみることができるが、その親模も小さく、役割も理解できない。本城は以上の特色からみて、基本的には、簡単な構え（切り落とし・土塁・空堀）の方形区画の館に、腰郭が付け加えられたにすぎない形を示している。勝ちにのった前田勢を相手に「激戦数 10 日、戦闘熾烈の攻防を繰り返した」城とはどうしてもみることができない。斜面部をコの字形に囲画するタイプの城郭で、松山城配下在地武将の居館として機能していたものであろうか。

案　内　東松山 IC から現熊谷東松山道路に入り、東松山特別支援学校入り口の交差点を右折、300m 程先の字金光寺地区に所在する。

山田城跡

所在地　比企郡滑川町大字下山田字城山。
北緯 36.041125, 東経 139.215576, 標高 62.0, ほか

歴　史　城については土地の伝承のみで『新編武蔵国風土記稿』をはじめとして記録にはまったく登場しない。したがって城の歴史は不詳であるが、土地の伝承によれば「忍城主成田氏の臣贄田氏一族の城であった」といい、「戦国時代には松山城の出城」であったとの伝えもある。

遺　構　標高 62m、比高 23m、城跡は松山城西北約 6km の地点にあり、滑川に南面する低い丘陵上に位置している。北から南に延びる細長い丘陵で、城の存在した地点は、舌状に突出する丘陵の先端部に当たる。南方の滑川、および市野川流域を中心として 180 度の展望が可能である。

城の平面形は長径 130m、短径 105m 位の楕円に近い縄張りを示し、一つの大きな郭を土塁および空堀によって防備するという単純な形をしている。外周を固める空堀は、斜面変換点下部を「鉢巻き状」に築くタイプで、直線的な構造になっており、「折」などの変化は加えられていない。空堀の内側には高さ 2 m ほどの土塁が一周している。空堀の外側には土塁はなく、掘り上げ土が盛り上げられて土塁状に見える部分もあるが、基本的には土塁の構築は無かったと言えよう。土塁内部は約 50 ㎝ほど窪められ、見かけ上の高まりを創

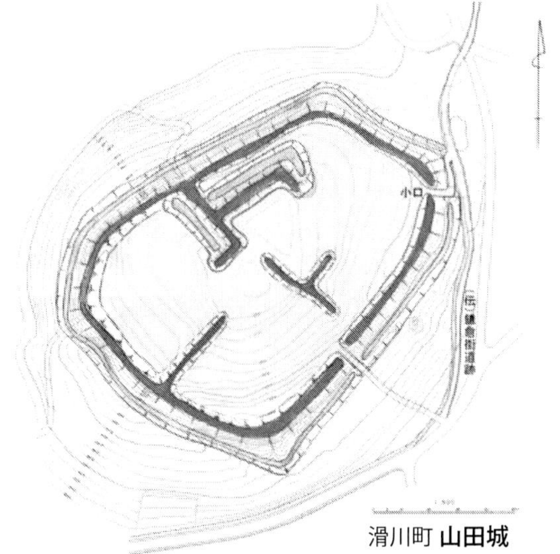

滑川町 **山田城**

南側の空堀現況

東側の鎌倉街道跡側にある小口現況

出している。所謂、掘り残し土塁である。

郭内は中心部に向かって約２m 程高く、緩やかな斜面となる。基本的には丸みを持った丘陵の頂上部直下を鉢巻き状に空堀を回した城郭であったとみられる。一見何の変化もないような本城にも大きな特色がある。それは郭内に認められる土塁と空堀であって、竹村雅夫氏は「土塁・空堀が散在し、当時は城内をいくつかに仕切っていたもの」と指摘している。

小口は北東部にあり、鎌倉街道伝承地に近接する部分で、通路を２折りして造られる折坂小口となる。通路の幅は２m 位である。このほか、東辺中央部に街道跡から直線的に通路が延びる坂小口状のものがあるが、堀は切れ土橋状にはなっているが、小口であったか明確でない。郭内部には中を４分割するように低い土塁と空堀が置かれる、この区切りも防御意図は捉えられない小規模なもので、構築意図も捉えられないものである。内部の西側に偏ってある堀は土塁上面からの深さ 1.8m 位となる。この城郭については、一時的な陣城とい

う見解も出されているが、城郭の形が未だ定まらない古式の城郭とも考えられる様相を示す。

案　内　武蔵丘陵森林公園南口を入った所に所在する。

山崎城跡

所在地	比企郡滑川町大字山田字山崎 1470。 北緯 36.042373, 東経 139.220317, 標高 59.0, ほか

遺　構　主たる部分は国営武蔵丘陵森林公園内にある。谷城と谷を挟んで西側にあり、東西に並ぶ。丘陵東斜面部に作られているが、この城郭は寺沼を中心とする斜面の谷部を空堀と土塁が取り囲むという特殊な形を示す。土塁は斜面下の丘陵裾部には見られない。丘陵尾根部には山田城から延びる鎌倉街道跡が通過し、それに沿って空堀が置かれるが、この地点は丁度斜面転換部にあたっている。周囲に配置される堀は上幅 3.5 ～ 4 m、下幅 1 ～ 1.8m、深さ 1.5 ～ 2 m の規模を有し、内側に盛り上げられる土塁は内部高約 1.2m 程となる。

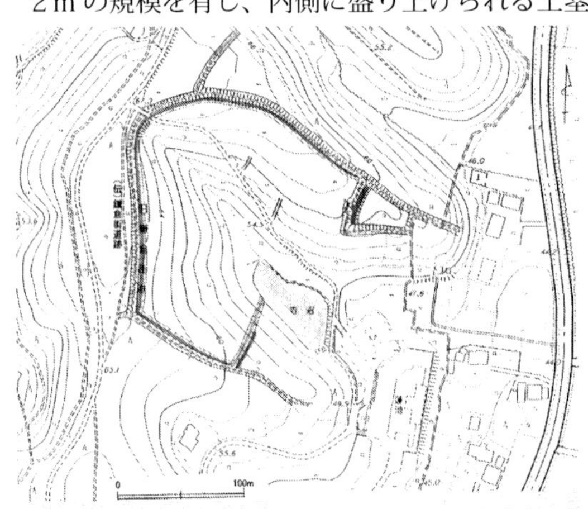

滑川町 **山崎城跡**

西丘陵頂部の空堀・土塁現況

東側丘陵空堀と小郭現況

西側は斜面中央部付近で直角に折れ、寺沼に向かって直に下り、突き当たっている。この部分は深さが約２m程になる。北斜面側では谷津入り口に近いところに郭が築かれる。25m × 35m程の台形を示し、外部に深さ２mの空堀を廻らすが、西側には高さ 1.5m程の土塁があり、これは出桝形土塁となっている。斜面下段の東側は谷口となるが、これを閉鎖する施設は現在見られない。平面積で約２町歩の規模を有している。北側の空堀はさらに北斜面に下るが、これは延長上のつながりが不明である。

谷口には廃寺跡が所在するが、丘陵を降りた平坦部の状況はつかめないが、そのまま、東の河川まで延びると考えると、さらに谷津部の約 2.5 倍となる約５町歩の水田を区画することになり、対岸の谷城跡の載る丘陵部に接する。谷津を取り囲むという極めて異例な遺構である。

このタイプに類するものとして橋口定志氏の研究成果によって、所沢市椿峰遺跡、児玉町真鏡寺遺跡、八王子市宇津木台遺跡が上げられ、これらの形を示すものは中世的な領域設定のあり方と捉えられ、農民層から武士に至る在地社会に根をおろした人々のとる一般的なあり方であった可能性が高いとした。空堀は「境堀」として「屋敷」の単位領域を区画するものであったと考えられるという。これによれば年代は中世初期に遡る可能性が高い。一方、この構造は端部の小川までを区画しているとすれば、あるいは馬の放牧管理場所であったとも考えられるがいかがだろうか。

案　内　武蔵丘陵森林公園南口を入って山田城を過ぎ、鎌倉街道伝承地を北に歩き、梅林がある地点。

谷城跡

所在地	比企郡滑川町大字山田字谷 1483。 北緯 36.041646, 東経 139.222335, 標高 62.0, ほか

遺　構　滑川町史の編纂時に町教育委員会によって発見された城郭である。山田城の東約 700m に位置し、山田城の北にある山崎城は真西にあたる。低位の丘陵上に所在する。

城跡に関する伝承等はないが、西に張り出す丘陵先端部を二本の堀切で区切って城郭を形成する。堀切は上幅約５m、下幅１mのもので約 1.2m ほど地表を掘り下げて作られる。幅約８mに平行する２本の堀切は円弧を描くもので、北側が１本の堀でつながる。堀の内側にはそれぞれ掘り上げ土を盛ったと見られる土塁状の高まりが 60 ～ 80 ㎝に残っている。北斜面上部の堀切延長線上は 1.6m 程切り落とされ、狭い帯郭風の段築部がある。

主郭部は径 40m 程の平坦地であるが、大きな地形は行われた様子が見えない。丘陵斜面部の傾斜はきつくない。周囲の水田面との比高は約 20m を測る。

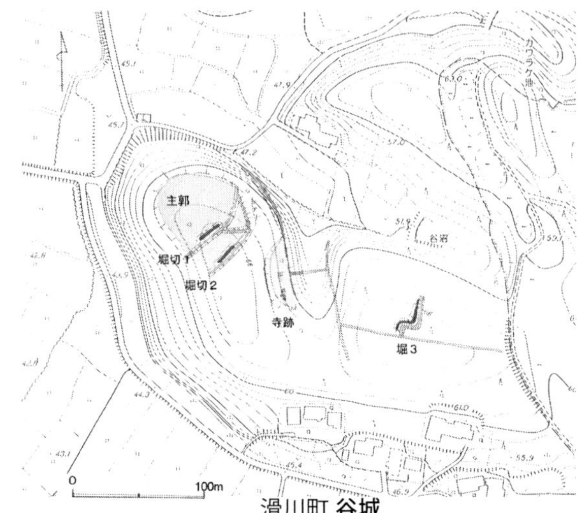

滑川町 **谷城**

丘陵を北から侵蝕する谷側に近世に存在した寺院跡が見られるが、この地点が城跡に関係する遺構か確認できない。丘陵中腹を削平し、間口22m、奥行き10mを測る。さらに丘陵東部にはもう一つの城郭遺構と言われた堀跡が認められるが、これは丘陵を縦断する山道から北側に掘りこまれるクランク状の空堀で上幅4m、下幅1m、延長距離30m程に造られ、西側に掘り上げ土によったと見られる土塁状の高まりが確認される。しかし、かって図示されたように、ここに方形の遺構はみることはできない。あるいは造りかけの城郭遺構なのだろうか。

本城は丘陵先端部を単に掘り切って防御しただけとみられ、嵐山町谷ツ砦同様の城郭状の遺構と考えられる。一時的に利用された陣城的な城郭であったと見ることも不可能ではないだろう。

案　内　武蔵丘陵森林公園南口前の県道を北上し、山崎城の真東対岸に位置する前谷中郷地区南丘陵上。

三門館跡

所在地　比企郡滑川町大字和泉字三門。
北緯36.052419, 東経139.192252, 標高60.0, ほか

歴　史　土地の伝承には、五所五郎丸の居館とあるが、それを裏づけるものもなく、『吾妻鏡』に建久4年（1193）、毛呂太郎季綱が武蔵国泉・勝田の地を賜わると記録されているだけである。この泉は当所の和泉を、勝田は滑川の対岸嵐山町勝田を指すもので、鎌倉時代初期には毛呂太郎季綱の所領であったと考えられている。

遺　構　滑川の沖積地に舌状に突出する丘陵上にあって、その標高は約 70m で、沖積地との比高は 19m である。

館跡とみられる所は「八宮神社」の所在する丘陵上にある。ここに丘陵南西端からまっすぐ延びる空堀と土塁があり、空堀は箱薬研状の堀で、上幅３～４m、下幅 60cm、深さ 1.5m くらいの規模を示す。その両側には、約 50 ㎝から１m ほど盛り土された土塁がある。『日本城郭全集４』では、これを神社の参道としているが、この他土塁の西に沿って空堀を利用したと見られる参道は別にある。この堀底からは土塁上端部まで２m 位を測る。

空堀は約 180m 延びて東に折れ、丘陵を掘り切って 50m 延び、丘陵の裾にまで達している。東西に延びる空堀の両側にも幅２m、高さ 50 ㎝ほどの土塁が設けられていることによっても参道でないことは明らかである。したがって、館跡と確認される範囲は、字三門の丘陵上にみられる長さ 130m、幅 30m の所であり、小規模な二重土塁によって囲画された館跡である。この形は東松山市岩殿にある足利基氏館にきわめて類似したものとみることができるが、足利基氏館の方が規模形態共に大きい。西側の丘陵上にある泉福寺一帯を三門館とみる考えもあるが、寺の裏山に現存する空堀は一見丘陵を掘り切っているようでありながら、館跡としての形はとらえられない。これは泉福寺に関連する空堀で、三門館とは別なものと考えるべきであろう。

三門谷津には竪堀に端部を繋いだ線から北の上流側に大きな沼が存在していた。沼田跡と記されるこの沼を背後に抱え、前面に館を構えるという構造も見えてくる。このような構造を持つ中世の年代が考えられる遺跡としては玉川村円通寺と、鳩山町須江の光雲寺跡がある。地元の高柳茂氏は三門館の調査を通じて、湿地を挟んだ東側丘陵部にほぼ対になって見られる堀状の遺構を捉えて、谷津を囲い込む方形区画の構造を持つ館の存在を指摘している（高柳茂

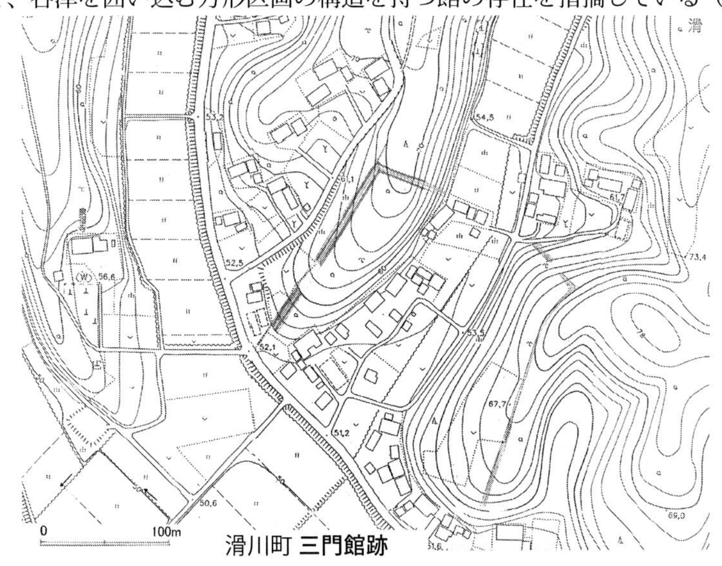

滑川町 三門館跡

1989）が、この考え方で見ると、より具体的に山崎城の構造と類似する遺構となり、橋口定志氏の主張する「区画溝に囲まれる屋敷地」（橋口定志 1990）と同様な構造を認められる。遺構理解を現実的にする魅力ある見解であろう。しかし、東側丘陵上の堀跡とされる部分は道状の窪地として存在し、両側に土塁状のものも全く認められず、現状では東西が一対となった遺構と見るのは難しいのかも知れない。

案　内　滑川町役場前を北進し、和泉地区に向かう。泉福寺は重要文化財「阿弥陀如来座像」を有する寺なのですぐ判る。泉福寺入り口東向かいの民家裏から空堀が始まっている。丘陵西側の道路を北上すると八宮神社参道となる。

水房館跡（小山館）

所在地　比企郡滑川町大字水房字小山台。
北緯 36.032327, 東経 139.202018, 標高 87.0, ほか

歴　史　水房館は小山朝政が居住したとされている（『日本城郭全集４』、『埼玉の館城跡』）が、その根拠としている『吾妻鏡』元久２年（1205）７月８日の条には「８日以畠山重忠余党等所領賜勲功之輩尼御台所之御計也」と記録されているのみで、水房館と小山朝政をつなぐような記事は見いだすことができない。したがって水房館については一切が不詳である。

遺　構　比企北丘陵の南端が市野川流域の低地に突出している部分に位置し、標高 87m、比高 35m を測る。眼下には鎌倉街道の支道が通り、本道は西方を南北に貫通している。館のある丘陵の先端は背後の丘陵とは幅の狭い鞍部状の尾根によって続いているのみであり、前面は緩傾斜となる。

館はほぼ円形を示す本郭を中心として、その周囲下部に、二段にわたって帯郭状の段築が認められる。この段築部分は幅５～ 15m ほどの規模で、切り落とし部分の高さは約 1m 程となっている。西側部分はこのように２段構成になっているが、

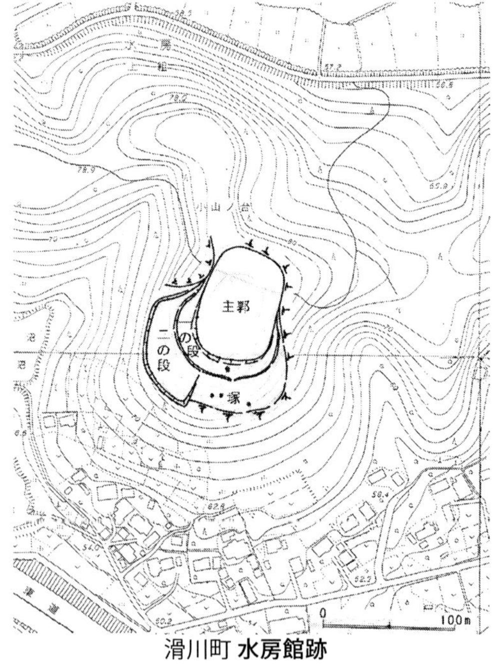

滑川町 水房館跡

東側では形をとらえられるほどの構えは設けられていない。急傾斜地のため特に注意が払われなかったものと考えられる。帯郭部には侍の首を埋めたという小さな塚が４基存在する。

段築によって郭を構成する方法は、比企地方ではこのほかに越畑城や安戸城にみられるが、規模の点では水房館が勝っているものの、技法の点では格段の相違があり、本城は単純な造りといえる。これに対して越畑城はこの段築による郭形成を基本としながらも、一歩進めて空堀を併用し、多郭化をも示している。しかしながら、その築城年代が不明であり惜しまれるところである。

案　内　武蔵嵐山駅から滑川町役場北の交差点に向かう県道を進み、市野川をわたってすぐ左折し、関越道の東に接する集落の裏山に登ると城跡内に入る。

松山城跡

所在地	比企郡吉見町大字南古見字城山・大字北吉見字５ノ耕地 北緯 36.021301, 東経 139.251421, 標高 60.0, ほか

歴　史　城の起こりは正慶２年、新田義貞が鎌倉幕府の北条高時を攻撃したおり、仮に要害を構えて用兵を駐屯させたことに始まり、本格的な築城は応永６年、上田左衛門尉友直によって行なわれたと伝えられる。「友直は大河原（東秩父村）安戸城主として、大河原御堂を中心に、小川町腰越付近一帯に勢力を持っていた武将と思われ、吉見冠者頼綱を祖とし、八代友直は同家の重臣上田氏の嗣子となり、同四年、安戸城を築いた」と『東松山史話』に述べられている。しかし、これは事実ではない。友直についての記録もなく詳細については不明であるが、上田氏については『東松山市の歴史』上の藤木久志氏の研究を受けて行った筆者の『松山城主上田氏』に詳述した。

『関東兵乱記』に「松山城は上田左衛門尉取立て」とあるので、松山城を築いたのは上田氏であることがうかがわれるとされ、『鎌倉大草紙』で、応永23年10月６日、鎌倉六本松の合戦（前関東管領上杉禅秀〈氏憲〉が鎌倉公方足利持氏に叛して挙兵した上杉禅秀の乱の発端となった合戦）において、上杉禅秀方の「松山城主上田上野介討死」とあり、松山城はこの時に存在したと語られてきたが、これは上田上野介の下に校注として挿入された考えられる２行４文字「松山城主」を誤認した解釈といえよう。

一方、長享２年に起こった「長享年中の大乱」時の明応３年、赤浜における上杉定正頓死による扇谷・伊勢宗瑞勢の敗走を受けての記録に「河越者松山稲付方ニ地利遮塞御方行、其上ニ豆州押妨之、早雲入道ヲ自河越被招越、山内者向松山張陣、被相攻」と記される。この記録を受け止めれば、松山城は稲付城と共にこの時築城されたことを示す。この記録を除くと松山城が中世史上に登場してくるのは天文年間（1532 ～ 55）以降であり、扇谷・山内両上杉氏の対立の間隙をぬって関東制覇を着々と進めてきた後北条氏の進出と時を同じくしているのである。

この中にあって関東各地は一気に戦乱の渦中に巻き込まれるのであるが、松山城もその例外でなく、常に戦略の最前線として幾多の合戦をよぎなくされ、それは戦国絵巻の縮図ともいうべきものであった。松山城に関する『鎌倉大草紙』や『北条記』等の記録や『関八州古戦録』に示される「松山城攻防戦」は次のようになる。

「松山城風流歌合戦」として名高い天文６年（1537）の合戦は、その幕開けでもある。大永４年（1524）、江戸城を攻略して扇谷上杉朝興を敗走させた北条氏綱は天文６年７月 15 日、河越城を手中に収めた。敗れた朝興の子上杉朝定は松山城に逃げ込み、北条氏綱は一気に松山城をも落とそうと城下に攻め寄せてたが、城主難波田善銀はよくこれを防ぎ落城をまぬがれたが、北条氏綱は城下の町屋近在をことごとく焼き払って引き揚げたという。この攻防のおり、難波田弾正は城外で戦っていたが、利なくして引き返そうとした時、敵将の山中主膳に騒け寄られ、歌を問いかけられた。「あしからじよかれとてこそたたかはめなど難波田のくづれ行くらん」。これを聞きつけた弾正は、「君をおきてあだし心を我をたばすゑの松山波もこえなん」と返したという。これが俗にいう松山城風流歌合戦の出来事である。

天文 14 年 10 月から 15 年４月までの６か月余、扇谷上杉朝定は山内上杉憲政、古河公方足利晴氏と共に河越城奪回を目指して、北条綱成の守る河越城を攻めたが、逆に北条氏康の夜襲にあい、難波田弾正父子と共に討死した。上田又次郎政広はわずか九騎になって松山城へ落ちた。河越夜戦の勢いを駆って北条方は松山城へ攻め寄り、上田政広は安戸の砦へ落ちた。そして松山城は北条方の支配下となった。後北条氏はこの時、松山城攻めの先手を勤めた垪和刑部少輔を城主として置いた。政広の落ちた安戸城一帯は、先にも触れたとおり上田氏の本拠であり、腰越城によって谷口を守られた大河原安戸の地は、深い山間の要害を形成し、戦略的にきわめて有利な地勢を占めていた。そのため、上田氏は松山城攻防の退路を常にこの安戸に求め、再来の好機をうかがっている。先の合戦の後、上田政広はただちに松山城奪回を謀り、岩付城主の太田資正の援軍を得て、同年の８月 26 日に奪回に成功した。この時、本曲輪には太田資正の家臣太田下総守・広沢尾張守が置かれ、上田政広は２の曲輪を守ることになった。その後、北条氏は再度、松山城攻めを行なった際に、太田・広沢両軍の必死の防戦に反して、政広が北条方に寝返り、２の曲輪に軍を引き入れたため、松山城はあえなく落城した。上田氏は北条氏によって本領を安堵され、松山城主としてその地位を保護されることになった。いままでの守りの最前線にあったという軍事的立場は一転して、攻めの最前線の一翼を担うこととなったのである。

永禄４年（1561）、関東管領山内上杉憲政から管領職を譲り受けた上杉謙信は、９万人ともいわれる大軍をもって松山城に来攻し、城主上田朝直は敗れて安戸城へ退いた。上杉謙信は太田三楽斎資正に、岩付城と共にこの城を守らせた。上杉謙信が関東を引き揚げた後、永禄５年３月、北条氏康が北条相模守氏政を将として、３万余騎をもって松山城攻めを行なった。いったんは軍を引いた北条方であったが、同年10月、さらに松山城を攻め、かつ越後の上杉謙信を牽制するため、甲斐の武田信玄の援軍を得ることになった。信玄は２万５千余騎をもって９月に上野に侵入し、11月には武蔵へ進出して松山城に至った。信玄が到来してから２か月後、武蔵国住人勝式部少輔を城中に入れて急ぎ和睦に成功し、城将の上杉憲勝は降伏した。この２日後（永禄６年２月６日）、上杉謙信は岩付の太田資正と共に石戸の渡し（北本町）に到着した。上杉勢は松山落城を知り、城下に攻め寄せてきたが、すでに北条方も武田方も撤退した後であった。上杉勢は、北条方の出城であった騎西城を落とし、小田・小山・佐野の諸城をも降伏させ、古河城を回復して軍を越後に引き揚げている。これ以後、後北条氏による武蔵支配は一段落し、松山城は再び上田能登守朝直の居城となり、青山・腰越の城と共に上田氏が守ることとなったのである。

以上が戦記物に示される松山城合戦の概要である。元亀２年（1571）には、朝直は城下に祖先・戦死者等の霊を慰めるための板石塔婆を建立したが、これ

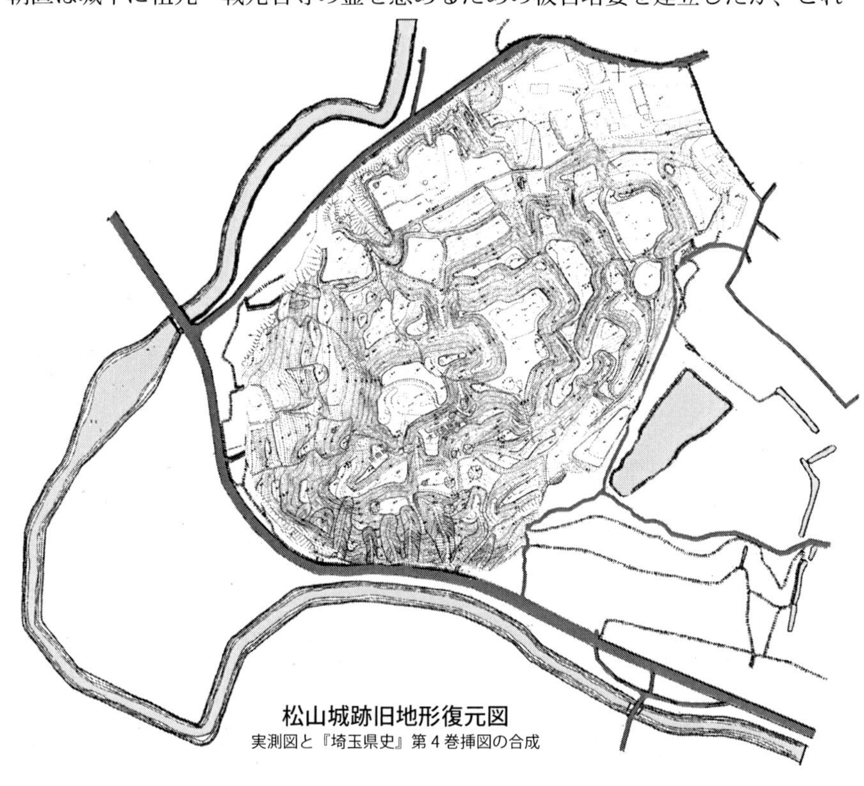

松山城跡旧地形復元図
実測図と『埼玉県史』第４巻挿図の合成

は安定した時代の到来を裏づけるものといわれている。天正３年に入ると、上田朝直は家督を能登守（蔵人佐）長則に譲ったと見られ、天正３年 12 月 11 日年の宗調朱印状を最後に、同年 12 月 23 日には長則の朱印状が発給されている。長則は領国支配を一段と進め、経済に重点を置いた支配を完成している。こうした中で城下に伝馬を負担させ、市の保護を行ない、荷留めを徹底して行なった。朝直は同 10 年 10 月３日に、長則は同 11 年３月５日に没し、続いて長則の兄弟憲定が城主となっている。憲定は城下に棟別銭を課し、一方では領内の経済安定政策を推し進め、新宿に新しい市を開き、宿の商人岩崎対馬守・大畠備後守・池谷肥前守の３名を責任者として間屋経営をも許可し、町の自治も認める楽市の制をしいた。

このようにして上田氏による領国支配は完全に安定していたのであるが、同 18 年、豊臣秀吉による関東攻略が行なわれ、松山城も後北条氏配下の城として最後の合戦をよぎなくされた。前田利家・上杉景勝の大軍に包囲され、４月下旬に落城した。天正 18 年、徳川家康の関東入国の後は、松山城は松平内膳正家広が居城したが、跡を継いた弟の左馬介忠頼が慶長６年（1601）に浜松城に移封されたのにともなって廃城となった。上田氏３代（政広・朝直・長則）の墓は、東秩父村の上田氏菩提寺浄蓮寺にあるが、４代憲定の墓は浄蓮寺内に有ると考えられるのだが確認出来ない。

遺　構　埼玉県のほぼ中央に位置する比企丘陵の東端にあり、ここから東部および南部一帯は関東平野となって一面の低地が続くところである。

城は丘陵のちょうど先端部に築かれ、三方を市野川によって囲まれる要害の地にある。市野川は近年に至るまで毎年幾度かの氾濫を起こし、流域一帯に一大沖積地を形づくり、各所に沼地や湿地を形成していた。そのうえ、城の眼下を流れる市野川は、丘陵に突き当たって大きく蛇行しているため、丘陵の裾は荒々しく削り取られ急峻な地形をつくっている。そして東側は荒川・和田吉野川の氾濫原となっており、松山城の所在する地域はまれにみる天然の要害であるが、北東側は丘陵続きとなって、防御性は極めて弱い。

城の郭構成は大きく分けて本曲輪、２の曲輪、３の曲輪、曲輪４・兵糧倉・惣曲輪・根小屋曲輪・北曲輪・外曲輪の９郭であったらしい。現存する城跡は、前６郭の範囲であるが、この中にはさらに帯郭・腰郭等大小さまざまな郭配りがみられ、多郭式城郭の面影を残している。本曲輪は東西 45m、南北 45m ほどの広がりを持つ郭で、東北部に突出して「櫓台」が設けられている。そして、ここには幅広の土塁が北辺に配されている。他の部分は、城全体に認められることであるが、郭境を構成する大規模な空堀と切り落しによって防備されており、それで充分であったものと思われる。２の曲輪との境を画するコの字形の空堀は幅 15 ～ 20m、深さ 10m で、２の曲輪を取り囲む本城最大の空堀となっている。この空堀は折の多用化によって設けられ、堀底の高低差と共に有効な防備意図をみることができる。２の曲輪は本曲輪郭の櫓台を包み込むようにコ

の字形を示しているが、折が多用されたこともあって凹凸が多い複雑な形を示している。

曲輪の最大幅は東西60m、南北64mで、本曲輪より1mほど低く築かれている。曲輪内はまったくの平坦地であるが、東北の肩部には1mほど小高く盛り上がった所がみられる。2の曲輪を取り巻く空堀内には、東に低い土橋状の遺構を認めることができるが、この部分は3の曲輪からの通路を形成していた所と考えてよいだろう。

3の曲輪は2の曲輪の東側に、やはり2の曲輪を包み込む形で設けられており、その形はきわめて細長く、変化に富んだものとなっている。また、ここは、ハの空間から南に延びる土橋を通じてロの「馬出郭」へ連なり大きく左に振れ、イの郭に入り、更に下って横矢をかけられながら、下段の堀道へ通じる通路となる。この小口構成は腰越城跡や大築城跡の小口形成と同じ手法で造られる。ここが大手口であろう。3の曲輪の最大幅は18mほどで南北に60mの広さを持つ平坦部を構成しているが、北部では竪堀の土橋を通じて長さ50m、幅10mのホの曲輪へ連なる。この北端下部には惣曲輪があり、端部に井戸跡が確認されている。そして3の曲輪東部には、丘陵を東西に分断する形で大規模な「堀切」が配され、中央部の土橋を挾んで南側は溜水を利用した水堀となっている。

曲輪4は西側に幅5mの土塁状を示す帯状の土居を配するほぼ方形をした曲輪である。規模は東西35m、南北36mである。この曲輪からは西南方向に帯状の道が延びて大堀の肩部まで下り、馬出からの通路と合流する。伊禮正雄氏は3の曲輪部分までが上杉氏時代の松山城域であったとして、この東に続く

本曲輪空堀（上左）**、３の曲輪空堀**（上右）**、３の曲輪大手口と馬出**（中左）**、**
２の曲輪南空堀（中右）**、２の曲輪空堀**（下左）**、根小屋口から惣曲輪内部**（下右）**の現況**

曲輪４・根古屋曲輪・北曲輪および外郭は、後北条氏時代の構築とみている。確かに、この「堀切」によって城の内外が分けられるようであり、曲輪４と周辺の曲輪には根古屋側に対しての備えが無い。兵糧倉跡は本曲輪の北側約６m下部に設けられ、本曲輪とは空堀内に設けられている土橋を通じて連絡している。曲輪の広がりは長方形を示しているが、それは上・下二段構成となっており、下段の郭はゆるやかな傾斜を持っている。曲輪全体の規模は東西 40m、南北 30m ほどである。

このほかの多くの曲輪は主として腰郭であるが、それらは先に述べた主要な曲輪の周囲にあって、それぞれの曲輪および小口等、それぞれの防備の必要に応じて配されたものとみることができる。ただ、南側の竪堀や横堀内に11基の大きな穴が穿たれているが、これらは井戸跡の可能性が高く、この地区は水の手郭として機能したものだろう。また、旧稿では3の曲輪を春日丸、曲輪4を3の丸と従来の呼称を使用したが、春日丸自体が近世に春日神社を勧進して、そこに春日神社が存在した事に由来することが解ったこと、又大堀切によって城郭の内外の区分が明瞭なことから、外郭部に位置づけられていた3の曲輪を内郭部に位置づけた事で名称の変更を行い、町教委によって改めて曲輪名全体の呼称が統一された。

松山城は天文21年に後北条氏による大改修が行われた城郭であった。大規模な空堀と塁線に折りを多用するあり方は、北武蔵の城郭の中に見られる後北条氏の関わりを推定させていたものであるが、縄張りが極めて複雑で、明瞭な小口形成が見られないことや、馬出のあり方に上田氏に関わりのある城郭との共通点を認めることができるなど、後北条氏が主体になって普請を行ったかどうか明確にできない。これは松山城が天文15年以降、後北条氏の支配下に入ったものの、「上田氏の本地本領」としてこれまで扇谷上杉氏の有力武将であった上田氏を「他国衆」に位置づけ、上田朝直を城主とし、松山領経営を委ねた結果を意外と表現しているのかも知れない。

城跡の中では、根古屋への通路と見られる小口が確認され、根古屋口としたが、これは惣曲輪東端に存在し、土塁と堀が喰違いになって極めて狭い小口が造られているのが認められる。国指定史跡「比企城郭群」の1つ。

案　内　東武東上線東松山駅から県道を鴻巣方面に向かい、市野川橋を渡った正面の丘に所在する。「当選寺」の所に案内板あり。左手奥が「吉見百穴」。

大築城跡

所在地	比企郡ときがわ町大字西平字大築、入間郡越生町麦原字城山。 北緯35.582831, 東経139.135057, 標高465.0, 他

歴　史　『新編武蔵風土記稿』秩父郡椚平村の項に「大ヅク山　御林山なり、村の東にあり、嶮岨の山にて登り九町許、絶頂に二十間四方許の平坦あり、上田安独斎の城跡なりと云う」。また、『武蔵国郡村誌』椚平の項には「（前略）両側の土手形を存す。今猶、土を鑿つもの塁北の山中より兵器焼瓦等を得る者あり。天正の頃、北条氏の旗下松山城主上田能登守朝直入道安楽斎此地に塁を築き、守備兵を置く。7年の頃平村慈光寺の領地を横領せんと欲し、此塁に転居し、同山の伽藍に放火し、衆徒等を責退くると雖も幾ならずして、上田氏も亦、前田利家と戦い、敗走して御堂村浄蓮寺に於て自害すと云う」。

都幾川村教育委員会が作成した『大築城跡について』には高山不動の記録に

吾那左衛門尉が築いたと記されていたと記す等の記録あるが、これらはいづれも伝承の域を出ないと考えられるものであった。

また、『新編武蔵風土記稿』の記録同様、寛政12年（1800）に慈光寺僧信海が記した『慈光寺実録』には松山城の上田氏が慈光寺を焼き払ったという記録が有り、これは慈光寺に残される仏像・建造物の修理銘、あるいは遺構・遺物等の傍証資料や浄蓮寺古文書から天文17・18年頃の出来事であった事が確認出来る。

遺　構　椚平から越生町大字麦原に抜ける旧道は、比企郡と入間郡の境にある外秩父山地猿岩峠（遠見）を越える。城はこの峠を少し越生側に進んだ、左手頭上に位置する、標高465mの大築山（大津久山、城山）の山頂部に築かれている。

旧道が小さな尾根を越える部分に「モロドノ郭」が築かれ、ここから左手上方に登りつめた尾根にある。城からは周囲の眺望が優れているが、特に平・椚平方面は全域が見渡せる位置にあり、東に明覚方面、北に慈光寺・平集落方面、北西に多武峯慈眼坊から椚平集落と、総てを指呼の間にすることができる。

一方、越生町側は、集落を1つも見ることができず、眺望がきかない。山の景観は都幾川村方面の斜面は、いたるところに岩肌が露出して急崖をなしているのに対して、越生側は緩やかな傾斜を示し、好対称となっている。城の西に連なる山中の猿岩峠は「遠見（とおみ）」と呼ばれ、その西、尾根続きには「馬場」、「硯水」と呼ばれる地域があり、眼下の都幾川沿いには「大木戸（おおきど）」という地名を残す。

城の縄張は標高465mの山頂部の西端を本郭とし、東に向かって郭配りがみられる。山嶺を2つの大きな堀切で区切り、尾根を3つに分割している。東

大築城跡が倒木・植栽された時にその形状を初めて示した（故）戸口美明氏撮影・提供

西の両側面は自然の急傾斜を活かして防御線としているが、南の緩斜面側は切り落としによって整形していると見られる。２つの堀切は山側部が約９ｍの急崖で、谷側部には小さな腰郭状の平坦地を配置する。堀切から北側に連なる都幾川側斜面には大きな竪堀が続き、主要な防御線を形成していることが解る。

これに対して、越生側は尾根端部で堀切線が止まっており、幅の狭い通路が置かれる。西端の最高所を本郭、続いて腰郭１、小口郭、小口前郭、腰郭２、腰郭３、腰郭４、そして、南側中腹鞍部にある郭をモロドノ郭という。

モロドノ郭　越生町側に入った南側山腹にある。椚平から麦原に抜ける山道を遮断するように設けられた小さな郭である。小さな尾根状の平坦地を切り落として段築し、折を設け、尾根先端近くに小口状の小さな窪地がある。尾根の長さは 45m、幅 10m、段築の高さ３ｍとなる。「小口」からの通路の幅は５〜８ｍあり、越生側斜面に上幅６ｍに造られた竪堀１が確認される。モロドノ郭裾を回って侵入した敵に対する防御線であったのだろう。モロドノ郭は、尾根を利用したラインとその東側に置かれた帯郭、竪堀１や、帯郭から腰郭４へ向かう地点に通路状に作られた竪堀２の存在を見ると、西の遠見側、即ち、椚平や高山方面に対して備えた郭である可能性高い。

腰郭４　モロドノ郭の直ぐ上方、本郭との中間点にある。幅 15m、奥行 18m

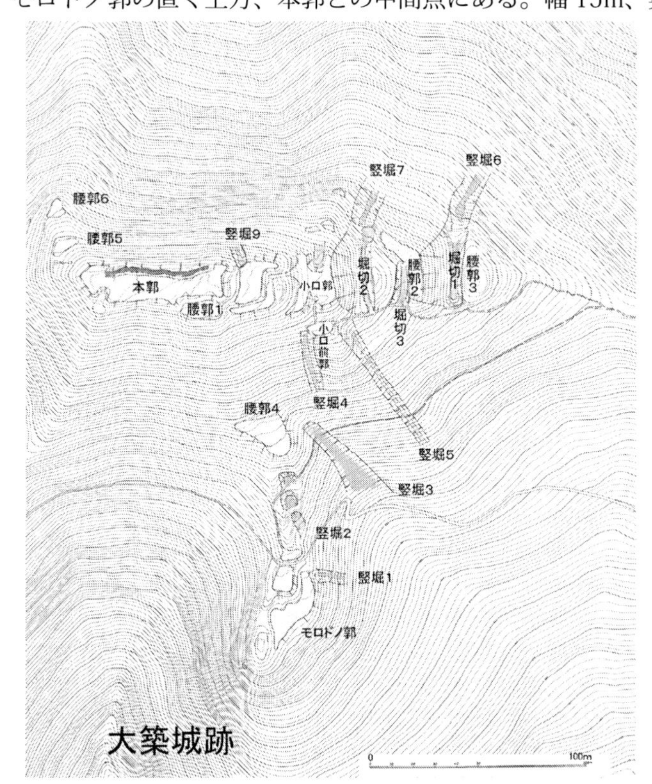

程の緩やかな傾斜を持つ平坦地に造られるだけである。竪堀２からの通路は腰郭四の直下に突き当たり、右に回って竪堀３を横切る。続いて竪堀５を横切り鞍部に出るようになっている。

腰郭３　尾根東端に置かれて小規模な郭状の平場である。東側にある小簗山とのあいだに見られる鞍部から山頂部に至る中間点にあり、10m × 16m の長方形の平場が造られるのみで、その他の施設は設けられない。斜面は切り落とし（掻き落とし）される。２の郭は堀切１を挟んで約９m 上方にある。

腰郭２　幅６m の曲の手状になる狭い平坦地一つと、緩傾斜地一つによって形成される。西側に通路になると思われる浅い空堀が入り組み状に配置される。

堀切１　底幅３m を測る箱薬研堀の形態を示し、腰郭３側で３m、腰郭２側で９m の段差を持っている。堀切１は、北側は大きく掘り切られ、そのまま上幅 11m 程の竪堀６に繋がっているが、南側での掘り込みは稜線内にとどまり、そこに本郭への狭い通路を確保している。

堀切２　本城最大の堀切である。構造的には堀切１と同じである。北斜面に上幅 17m 程の竪堀７が続く。上段の小口郭とは、約 11m の段差が形成されるている。試掘調査による堀幅は 4.4m で、現状は 60cm しか埋没していない。

小口前郭　小口郭前に一段下がって形成される腰郭である。両脇が竪堀４、５の上端部によって仕切られ、独立性の強い特色ある郭である。折坂を成す狭い通路は、郭の入口で竪堀によって狭められる。郭の規模は約 12m × ６m であり、周囲の斜面は切り落される。小口郭へは比高差４m の上り坂となって入る。

小口郭　小口郭は下幅 3.2m を測り、上り坂に掘り割られた小口の見かけ上の高さは４m となっている。内郭の規模は奥行 15m 程のほぼ長方形をした平坦地である。小口と反対側にやはり小口状の窪地が観察され、幅８m、長さ 14m 程の竪堀８に連なる。ここには土塁等の構築物は見られない。平場西側は上り坂に造られ、曲の手状の帯郭状に通路が設けられ、南側の端部から本郭下端の窪地状の腰郭１へと入る。本郭平坦部との段差は１m を測る。腰郭１は８m × 18m の奥行の長い平坦地となっている。本郭直下の東側には幅 1.2m 程の空堀を配し、竪堀９に連なる。

本郭　幅 12m、長さ 65m の東西に細長い平坦地で、北側東半分に掘り残しによると観察される高さ 50cm、長さ 47m 程の土塁を確認することができる。南の斜面は切り落としによる整形が行われたと見てよいだろう。北と西斜面部は急崖となっている。本郭の西端部には出入り口状に見られる窪地があるが、これは遠見手前から尾根筋を上ってくる山道の上り詰めた所にあたる。城郭上の構造物かどうかは不明である。本郭の西側直下には小さな腰郭状の平坦地が存在する。腰郭５、腰郭６としたが確実かどうかは定かでない。いずれも三角形状をしている。

　本城跡は焼き米等が出土したと伝えるが、それは今確認することは出来ない。歴史資料館の城郭調査では、測量とトレンチによる試掘調査が行われ、本郭、空堀等の規模、深さ等が確認されている。大築城跡の作り方は山の斜面を削り落とすと共に、山の平坦部を掘り割って郭配りを行っただけものである。城の構造上からは、城郭の基本をきちんと押さえた、城作りに秀でた人物の築城と考えられる。しかし、この城は単に削り落としと、掘り割りの組み合わせによって作られたと考えられる城で、短期間で築城された極めて粗雑であるが、理にかなった造りの城と言える。

本郭土塁（上）と本郭手前に見られる石積

案　内　椚平集落に向かう旧道を入川沿いに進み、大きくスイッチバックして車の向きを変える地点から川を越えて麦原に抜ける猿岩峠に登り、尾根沿いを北に向かうとモロドノ郭に出る。

小倉城跡

所在地　比企郡ときがわ町大字田黒字小倉。
　　　　北緯 36.015679, 東経 139.174551, 標高 124.0, ほか

歴　史　『新編武蔵国風土記稿』に「北の方にて小名小倉の内にあり、遠山有衛門大夫光景が居城の蹟なりと云、四方二町許の地にして、東北の二方は都幾川・槻川の二流に臨み、西南は山に添ひて頗る要害の地なり、光景は隣村遠山村の遠山寺の開基檀越にして、天正十五年五月卒」すとある。

また遠山寺には「無外宗関居士」の法名を刻した位牌が安置されており、小倉の大福寺には「華楽院殿妙香大禅尼」と刻した光景の室「大福御前」の位牌がある。このことは、両寺が共に小倉城ゆかりの寺であり、城主光景と両寺とのつながりを偲ぶことができるのである。遠山氏は後北条氏に属し、松山落城と共に本城も落城したという。初代遠山直親は、兄康景が永禄７年（1564）正月、北条氏康と安房の里見義弘が戦った鴻台の合戦で討死したため、跡を継いで江戸城主となり、小倉の城は子光景に譲ったと伝えられている。

遺　構　城跡のある丘陵は最大標高 227m という比企丘陵の中でも比較的高い丘陵で、西から東に向かって細長く突出する形を示している。丘陵の東端

本郭から眺望できる「鎌倉街道」都幾川渡河点・二瀬、菅谷城跡方面

は景勝「武蔵嵐山」渓谷の西端に接し、この渓谷美をつくり出している槻川は、丘陵の麓を大きく蛇行しながらめぐっている。なかでも丘陵の北側は槻川の攻撃面となり、大きく浸蝕されて急崖となり、この崖は山頂部まで延びて城の北面に対する天然の要害をつくり出している。

一方、東側から南側にかけては、逆に肥沃な土砂の堆積が行なわれ、比較的規模の大きい段丘面を形成している。城の根古屋を形成していたと考えられる小倉部落は、この段丘上に発達した集落である。

本城のある丘陵は青山城のある丘陵と一体で、それぞれ尾根続きの所にあり、小川町下里字割谷を挟んで対応する位置にある。しかしながら城のある丘陵が、周囲の丘陵より低いという、築城地としては最悪の所で、わずかに武蔵嵐山渓谷越しに菅谷城方面が望めるにすぎない。比企の他の城郭が付近の地勢を充分考慮し、眺望のきく高所に築城されているのをみる時、本城だけが何故という疑念にかられる。

本城の縄張りは狭い丘陵の尾根一帯にわたってみられ、その地形上の制約からか、腰郭の多角的な応用によって郭配りを決定しているようである。城の大手は、東北に延びる丘陵の先端部、小倉と遠山両部落の境近くに求めることができる。この地域は、小規模な郭を直線的に配し、この間に堀切等を設け、狭い坂小口に対しての防禦施設を配し、さらに山腹に竪堀、隠郭、東側に深い堀切などを設けている。また、狭い坂小口を登りつめて城内へ入る一歩手前は切通しとなっていて、両側の土塁上には門を築いたと考えられる基壇が残り、埋門の構造を示す。道は掘割となって直角に左へ曲り、桝形を形成する。そしてその部分右側には外から知ることのできない隠郭が備えられている。これら一連の縄張りは、ここが大手口であったと推察するのに充分で、大手は桝形小口に造られる。

埋門を入るとその部分は郭１直下の帯郭で、右手に入り込めば２の郭への直行路、若干進んで右手空堀道を登りつめると本郭、まっすぐ進めば帯郭が郭１の南直下に回り込み、腰郭から郭３へ進むことができるが、行き止まりで郭１への進入路とはならない。郭１は東西 90m、南北 40m ほどの広がりを持っている。そのうち東側３分の１ほどは、約１m ほど高く造られている。

土塁は南側に対して堅固に築かれているが、北側にも低い土塁があり、東側

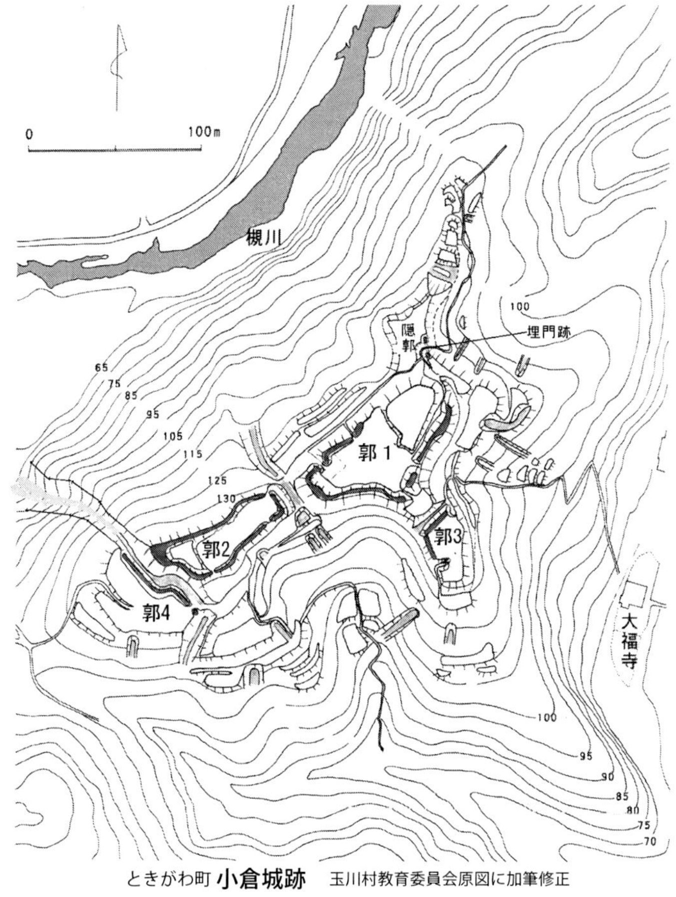

ときがわ町 **小倉城跡**　玉川村教育委員会原図に加筆修正

の小高い郭の部分にはまったく認められない。南端には郭３が一つ設けられていて、この郭は郭１と郭３（出郭）との間にある幅７m、深さ３mの大規模な堀切によって防備されて、周囲は直に切り落とされ、高い石積が見事に回っている。郭３の機能はその位置からみて、館跡と考えられている大福寺から裏山を登る折坂小口と、西方の眼下にある水手郭および水手小口に対する物見郭であったと考えておきたい。

郭２への進入路は、北西端にある桝形小口を下って西に回り込み、堀切と竪堀を巧みに配した凹地に入って、東端に段築された帯郭から土塁の北端をかすめて入ることができる。この郭２の東端にみられる土塁は、破壊が著しいので原状を保っていないものとみられる。現存する高さは約２mほどである。郭１は三方を急崖に囲まれ守りは堅固であるが、この三方は明らかに人工が加えられた痕跡が見受けられる。特に南・西の二方は斜面を垂直に近く切り落とし、西方は「折」が加えられて高さ８mほどの空堀となっている。それはまさに圧巻であるといえよう。

小倉城大手内枡形と埋門跡
（岩盤を掘り込み造成、背後は「隠郭」）

郭３東面石積
（ときがわ町教委提供）

郭１南小口１号石積遺構（ときがわ町教委提供）

郭１東下腰郭石積

郭２は東西 75m、南北 40m の広さを持つが、この縁辺にはすべて土塁が設けられている。その多くは高さ１から 1.5m である。西端には一段と高く平場が築かれており、そこに搦手口方面に対する櫓台が存在したことを思わせる。このほか、図示したように本城では合計 28 の郭が設けられている。その腰郭・帯郭などの多くは郭１・郭２に対する小口防禦のため縄張りされていたと考えられる。なかでも南側の中腹にある７つの郭は水手郭として構築されたものと考えておきたい。このように本城は説明しつくせないほどの縄張りが巧みに行なわれ、腰郭の効果的な配置と活用、大規模な石積・竪堀・堀切にその特色を見いだすことができる。

発掘調査は、主に郭１と郭３周辺に行われている。郭１の内部は、緑泥石片岩の地山を深く掘り込んで地形されており、片岩を穿って堀込められた掘立建物跡が３棟確認されている。その柱間は７尺と６尺５寸ほどの物であったという。そして、この地形で発生した片岩の割石を土塁内側に小口積に積み上げ、門壁も同じに造られている。郭１の内部・小口、郭２南側直下の帯郭の下部と郭３等に青石の片岩を平積みにした跡が残っている。この切岸面における壁面化粧と考えられる小口積は、総延長 100m 以上に及ぶと報告された。郭１の南面と郭３の周囲は、急勾配に切り落とされるが、この切岸に片岩が小口積みで全面張り廻らさている。また、郭１や郭２との間の堀切部、腰郭などにも同様な石積みが存在することが確認され、小倉城の石積は他に例を見ない規模のものとなった。郭３では切岸の調査が行われ、最大高５mになるという。小倉部落から見上げた城の景観は、見る者を圧倒するだけの効果は十分であったと考えられる。

小倉城築城の年代は出土したカワラケなどにより15世紀末から16世紀前半と16世紀第Ⅱ四半期から16世紀後半（石川2005）と見られている。

築城者と伝えられている遠山氏は、江戸城代で後北条氏の有力家臣であった。この地域は天文16年以降、後北条氏に従った上田氏の本領で、この槻川の奥に本拠が推定されている重要な地域の一角を占めている。後北条氏は上田氏を他国衆と位置づけ、本領を安堵しているが、永禄12年の越相講和交渉の中でも、上田氏が寝返る危険を上杉謙信に指摘している事（6-643）を見ると、後北条氏が上田氏を監視するために楔として遠山氏を配置したことも考えられる。国指定史跡「比企城郭群」の１つ。

案　内　国道254号線嵐山バイパス、ヤオコー前交差点から南にまがり大平山に向かう。峠を越え、槻川に下り、左折して小倉集落に入り、大福寺を目指す。

安戸城跡

所在地　東秩父村大字安戸字城山。北緯36.030665, 東経139.125356, 標高260.0, ほか。
※なお、東秩父村は行政的には秩父郡であるが、戦国史上松山領にあり、上田氏の本拠地域であるので、あえて比企郡内に置いた。

歴　史　関八州古戦録に松山城攻防戦の折り、上田氏は松山城を明け渡すと「足(安)戸の砦」に落ち、捲土重来を期したことが記される。この場合の「安戸の砦」とはこの安戸城では無く、『新編武蔵風土記稿』に「安戸城は宿の東南に有り」と記されるので、腰越城を示すと考えるのが妥当であろう。

遺　構　小川から腰越城下を大きく迂回して入ると安戸の谷が開ける。この安戸は、中世上田氏の本領「大河原・西の入り筋」の中心地で、耕地の奥には上田氏の菩提寺日蓮宗浄蓮寺がある。

安戸には上田氏の家老山田氏が居住していたと言われ、安戸の宿裏には山田屋敷跡を伝え、平野家には山田稲荷が所在する。安戸城跡はこの安戸の耕地を眼下に見下ろす城山の頂上に築かれているが、この山は標高260mあり、眼下の耕地とは比高約180mを測る急崖によって南面を防御する。安戸側と浄蓮寺側は緩やかな登りとなり、北は尾根続きで小川町竹沢境の山並みに続く。

城は山頂部に作られ、東側を小さく掘切り、その堀切から南回りで西側にかけて段差2.5m程切り落として鉢巻状の帯郭を置く。帯郭の幅は約２から４m程で通路と考えられる。帯郭を北に向かうと幅２m程の竪堀に遮られるが、この奥が尾根上に配される２の郭で15m × 8m程の規模を有するが、特に防御的な施設の配置はみられない。本郭には２の郭から登坂で直進するが、比高は約２m程である。本郭は幅10m、長さ40m程の規模を有する。本郭内には城山大神の石碑があるのみで平坦に造られるが、三方が切り落とされる以外防御的な施設は見られない。

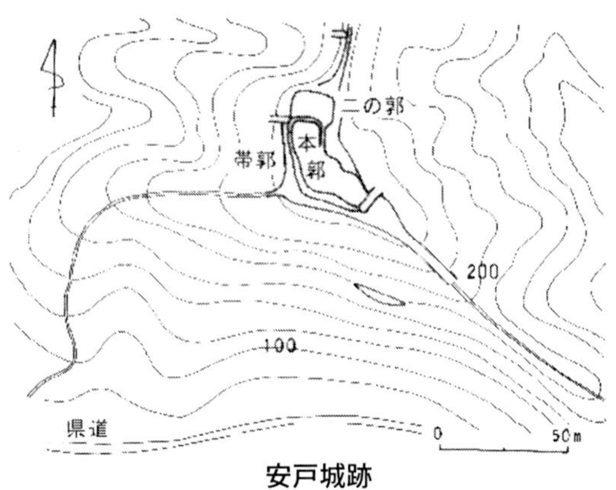

安戸城跡

なお、安戸側の北東斜面は小さな堀切があるように見える。極めて簡単な造りの城郭である。目前に浄蓮寺を望み、東に腰越城を望むが、浄蓮寺から腰越城、安戸宿は見えない。この城の作りからみて、「小屋掛場」であったと考えてよいだろう。

腰越城跡から見た安戸城跡
（中央の小高い山の山頂）

これに関する史料として、永禄３年頃と見られる浄蓮寺古文書「北条家制札」に「右、大河原谷西之入、筋案独斎於知行、諸軍人馬取事并屋敷之内ニて薹取、令停止候、但、陣具・芋・大豆之類者何方之地候共、可為取之者也、仍状如件、」と記されている。北条氏の秩父進攻に伴い、この地域が戦乱に巻き込まれ被害を蒙る危険が多分にあった事を示している。

案　内　小川町から県道小川秩父線を西に向かい、安戸バイパスを抜けると右手の山が城跡。山麓に「城山保育所」がある。

第５章　秩父地域の城郭

金仙寺城跡　（下原城）

所在地	秩父市大字下影森（金仙寺東）。北緯 35.591566, 東経 139.041439, 標高 235.0, ほか

歴　史　『秩父風土記』等に「上屋鋪金仙寺脇大久保主馬」と記録される。又、千島寿氏によれば、金仙寺の『聖山録』には橋久保大膳の屋敷と伝えているが、いずれの人物もその具体像が知られていないという。

遺　構　影森の金仙寺の境内にある。寺の正面右手奥の崖淵にこじんまりと造られている。荒川の段丘面上にあり、荒川とそれに合流する押堀川に挟まれる三角形状の突出部を幅４m、深さ 1.3m の空堀で長さ 110m 程に掘り切って造られる。堀切の内側には高さ２m 程の土塁が築かれ、土塁の中心部が凸形に出桝を造り小口への横矢掛となっている。小口は幅約２m で出桝の右手に土橋状に造られる。城内は荒川に向かって若干下がって２段になるが、下段は自然の段丘面をそのまま利用している。下段にも土塁と空堀が延長され、下段部も中央に小口がある。

　土塁と空堀は斜面部で切り替わり、連続しない。城郭は段丘上部でまとまり、押堀川側は６m 位崩落している。肩部には径５m 程に掘られた井戸跡と見られる窪地が残る。内部は最大幅で約 26m、北側の崖は約 10m に垂直に落ちている。

案　内　国道 140 号線と市道 73 号線の合流交差点を過ぎ、押堀橋交差点から南に折れ、直進して金仙寺にはいる。

秩父市 **金仙寺城跡**

小口と土塁現況

諏訪城跡

所在地	秩父市大野原3231。北緯36.023353,東経139.060021, 標高180.0,ほか

横瀬川合流点下流から見た諏訪城跡全景、荒川左岸奥が筏場「隠居淵」

歴　史　『秩父風土記』や『秩父志』に城主を北条氏邦家臣諏訪民部と伝える。

遺　構　荒川に横瀬川が合流する地点の比高約30mの急崖上にある。城内を秩父鉄道が横断しているが、鉄道敷を頂点として２重の屏風折り空堀があり、外側の空堀は深さ1.5mに掘られ、内側に高さが堀底から３mほどの土塁が付設される。空堀は荒川、横瀬川までのび、斜面部は竪堀として機能するように見えるが、外部堀切のそれは、出水による侵蝕跡であるかもしれない。小口は外郭に２カ所の土塁の切れ目として確認されるが、空堀とともに土橋状をなす。荒川側の西郭外郭の小口はしっかりと認められる。

諏訪城は秩父線に沿って水路があるが、これは内郭部に入って、深さ４～６m上幅６～８mのしっかりとした谷になっており、郭内は東西に二分される。諏訪神社側を西郭、横瀬川側を東郭とした。これによって外郭土塁に小口が２箇所あることが説明される。西郭内郭の一部には、折りをもつ空堀の内側に、高さ１m弱の土塁状の高まりが確認される。

西郭外郭土塁は幅90mにわたって存在し、ほぼ中央部に4mほどの小口が見られ、小口東側には折りが加えられている。東端で深さ１m、幅50mほどの水田が存在するが、堀はこの水田となる湿地に突き当たって消え、土塁は水田に沿って折れ曲がり、北進するようである。内郭の堀は幅３m程に作られ、一部の深さは50㎝ほどあるが、その内側には土塁の痕跡も確認できる。参道西側は確認できないし、堀は斜面まで延びていない。東郭は外郭の堀と土塁が明瞭で、土塁は高さ 4m ほどに造られ、堀は深さ 1 m、幅 7m となる。2 m 程の低い段丘崖を利用して小口が造られるが、奥の内郭を区画すると言われている堀跡は確認できない。

この城郭は、川岸の段丘崖上に造られる「鉢形城タイプ」の城であるが、このタイプ城郭は荒川筋にしか見られない独特な城郭で、諏訪城では眼下の荒川岸に筏場が存在する。近世の筏場と確認されるものであるが、このタイプの城郭が存在する市内の城郭については、眼下近くに筏場等が有るという特色が捉えられる。

案　内　秩父市立原谷小学校西の市道を北進し、秩父鉄道を越えて線路に平行して走る細い市道を北進し、諏訪神社を目指すか、国道 140 号線黒谷六地蔵交差点から南に入り、下小川橋を渡って最初の角を西に入る。突き当たりが東郭になる。

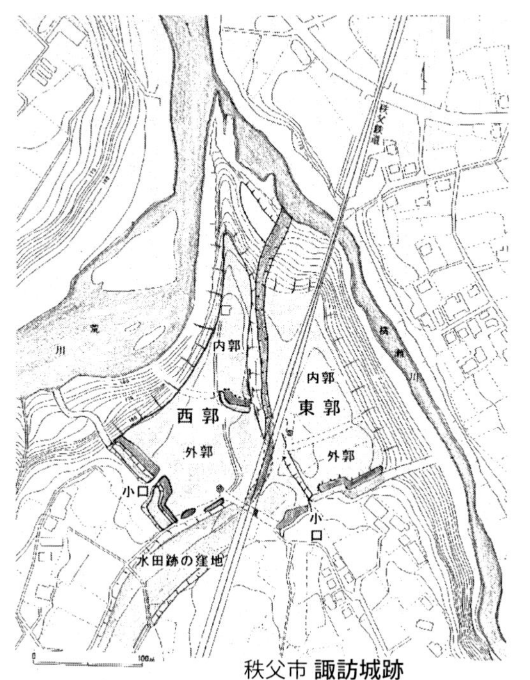

秩父市 **諏訪城跡**

西郭外堀・土塁現況

永田城跡

所在地	秩父市大字寺尾字永田。北緯 36.002696, 東経 139.042411, 標高 212.0, ほか。

歴　史　『秩父風土記』に「往古永田林四郎ト云うもの居迹ナリト云天正ノ頃諏訪七左エ門ト云シ人住居セシト」とある。現在は秩父札所 22 番の観音堂が中心に所在する。

遺　構　荒川の左岸にあり、比高 46m の段丘上にある。段丘は 26m の急崖をなし、北には段丘を大きく下刻して流れる小河川があり、谷底からの比高は7～40mを測る大きな舌状地形を示す。また、南の荒川側にも、短く大きな侵蝕谷が入って、全体の形は足形を示す。城郭はこの南の侵蝕谷の谷頭から北側の谷に向かって、幅7m、深さ3mの箱堀状に掘り切り、防御線を構築し、その内側に上幅5～7m、高さ1.5mの土塁をおいている。土塁は南の侵蝕谷側にも長さ約80mにわたって幅2m、高さ1mに配置されるが、この土塁は削平され、原状をとどめていないものであろう。

郭内は平坦で、奥行きは270mと極めて広大である。遺構はなにも見られない。小口は西側土塁北側に造られる。堀は小口前で浅くなっているが、道路が重なっているため、土橋になっていたかどうか把握できない。

案　内　県道秩父荒川線ミューズパーク入り口交差点から250m程東に秩父札所22番永福寺入り口の標柱があり、寺に入る。

秩父市 **永田城跡**

堀切・土塁・小口現況

根岸城跡

所在地　秩父市下影森琴平ハイキングコース頂上。
　　　　北緯 35.575686, 東経 139.044590, 標高 420.2, ほか。

歴　史　『新編武蔵風土記稿』に上影森村の項に滋野氏の城あり、下影森村の項に北条氏邦の臣、滋野刑部の屋敷跡というとある。挿図では「シロヤマ」と記され、また、地元では長者屋敷といい、地名となっている。

「秩父風土記」山崎家版に根岸城とあり、影森がかって「根岸の里」といわれたというから、本来『根岸城』といわれたのだろう。『新編武蔵風土記稿』に滋野刑部は鉢形城落城の時、裏切りし、伜堀口帯刀の時、大宮郷に土着、百姓になると伝えている。滋野刑部は地元にも伝承が残される。一方、『新編武蔵風土記稿』編纂に伴い、下影森村から文政６年２月に提出された報告（秩父市立図書館蔵）には根岸城の記載が次の様に見られる。「一　城跡の義村の東南ニ而居村ゟ八九丁相隔字要かいと申所ニ北條氏直之家臣志津の刑部居住之跡と申伝候只今ハ芝地秣場ニ御座候」提出された原稿と、刊本に記載され居住者が異なることについて、その確認はできない。

遺　構　（株）昭和電工秩父工場の構内から標高 360m にある札所 26 番岩井堂に登り、尾根道を 400m ほど進むと標高 420.2m の長者屋敷と言われる山頂に到着する。

根岸城跡はここ標高 410m から 420.2m の山頂にかけて作られる。伝承では屋敷跡としているが、秩父

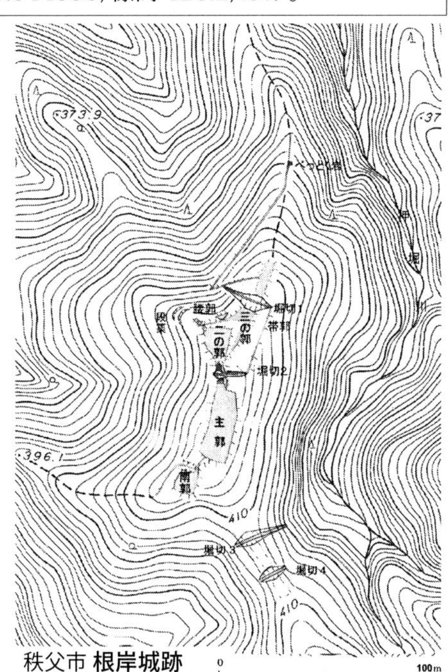

秩父市 **根岸城跡**

主郭小口と堀切（上）、**南郭**（下）

堀切４（上）**、通路を塞ぐベットク岩**（下）

風土記では「根岸城」と伝える。城跡は四阿の作られている最高所を主郭とし、北方尾根に向かって構える造りを示す。根岸城への登り口は、昭和電工の工場内を流れる沖川堀を遡り、尾根近くの「ノマノクボ」へ出て、「ノゾキ」で尾根の出るのが古いルートといわれる。この道は尾根を越えると押堀川上流部下り、先の尾根を越えると横瀬・羊山方面へのハイキングコースとなる。「ノゾキ」からこのハイキングコースを南方へ登ってくると、中央に屏風状の「べっとく岩」と呼ばれる高さ2.5m、下幅２m程の岩が狭い尾根中央に立ちふさがって道を遮っている。まるで蔀のように見られる。それを越えると急斜面の山腹に取りかかり、一折りして尾根に出る。尾根上は平坦で幅６m、長さ27m位になるが造成した様子はない。尾根の斜面変換点に深さ１m、幅４mの堀切１があり、これを越え、２m上がると３の郭になる。堀切は山腹両斜面部下方に延び、北側は大手筋の道に繋がり、南側は５m程下がって、細い帯郭状に見える段築部に達している。３の郭は５×６mの小さなもので、４m上の２の郭に連なる。２の郭は南北21m、東西８m程の規模で堀切１を挟んで主郭に通じている。

南側は斜面に沿って主郭側に延び、腰郭状の段築部を形成している。堀切１は尾根を極端に狭めてあり、両端に小さな尾根を掘り残し、土塁状に置く。堀切の深さは主郭側で２m、２の郭側で約1.5mとなっている。堀底は１m幅を測る。堀切は南斜面部が下方に延び、下段の段築部とつながる。主郭は29m×８mの長方形の平坦部で、周囲は切り落とされ、急斜面となる。4.5m下がって南郭となる。南郭は台形で9.5m×８mの規模を有する平坦地である。いずれの郭にも土塁などの設備はない。２の郭から北西に延びる小さな尾根にも、段築状に二段の小さな腰郭が置かれ、その下部には高さ１mの段築と60㎝の段築が置かれる。

なお、堀口進午氏の指摘で調査漏れが解り、氏の同行で新たに確認したのが次の堀切２本である。堀切は主郭から武甲山に連なる尾根筋が10m程の急斜面をおいて存在するが、下がりきった尾根の平坦部に２本造られている。この尾根の南側15m程下に押堀川の上流部があり、良い水場を提供している。堀切３は主郭側に有り、上幅約７m、下幅２m位、長さ12m位で、主郭側が2.5m程に、反対側が１m程に掘り込まれる。堀切の南側はそのまま竪堀となっているように観察され、沢筋近くまで落ちる。北側は中心より７m位延びて、斜面変換点迄となる。堀切４は堀切３より14m程西にあり、上幅７m、下幅1.2m位で、長さ13m位に造られ、斜面までは延びていない。主郭側2.5m、反対側１mに彫り込まれる。

案　内　影森の昭和電工工場内から札所26番岩井堂への参道を上り、さらにハイキングコースを山頂まで登り、城跡に出る。工場入口で守衛に城を訪ねる旨を伝えると入場でき、駐車もできる。

寺尾城跡

所在地	秩父市寺尾3168番地ほか。北緯36.004291, 東経139.043585, 標高218.0, ほか

歴　史　一切伝承等も存在せず。『秩父志』の永田城の項欄外に「寺尾明神の祠の存せし所に寺尾彦三郎なる者ありと伝う」。城内に地区持ちの寺尾明神社を祀るが、城跡については地元にも伝えず。

本城は元秩父市議で、文化財に造詣が深い山中雅文氏によって発見された城郭で『埼玉の中世城館跡』では調査漏れとなっている。

遺　構　寺尾3155番地、笠原氏宅裏の台地先端部にあり、荒川と小川の合流点に造られる、「鉢形城タイプ」の城郭で、大野原に所在する宮崎城に近似する。東岸は荒川で段丘崖は40mの急崖をなし、北側を侵蝕する小川の谷も20mを測る。城跡はこの急崖に挟まれ、大きく括れた地点に堀切を入れて築城したしたもので、城内には寺尾の明神様が祀られる。

郭の規模は奥行き36mほどで、幅は最大で21mを測る。括れ部に置かれ

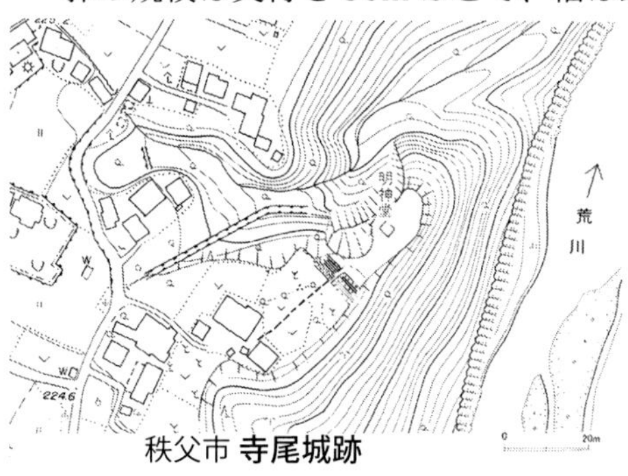

秩父市 **寺尾城跡**

堀切・土塁現況

る堀切は中央に幅２ｍほどの土橋を置くが、長さ15mほどで、上幅３ｍ、下幅１ｍ、深さ80㎝程度に残る。２ｍ幅の小口が付く土塁は堀底からの高さ２ｍで、基底部幅３ｍ位と小さい。内部は北側が大きく侵蝕され、半分ほど崩落しており、いずれ全体に及ぶ危険がある。郭内は全くの平坦で、他に遺構は見られない。

案　内　荒川左岸を走る県道秩父荒川線端にある薬師堂の南250m程の段丘端に所在する。

宮崎城跡

所在地	秩父市大字大野原字宮崎1953。 北緯36.011269, 東経139.051896, 標高190.0, ほか

歴　史　秩父志などに黒沢民部住すとし、屋敷跡と伝える。

遺　構　秩父橋の下流右岸比高26mの段丘上にある。段丘内部から流出する滑沢がこの地点で大きく蛇行して、段丘を10m程に侵蝕し、段丘面を小さな舌状地形に形作っている。城郭はこの舌状部分を掘りきって造られる。堀切は上幅６～７ｍ、深さ２～４ｍに造られるが、斜面部下まで大きく切り込んでいた。内側には基底幅５ｍ、高さ1.6mほどの土塁が築かれる。くびれ部のみ防御を加えて完成させた典型的な鉢形城タイプの城郭といえよう。中央部に間口２ｍで小口が造られ、入り口は土橋となる。非常に狭い郭であり、郭内は狭い所で約８ｍとなる。奥行きは約80m程になろう。先端部は１ｍ程低く造られる。

城郭のある部分は対岸より約２ｍ程高い。城内は上位段丘面よりよく見える。主郭南側は滑川によって侵蝕され、崩れはじめている。

案　内　秩父農工高校前の通り、原島病院を目標。病院裏、滑沢沿いにあり。

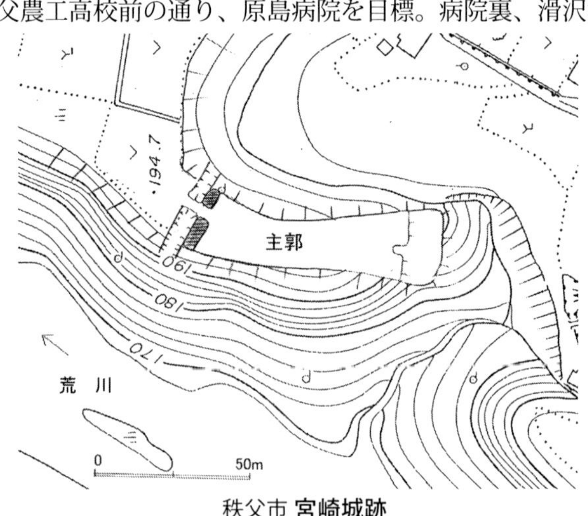

秩父市 **宮崎城跡**

久昌寺砦

所在地　秩父市久那。北緯 35.581541, 東経 139.025137, 標高 360.0, ほか

歴　史　記録伝承無し。2007 年堀口進午氏の発見によって知られた。

遺　構　札所 25 番久昌寺と弁天池を挟んだ南の痩せ尾根上にある。尾根北崖下に札所 25 番の観音堂が所在する。この崖は比高 10m ほど有り、砂岩の崖は各所で崩落している。南部は荒川となり、現在は荒川段丘面が下部にあるが、この斜面の勾配も激しい。痩せ尾根は東西 34m ほどで尾根の上は幅 6 m ほどと狭い。北斜面にはカタクリが沢山自生している。

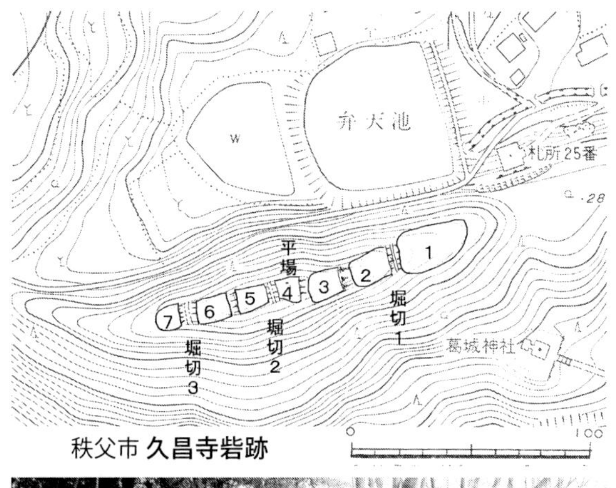

秩父市 **久昌寺砦跡**

城跡は標高約 360m ほどの頂部を中心に築かれ、明確な堀切が３本ある。北から数えて第１の堀切は幅４m ほどで深さは 50cm 程度、次に段築される３つの平場を置き、やはり同規模な第２の堀切がある。続いて、２つの平場を置き、幅７m 程の第３の堀切が端部に置かれるのが観察される。

堀切２から平場５現況

郭といえるほどの規模もなく、地形もされていない。堀切も幅がなく、攻撃から身を守るというにはほど遠いものであるが、堀切を持ち、明らかに城跡の要件を備える。秩父にはこのような小規模な城郭が多いが、これを見る限り、城郭を軍事的機能面でのみ考えるのは躊躇せざるを得ないだろう。南眼下には荒川の流れが一望出来る。ここは荒川通船の監視を目的にした場所であったのだろうか。

案　内　久那小学校南の札所 25 番が目標。

秩父氏館跡（別称）吉田城

所在地	秩父市下吉田3833番地。北緯36.023229, 東経139.020738, 標高190.0, ほか

歴　史　吉田小学校が所在する吉田の宿を見下ろす高台に秩父氏館跡と伝える場所がある。秩父の中村に居館を構え、秩父牧の別当になってから、ここ吉田に居館を移した秩父氏は、武基、武綱、重綱、重弘、重能と5代にわたって秩父氏館に住した（『吉田町史』）と言われている。

『新編武蔵風土記稿』に「古城址　小名町にあり、秩父十郎武綱の城跡と云今八幡社あり、」『武蔵演路』に「八幡宮　吉田町鎮守　畠山重忠建立　此鶴ケ窪と云ハ秩父十郎武綱居城故」、『秩父志』に「此村鳥方ノ城蹟ト伝ルハ、吉田八幡宮ノ社地ニテ、古湟の形二重ニ残リテ秩父氏族ノ居蹟ト云フ」、『武蔵国郡村誌』に「古城墟　東西百卅間南北二百間村の中央にあり八幡山と称し、若宮八幡社を勧請す秩父十郎武綱の城址なりと口碑に伝ふ東は吉田川を臨み八丈余の石階あり西は空濠の跡を存し城坂と称す。南は十丈余の濠を存す北は椋神社と吉田川を隔てて相対し縫殿坂と称す中央に古井あり、八幡井と称す」等と記載され、八幡社の所在地であった小学校のある台地上に秩父氏の居城があったことを伝える。

遺　構　城地は明治34年の削平埋立てによる学校建設によって破壊されたため、遺構の存否を確認することはできなくなってしまったのが現実である。

秩父市吉田 **秩父氏館跡**

郡村誌にいう南の濠とは吉田川支流の「山女沢」のことであるという。これによれば、吉田小学校敷地内にあった八幡神社境内は秩父氏の館跡と地元に認識されていたことは一応、認められよう。その館跡の構造は『秩父志』では二重の堀が有りと記されている。『秩父路の古城址』には校庭南側に土塁が残存し、その一部は櫓台であり、そこに虎口が存在した。そして、西側の県道部分が台地を掘りきった堀切の跡であると記され、『埼玉の館城跡』では町教育委員会の報告によって遺構は無いとされる。

この遺構について、地元の古老は小学校時代の記憶として土塁は無かったもので、明治34年の校庭造成工事によって、斜面部を削平した結果掘り残しされた部分が土塁状に見えるだけだといい、このことは町の文化財審議会委員長の青葉佐一氏も確認している。青葉氏は台地中央に八幡神社があり、そこは平坦地の方形を呈していたが、小学校のところは斜面部であったという。この地形は明治4年作成の絵図に示され、これは町史付録として公刊されている。

青葉氏が昭和32年に斉藤周造氏に聞いて描いた図は、『吉田城跡』の簡易印刷物に記される。これでは台地上に城郭の遺構らしきものは描かれていないし、存在しなかったという。そして、台地の西側は、小鹿野へ通じる県道も吉田小学校進入路の所にあり、今の幼稚園前に入る道路がその県道のなごりという。堀切というところは大きな谷であったもので、堀切はどうも無かったようだということを示している。曲の手に流れる吉田川と、そこに流れ込む山女沢に侵蝕された台地は南部をのぞいて天然の要害をなしていたことは認められる。西に空堀、南は堀（山女沢のこと）という以外なにも知られない。秩父氏は、代々秩父の牧の別当として武綱以来吉田に住したと伝え、秩父彦久保系図を残す。中世戦国時代においても秩父孫二郎の本領の地として存在し、鉢形城落城後も一族は彦久保に住しているので、中世を通じて秩父氏の館として重要な役割を果たしていたと考えられる。

案　内　吉田小学校校地が城地。

小暮城跡

所在地	秩父市下吉田字木暮 3281 ～ 3309 番地。 北緯 36.020708, 東経 139.020599, 標高 211.0, ほか

遺　構　平成11年に山中雅文氏によって新しく発見された城郭である。これまで全く伝承がなかった城で、そのこと自体不思議でならない。秩父氏館跡の南方約600mにあり、段丘が北側の土橋沢と南側の前の沢により侵蝕され、北北東に向かって舌状に突き出している舌状部にある。近くに白山神社がある。

沢底との比高は台地両サイドで約12m、先端部で17mを測る。斜面部の傾斜はサイドで約45度、先端部で約30度を示す急傾斜をなす。城郭の奥行き

小暮城跡実測図　（吉田町教委 2001 より）

小暮城跡全景　（旧吉田町教委提供）

約 160 ～ 170m、最大幅 85m、先端部幅約 50m、括れ部幅約 50m となる。郭内面積は約 8000 ㎡位となろう。これを城郭とした根拠は荒川本流域に特徴的に見られる城と共通した占地で、台地北縁辺部に明らかに盛土した「土塁」が約 125m にわたって残り、台地基部には堀切跡と見られる大きな窪地が台地に直交して存在することであった。

県道から約 150m 入ったところに括れ部があり、ここに堀切が設けられている。北側の堀切は大きく最大約 10m の上幅を持ち、長さ 20m ほどで現存しているが、南は明確にできない。富士塚の東南にそれらしい括れが上幅約 10m であるのでこの地点か。そうだとすると小口は塚を中心にして喰違いに作られていることになる。推定小口内側に富士塚（あるいは行人塚）と伝える牧林古墳（埋文登録済み）があり、小口中央を封鎖し、蔀を形成している。塚は現存基底部幅約18～20m、高さ4m程となる。この塚頂部には小祠がある。北面を除いて桑畑となっており、塚本体の東から南側での削平が著しく、今は半分ぐらいの規模に見えることが測量図からも知れる。推定される塚は円形とも見られるが、土地区画のあり方を考慮すれば1辺35mの方形と推定される。堀切と蔀部によって作られる小口通路の幅は6m程であり、小口部の形状は曲の手に曲がり内桝形を示す。

台地北側から東にかけて縁辺部に基底幅約4～9m、高さ約1.2～2.5mの土塁が約125mにわたってある。北東部では縁ぎりぎりに設けられるが、先端部は若干奥側に置かれ、土塁外部にも平坦部が見られるが腰郭などではないだろう。先端部南コーナーには高さ1m程の土塁の痕跡が約10mにわたって見られるが、南西縁には認められない。削平されたものであろうか。郭内は平坦で、水田が作られ、3カ所浅い水田用と見られる池があり、1箇所は冬でも枯れない。

この城郭は河川に挟まれた台地先端部を区画して城地とするという形を示し、選地に特徴が見られる城郭であり、秩父の荒川沿いに地域に見られる「鉢形城タイプ」の城郭の特色を示す。出土品は知られていないので詳しい年代はわからない。そして、小口に桝形構成が加えられていると観察できるので、その継続年代は長く、後北条氏の活躍した戦国時代の16世紀後半まで存続した可能性が高いと考えておこう。

案　内　県道吉田小鹿野線を小鹿野方面に向かい吉田小学校から500m程でバス停小暮がある。この南側に新井自動車修理工場があり、この南側台地上。

吉田龍ケ谷城跡

所在地　秩父市久長1556。北緯36.033248, 東経139.025203,
標高326.0, ほか

歴　史　久長但馬守築城と伝える。永禄12年（1569）7月阿佐見伊勢守が阿熊に駐屯していた武田軍の侵入を朝早く察知し、「吉田の盾」に連絡し事なきを得て、氏邦から感状を得ている。この時の「吉田の盾」として知られる城郭であるが、城郭の持つ特徴を考えると吉田の楯がこの城であった可能性は少ない。『新編武蔵風土記稿』にはこの城の記載が無い。あるいは地元の記憶から忘れ去られた城郭であったのだろう。中世戦国期の久永は、永禄6年には用土新左衛門が旧領のままを安堵されているので、この頃は用土氏の領地であった事が知られる。

遺　構　標高340m～347mの尾根先端部に築かれ、吉田の町を西方に望む天然の要害である。細長い尾根を３本の堀切で区切り、連郭式に造る。それぞれの郭には企画性が少なく、第２と第３の土塁に折りを加えるが、土塁、空堀の作りも乱雑と見る。２の郭は 35m × 55m と比較的広大であるが、平面造成は行われた様子が見られず、やはり企画性がない。北西部で 1.5m 程切落し、５～７m の空間を置いて土塁３を置く。一見、横堀を意図しているように観察される。土塁の高さは、東側２m、西側で 2.5m、南端部では低く 50 ～ 70 ㎝、長さ 35m。西端は３の郭で、その規模は 20 × 40m を測るが、山頂部の平坦をそのまま利用したと見られる郭である。西端は、高さ 1.5m、長さ 40m の土塁５と、深さ 1.5m の堀切３で直線的に切られる。堀は北側半分が深い。土塁３の北側には空堀らしき物が見られるが、深さが無く、明瞭ではない。

本郭は南東端の平坦地が言われるが、整形は不十分で、西側を長さ 24m の空堀を挟む二重の土塁で守られる。土塁１は堀底からの高さ約 4.5 ～ 5m の規模を持ち、東端は岩石の露出する幅２m 程の痩せ尾根を深さ３m 程に掘り切っている。平坦部は幅 25m、長さ 40m 程あるが、南端が幅 10m 程高く作られる。従って、城としての防御は北西に延び上がっていく尾根筋方面に対して行われていることがわかる。

城への登り口は西側の別荘地が開発された地点に見られ、折坂で本郭下に登り、中段を西に犬走りのように延び、堀切３に繋がる。下りきった地点を南に回りこむと根古屋で、久長但馬守の屋敷跡という。「埼玉の中世城館跡」では造成途中の

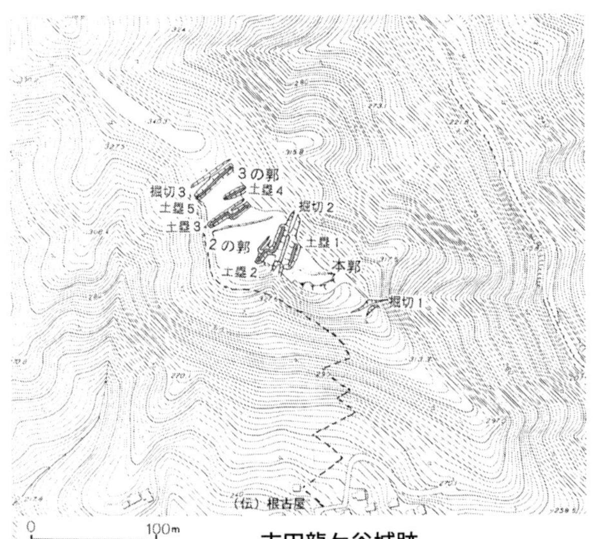

吉田龍ケ谷城跡

堀切1

放棄かとも言っている。そうかもしれないが、土塁や空堀の造りを観察すると、完成したものとして機能していたと考えた方がよいのかもしれない。城郭の持つ形は、地域防備の中心的城郭というにはほど遠い簡単な構造である。特に尾根続きの防備は粗末で、築城目的がはっきり捉えられない。

案　内　吉田川にかかる奈良川橋を渡った秩父市久長の馬頭観音堂の裏山にある。城へは西側の大久保から登る。

寺山砦跡（物見平）

所在地	秩父市久長字寺畠 1744-1 他。北緯 36.030811, 東経 139.022882, 標高 309.6, ほか

歴　史　地元の人は寺山に大きな堀切があることは承知し、物見平と伝えている。史料としては、北条氏邦が用土新左衛門の悴と見られる新六郎に宛てた古文書が知られ、永禄８年の天徳寺門前から出す船役壱艘免許状にある「天徳寺」の裏山の切り立ったとんがり山の頂上にある。

北条氏邦印判状〔天徳寺文書〕『新編埼玉県史』資料編６ー 423

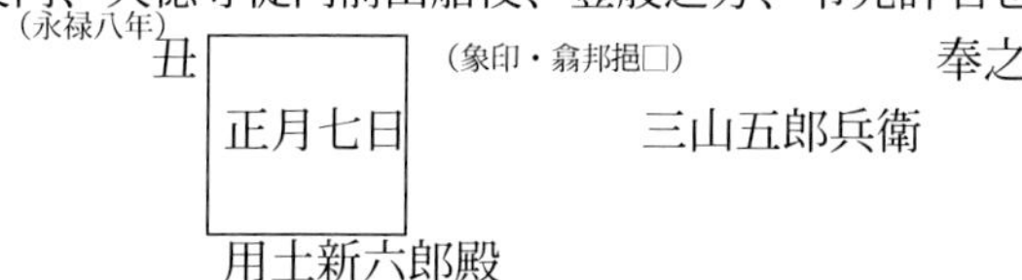

久長内、天徳寺従門前出船役、壹艘之分、令免許者也、仍如件、

（永禄八年）丑　正月七日　（象印・翕邦挹□）　奉之 三山五郎兵衛

用土新六郎殿

遺　構　天徳寺裏山の頂きにある。標高は 309.6m あり、三角点が設置されている。幅の狭い痩せ尾根で北側から登ると上幅は約３m と極端に狭い。

頂上直下の北側で堀切２本によって深さ４～５m に掘り切られる。尾根の東西両側は急斜面となり、防備は施されていない。山頂部は３×４m 程の方形の平坦地（郭１）があり、その南側直下に間口７m、長さ５m 程の平坦地（郭２）がある。さらにそこから南へ7m ほど下がって、高さ５m 位に切り落とされ、

天徳寺と寺山砦全景

堀切２現況

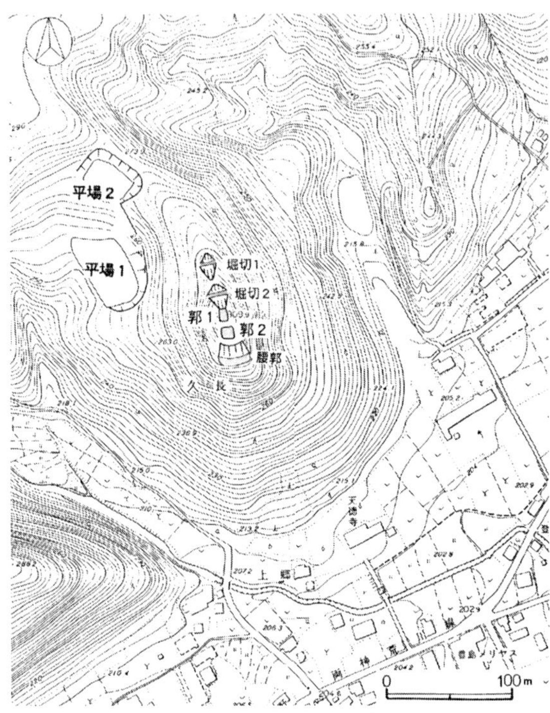

秩父市吉田 **寺山砦跡**

間口25m、奥行き3mの腰郭が置かれている。以上が寺山にある城郭遺構のすべてであるが、ここに登る北側からの道の途中に大きな平場造成地が見られるので触れておきたい。

北側鞍部の南側山腹に作られるもので、尾根筋を掘り残し、間口35m、奥行き20m程に造成した平坦地がある。また、この下段にもさらに大きな平坦地が作られているが、一見寺院跡ではないかと見える。地元にはこれを伝えていない。現存する天徳寺は天文元年（1532）桂室周房創建と伝える。吉田町史によればこの寺の東側に「武田の空堀」と伝える30m程の堀跡が存在したという。現在は全く確認できないが、その位置は寺山砦の東側の谷筋にあったという。話だけを伝えておくが、城郭に関係する遺構なのだろうか。本城は小さな郭によって形成される小規模城郭であり、物見と考えられる。

案　内　天徳寺西側の上郷谷津を入り、すぐに山道に入る。途中大きな平場があり低い尾根に出るが、それを右手に登り詰めれば城跡。

比丘尼城跡

所在地　秩父市石間字出入25の1。北緯36.033013, 東経139.003082, 標高477.9, ほか

歴　史　地元には「半根子、石口氏の裏山、城山の落人（城主の奥方尼となって住む）の隠城。その尼の妹は女部田まで落のび袖に石を入れ入水死亡、仍って地名「女部田」の出所なり」と伝えている。

遺　構　石間谷に入ってすぐの下吉田境の集落が半根子（はんねこ）であるが、この4戸からなる集落の背後の岩山が、比丘尼城跡の所在する城山である。集落から見ると、山腹に高さ10mほどの崖が垂直に立ちふさがっている。

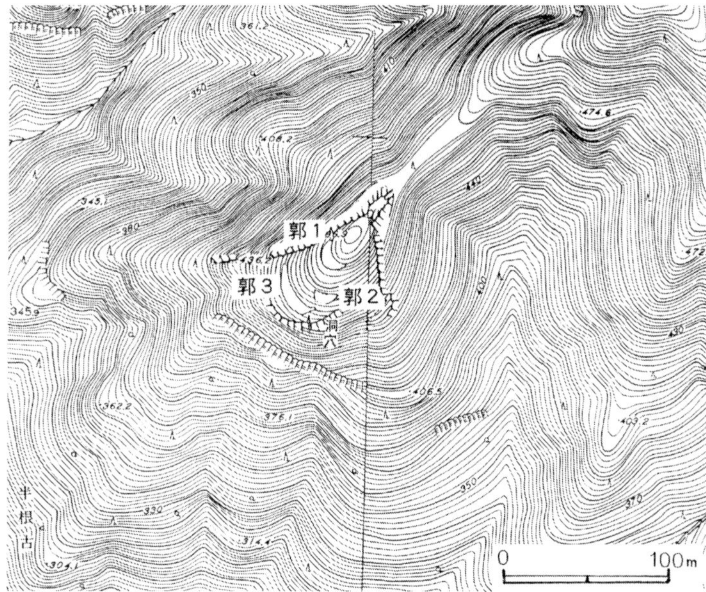

秩父市吉田 **比丘尼城跡**

半根子から見た比丘尼城全景

城跡からの石間谷全景（左）、**城内の半洞窟**

比高差237mの山は全体が岩山で出入沢からのぼる山道は途中杉山になり、道もなく、ここをつづら折りに直登すると、登り90分ほどで城跡に到着する。極めて急な斜面であり、また崖を避けて登るには、多くが獣道に教えられなければ上れなかった。地元では中腹に見える崖の右端を直登する道もあると云うが、崖の部分で極めて困難になる。山の周囲はチャートの垂直崖であり、我々が登った道以外のルートは考えられない。難攻不落の城というより、攻められない城といえよう。

標高486.9mの山頂から南西に9m下がって円弧を描く間口17m、奥行き3～6mの郭1があり、その下14mに間口16m、奥行き7mの三角形状の郭2、さらに4m下に間口31m、奥行き3～5mの郭3が作られる。いずれも山腹を削って削平したものである。これを取り巻く周囲は直壁急崖であり、他には郭造成が見られない。最下段の郭3にある崖の直下には半洞窟の岩陰があって平坦地となっており、大人5～6人は雨風をしのぎ、寝ることができる。あるいは城に入った人の寝場になった可能性が考えられる。城の水場は無く、登り口の沢にある。また、北東側の急崖をなす鋸岩を越えると水場が存在し、そこから給水したとも地元では伝えている。

平場からは北西方向に石間谷が太田部峠まで続くのが手に取るように見下ろせる。また、南西方向には吉田側上流の上吉田方面の谷が一望される。しかし、この城からは連絡できる他の城は見えず、孤立した城郭といえよう。城の南側にはほぼ同程度の標高を持つ山があるが、城の兵がでたところで、兵出山（へいでいやま）という。攻めるに攻めきれないこの城は村人が逃げ込むには最高の小屋掛場といえるかも知れない。

案　内　旧吉田町役場から藤倉吉田線を西に上り、バス停万年橋から石間川筋に入るとすぐに半根子に着く。

女部田城跡（別称城山）

所在地	秩父市上吉田4278の1。北緯36.031988, 東経138.582120, 標高475.6, ほか

歴　史　下記文書は、城山には在地の山口氏を番頭として10人の番衆が置かれ、日尾城の砦として土坂峠方面の武田軍の侵入に備えていたものと理解できる。

北条氏邦感状写〔山口文書〕『新編埼玉県史』資料編6—580

在野城上吉田村

廿八日注進状、朔日到来、委細披見、仍、於館沢筋ニ松田肥前守討取条、

誠以令満足候依之、右之褒ひ致扶助者也、

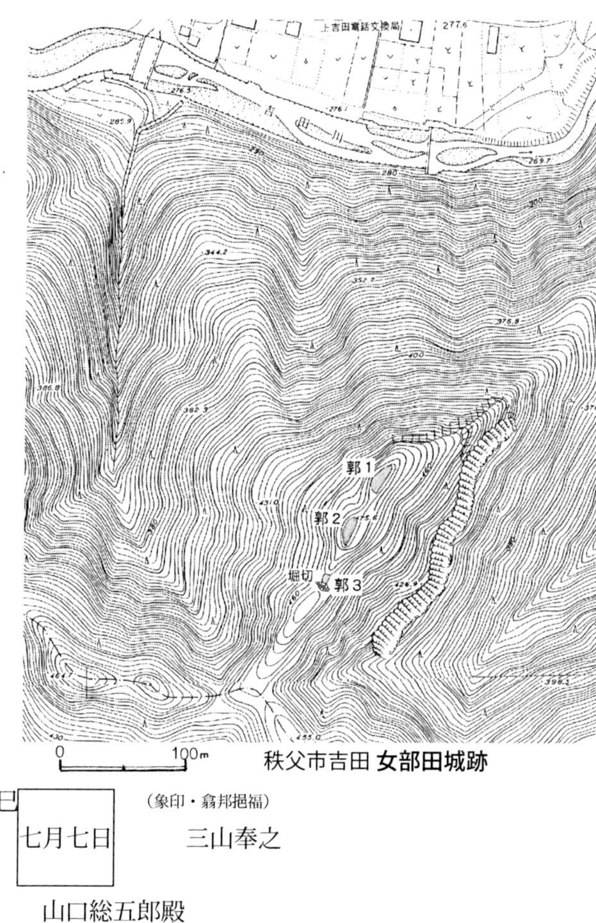

秩父市吉田 **女部田城跡**

（永禄12年）巳　七月七日　（象印・翕邦挹福）　三山奉之

山口総五郎殿

北条氏邦印判状〔山口文書〕『新編埼玉県史』資料編６―1027

番衆十人ツヽ申付候、此内わらハへなと参候ハヽ、諏訪部所江申越、いかにも人改をもいたすへく候、又、かミ小旗をもいたし、廿本も卅本も立置候、能々念を遣、可走廻者也、仍如件、

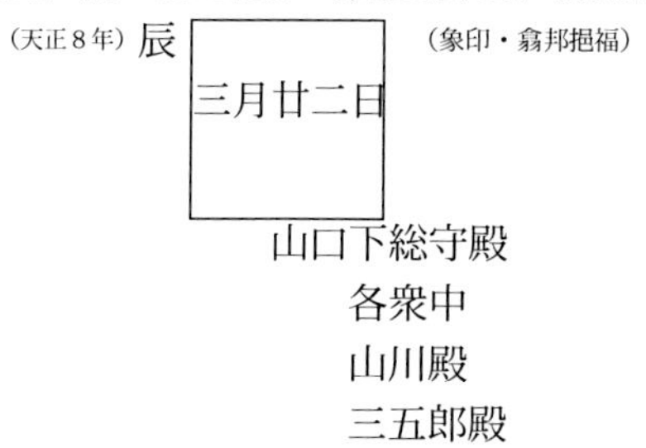
（天正８年）辰　三月廿二日　（象印・翕邦挹福）

山口下総守殿

各衆中

山川殿

三五郎殿

郭１現況

これは、番衆を置いたものであるが、城山に小旗を 20 ～ 30 本立て、いかにも多くの城兵がいるかのように装っていたかということもわかる。

遺　構　上吉田の塚越地区の南に、土坂からの小川谷への出口を遮断するように横たわって聳える、標高 475m の尾根上にある。城からは土坂峠方面、石間谷の城峰峠方面が一望される。城への登り口は女部田にあり、吉田川を渡って、三島の前から家の入沢を登り詰めるのが唯一のルートである。三島の尾根筋を南西方向に登るルートも考えられるが、途中、崖に突き当たり、東と西の斜面部も急崖で一切の登坂が不可能となる。

家の入り沢はそのまま標高 450m の稜線まで上り詰め、尾根上を城山に向かう。水場はこの途中にある。尾根先端部の標高 475.6m 地点を中心に縄張りが見られる。途中の鞍部には岩盤を切り込んだ上幅 6m、深さ 2.5m 程の堀切が置かれ、城山唯一の防御線を形成する。堀切をわたると上段に３m × ７m の平坦地郭３が置かれ、さらに約８m 登って、山頂の郭２に至る。この郭は長さ 18m、幅７m の規模を有する。さらに幅１～２m の狭い尾根をわたって、若干下方に郭１がある。これは長さ 21m、幅９m の全くの平坦地に作られる。ここには小さな祠が祀られる。

山頂の郭２からは南西方向に日尾城が臨まれる位置にあるが、木立が大きすぎて周囲の状況は観察できない。女部田城は氏邦文書から知られる事で考えると城山、或いは野城と呼ばれたものであろう。そして、日尾城の守将、諏訪部定勝の支配下にあったことが理解される。

案　内　県道藤倉吉田線の吉田町塚越集落の南、川向こうに高く聳える山の頂上に所在する。城跡へは上吉田小学校向かいの三島の前から谷間を西へ上り詰め、崖の手前で沢を越え、右手の谷添いを直登するとよい。

日野城跡（熊倉城、真建城）

所在地	秩父市白久呑だ熊 1825, 北緯 35.563615, 東経 139.000613, 標高 627.0, ほか

歴　史　本城は地元では城山というが、熊倉城より、太田道灌状にいう文明 12 年６月 24 日落城の「日野城」が本来の名であったのではないだろうか。

本城についての歴史的研究は（故）加茂下仁氏を中心とした荒川村郷土研究会編 1982『長尾景春と熊倉城』に詳しい。本城の北西の尾根先端方向に髙指山という小高い山が有り、そこに人為的な切落しによる物見と見られる遺構が存在する。「髙指」については「太田道灌状」に「秩父髙差須」と言う記載があり長尾景春の乱の時の景春の城として記録されるものがある。この髙差須城は小鹿野町塩澤に所在する塩沢城であるとされているが、当該地区にある「髙指」は塩沢城領域内に無く、夜討ち沢を挟んで南側の稜線反対斜面と大きく地点が外れ、その比定根拠は薄弱といえる。

しかし、この髙指山に物見遺構らしきものが見られるとはいえ、太田道灌状に「髙差須」「日野」と同時に使用されているという事を考えると、これもまた、比定根拠が薄くならざるを得ないだろう。

太田道灌書状写（部分・意訳）『新編埼玉県史』資料編５―1003、

「一大串弥七郎が当方へ出仕することについて常々申し上げてきた。特に去る九月東上野において不穏な動きがあった時、お屋形様のおそばに参上した時申し上げたことですが、半ば然るべくというように申されたので、この度召し連れ退出いたしました。しかし、未だにお許しいただけず、大串の進退について訴えていることは、敵、味方や、その他近隣の国にも隠れ無いところで、ねたみ遠ざける人々の意見によってお許しいただけず、不運の極みである。すでに、弥七郎は秩父高差須において、同心や傍輩と身命を共にしていたので、城中の様子がわかった。そこで手だてを考えたので、味方には一人も恙なく、敵数十人を討ち取ることができた事はご存じの事であり、詳しく申し上げるまでもない。しかるに、扶持を加えられるべきという同類の面々が、弥七郎が出仕すれば、それぞれが（赦されて扶持をいただけるよう）訴えると申しているが、それらの者と同様に扱うことはできないであろう。」

「文明十二年一月二十日、長尾景春が越生に出張ってきたが、丁度道灌の父太

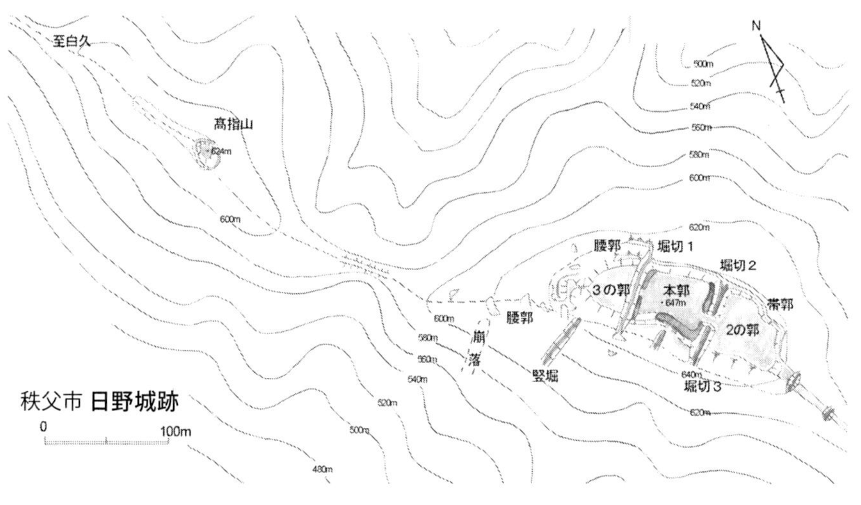

秩父市 日野城跡

本郭内部と小口（上）、堀切3（下）現況

田道真が龍穏寺へお礼参りに参詣しているところで、これを迎え討った。その後、道灌は長井城攻略にかかったが、大石氏の軍勢の援軍をもらい、合図って長井城を攻略した。国内を平穏にするため、秩父へ軍を進めたところ、古河公方様が、お心代わり（景春を再び支援）をなされた。秩父陣が大変な時であり、まず日野城攻めを止められて国内を固められるよう、お屋形様の秩父大森の陣に参陣し、申し上げたがお聞き入れなされなかった。」

「六月十三日、秩父の御陣に参陣した。長尾孫五郎（総社長尾顕忠）と共に出陣すべく覚悟いたしていたが、当御陣に出仕して、まず日野城攻略を急ぐべく旨を仰せつかり、いろいろ苦心をして（文明12年6月）日野城を落城させたことは、これまた道灌の功なのです。」

遺　構　独立した城山山頂を2本の堀切で大きく掘り切って郭配置を完成し、連郭式に造る。斜面部は数本の竪堀を配置するだけで、備えは簡単である。しかも、竪堀は南西側斜面に認められるが、南西斜面は竪堀が無くても移動などできない程の急斜面をなす。設置の意図が掴めない竪堀である。北東側は比較的緩やかな斜面であるが、竪堀は無い。堀切の規模は大きく、上幅約12mを測り、本郭とされる部分は北、西、南の肩部に土塁を置き、30m × 50mの規模に造る。土塁の規模は南部のみが2mほどに残るが、他は50㎝～1mと低い。

本郭は南北両サイド中央に小口を置き、2の郭側は土橋、3の郭側は木橋に造られる。3の郭には、浅い空堀によって桝形に造られた小口があるが、2の郭側にはこれに続く上幅2mの痩せ尾根に2本の堀切が造られるだけである。本郭南西部には一段下がって幅6m位の帯郭がある。一方、東斜面部には全体に幅1mほどの狭い通路が2から6m下がって配され、西側部では、明瞭ではないが、桝形部から2の郭堀切に向かって、踏み分け状の道が確認される。郭を取り巻くように、武者走り的通路が置かれたとも見ることができる。

日野城は独立した山で、両サイドの尾根は極端に狭い。また、東西の斜面部も急崖をなし、極めて優れた要害に作られたといえるだろう。しかし、この城は北側に同程度の標高を有する山が聳え、前方の視界を妨げ、眼下には僅か、荒川村日野地区を望み、その北方に、小野原集落から柴原筋を眺望できるだけである。この欠点を補うためか、北前方にある標高624mの高指山（たかさすやま）山頂部には、切落しによる高さ2～2.5mの段築によって守られた8×5m程の狭い平場がある。

これまで触れられた事はないが、構造や配置から見て日野城の物見であったとみられる。ここからは、北方眼下に日野から田野地区方面、西北眼下に白久地区を見ることができる。このまま尾根筋を進むとテレビ塔を経て白久に至る尾根道という。

案　内　国道140号線から秩父鉄道武州日野駅東を寺沢に入り、寺沢川にそって林道を上り、尾根に出ると城跡入り口で、駐車場がある。

贄川城跡

所在地	秩父市荒川贄川（にえがわ）。北緯35.580319, 東経138.583774, 標高391.0, ほか

遺　構　荒川西小学校の裏山となる城山の山頂中心に築城されている。城跡のある尾根は、標高391mを測る西から東に延びる舌状の尾根であるが、途中で括れているため、小さな小山状になっている。小学校側からの比高は56mほど有り、西の括れ部からも25mの比高がある。

主郭は山頂部を平坦にして長辺19m・短編1mに造る。主郭から東に1.5mほど下がって腰郭1が12×6mに造られ、さらに4mほど下方に9×6mほどの不規則な腰郭2が置かれている。郭はいずれも平坦に造られるだけで、土塁などの遺構はない。本城への進入路は西からの尾根筋と見られるが、主郭手

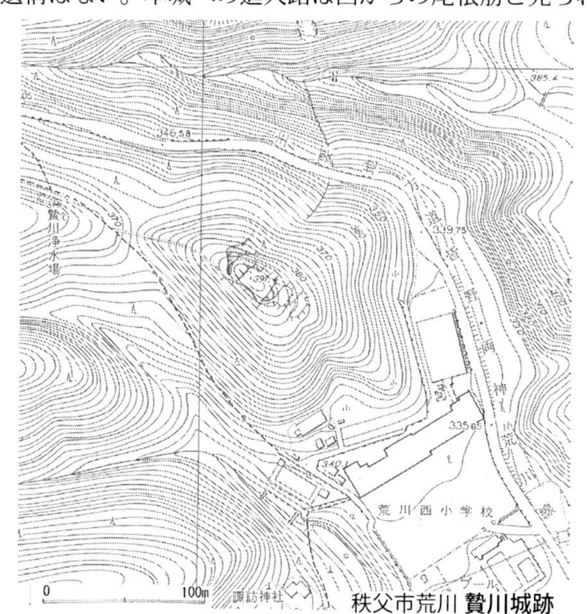

秩父市荒川 **贄川城跡**

前3mほど下方に東から延びる長さ10mほどの窪地が見られる。ここより西に延びる狭峻な尾根筋に大きく抉り込むように入り込んでいるので、尾根筋の通路の遮断を意図した堀切であったと考えたい。

これまで、所在が知られていなかった城郭で、地元の持永正夫さんの調査で確認された。贄川地区では城山といい、南麓にある逸見家はその屋号を「城越（じょうこし）」という。贄川は江戸期には小鹿野から両神をへて大滝・甲州へと通じ、一方では、甲州裏街道の贄川宿を形成する交通上の要地である。

案　内　秩父市立荒川小学校を目指し、県道を両神方面に向かい、小学校を過ぎ、沢を渡る手前を左折し、尾根北西裾に有る山道を入る。

室山城跡

所在地	秩父市久那字諸。北緯35.570651, 東経139.033236, 標高705.5, ほか

歴　史　『秩父志』に「室山城ハ毛呂ニアリ、天正年中、鉢形の将士大野大八郎ナル者住セシ」とある。『新編武蔵風土記稿』には大胡大八郎という。詳細は不明。

遺　構　城郭はこんな地点まで必要なのかと思われる極めて急峻な山頂に造られ、浦山ダムのダムサイトの真東の山頂となる。諸の集落から南にそびえる城山山頂までは、比高差が471mもあり、登り勾配は20度から30度の急勾配

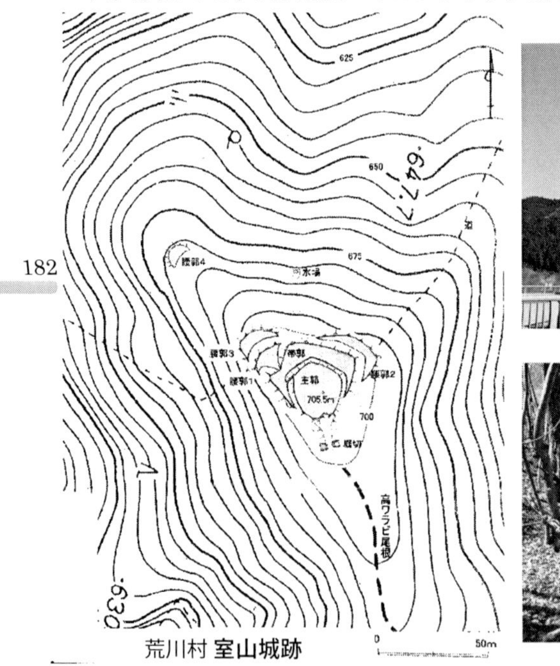

荒川村 **室山城跡**

浦山ダムから見た城跡

本郭現況

となり、東と西はさらに急勾配となり、岩壁もあって、北斜面と、南側からの高ワラビ尾根以外に通路はない。かっての登坂ルートもやはりここであったと考えたい。途中４地点鞍部があるが、それ以外は急峻の直登ルートで、到底攻撃の対象なるとは考えられない地点にある。

城跡からは、荒川村上田野から秩父市内全体が見られ、荒川下流部では皆野、長瀞方面まで見通せ、小鹿野から吉田方面も眺望できるので物見或いは小屋掛場の可能性が考えられる城郭である。３等三角点が置かれる山頂には東西23m、南北 24m の主郭がほぼ平坦に造られ、北面側に対して帯郭と腰郭を置いて防備し、さらに北西に延びる尾根上に腰郭、南の尾根には山頂から 7.5m ほど下りきった鞍部に両側から幅５m の小さな竪堀状の堀切が置かれる。帯郭１は主郭から 2.5m 下に幅が９～ 10m で東側から西側までまわり、腰郭２はさらに 4.5m から５m 下に、幅４m で東側にあり、並んで北西側に腰郭３がほぼ同様な規模で存在する。

また、北西の腰郭３の上段には帯郭への入口を形成する腰郭１がある。さらに緩やかな斜面ではあるが、下方約 50m には腰郭４が幅 10m、奥行き５m 程に造られる。そして、この腰郭と同レベルで北斜面部に水場を形成したと見られる凹地形が確認され、その中心に径２m 程の窪地があり、湛水している。

案　内　浦山ダムに向う県道を上り、橋立を越え、諸地区から城跡のある山に直登する。トンネル手前の大カーブ地点から山に入ると比較的登りやすい。暫く登ると山道に出る。

合角城郭遺構

所在地	秩父郡小鹿野町日尾・秩父市合角。 北緯 36.031115, 東経 138.574841, 標高 352.0, ほか

歴　史　山姥の足跡の伝承のみ。山姥の足跡・ばくち場として飯野頼治氏が「秩父合角ダム水没地域総合調査報告書」下巻・人文編に記録している。

遺　構「山姥の足跡」と報告される。上段平場規模は 5.5m × 5m、約 1m の傾斜あり。山頂下部に造られ、約 1.2m 切り落とされる。下段平場規模 47m × 5.5m。平坦地。南に掻き出して造成したと考えられる。西側は、上幅 1m に土塁状に掘り残されている。東側はやはり掘り残される自然面。断面Cの下部は砂礫岩を掘り込む。

日尾城の根古屋前を通過する吉田川がそのすぐ下流で鋭く蛇行する地点の右岸に旧合角集落が存在したが、その集落の裏山に連なる狭い尾根の鞍部に造られている。東斜面はダムに落ち込み急斜面となる。西斜面は急であるが、登るに不都合はない。尾根を南に上り詰めると、岩場の頂上に出、日尾城を眺望出来る。この南尾根続きが神社跡を経由して旧合角集落につながる。北西から延

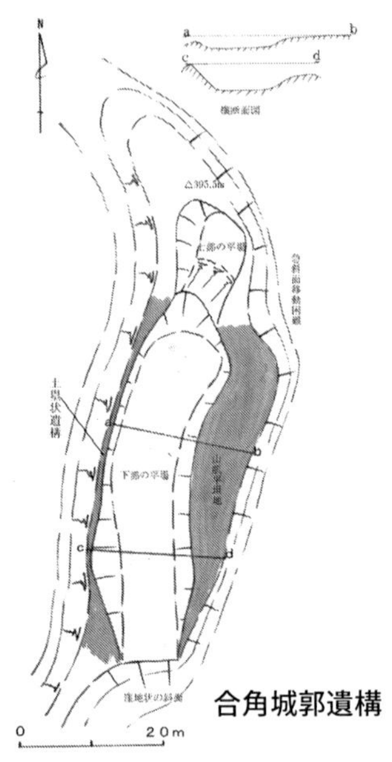

合角城郭遺構

下部の平場内部現況

びてくる尾根筋は移動が容易。

合角には城郭等の記録伝承はなく、性格が明確にされないが、造りから考えて、戦国期に造られた城郭的な施設であったと考えて良いだろう。合戦史上では、永禄４年頃か、永禄 12 年から元亀２年頃が考えられる。日尾城攻略に際しての陣城か、あるいは、小屋掛場的性格が考えられる。

案　内　合角ダム内に架けられる合角漣大橋が旧合角集落部の中間点に入ったところから右折して旧道に入り、山裾を少し入った尾根が狭まった地点から右手の山を直登すると直ぐ尾根に出て、そこが遺構のある場所。

日尾城跡

所在地	秩父郡小鹿野町大字飯田 2236 他。 北緯 36.024737, 東経 138.570226, 標高 560.0, ほか

歴　史　諏訪部遠江守定勝を城主。上野より矢久峠、志賀坂峠越えの武田勢に対する後北条の備えとされる。永禄４年の北条氏政書状では、日尾城は北条方の南図書助によって攻略されたと記されるので、諏訪部氏の入城前にも存在した事が知られる。

武田信玄の軍勢が永禄 13 年（1570）２月、日尾城を攻めたとき、城主諏訪部主水は来客を持てなし泥酔して寝込んでいて戦えなかったが、諏訪部氏にかわって奥方が指揮をとり、甲州勢の山縣三郎兵衛を打ち負かし、敵軍は三山に退いたという伝承も残される（『秩父風土記』）。

遺　構　牛首峠から東に続く痩せ尾根の山頂にある。小さな郭が連続する連郭式城郭である。城郭の作られる山頂は、礫岩と砂岩の互層からなる岩盤が基盤層を成し、牛首峠両サイドの尾根は幅３～５m上幅１～２m、高さ４～５mの切り立った屏風岩が直線的に続いて形成する稜線で、圧巻である。牛首峠はこの屏風岩の中央に幅２m程で開けた切れ目をいう。これまでこれは堀切といわれていたが、さらに西にある大きな「堀切」と共に自然地形であるとみられる。

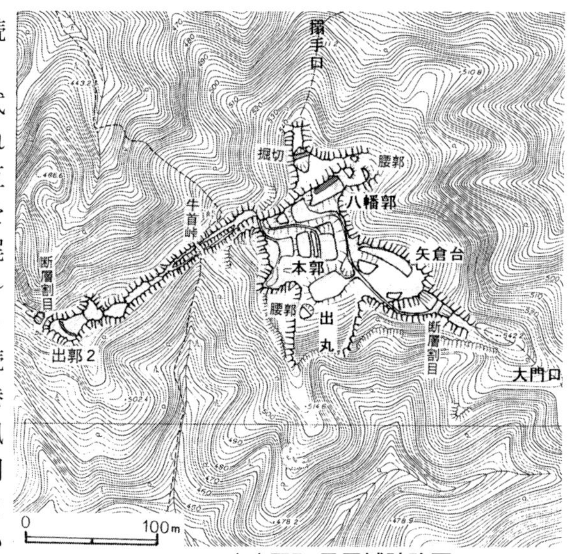

小鹿野町 日尾城跡略図

牛首峠から城への入り口部現況

新井重三氏他の地質研究者の研究成果を見ると、ここには南北方向の断層が走り、その位置は西の大きな「堀切部」と本郭東側の崖線部に存在することが知られる。従って牛首峠部はこの南北断層に引きさかれた割れ目であったと考えるのが妥当であろう。これは現地に入って周辺の地形を観察すれば、必ず得心がいく。割れ目は観音山側尾根にも大きなものがあり、日尾城はすばらしい天然の要害に作られている。従って、日尾城には堀切は東尾根の一カ所しか存在しないことになろう。

城は牛首峠の割れ目に架けられた梯子を上って、尾根を東に移動し、広い尾根に出たところにある。広い尾根は礫岩を基盤とする地形の特性や、断層によって作られた切り立った崖に囲まれた稜線上に作られる道以外、上り詰めることのできない要害地にある。城郭の基本形はＨ形をなし、本郭、２の郭、３の郭、間に４段の平地を置く。この郭配置については江戸時代末から明治時代初期に編集された、大野玄鶴著『秩父志』に挿図があり、３段に造られた平地を本郭、本郭を八幡曲輪、２の郭を矢倉台、３の郭は出丸と記し、八幡郭北下の尾根筋を搦手口、観音山からの西尾根を大門口とされるので、これに従っておきたい。

本郭は３方を高い稜線に囲まれ、その内、東西は上端部が郭形成される。南西に開けた４段の平場であるが、冬場の北風を遮断するように作られており、見るからに屋敷地の作りを示す。幅約９～27m の谷を掻き下ろして整形し、高さ２m ほどの段築を設けた平場で、下段と上段が奥行き 13m ほど、中段は 10m の緩やかな傾斜を持つ平地をなすが、上部は小屋架けには十分な平地となる。

八幡郭は北端部、稜線の曲がり目に作られた本城最高部（約 560m）にある奥行き５m、間口 20m の平場で、眼下に日尾の根古屋集落を望み、集落の子供のかん高い声が良く聞こえる。北側に高さ２m 程に掘残し土塁がある。眼下には根古屋筋からの搦手道が記され、はるか下方の尾根筋のこのルートに備えたといわれるが、地形的にもその必要性は明瞭でない。櫓台と考えられる。牛首峠に続く稜線上に３段の腰郭を置く。はるか下方の北の尾根に堀切、北東稜線上に２段の腰郭が置かれる。ここから西に幅３m ほどに作られた尾根続きにある２の郭とされた矢倉台は、稜線上の幅５～６m の平坦地が想定されているが、ここは礫岩の上に互層をなす砂岩の特性で作られた自然の平坦地であり、標高は 556m となる。

稜線直下２m 程に間口 12m、奥行き 10m の小さな郭があり、直ぐ下を観音山（大門口）からの道が通過するのでこの郭をいうのだろう。出郭は本郭南部の高台に作られた上部平坦地の郭であるが、さらに下に腰郭が存在する以外、造成の確証は得られない。

一方、県調査では牛首峠西側に幾つかの郭が想定されているが、殆どは幅１～２m の崖上の痩せ尾根で、郭は存在しないと見た方がよいだろう。しかし、西端の断層崖手前に高さ１m 弱の「掘残し土塁」を置く小さな郭状の平場が存在する。一方、八幡郭下に搦手口の道が想定されており、現に東下の尾根基部に深さ 2m ほどの堀切があるが、この先は断崖となり、とうてい人の往来は不可能に近いと実感した。城の周囲は際だった崖が囲んでいる。搦手は根古屋からの直登ルートで八幡郭東側に登ってくるという。

案　内　小鹿野町飯田から札所 31 番観音院を目指し、観音院入り口から牛首峠道を登る。または、倉尾の馬上地区から牛首峠道を登る。

鷹谷砦跡

所在地	秩父郡小鹿野町三山字鷹谷 4995. ほか 北緯 36.020053, 東経 138.551534, 標高 504.9, ほか

歴　史　地元は鉢形北条氏の物見砦と伝え、山頂に物見跡の碑がある。

遺　構　旧三田川第２小学校手前の皆本橋を渡って、赤平川南に横たわる東西

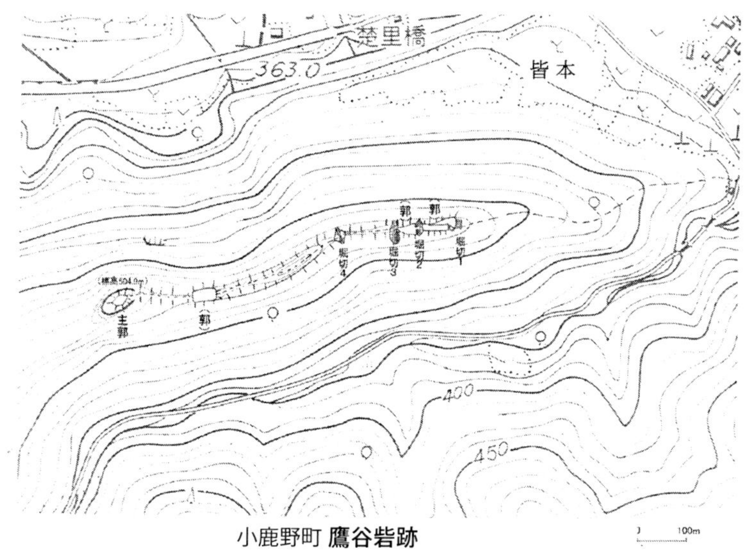

小鹿野町 **鷹谷砦跡**

に延びる尾根に遺構が残っている。三山合戦の地域が眼下に見られる。山麓東側の墓地部分から、尾根に沿って直登すると平坦な尾根に出る。

標高 504.9m の天狗様が祭られている頂上部に主郭を置き、これより東側 350m にわたり郭配りが行われる。最初の防御線は浅い堀切１と４m 程の段切りである。このまま 30m ほど平坦な尾根を行くと、上幅４m 程の堀切２が尾根を分断している。道は中央部に土橋状に造られる。

堀切２上段の肩部には盛り土による 50 ㎝の土塁状のものが置かれる。この上段は幅９m、長さ 22m ほどの比較的広い尾根であるが、造成はされていない。尾根が細く括れる部分を捉えて堀切３があり、下幅２m のもので、土塁手前側に盛り土と見られる高さ２m の土塁がある。通路北側はやはり土塁があるが、非常に低く存在意図がわからない。堀切から 1.8m 上って平坦な狭い尾根を２７m 程歩くと尾根が約２～３m と非常に狭くなり、また、両側の斜面も 70 度から 80 度の急勾配となり、続いて上幅５m、深さ 2.5m 程の深い堀切４が横たわっている。

さらに狭い尾根を西に 90m 移動すると４m の登りになり、幅９m、長さ 20m の郭状の平坦地があり、さらに７m 上がり、続いて９m 上がると天狗祠のある山頂の主郭に到着する。主郭は幅５m、長さ９m 位の極めて狭い平坦地で、周囲は急崖となる。これまでの尾根南北斜面は著しい急斜面でこの尾根の特徴を如実に表している。主郭以西は幅 50 ㎝ほどの岩盤が露出する痩せ尾根で、一旦急に落ち、それから一気に登って行く。主郭真北の向かい側の尾根には白石山の岩壁が聳えたっている。

140m ほどの眼下には三山合戦の主たる場所を伝えている法師落人橋から半平まで見通せ、旧三田川第２小学校は真下よりやや上手に見下ろせる。他の城郭などは見通せない。本砦は急峻な痩せ尾根を利用した砦で、主な遺構は堀切のみで、堀切2と3には掘り上げた土を盛ったであろう小さな土塁が存在する。郭は自然の平坦地を利用したと見られるように、天然の尾根を積極的に利用した城郭遺構と言えよう。

案　内　国道299号線で小鹿野町から志賀坂峠に向かい途中三山地区の皆本から橋を南に渡って墓地の所から城跡に上る。

堀切2と小口現況

小鹿野要害山砦跡

所在地　秩父郡小鹿野町大字三山字皆本、大字薄字加明地。
北緯36.014137, 東経138.555567, 標高619.0, ほか

遺　構　三山と加明地地区の境界をなす尾根上の最高点にあり、その標高は619mを測る。頂上には小祠が祀られる。鷹谷砦の登り口にある皆本から登る戸蓋峠からは東へ348mとなる。現在、戸蓋峠からの尾根道は要害山の手前で激しく崩落して、尾根幅は50cm以下になり危険で通行不能。東からの尾根道は、最初に出現する切り落としまでは開墾地であったようで、緩やかな平坦地となり歩きやすい。

この地点には炭焼き窯が残り、近くでは石臼片も発見された。砦の縄張り範囲に入ると、尾根も急に狭くなり、尾根筋を形成する両神側と小鹿野側の斜面は急勾配を成し、歩行は困難となっている。

確認される城の遺構は3つの郭と2つの腰郭、3個所の堀切、3個所の切岸である。郭面は整形された様子は無く、山形そのものと観察される。郭1は21m×4mを測り、堀切1へは5mで2m下がる。堀切1と郭2の落差は若干窪んでいる程度に観察される。郭2は15m×6mの規模を持ち、郭では1番の平坦地となる。これから東に1mほど下がって腰郭1が有り、その規模は4m×5m程度。東に12mで7m程下がる切り岸があり、7m×6mの腰郭2がある。この東側は4mで6m下がり、底幅2m程の堀切2である。切り岸・堀切ともに基盤の砂岩を切り落としており、現在ガレ場となる。堀切東の立ち上がりは約50cm位を測る。ここは緩やかな尾根筋となるが、50m程東へ進むと1.5mの切り落しが有る。50m間の落差は11m程となる。

郭1から北東に延びる尾根に9mで4.5m程下がって17m×6mの郭3が造られ、その北側はさらに11mで6m程下がる切り岸となっている。郭1か

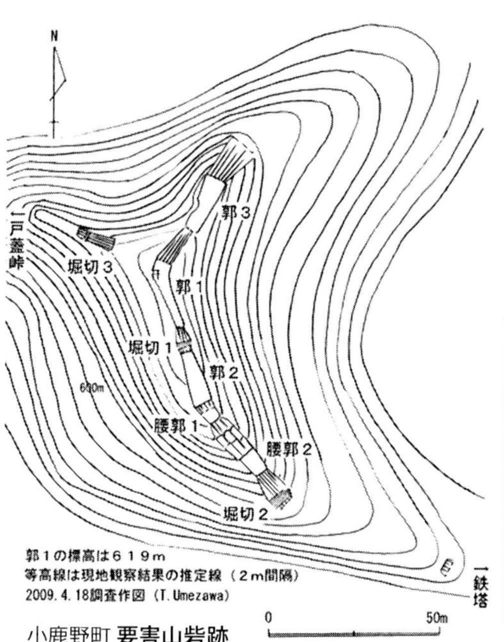

小鹿野町 **要害山砦跡**

郭2（上）、**堀切3**（下）**の現況**

ら西に延びる尾根は 17m で 7 m 下る急斜面をなし、堀切 3 となる。堀切 3 の堀底の幅は 2 m 程で、西側に 1 m ほど立ちあがり、上幅 1 から 0.5m 程の歩行困難な平坦な痩せ尾根となるが、またその先は急斜面となる。

郭 1 には山の神と思われる祠があり、これは、両神の加明地・西平・串脇地区によって祀られている。南眼下 260m に加明地集落が見える。一方、本砦からは塩沢城が東南に見えるが、日尾城は見えない。鷹谷砦は西 1.2km の眼下に見える。また、志賀坂峠やその道筋は一望出来る。『両神双書』によれば、郭 1 に祀られる小祠は出浦左馬助が祀ったという伝承が残る。

案　内　東電三山開閉所裏から鉄塔管理道を上り詰め、尾根を西に 340m 移動した地点に所在する。

三山下郷向山砦跡

所在地　秩父郡小鹿野町三山字小金沢向。
北緯 36.011068, 東経 138.573181, 標高 519.2, ほか

遺　構　現地に残される遺構は尾根を掘り窪めて造られた平場が 4 カ所確認出来る。この構造は先に紹介した秩父市吉田の「合角城郭遺構」に類したものといえる。これも又 , 堀口進午さんの発見である。

砦の造られている尾根は小鹿野町三山地区と旧両神村の村境を形成するやせ尾根で、標高 577m の山頂を最高所とする北東に延びる尾根上にある。砦へ

の登攀路は小金沢の対岸に延びる尾根先端部であろう。南側では尾根続きで出浦家の所在する穴部地区に連なるが、出浦家からはこの砦は眺望出来ない。

砦は三山地区東端の赤谷と小金沢集落からは真南に望む事ができる位置を占めている。三山という冠を付けた理由はここにある。小鹿野町三山地区は永禄12年から元亀2年にかけて、山中領から志賀坂峠を越えての武田軍の侵攻を受けた所で、「三山合戦」など秩父谷では比較的大きな戦乱の被害を受けた地域である。

この小金沢から西奥が三山地区で有り、小鹿野要害山砦・鷹谷砦が築かれ、「石打」と伝承される天然の要害もあり、東の飯田地区に出れば西側の谷奥に日尾城が所在する戦国史上、西秩父では重要地区となっている。

砦は標高519.2mの尾根頂上部に有り、尾根を掘り窪めて①②の平場を配置している。①の平場の底からは②の平場までは9.2m程緩やかに上がり、その西側は2.5m程切り落とされる。①は尾根幅略いっぱいに造っているが、両サイドには僅かに掘り残しであろう1m程の土塁状の細長く小高い部分があって、谷境を画している。平場の底は平坦に造られるが、南の谷に向かって僅かに傾斜を持っているのが観察でき、窪地となっていて、雨水のたまることは無いようである。

平場の幅は27m×23.7m。②は13.5m×12mとなる。③は最頂部519.2mの北側にあって、12.8m×5.7mの小さな平場で山側を掘り窪めて平場を形成している。④は尾根の鞍部に造られ、①の平場からは見えない。この平場も南谷側に僅かな掘り残し状の細長い高まりがある。平場底はやはり、南の谷側方向に流れている。

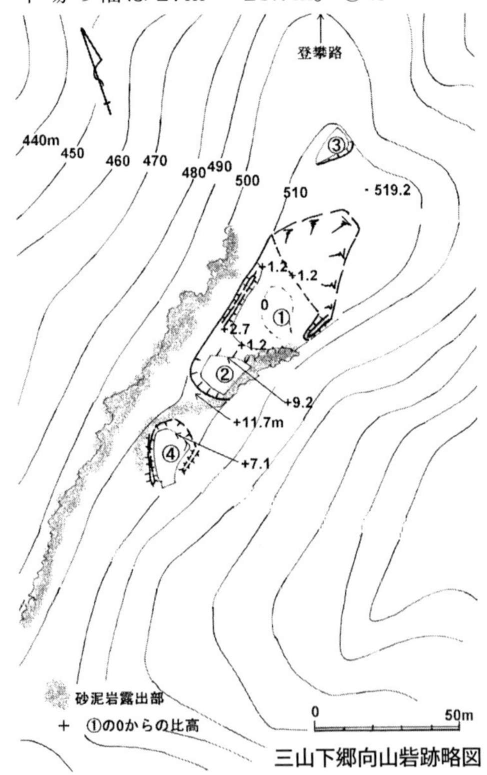

三山下郷向山砦跡略図

以上がこの砦とした遺構の概要で、明確な形で城郭とする遺構は見られない。しかしながら、合角城郭遺構でも確認された様に、ここに残され、以上のように観察された形は決して、自然のなせる技とは見ることができないだろう。躊躇しながらも砦としたが、斎藤富江さんが中心に堀口さんと聞き込み調査を行った

郭１東端（上）**と北西端現況**

（それぞれに低い土塁状の高まりが見える）

が、この地点の遺構の存在を示す話は確認はできなかったし、砦の具体的名称を冠せる様な地名も確認出来なかった。

しかし、先に記したように、この砦を眺望出来る（砦から望める）地区は三山下郷と呼称される地域であり、三山下郷地区の関わりが大きいと認識したので、この地区の向山となるところから、「三山下郷向山砦」とした。埼玉県の西部山地に残る城郭遺構は数多いが、縄張りを見ても判るように城郭としての基本的要件を満たさない「城郭らしからぬ城郭」が多い事が指摘できる。これらは決して合戦の為に築かれた城郭ではない。

この砦とした遺構もその範たる物で、尾根筋に人工を加えて平場を造っているが、所謂土塁や堀切によって郭の防御を備えるといった施設が設けられていないか、不完全な遺構が多いのである。特に秩父地区や吾野地区などに多く確認されるが、秩父のそれは群を抜いている。この様な造りの遺構は戦乱の被害から住民が自らの生命や財産を守る為に作った「山小屋」と考えて差し支えないと思われるが、山中に小屋掛けをするというだけで無く、比較的大きな普請を伴う造作で有ったと考えられるだけに、戦乱に備えて地域住民が総出で構築した逃げ場であったものだろう。

この様な遺構を城とか砦とか呼称して良いか大きな疑問点で、本来は「小屋掛場」とでも言うべきだろうが、適当な呼称が一般的に為されていないので、これまでの城・砦といった呼称のまま名を付けた。

案　内　城郭の位置は小鹿野町三山下郷地区（赤谷・犬木・小金沢）の東境の字小金沢から穴部（あのうえ）に出る林道が旧両神境にさしかかる所に小さな沢があり、橋が架かる。橋の手前右側に木材搬出用の道が造られているのでこの道を稜線まで上がると良い。稜線から先は道が無く稜線添いに上り詰め、砦に到着する。登り 30 分と言うところだろうか。駐車スペースは無く、車は小金沢にある県指定天然記念物「犬木の不整合」見学者用駐車場が利用できる。

小鹿野両谷城跡

所在地	秩父郡小鹿野町大字長留字両谷。 北緯 36.010095, 東経 139.030292, 標高 318.8, ほか

歴　史　記録無し。2007年影森在住の堀口進午さんの発見によって知られた。堀口さんが新聞発表すると共に、2008年暮に現地見学会を開いて公表した。

遺　構　国道299号線、秩父・小鹿野境から北に分岐する県道小野原－皆野線沿いの山頂端部にある。この北に横たわる尾根を超えると眼下は、化石の出土で名高い「ヨウバケ」で赤平川対岸に「長留屋敷跡」が所在する。城跡のある山頂の標高は318.8m。県道が通過する眼下の谷底とは49～58mの比高がある。

平坦な狭い痩せ尾根を北に詰めた地点にあり、2本の堀切で防御線が築かれるだけの城郭である。第1の堀切は上幅6.5m、深さ1m位で郭側が若干盛り土されている。本郭手前にも第2の堀切が有り、この東端部は土橋状に掘り残される。上幅約4m、深さ1.6m位である。やはり本郭側に盛り土が見られる。本郭の規模は長さ23m、幅は4～6m。第2郭は長さ20m位、幅5～6mとなる。郭面はいずれも整形されていない。

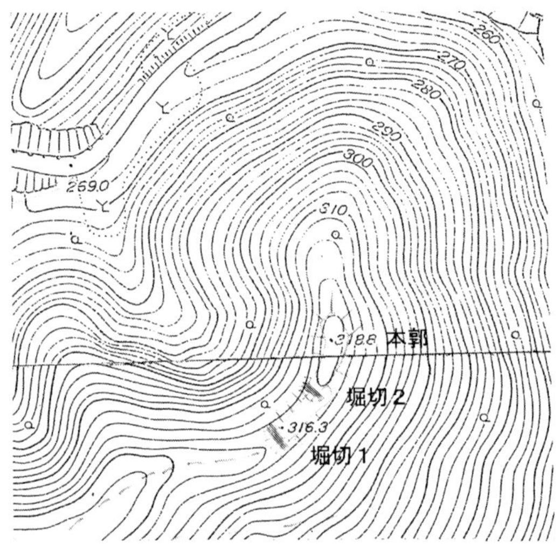

小鹿野町 **両谷城跡**　0　100m

堀切2の現況

案　内　国道299号線で小鹿野町に入ると、峠を下りきった所にある琴平神社手前で、田村方面に向かう町道に入る。約900m程直進したら右手の尾根先端部。600m位手前の地点から山道を登って尾根伝いに行く。

塩沢城跡

所在地	秩父郡小鹿野町両神薄字塩沢。北緯 35.570651, 東経 139.033236, 標高 760.1, ほか

歴　史　『新編武蔵風土記稿』に長尾意玄入道が立て籠もった城かと記される城郭で、江戸時代には既に城主を伝えていない。『太田道灌状』に長尾景春が秩父高佐須城に立て籠もるとあるが、この高差須城について『秩父志』や以降の研究者は塩沢城に比定している。この根拠は、周辺に夜討沢、駒繋ぎ松、調馬場等景春の立て籠もりに関わる伝承が多く残ることによる。

城跡は塩沢集落から南に山を登ること約 500m 程で宇賀（稲荷）神社に到着するが、ここから更に尾根筋を 1000m 程登って城跡の入り口に到着する。この尾根はアップダウンを繰り返し、城跡から更に南西方向に延びて、四阿山から北西に延びる標高 800 から 874m の尾根に連なる。この間、約 1000m 位、標高差 500m 位と大きく離れる。城跡からの尾根が分岐する尾根は標高 874.2m の相撲場と言われる山頂で、この地点も屋敷地かと云われている。

また、この南側の谷を夜討ち沢といい、長尾景春追討軍の伝承を残している。

遺　構　城跡は標高 520m 位から 750m の尾根北斜面に所在する。南西に上がっていく尾根筋は神社以上は比較的緩やかになるが、両側の谷側は急崖をなし、登坂には耐えられない。山道は城跡手前で急斜面になり、登坂路は 8 回のつづら折りとなり、最初の切落しに守られる第 1 の平場に達する。この平場は緩やかな斜面を持っているが、相対的には間口約 30m、奥行き約 30m の方形に造られ、切落しは約 2 ～ 3m となる。斜面背後も大きく

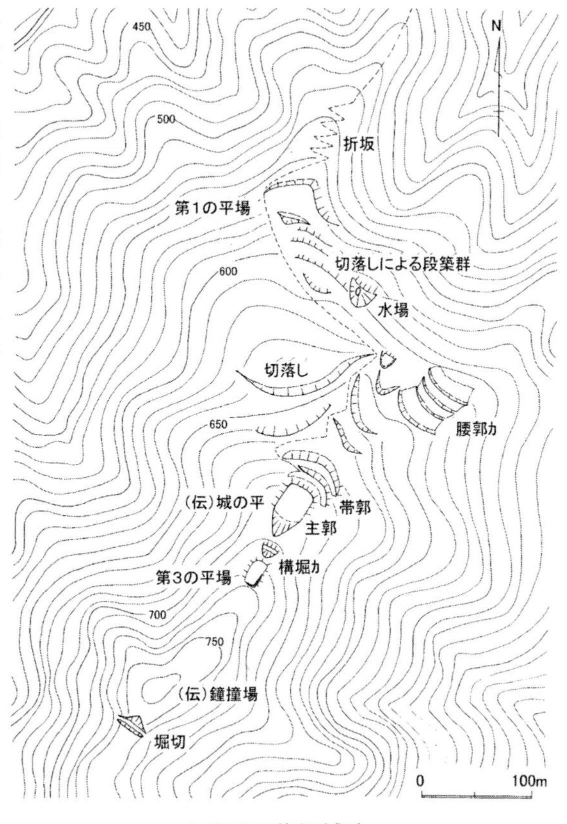

小鹿野町 **塩沢城跡**

切り落とされるが、ここに幅の狭い段部を形成する。

これから上部は緩やかな斜面であるが、登坂路左手側は右上がりに高さ３～５ｍに約５段に切り落とされている。この３段目左手奥が谷頭部となり、湧水が有り、水場となっている。登坂路右手上方は大きく２段に切り落とされるが下方の切り落としは尾根幅全体に及ぶ大規模なものである。道は左上方に登り、水場上方の尾根筋に出、右手に折れ主郭方面につづら折りに登る。

主郭は「城の平」と言われるが標高約 730m 地点に 32m × 28m の方形に造られる。主郭下には長さ 50m、奥行き５ｍ程の帯郭が２段造られ、上段の帯郭と主郭の比高は約８ｍを測る。主郭背後は８ｍ程切り落とされ、上部に

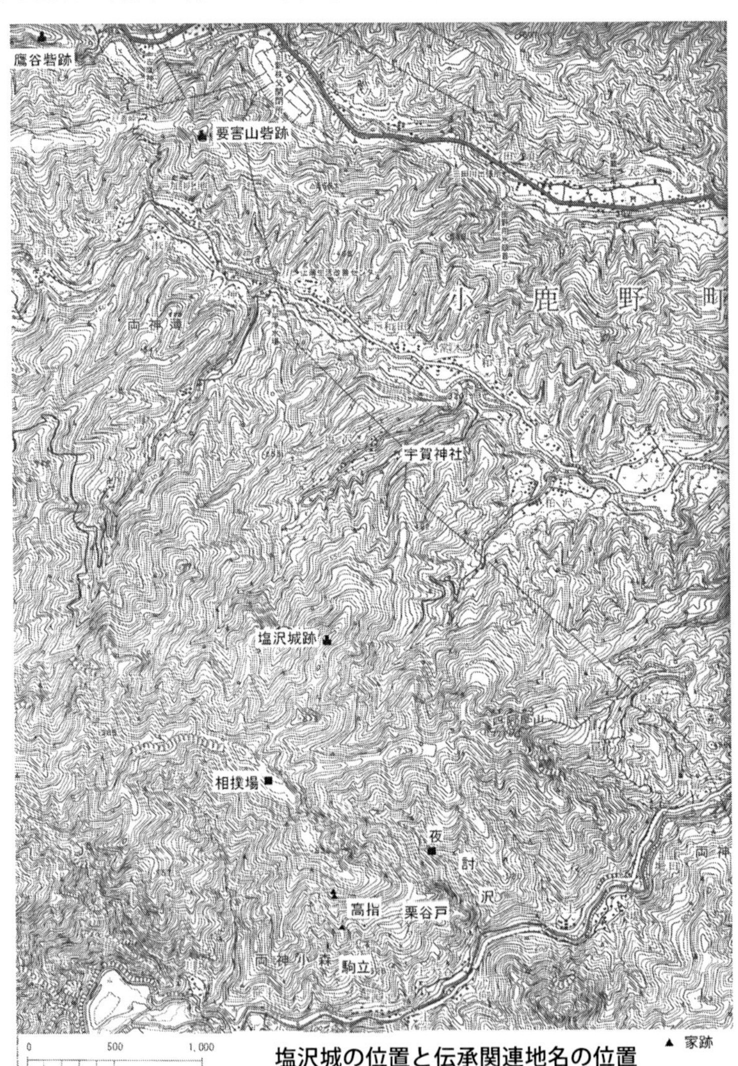

塩沢城の位置と伝承関連地名の位置

奥行き３m程の帯郭が造られるが、この帯郭は平坦部が若干窪んでいるのが認められるので、あるいは横堀が築かれているのかも知れない。

標高730m地点付近には幅12m、奥行き26m程の長方形の第３の平場が造られる。ここには不動・三宝荒神・歓喜天の石碑が建立されている。平場右手は尾根道となるが、ここは掘り残されて、幅３m、高さ0.3～１mの高さを示す。ここから上部は標高760.1mの山頂部になるが、狭い痩せ尾根で地形の跡は認められない。山頂部は修験関係の石碑が多数建立されるが、地元では「鐘撞場」といい、ここを郭とする見解もある。

尾根はここから一旦下り、下方すぐに下幅１m位の堀切が置かれるが、その殆んどは埋まっていると見られる。次の頂部までは岩場の極めて狭い尾根道で幅は１m位しか無く、両側は60度から80度の急崖となる。塩沢城の範囲は第１の平場から、鐘撞場下の堀切までと考えられる。城跡は切落しと平場造成によって地形が行われ、堀切、横堀？が一箇所づつ存在する以外の遺構は一切無く、小口も明確でない。この城の構造が示すものは、長尾景春という有力武将の関わった城郭と言うにはあまりにも稚拙で有ると言わざるを得ない。

そして、その根拠とされた高指と言う場所も、塩沢城域に無く、1.5km南に上り、標高874mの山頂・相撲場のある尾根にいたる。更にそこから東南方向へやせ尾根を約1.0km移動した地域の南、下方の斜面が「高指」と呼称されるかっての焼き畑地域となる。

このようにやせ尾根をL字形ではあるが遙か南に離れた地点の名称を根拠とするが、これは遺構の造りとあわせ、塩沢城を「高指城」とする根拠とはいえないだろう。

案　内　旧両神村薄川沿いを遡り、牛房から塩沢に入り、稲荷神社までのぼって車を置き、山道を上りつめると城跡に到着する。

千馬山城跡（竜ケ谷城跡）

所在地　秩父郡皆野町三沢字茗荷沢。北緯36.042452,東経139.072827,標高300.0,ほか

歴　史　『新編武蔵風土記稿』に用土新左衛門正光が居し云々とあるのみ。詳しくを伝えない。城眼下の三沢川左岸段丘上に開ける耕地を戦場というが、ここには合戦の伝承がある。鉢形から荒川を渡らないでつなぐ三沢、高篠、横瀬筋を押さえる要害の地にある。

永禄３年頃の北条氏邦（幼名乙千代）が進めた秩父地域支配の重要な拠点で、用土新左衛門が居城したところである。乙千代文書では高松城に立て籠もって反旗を翻した秩父衆は、恭順の印として人質を千馬山城の用土新左衛門に差し出すことなどが見える。

皆野町 千馬山城跡・妙音寺跡位置図

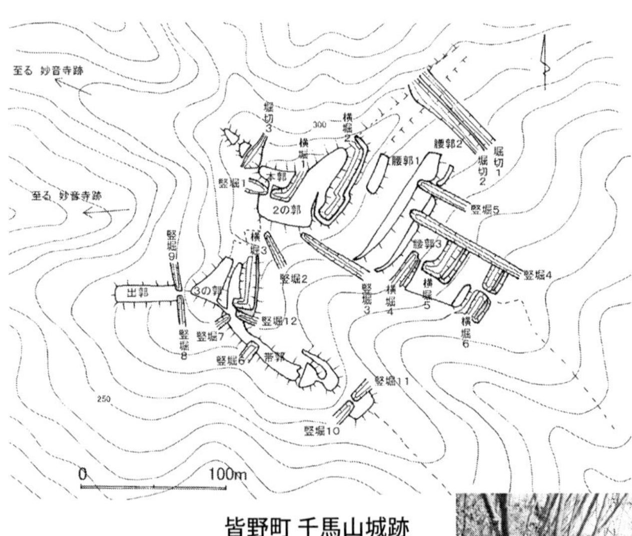

皆野町 千馬山城跡

2の郭下の横堀現況

遺　構　戦場の川向うにある妙音寺跡から尾根伝いに上り詰めた山頂にある。尾根筋は掘り切っており、北東部の尾根は４m切落し、上幅8m程で、深さ1.5mの２本セットの堀切を置く。基本的には切落しによって郭を構成している。本郭は最高所に設けられ、北斜面側は垂直に近い急崖となる。妙音寺側の北尾根筋には３m下に堀切を置き、２m下がって腰郭を連続２段にに配置する。

本郭の東から南斜面部には主たる郭が配置され、本郭を巻くように２の郭がつくられる。本郭には上幅6m、深さ50㎝の横堀がL字状にめぐるが、その外側には土塁が置かれないで切り落とされる。２の郭は幅12mで上幅10m、外縁に深さ1.4mの横堀が置かれ、東側の尾根の堀切となる部分では片岩を1.4m堀窪めている。外側には高さ1mの土塁を置く。幅13m、奥行き６mの腰郭１との落差は約4.5mある。本郭、２の郭、３の郭にそれぞれ横堀を配し、そのほか本郭東南直下の尾根に横堀を置き、上段に喰違いに横堀が置かれる。ここの防備は段築とあわせ厳重である。３の郭に至る強石集落からの上りが主と考えられる。深さ１m程の竪堀と深さ1.2m程の横堀を組み合わせ、その間に奥行き３～４mの腰郭を高さ３～４mに階段状に配置する特色ある縄張りを示す。横堀の手前には土塁状のものが置かれるが、これは掘り上げた土を盛ったものと見られる。

腰郭４の下に高さ40㎝の石積みがある。３の郭は南西にのびる痩せ尾根上にあり、それは一段下がっての堀切と横堀によって守られている。中央の段築に造られた腰郭には桝形小口が認められる。土橋はいずれも掘り残しとなる。千馬山城は竪堀、横堀を多用する城郭であるが、図示するように大きな郭は形成されない。限定された詰めの城であったと考えてよいだろう。

◉皆野町妙音寺跡

遺構は三沢川の右岸の段丘上に50mから30mの幅で、長さ約300mにわたってみられる大規模なものである。妙音寺跡と伝える地点は、下田野地区から入った手前にあり、本堂跡は間口18.5m、奥行き14.2mの矢羽根積石垣によって造られている。基壇の石垣を形成している石は、地山の緑泥片岩である。この地点にみられる遺構は石積を多用したもので、その平面形は図に示すようになっている。本堂跡の左側は墓地と見られ、小口積みの石積の上に、戦国期と見られる五輪塔と、自然石にキリークを刻んだ供養塔が２基ある。

また、本堂の右手40mには、間口21.6m、奥行き15m、高さ1.9mの小口積みの石積を持つ屋敷地があり、右手側に登り口が造られる。このような屋敷跡と見られる石積み地形が少なくとも４ヶ所認められるが、この他、屋敷地の裾には、緑泥石片岩を６m程の方形に敷石した中に、一辺90cmほどの方形井戸も現存する。

近世の妙音寺跡を含め、三沢川右岸段丘上の石積み遺構は総て山側に造られ、前面に幅20m～30mの平坦地を置き、高さ５mの段丘崖に守られ、対岸の戦場地区からは隔絶される特色を備える。その規模が極めて大きく、この地点は寺院跡というより、中世屋敷跡と考えるに十分なものであった。

ここから西にのびる山道はそのまま千馬山城に通じているので、今まで未発見の根古屋跡とも考えられるが、調査がすすめられていないのでこれ以上のことは判らない。検討する価値は高いと思う。

案　内　国道140号線三沢入り口交差点から三沢方面に入り、強石橋を渡って谷津に入る。強石の集落から右手の山に登る。妙音寺跡は戦場IC向かいにある集落から北の川を渡って対岸の段丘上に存在する。

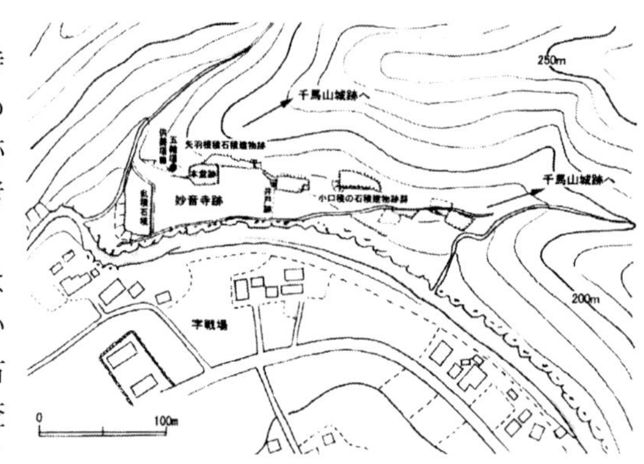

妙音寺跡（上）とそこに見られる屋敷跡の石積西側面・下部に方形の井戸跡

高松城跡（消えた城郭）

所在地	秩父郡皆野町日野沢字高松。北緯36.051931, 東経139.041775, 標高352.0, ほか

歴　史　高松城は『北武蔵名跡志』に「小地名龍ケ谷と云、山は古城跡ありて其麓を根小屋と云、長尾氏の住しは舷にて文明12年（1480）6月24日長尾景春入道伊玄が守処の秩父日野要害没落とあるも日野は日野沢にて此所なるべし」と高松城がその日野城であるとしているが誤認である。

また『新編武蔵国風土記稿』下日野沢村高松城の項に「村の東にありて、登ること凡そ十町にして、山上平坦四十間四方許、所々堀切り等今猶存せり、鉢形北条氏邦の臣、逸見若狭守の城墟なり、若狭守子孫野巻村に蟄居し、今野巻村の名主役を勤む」とある。

秩父氏は永禄4年北条氏邦（幼名乙千代）が秩父の支配権確立に乗り出し、城明け渡しを命じた高松衆中の中心的武将であったと思われるが、逸見氏の立場は高松城楯籠衆ではなかったし、若狭守の存在は栗原一夫氏の研究（栗

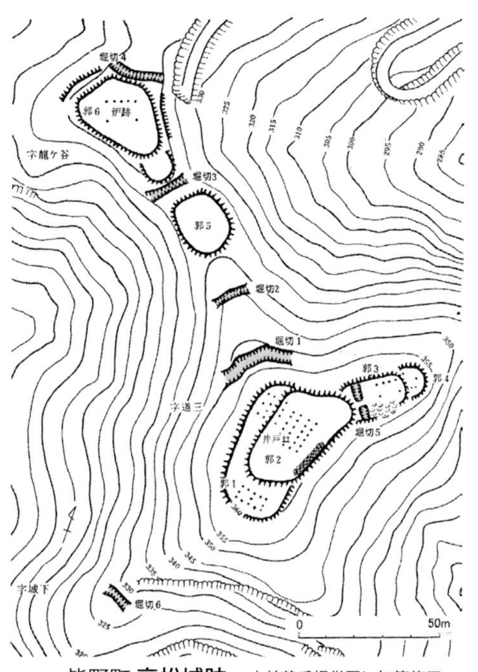

皆野町 **高松城跡**　小林茂氏提供図に加筆修正

原 2007）で否定されている。永禄４年 12 月、高松城は北条の支配下に入り、人質を用土新左衛門に預け、鉢形北条の先兵として、武田軍、上杉軍と戦った。秩父氏は鉢形北条の有力家臣として勢力を伸ばし、鉢形城中には秩父郭と逸見郭が置かれ、３の曲輪を守っている。秩父谷が武田氏との戦火に見まわれたのは永禄４年から元亀２年頃までとなる。

遺　構　高松城はセメントの原料採掘山となって発掘調査後消滅した。荒川の一支流である日野沢が大きく蛇行し、深く日野沢の谷を侵蝕し、荒川に流れ込むが、城下で東から金沢川が南流し、その合流点より日野沢川を 500m 程遡った左手の通称龍ケ谷山と呼ばれる山の頂にある。眼下の日野沢川沿いの道は出牛峠を越え、北の児玉町に通じている児玉往還であり、身馴川沿いに進めば児玉町の雉岡城に到達する。高松城については発掘調査を担当された小林茂氏が『日本城郭体系第５巻』や、『埼玉県遺跡発掘調査報告会発表要旨』に報告されているので、これらによって遺構の概要を記す。

高松城は龍ケ谷の集落から南に延びる尾根筋から先端部の山頂に造られる。尾根の鞍部に郭５を置き、両サイドを掘り切った標高 340m 地点に郭６、北は堀切４で防御される。城の主体は南端の山頂部に置かれる郭で、南北 85m、東西 30m の山頂に４段に郭が築かれている。中心の郭は郭２で、３×４間、９尺×３間の建物跡と径・深さ 60 ㎝の井戸跡が発見された。これを一段低い郭１が取り囲み、２棟の建物跡が発見されている。郭２の東部に郭３が築かれるが、この郭には空堀が置かれ、小口を形成していることが確認された。また、内部には９尺×３間の建物跡が存在した。

郭２は南北約 43m、東西約 22m の楕円形で郭１はこれを取り囲むようにＬ形に造られる。郭３は南北 16m、東西 20m、郭５は 22m × 17m、郭６は 30m × 20m。堀切３には岩を穿った橋脚を埋めたピットも確認されている。また、構造物は２度火災で焼けているという。年代は 16 世紀代であるというから、天文 18 年（1549）の高松筋の合戦から、永禄４年（1561）の高松城楯籠もりを経て、元亀３年（1572）の甲相講和頃という秩父谷の混乱期と一致する。

出土品は比較的多く、刀子、小札、柄頭の武具の他、陶磁器、土鍋、カワラケ、石臼、砥石、釘等が発見されている。銭は開元通宝から永楽通宝であり、これらの遺物は郭１と２の外縁部に集中して出土しているという。出土陶磁器の年代は 15 世紀後半から 16 世紀前半という。

案　内　日野沢と県道皆野児玉線へのＴ字路を児玉方面向かうと、そこは根古屋地区となり、左手の採石場が城跡があった場所になる。

浦山城跡

所在地　秩父郡皆野町金沢字浦山。北緯 36.065260, 東経 139.031252, 標高 533.0, ほか

歴　史　皆野町金沢は戦国期に秩父孫二郎を頭領とする秩父同心衆に四方田雅楽之助がおり、鉢形城秩父曲輪の土塁２間の管理を命じられた馬上１騎、弓１人の軍役を負担する侍であった。これらは永禄３年段階の秩父一乱段階では高松城立て籠もりの衆であった可能性が高く、永禄 12 年（1569）の武田信玄駿河侵攻の際、北条氏邦に従って出陣し、戦功により感状を受けた四方田源左衛門尉、四方田源五郎も金沢の武将である。

『秩父志』には浦山砦と記され、朝見氏、武光氏持ちの記載がある。城跡については秩父志以外に記録されない。

遺　構　高松城下を通って児玉に通じる中世の重要な案内路であった秩父児玉線を北上し、児玉町境を形成する分水嶺を越えて、出牛橋から小山川から浦山川とさらに上流にさかのぼり、最終の集落浦山地区に入る。ここは町道の行き止まりとなっているが、尾根続きは城峰山方面に連なる。

城跡は集落の背後を形成する標高 533m の尾根上に形成される。この地点は尾根先端部で、東北東に小山川の谷筋を眼下に置き、太駄から児玉町方面の眺望が開ける。しかし、高松城をはじめ、秩父方面への連絡は全くなく、秩父方面へ連絡しようとすれば、背後の金沢城山と伝える地点を経由しなければならない。そして、町史では長瀞町天神山城が望めると記されるが、すぐ南の女

岳の稜線が高く、果たして眺望されるかどうか確認できない。一方、北西の金沢城山は城跡とされるものの、遺構などは見られず、ここが城跡であったとする積極的な根拠はない。

北側から見た城跡全景（背景は児玉方面）

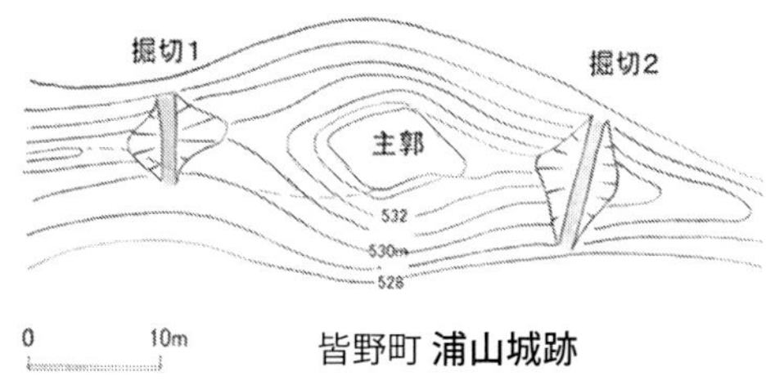

皆野町 **浦山城跡**

秩父域と群馬域を分ける奈良尾峠、風早峠、住居野峠等を連ねる尾根の稜線から、北東に延びる小さな低い尾根上にあり、浦山地区の裏で一旦幅広な鞍部を形成し、その先端部が若干高まる地点に形成される。城跡は極めてこじんまりとした城郭で、地図上に縄張り図を重ねるに表現が難しい程である。頂部にいたる斜面変換点の小さな鞍部を下幅 1 m、深さ 2.5m、長さ 8m ほどの堀切 1 を置き、堀切南側を 12m 程上り、上部 4.5m 程にある頂上部に主郭を置く。さらに、尾根先端部を 11m ほど下って、下幅 1.5m、深さ 4 m、長さ 10m の堀切 2 を置く。この先は緩やかな痩せ尾根になり、下るだけである。

主郭は大凡菱形をしており、中心に山の神と思われる小祠がある。郭の規模は東西 5 m、南北 10m である。主郭は平坦に造られるが、土塁などを形成した痕跡などは全くない。南北の斜面は急傾斜を為すが、南側は北に比べ緩やかである。なお、（財）埼玉県埋蔵文化財調査事業団の発掘調査が行われたが、報告書に図示された北斜面部の竪堀と表記される部分は崩落痕と見られるもので城郭遺構では無い。そして、主郭下部東側斜面部の若干平坦に造られると見られる２つの場所の発掘調査が行われている。

ここで確認された遺構は斜面に築かれた穴窯跡と見られる焼土と炭化材が出土した遺構で、焚き口・煙だし部分と見られる円形のピット痕もみられた。年代は出土した木炭の放射性炭素年代の結果、２σ暦年代範囲は 15 世紀末から 17 世紀前半の年代を示し、１σ暦年代範囲では 16 世紀第２四半期から第４四半期の年代が 40 ～ 53% と高い分析結果を示しているという。報告者は伏焼法による炭窯で、戦国期に既に城の利用が開始されたこと、炭は製鉄用として利用された可能性が高いとしている。調査部分は城郭遺構内には入らず、その下部に炭窯があったと見られるが、尾根端部の山頂に形成される城は戦国時代の城郭とされるものの、その規模は極めて小さく、物見とするには南前方は女岳・男岳が横たわり高松城方面への一切の眺望がきかず、背後は分水嶺を形成し、上野と武蔵境の高い尾根筋があり、やはり眺望はきかない。

児玉筋は一部の眺望がきくが、城郭全体がかくれるような位置取りをしている。小屋掛場か？　また、四方田氏との関係もわからない。なお、この城郭については「太田道灌状」に「然者大石名字中、道灌相供、当所竹沢辺歟高見辺歟打出、相交太山被陣取御旗ヲハ浦山河ヲ前当、被隠森被立、多野陣衆付力ヲ、若於国中為難儀者、被出御馬浦山河切所、御旗本衆有警固、多野陣衆被運越、高見在陣衆者峠馳上、山中可致警固」と記される地域に該当するという意見も出されている。この見解が妥当かどうかは別にして一応紹介しておく。

案　内　皆野町役場から栗谷瀬橋を渡って国神地区に向かい秩父児玉線を北上し、出牛の住吉神社前から小山川に沿って裏山地区に向かう。裏山集落がある裏山の尾根の端部に所在する。

天神山城跡

所在地	秩父郡長瀞町岩田字城山 1871。 北緯 36.071180, 東経 139.070071, 標高 221.8, ほか

歴　史　城の南側丘陵内、法善寺裏等には、天然の銅を産出する地点もあり、古くから、武蔵７党の一つ丹党白鳥氏の根拠地として、そして、室町期には阿保氏、あるいは岩田氏の支配地として開発が行われた地域である。

『管窺武鑑』等に天神山城は藤田氏が築城したと伝えるもので、藤田重利が北条氏邦を娘婿に迎えた天文 15 年頃、この天神山城を氏邦に譲り、用土城に隠居したと伝える。そして、氏邦は氏光（氏康６男・用土新左衛門養子）に永禄３年天神山城を譲り鉢形城に移っていると伝える。しかし、『秩父風土記』には天文年中には猪俣能登守兼帯、後に藤田右衛門にゆずる。『秩父志』には北条氏邦室居城。『豆相記』には天文２０年氏康の旗下となるとそれぞれ記されている。一方、永禄３～４年と見られる「秩父一乱」時には、後北条氏は日尾城と共に天神山城を攻略とあり、天神山城の後北条氏支配の年代について明確にできないが、この頃が一つのポイントとなろう。

遺　構　天神山城は東岸に横たわる低位の残丘性の丘陵上にあり、最高所は 221.8m、段丘面との比高は約 86m をはかる。荒川は城郭の直下を流れ、丘裾と川の間には狭い段丘面が存在するが、荒川によって、上州方面に連なる北側段丘とは断絶される。城からは仲山城が眺望されるのみで、寄居要害山城や、円良田城は北にある山並みに遮られ見えない。また、南側でもいずれの城も眺望できない。

独立した丘陵の北端部の最高所 221.8m を本郭とし、尾根上に２の郭、３の

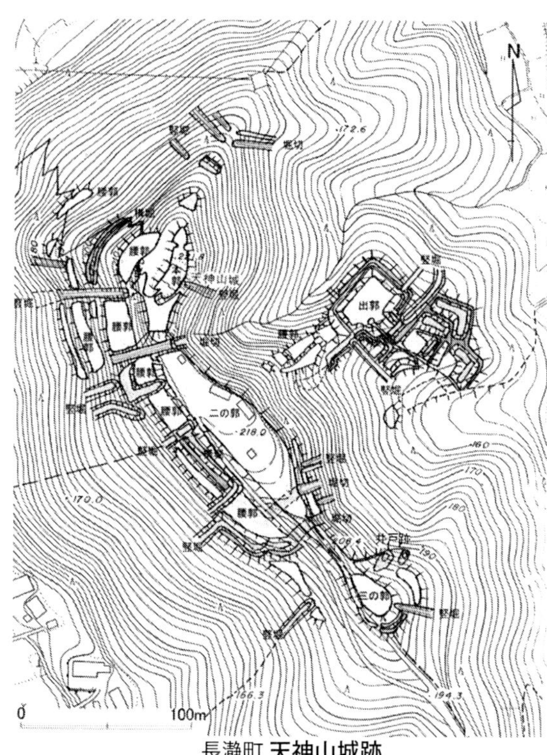

長瀞町 **天神山城跡**

郭を配置し、西側斜面部には多段に腰郭を置き、東斜面部には出郭（『秩父誌』）が置かれている。尾根上の各郭は、堀切で分断されているというが、本郭と２の郭の間にある幅約７m、深さ４mの堀切以外確認できない。

1972年の山崎一氏の調査記録によれば、２の郭南端部に堀切が２本描かれているので、従前の調査者に倣い記入しておきたい。特に２の郭と３の郭は観光開発による造成によって削平されており、詳細が掴めないが、山崎氏のいう堀切部に当たる東肩部には石積と堀の切り込みが残存しているので、大凡の位置は確認される。

本郭は尾根幅約８～９m、長さ20mの狭い平坦地に２段に造られ、中心部に観光開発による方９m程の小天守が築かれているが、朽ちかけており危険な状態である。北側の残存する平坦部には幅２m程に掘込まれた小さな小口状の窪地がみられ、１m程下がって、幅８m、長さ８m程に造られた台形状の腰郭が置かれる。この北側は、約10mの落差を持つ切落しがあり、腰郭、そしてさらに10m下がって浅い横堀と２段に防御される。

さらに下がって、２本が近接して築かれる上幅３～４m、深さ1.2～1.5m程の竪堀が幅60cmの土橋を置いて東西の斜面部に置かれるが、西外側の竪堀は明瞭には存在を確認できない程度の小さな竪堀となる。本郭の南下には３m程下がって腰郭が置かれるが、それは一部が東側にも回り込んでいる。西側斜面部は、山麓の白鳥神社からの登り口に当たるが、この斜面部には、本城の中でも重要な施設の構築が見られる。神社裏は折坂による登坂路となるが、中段部以上に小さな腰郭が置かれ、途中に長さ35m位、堀幅２m、見かけ上の土塁幅約１m、深さ１m位の横堀が置かれる。

登坂路は横堀の前を横切って北隅に到達しており、そこから２折りして上段の腰郭に至る。上段の腰郭は幅32m、奥行き14mに大きく造られ、比較的大

2の郭肩部の石積（左）と腰郭内部に散在する川原石

出郭西の堀切（左）と北西側の切り岸・横堀現況

きな建物の存在を予想させる。さらに上段は、途中に小さな腰郭を置き、本郭に到達する。このルートは南側を大きな竪堀に、北側は急斜面によって区切られるもので、搦手口らしき構成が読みとれる地点である。

２の郭は造成による改変が大きいと考えるが、現状では最大幅約 30m、長さ 110m 程の規模を有する。２の郭西斜面は基本的に３段の腰郭構成が行われていると考えてよいだろう。腰郭と腰郭の間には竪堀が置かれるのが原則で、竪堀の規模は幅約６ｍ、深さ２ｍとなる。特に２の郭肩部には各所に石積が見られる。これは肩部の補強として築かれたと見られ、山内で産出する片岩と荒川の川原石を使用して築いているのが特徴である。石積の築き方は鉢形城の３の曲輪土塁のものと変わらない。

一方、２の郭西下部には腰郭の背後に幅２ｍ、深さ１ｍ、見かけ上の土塁幅約２ｍの横堀が置かれる地点が１カ所存在する。そして、３の郭境となる斜面部には、登り口と見られる竪堀、そして、それに続く横堀が置かれている。土塁には折りが設けられており、ここが主要な通路であった可能性を示す。

このまま南方面へ下れば、所謂「大手桜」に到達できる。なお、斜面部にある腰郭には各所に、径 20 ㎝程の川原石が散乱しているのが目に付く。合戦に伴う投石用として荒川から持ち上げたものだろうか。３の郭は尾根の南端部にあり、東西 13m、南北 22m ほどの広さを持つが、中央部は滑石の採掘で大きな溝が入っている。南側は５m 下に半周ほどする「鉢巻き状」の深さ１m、幅３m 程の横堀を置き、東斜面部に大きな竪堀を配する。竪堀を挟んで東側には奥行き３m 程の腰郭が置かれる。丘陵先端部に造られた円形をなす郭内は平坦であるが改変が大きい。

３の郭東斜面部、腰郭下には井戸状の窪地が２カ所見られ、これらはいずれも斜面側を盛り土して、土手を築き、窪地状になっている。この窪地の斜面山側は今も降雨時に出水するのであろう、大きく崩壊している。この２カ所をつないで、３の郭に登る小道も存在するので、井戸跡であったと考えておきたい。

「出郭」は２の郭下の東側中腹にある。秩父誌に記載されている郭で、1985 年の関口一也氏等の調査によってその実態が明らかになったものである。標高 180m から 160m にかけて郭形成が見られる。25m × 19m の大きな郭「出郭」を中心に地形されるが、この郭は深さ 2m ほどに大きく掘りきられた堀切で孤立される。

この大きな特色は大きな横堀が大胆に配置されるということだろう。２の郭から下る尾根ラインには４段に腰郭を配するが、最先端の出郭は約 2m から 6m 下の周囲を完全に横堀で囲んでいる。横堀の深さは 50 ㎝から 1m ある。出郭南部の斜面部は下部には出郭から一直線に伸びる幅 50 ㎝ほどの小道に沿って、10m × 12m の腰郭と、8m × 6m ほどの腰郭を置くだけで、それぞれ 8m ほど下に二段に横堀を配している。横堀の規模はほぼ同じで、下幅３～４m、深さ２～ 2.5m ほどに造る。南側の谷部ではさらに下部に大きな平場があるが、冬でも水が湧いており、水田跡であろう。北側の谷は乾いている。

以上が天神山城跡の概要であるが、本郭から３の郭を中心とする稜線上と西斜面部の遺構群の造りに大きな相違がある。その大きな違いは規模の大きい横堀が執拗なまでに多用される事だろう。この出郭部分は天神山城でも造りが異なることが明瞭に捉えられる興味深い地点である。

このように築城手法がはっきりと異なることがわかる城郭には大石氏から北条氏に支配代わりがあったと考えられる所沢市滝の城跡がある。

案　内　秩父鉄道野上駅東方の長瀞青年の家東交差点を北進し、白鳥神社裏山を登ると本郭に至る。

仲山城跡

所在地	秩父郡長瀞町小坂字城山 331-1。 北緯 36.082278, 東経 139.073607, 標高 281.5, ほか

歴　史　北面の武士阿仁和兵助橘基保が関東に移り、新田義貞の配下となって、ここに城郭を構えたと伝える。基保の長女は能登時国家に嫁し、長子直家

は仲山城二代目の城主になったが、秋山城主秋山新九郎に攻められ、延文２年（1357）に討ち死にと伝える。日本最大の史跡「野上下郷板石塔婆」はこの供養のため建てられたという（『信仰利生鏡』）。

遺　構　日本一大きな板石塔婆で知られる「野上下郷の板石塔婆」所在地の背後にある残丘性丘陵の山頂部に造られる。南麓には西光寺が所在し、琴平神社への参道を上り詰めると城跡に到達できる。山麓からの比高差は 120m ほどあるが、この山を取り巻く背後の山並みは高く、いずれの山からも見下ろされる位置にある。

城郭は南北方向の稜線をそれぞれ堀切で断ち切り、山頂部に主郭を置く、単郭構成の城郭である。堀切は稜線の変換点を巧みに捉え配置してあるが、主郭側の高さが約３ｍになるように切られる。しかし、北側の堀切では反対側は約50㎝と、ほとんど掘り込みを感じさせない。通路は堀切の隅を通過するが、幅は 50 ㎝くらいで特に変化は見られない。主郭は北側を高さ約 1.4m 程掘り残して平坦に造られているが、ふるさと歩道の四阿が建てられているので、往時の状況は捉えられない。10m × 20m ほどの規模を持つ。北側の掘り残し部分は整形されていない。また、南側堀切の外に桝形状に造られ、２ｍ程の切落しが見られるが、これも小口部形成の遺構と見られる。平坦部は４× 11m ある。上面の整形無し。

そのほか尾根上には多少の空閑地があるが、整形はやはり行われていない。なお山内にはいたるところに緑泥片岩片が露出している。天神山城が真南に見え、東には寄居要害山城への眺望が開けるが、円良田城へは矢那瀬高徳寺の裏山が視界を妨げる。比較的まとまりのある造成が行われているが、規模は極めて小さく、小屋掛場であろう。

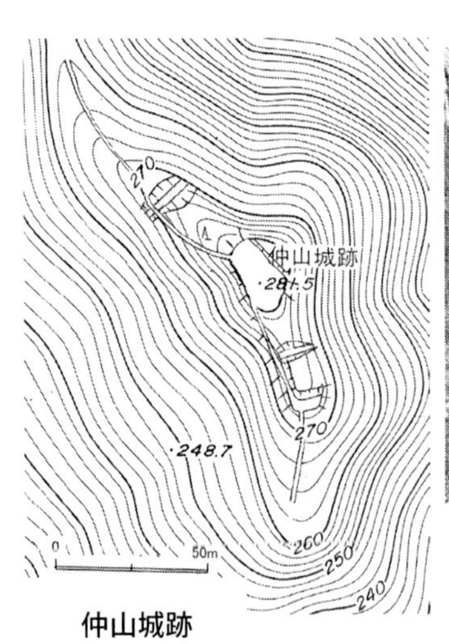

仲山城跡

主郭現況

案　内　野上下郷に所在する国内最大の板石塔婆前の林道を西に上り、諏訪神社裏山に出る。また、さらに林道を上り、城山の北を回り込んで下車し、カタクリ自生地から山道を登ると比較的楽に上れる。

横瀬根古屋城跡

所在地　秩父郡横瀬町横瀬字根古屋 7915。
北緯 35.582820, 東経 139.064413, 標高 292.0, ほか

歴　史　元亀３年（1572）氏邦は朝見伊賀守に対して横瀬の地を宛う。これは上杉勢の秩父侵攻に伴う備えからで、押さえとして根古屋城へ差し遣わすという「北条氏邦印判状写」がある。そして、朝見氏は東を小丸坂上、西は坂氷の上、南は産川沿い、北は山田村境を範囲とする地をあてがわれたという。そして、もう１通の古文書はこれに譜代の家臣、渡辺監物を指し添えると記される。

このほか、根古屋城には関東管領上杉憲政が天文年中に落ちのびてきてしばらく居城（『新編武蔵風土記稿』）ともつたえるが、いずれも史料に疑義がある。特に、朝見氏については先の２点の文書以外に史料は存在せず、秩父衆の中にも朝見氏の名は無い。強いて探すと、天正 20 年、横瀬検地案内者として阿左美杢助なる人物がいるが、この杢助なら秩父衆同人に見られる１人役の徒弓・木助の存在が知れるのみである。

遺　構　城跡は大きく分けて３地点に造られる。居館跡と言われる郭は根古

伐採によって全景を現した根古屋城跡東郭
撮影・提供　井上　茂氏

屋集落の直ぐ裏手の標高 310m の低位の尾根端部に造られるもので、西郭と仮称した。尾根の平坦部を削平し、２段の郭を設けている。そして、西郭下９～ 10m の南西斜面には本城唯一の特色である大規模な横堀が腰郭とセットになって 160m にわたって築かれている。

腰郭の規模は 63m、奥行き 12m で、その東に続く横堀は下幅２m、上幅４～５m である。堀底からの比高 1.5m、上幅４m の土塁をおいて「折」を持っておかれるが、間に幅５m ほどの小口を造る。これは、下の根古屋から登る通路として置かれる小口で、このまま、折坂で西郭に通じている。小口部分の堀と背後の切岸は約４m ほど突出し、出桝を形成している。

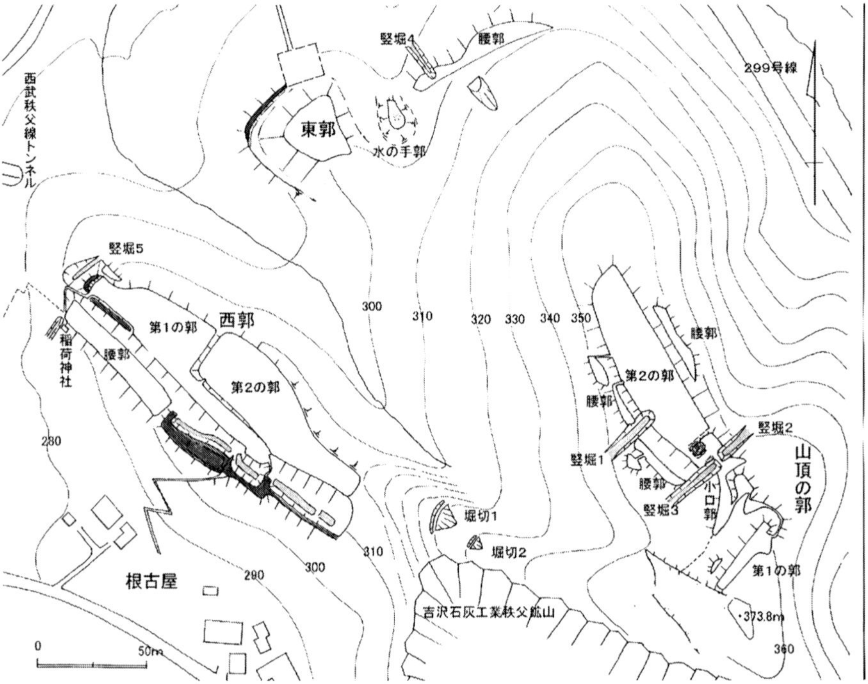

横瀬町 根古屋城跡

西郭第１の郭小口

山頂郭の第１郭現況

空堀は都合４つの部分に造られ、堀底の深さや、幅も変化している。この横堀の設けられる土塁は、堀底からの高さが３m余を測るという。発掘調査によって判明したことであるが、土塁の構築の仕方に特色が有り、土塁は版築されず、掘り上げた土を斜面下に投げ出したままの状態で発見された。第１の郭は先の西側からの小口と東端部にも桝形に近い構造を持つ小口を置く。構造的にはこの東側の小口が大手ともいうべき正面の小口となるのだろう。小口は高さ1.5m程の土塁に守られるが、この土塁も全周していない。第１の郭は奥行き26m、長さ65m程の空間であるが、中央部が窪む形を示し、必ずしも平坦ではない。

第２の郭は尾根を奥行き26m、長さ42m程に平坦に整形しているが、山頂へ上がる斜面部との境は明瞭でない。そして、この下1.2mに第１の郭からのびる平坦部があり、西端部が出桝状に突出し、通路が置かれる。居館跡東南端部から山頂へ連なる尾根筋には途中２カ所に堀切が置かれる。下段の堀切は浅いもので、背後を2.5mきりおとし、２m程の段に造るが、よく観察すると幅１m位で掘り窪めていることがわかる程度のもので、上段の堀切は1.5m程掘り窪める小規模なものである。

尾根は狭くこれ以上の施設は見られないが、南側が吉沢石灰工業株式会社の採石場になり、稜線まで、崩落がはいったり、削平されていたりしているた

西郭の横堀現況

東郭の横堀現況

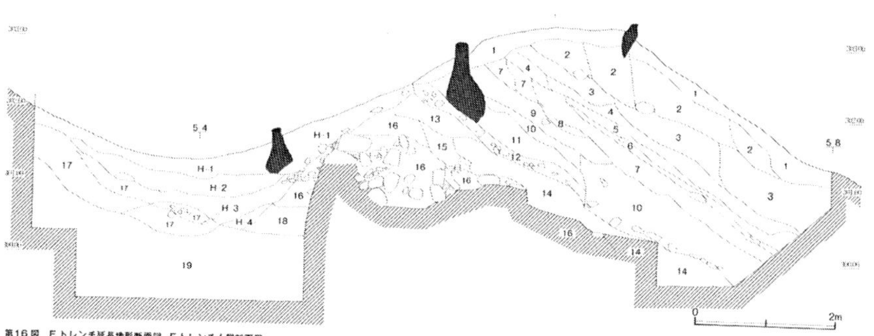

西郭横堀の断面図　『秩父・横瀬根古屋城跡』より引用

め、詳細は明瞭にされないところが多い。このことは、山頂部南斜面における３段の段築状遺構についても同様で、明らかに小口形成が見られ、１の郭下の小口郭からの通路も確認されることから城郭遺構と見た部分にも言えることである。

山頂の郭は、第２の郭の形成される枡形状の小口が、山頂の１の郭から下ってくる通路に備えられていることから考えて、西郭の方向に向いているといえる。１の郭は山頂直下に置かれる。幅５～ 10m、長さ 35m 程の細長い郭で、斜面部を平坦に削平している。通路は北端から桝形状に巻いて下り、小規模な腰郭を置いて、堀切に守られた小口郭に至る。これは腰郭であるが、端部が土橋を置く堀切によって守られ、前部は自然転石を取り込んで造られた見かけ上の桝形になる。２の郭は細長い尾根を利用して造った郭で幅 20m ～ 23m、長さ 90m 程になる。両サイドに腰郭を置き、竪堀が１つ配される他には施設は造られない。

東真下に国道 299 号線となっている名栗道があり、往来が丸見えである。根古屋城最初の遺構は、この２の郭が載る尾根の裾部に造られる東郭であろう。勾配の緩い斜面を僅かに切り落とし腰郭を配置すると共に、山麓のテラス部に台形をした 30m（12m）奥行き 25m 程の郭をおく。郭下は８m 程下がってテラスを取り囲むように帯郭が周り、正面は土塁を置き、横堀状に造られる。郭内は完全な平坦では無い。郭の東側谷部は大きく掘り窪められ、中央に径２m 程の穴が開けられている。そして、窪地内には穴部から水が流れ出している痕跡が確認され、ここが、井戸郭であった可能性を示していた。

本城の造りの概要は以上の通りである。図からも読みとれるように、縄張り、構造から築城の違いが読みとれる。西郭と東郭はいずれも山麓に築かれる郭であるが、西郭が横堀を大規模に置き、前面への防御を完全に備えているのに対して、東郭が極めて貧弱な備えとなっていることであろう。先に、築城第１段階は東郭を居館としておき、その上部の山頂に詰城を備えた城郭であったものに、いずれかの段階に新たに居館機能を備えた郭を築いたものと考えたが、山頂の郭の第２郭の小口のあり方を考えると、むしろ第１の郭は別にして、石灰採掘で破壊された部分を通って西郭から尾根斜面部の堀切を通って繋がる道があったと考える方が妥当だろう。このように考えると、山頂の郭は、西郭の詰城として構築された部分となり、山頂の郭の第１の郭はこの小口を防御するために設けられたと考えられるだろう。

案　内　横瀬町の国道 299 号線根古屋橋交差点の先から南に入り札所８番西善寺方面に向かう。西武秩父線のトンネルが目当て。その上が城跡となる。

古御岳城跡

所在地	秩父郡横瀬町根古屋 8089。北緯 35.575294, 東経 139.063877, 標高 471.0, ほか

歴　史　『新編武蔵風土記稿』には根古屋城の物見と記す、上杉憲政の臣、永田外記住すとある。

遺　構　小持山に源を発し、武甲山東山麓を北東流する生川を望む東の尾根御岳山頂に造られる。山麓の古御岳橋からの比高は 210m を測り、三角山から北西に延びる尾根となる。山頂部は長さ 100m 程の平坦部をなすが、幅は約 6ｍ～ 10m と狭い、稜線のサイドは岩の露出する急崖である。

城跡へは生川橋から尾根伝いに直登するが、城跡直下は約 10m ほどの岩場で登坂困難になっている。城跡は尾根平坦部を中央で掘り切って２郭に分けて造られる。第１郭は先端部に置かれる郭で、幅６ｍ、長さ 36m となる。東端に堀切が築かれるが、上幅 5.2m、下幅１ｍ、深さ 1.5m となる。第２郭はこれより東側になるが、堀切より 24m 程の空間を置き、郭１より約 4.5m 高い東端部側に、幅 6.2m、長さ 23.5m に造られる。端部には御嶽講の神々が祀られ、石碑が建立されている。

これより東は９ｍ程下って鞍部となるが、ここに上幅 3.7m、下幅 1.2m、深さ１ｍの堀切が置かれる。このほか、第１郭北端部に腰郭が２つ置かれるが腰郭１は幅 7.6m、長さ 14m に造られる。あまり平坦ではない。腰郭２は下方に置かれ、奥行き 16m、長さ 23m を測る。以上が古御岳城跡のすべての遺構である。城は名栗・山伏峠から武川岳を通って横瀬に至る尾根筋にあり、この方面を遮断する形で堀切がしっかりと作られているのが印象的である。

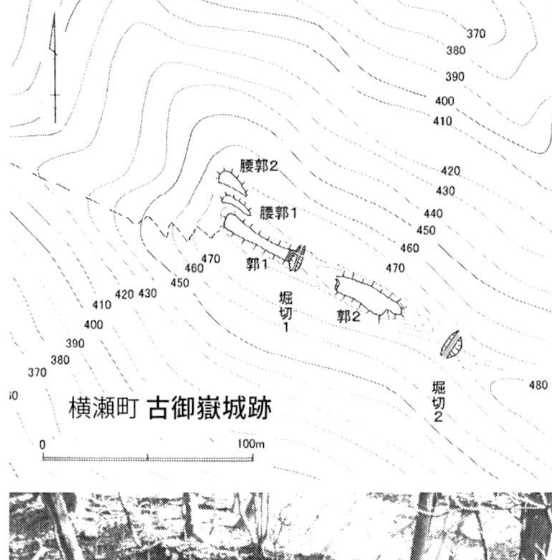

堀切２現況

案　内　国道 299 号線根古屋橋交差点を南に曲がり、直進すると生川橋に至る。その近くに秩父石灰工業があり、その脇から山道を直登する。

第６章　児玉地域の城郭

本庄城跡　（失われた城郭）

所在地　本庄市本庄３丁目。北緯 36.143633, 東経 139.113063,
　　　　標高 52.0, ほか

歴　史　城郭の築城は本庄実忠の弘治２年（1556）と伝えられる。城跡の示す縄張りは、山内上杉氏勢力圏で一般的に見られる「鉢形城タイプの」城郭の一つである。『松蔭私語』の五十子陣の記録には、管領上杉氏が７千騎あまりの軍勢を持って在陣したと記され、その軍勢は五十子の他、小和瀬・滝瀬・牧西・堀田などに陣を取っており、本庄城付近は記録されていない。この頃は本庄氏は東本庄館を拠点としていた（本庄市史通史編）といわれている。

本庄城の築城は本庄氏が後北条氏の幕下に入った天文 15 年以降の事と考えられる。確実な記録として「北条氏康書状」（6 － 195）には天文20年（1551）に「本庄取立」とあり、天文 20 年・21 年と行われた、管領山内憲政の本拠の平井城攻め、金鑽御獄城の安保氏攻略の前進基地としての必要性がその背景にあったと考えられよう。

遺　構　本庄台地の北辺に存在する鉢形城タイプの縄張りを持つ城郭と推定されている。城跡には現在、城郭の存在を知らせる遺構は見られないが、これまでに示された先学の縄張り図によって、ある程度の縄張りが想定される。城跡

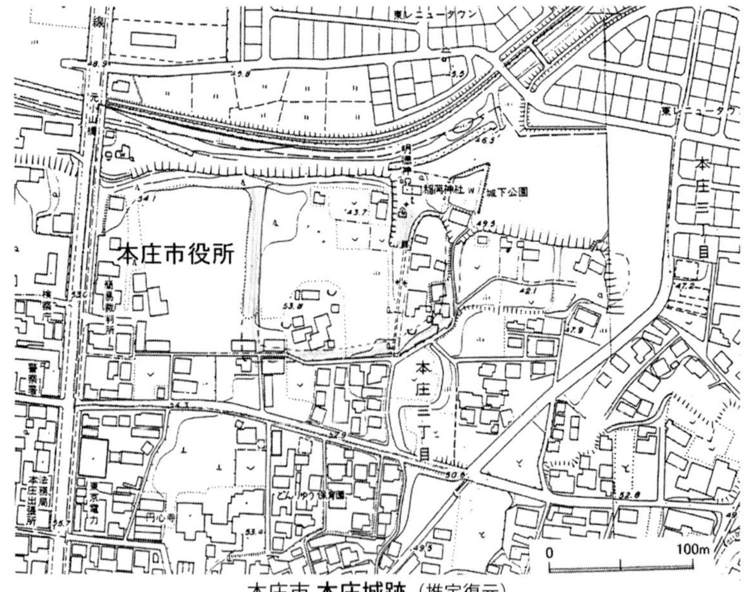

本庄市 **本庄城跡**（推定復元）

は台地の縁辺に造られた舌状の地形を堀切で区切ったものであるらしいが、今は何もない。ただ、稲荷神社地点と、その東に谷状の窪地があり、これが、堀切跡と云われている。また、最大の堀切は城跡西部にあったといわれるが、これは、新設された本庄市役所の建物下になってしまっている。地形から観察すると県道から東が城跡で、堀切によって、台地先端部に笹郭を置き、主郭、2の郭、3の郭というように計4つの郭から形成されていた可能性が高い。想定される規模は東西370m、南北110m。

築城に関して、『本庄市史通史編Ⅱ』は、城は現在の城跡の東にある久城堀の谷を挟んで東側の「天神林」地区を中心とする台地縁辺に築城されたものとする見解を示しているが、ここに、城跡があったとする根拠は見つけられない。

案　内　本庄市役所が目安。市役所東続き。

五十子城跡（失われた城郭）

所在地　本庄市東五十子。北緯 36.134651, 東経 139.124970, 標高 50.0, ほか

歴　史　上杉禅秀の乱に始まり、足利成氏と管領上杉氏との間で行われた享徳の大乱を通じて、上杉氏の前線基地となる。「鎌倉大草紙」には長禄元年（1457）に五十子陣と記されており、このころ築城されたと考えられる。

遺　構　本庄台地北縁部にあり、眼下の低地は利根川低地となる。台地西縁には女堀川が流れ、南縁には小山川が流れ、2方を深さ3～5mの段丘崖に守られ、西端部に浅見山丘陵が横たわり、周囲を河川に守られた天然の要害にある。城郭は国道17号等の開発により、古くから破壊され、今は原型を止めない。

関東管領上杉房顕が寛正6年（1465）足利成氏と対峙、文正元年（1466）2月には陣中にて急死している。そして、文明3年（1471）から山内上杉顕定や長尾景信らは、古河公方足利成氏の古河城を攻め、足利成氏もまた、4年か

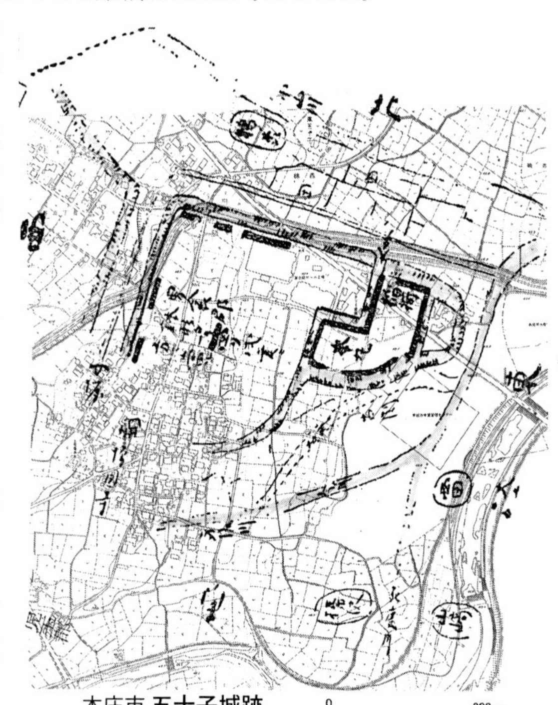

本庄市 **五十子城跡**
地形図に「武蔵志」挿図を拡大合成する

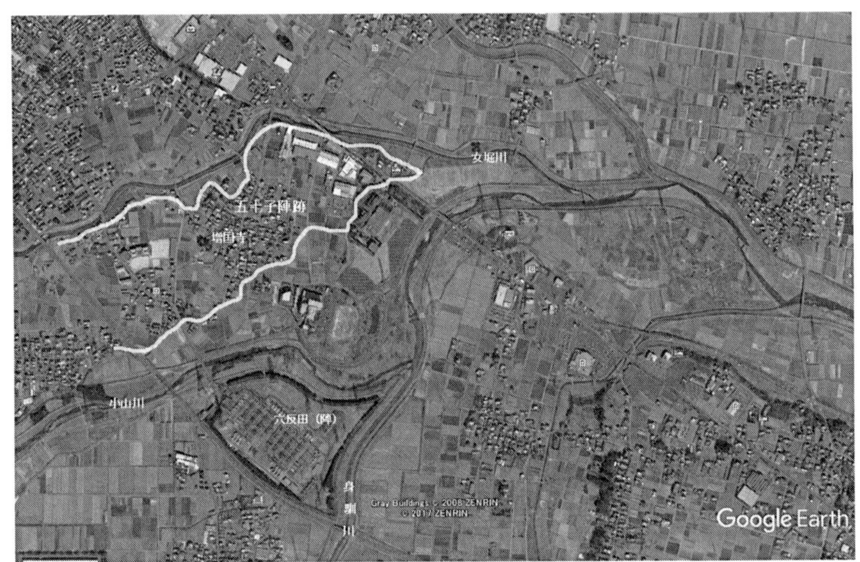

五十子陣周辺の航空写真（Googie Earth 画像に加筆）

ら五十子城を攻撃し、激しい五十子合戦が繰り広げられている。また、文明８年には長尾景春が鉢形城に拠って、主家の上杉家に反旗を翻し、五十子陣を攻め、ここに長尾景春の乱が勃発している。

五十子城は、北武蔵の合戦史上、極めて重要な位置を占める城郭であるが、残念ながら城郭の実体は見ることができない。城跡について、最近その南側の低地部を市教委が発掘調査し、五十子の陣に関わると見られる遺構が確認されたという。縄張り図から知れる城郭は、河川の合流点の特色ある地形を巧みに利用した築城法を見ることができる。

城跡は山崎氏の縄張り図によれば単郭に描かれるが、『武蔵志』の挿図では連郭の大きな城郭に描かれている。台地先端部に堀に囲まれた笹郭と見られる郭を置き、中央に本郭を配置、西部に大きな２の郭と見られる郭を置く城郭であった事が知られる。主郭と笹郭部は山崎氏の城郭範囲に収まるもので、城山館と遊園地と書かれる間に空堀が有ったと見てよいだろう。２の郭は女堀の描き方と増国寺の位置から考えて西方 300m の若雷神社付近までであったと見られる。２の郭は大きさから見て、いわゆる「陣場」的なものであった可能性が考えられる。

本庄市教委の発掘調査した地点は２の郭の南で小山川に突き出た部分、城跡からは低くなる地点にある。復元される縄張り図では城内かどうか明確にできない。遺構は掘立建物跡と土壙のほか一辺 80 ～ 100m で方形に廻る上幅約２m、深さ１m 程度の 15 世紀後半の溝が調査範囲一面に発見された。この地点からは一括投棄された大量のカワラケの他、青磁、白磁など輸入磁器の出土も目立ち、調査者は五十子陣の遺構の一部と見ている。しかし、調査遺構の中に

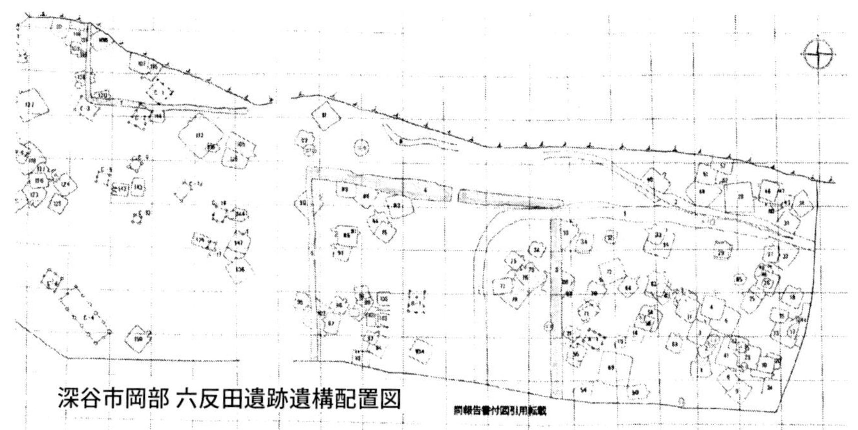

深谷市岡部 六反田遺跡遺構配置図

同報告書付図引用転載

は城跡を画する堀などの確認はない。遺物では特色ある「山内上杉系」カワラケに注目が集まっているが、鉢形城、杉山城、河越氏館でも15世紀後半の同種のカワラケが出土しているという。

また、小山川を挟んだ対岸の深谷市榛沢地区では六反田遺跡が発掘調査された。この堀は調査区中央部に発見されたもので、方形を呈するものと思われる。3と4と5の堀は一体の遺構で、南部は調査区域外で確認されていない。北中央部に幅1.5mの土橋状の小口がある。堀は南北46m、東西61.8mを測る。上幅2.4m、底の幅1m、深さ85cmであったという。15世紀後半から16世紀初頭の山内上杉系の大形カワラケなどが出土した。ここでは台地裾を囲画する様に堀が発見され、その構造などから陣城であった可能性が指摘されている。

案　内　国道17号線を志度川をわたって本庄市境に入り、最初の交差点をすぐに左折し、市の水質管理センターを目指す。

四方田氏館跡

所在地	本庄市四方田字堀の内78。北緯36.131968, 東経139.100266, 標高67.0, ほか

歴　史　四方田氏は、児玉党庄三郎弘長が、四方田に移って名乗ったことに始まるとされる。四方田氏は児玉党の有力武将の一人として、鎌倉幕府の御家人として軍功を尽くしたとされる。館跡については明治9年の『武蔵国児玉郡四方田村誌控』に「四方田氏ノ住居ハ本村中央字宮ニシテ二重堀アリ東西凡三十間夏ハ水アリ二ノ堀ノ内四方田子孫アリ屋敷五反二畝二歩ー略ー」と記される。四方田氏は戦国期も北条氏康に仕えたとも伝えている。

1980年には浦和第1女子高等学校郷土研究部がこの四方田氏館について共

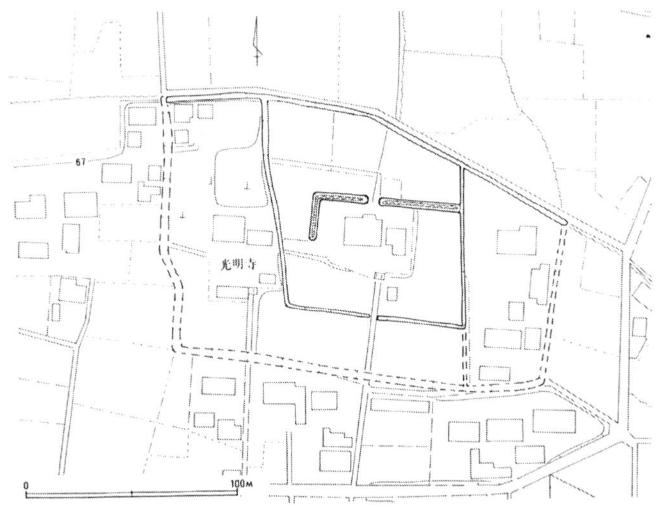

四方田氏館跡　『埼玉の中世城館跡』より引用

同研究を行い、『中世武蔵武士館跡の研究Ⅰ－児玉党四方田氏に館について－』を発表した。館跡の構造について、これ以外の記録は見られない。

遺　構　『武蔵国児玉郡四方田村誌控』の記録から東西30間とされるから、約54mの規模を有していたと見られる。この範囲は四方田氏宅の周囲に残る堀の痕跡を捉えてのことであろう。館跡の現況図は幅3～6m弱の堀がめぐる二重囲画方形館タイプのものである。現在は用水路に連なっており、内郭を画する水路も外郭の水路に連なる。

全体形は左巻に郭が連続する形に観察される。歴史資料館の調査による復元図は内郭が東西70m、南北55m、外郭東西190m、南北120mを測る。浦和第1女子高校の調査では外堀北川の一部に高さ1.5m、幅2m程の土塁があったという聞き取りが行われている。調査が具体的に行われていないので四方田氏館跡については詳細を明らかに出来ない。この様な構造の城郭については14世紀頃の中世前期から後期移行期の武士の館についての橋口定志の見解（橋口2004）が知られるので参考にされたい。。

案　内　関越道本庄児玉ICの東に接する光明寺が目安。

雉岡城跡

所在地	本庄市児玉大字八幡山字城内410他 北緯36.113610, 東経139.073924, 標高96.0, ほか

歴　史　『新編武蔵風土記稿』には関東管領山内上杉氏が築城、平井城へ本拠を移した後、家臣の有田豊後守を置き守らせる。有田氏は夏目と姓を変え、定基、

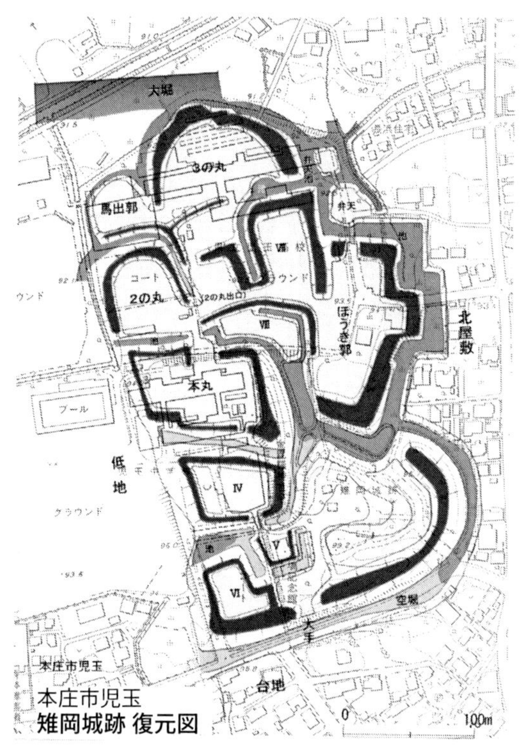

本庄市児玉
雉岡城跡 復元図

定盛の２代にわたって在城という。『雀の足跡』には「寛正元年（1460）夏目舎人亮実基が古城雉ケ岡に新城を築く」と記されるという。長尾景春の乱末期の文明 12 年正月に、長尾景春が児玉に蜂起と太田道灌状に記され、この児玉は雉丘城跡（八幡山城）であったのではないかと言われている。景春の祖父、長尾景仲は文安２年（1445）に幕府から武州青木、諸岡、八幡山の３庄を賜っており、この児玉地域が長尾氏と旧来からの関係の深い地域であったことが知られている。

永禄５年に、乙千代は用土新左衛門尉に金鑽御獄城守備を命じているが、永禄４年 12 月の「秩父一乱」を制圧以後、児玉は北条氏邦の支配下にあった。その後、金鑽御嶽城は上杉謙信、そして、永禄 12 年には武田信玄による武蔵攻略の渦中に巻き込まれているが、雉岡城はなぜか記録に登場しない。北条氏邦の鉢形領に組込まれたが、天正 10 年には神流川合戦が織田信長の臣、滝川一益との間で行われ、滝川氏を上野から駆逐した。

天正 18 年に徳川の支配下に入り、八幡山城として、松平清宗が１万石で入城している。そして、慶長６年（1601）に２代城主松平家清が三河吉田３万石の領主として転封されると八幡山城は廃城となった。

遺　構　児玉市街地を載せる児玉台地の北西端に築城される平城で、西半分が児玉中学、北側が県立児玉高校の敷地となり破壊されている。

本郭東の堀

ほうき郭

絵図から推定される城跡の範囲は、南北 440m、東西 260m の範囲で、東南部の外郭が城跡公園として保存整備され、馬出内には塙保己一記念館が建てられる。城跡の郭には名称が付されてないが、絵図をベースに復元された平田重之氏提供の縄張り図と絵図をさらに検討すると、雉岡城の姿が朧気ながら浮かび上がる。

全体の縄張りから見て、児玉中学の校舎が存在する地点が本郭であったと思われ、本郭の北に２の丸、３の丸、そして、東にほうき郭が存在し、南に大手が開かれていたことが絵図に記される。城跡内に特徴的に認められる特色から抽出して復元的に説明すると、本郭は東西 90m、南北 50m ほどの郭でこの両端に郭を付設する連郭式の縄張りが認められ、南北 250m、東西 100m 程の広がりが当初の城郭であったと考えてよいだろう。

そして、この後、Ⅳの小口と２の丸の小口に馬出が設けられ、さらには児玉高校部分の３の丸、南の公園部分、そして、ほうき郭のそれぞれの郭が整備拡充されたようで、このことは公園部の土塁に見られるボテッとした大きな土塁、北郭の土塁の折り歪みの連続、ほうき郭の出桝形土塁の構築などによって理解される。南北に馬出郭を置き、さらにはほうき郭にも弁天社の置かれる馬出郭がある、この城郭は馬出郭の重点的配置が特徴的である。各郭に配されていたであろう土塁は現存遺構部と絵図との対比によって図のように復元できるだろう。児玉高校校門脇に見られる土塁はほうき郭の北側土塁となる。

案　内　県立児玉高校および塙保己一記念館を目指す。

金窪南城跡

所在地	児玉郡上里町金久保。北緯 36.155130, 東経 139.075779, 標高 61.0, ほか

歴　史　明応元年（1492）大畠長門守昌広が築城したと伝え、城跡にある陽雲寺は享禄元年（1528）に斉藤左衛門尉盛光と定盛（摂津守定盛・氏邦奉行人）

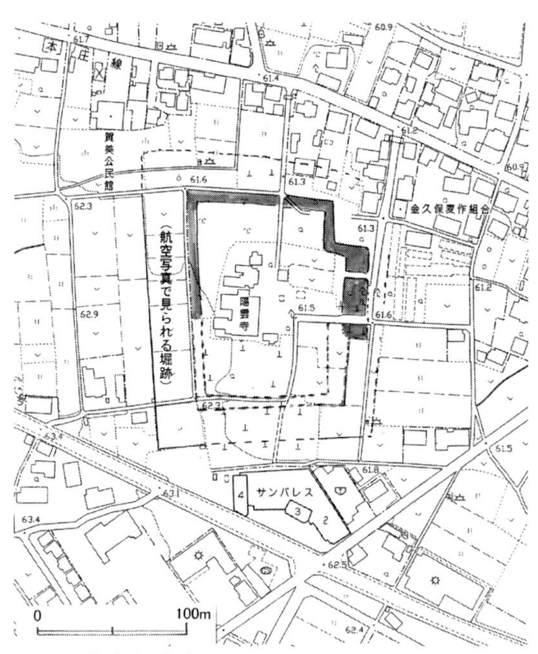

金窪南城跡　堀跡は航空写真と現存遺構で復元

が創建したと『新編武蔵風土記稿』にある。城跡北側の内出地区にあった金窪城は、本城の参道脇にある供養塔の被供養者である畑時能が築城と伝え、建武の新政以後、斎藤氏が住したという。

徳川氏入国後、武田信俊が入城、元禄 11 年に廃城と伝える。従って、南城は金窪城の別郭的な役割を担っていた可能性が指摘されるが、実際のところ詳細は不明である。

遺　構　陽雲寺の境内のほぼ全体をしめる縄張りを持つ。遺構は東側と、北側に残る土塁跡で、北東部の角落とし部から北辺の残りがよい。北辺土塁は道路面から約 2 m の高さを測る規模で、内側の高さは約 1 m となる。土塁底辺の幅は約 5 ～ 6 m、上幅 1 m を示し、その外側に幅約 3 m の堀の痕跡を認めることができるが、外辺は、道路となって、全体幅が見えない。この堀跡らしき部分は昭和 36 年撮影の国土地理院の航空写真によっても色相の変化によって認められるが、これによって復元される堀跡は西辺で幅 25m、南辺で 20m 位に見え、これらを現存する遺構と重ねて復元すると南城の縄張りは、東西 100m、南北 120m の単郭の館であろう。

内郭が東に出桝状に張り出した形状を示し、その外に基底部幅 6 m 程の土塁が見られるが、東で桝形状に突出する部分は、幅は約 13m と広い。現状の高さは30～50㎝しかなく、土塁なのか明確にできないくらいである。しかし、中央部には現在使用されている参道部とは違う幅 3 m の小口状の通路跡がある。参道東の塚状のものも土塁の一部と考えられる。西辺は現在ブロック塀になっている地点で、堀跡は町道部分から西の畑が該当する。堀外郭線までの規模は東西、南北 160m 程になる。

案　内　国道 17 号線を北上し、県境に近い金窪地区内の金窪交差点北にある陽雲寺を目指す。

金窪城跡（失われた城郭）

所在地	児玉郡上里町金久保字内出。北緯 36.160654, 東経 139.081635, 標高 58.0, ほか

歴　史　天正 10 年（1582）の滝川一益と北条氏邦の間で行われた神流川合戦の舞台となった城郭として名高い。

『新編武蔵風土記稿』に「古へ新田左中将義貞の従軍長浜六郎左衛門の居城なりしと云。遙の後斎藤摂津守定盛在城せり、天正年中滝川左近将監一益、北条阿波（安房）守氏邦との合戦の頃落城せしと云」本城には滝川勢が入城し、北条氏を迎え撃ったが破れ、その時、斎藤定盛の子光盛も討ち死にしているという。その後、後北条氏の支配の城として存在したという。天正 18 年後北条氏が破れた後、徳川氏の旗本として、武田信俊が入り、元禄 11 年（1698）武田氏の知行替えにより、廃城となったと『新編武蔵風土記稿』に記される。

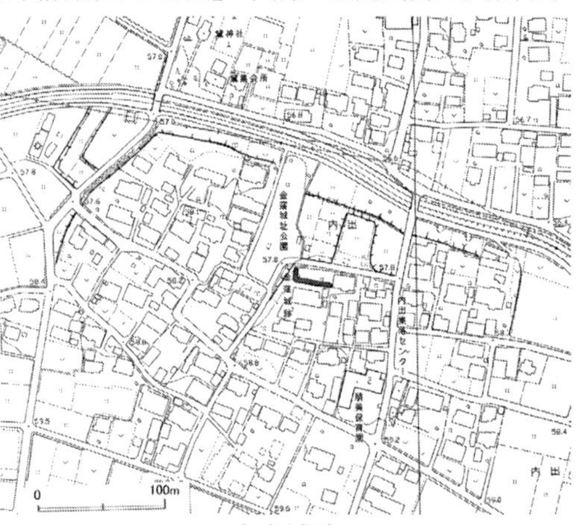

金窪城跡

天正 16 年 5 月 7 日には、この城の所在する黛郷 150 貫文が吉田新左衛門に宛行われているが、この時点では城は全く機能していなかったのだろう。

遺　構　台地縁辺部の忍保川に沿って金窪城の高さ 1 m の切り落とし面が残る。城跡の遺構と見られるものは、間々田氏宅裏の城跡の碑が所在する地点に、長さ 25m と 10m にわたって見られる土塁状の遺構部分である。これは屈曲部での高さ

南側にある土塁現況

1.5m を最高として、1 m 前後の高さを示し、基底部の幅は約 5 m を測る。小室栄一氏の測量図に記されるが、道路との位置関係が異なる。この他、さらに南に向かって道路沿いに南雲稲荷に向かって土塁の記載があるが、これは竹藪として残るものの、土塁状の高まりは確認できない。

一方、西端部の外郭線とされる道路沿いに深さ 1.5m 程の堀が存在するが、この西側に幅 15m と 20m の上幅を持って、深さ 1 m の曲の手状に残る低い水田がある。これはそのまま北で忍保川に落ちる。あるいは城郭の堀跡とも考えられる形を示している。

この他には何ら遺構らしきものも見られず、城跡全体を復元することは不可能で、小室氏の測量図や、現状で観察できる遺構らしき構造物から考えても山崎氏の示す縄張り図も果たしてそうであったか疑問点が多い。城跡の範囲は現地形を考慮に入れると、城跡の碑を中心に東西370m、南北200m位のもので、神流川・金窪合戦時における陣城的性格のものであった可能性が高いと考えておきたい。

案　内　国道 17 号線旧中山道入り口交差点から旧道に入り、陽雲寺入り口手前から北に向かって黛区の黛神社を目指す。神社手前の川が忍保川であり、忍保川手前が城跡西端部となる。

阿保境館跡（失われた城郭）

所在地	児玉郡上里町大御堂字阿保境、神川町元阿保字皀樹原ほか。 北緯 36.131452, 東経 139.071083, 標高 84.0, ほか

歴　史　元阿保地区を本拠とする中世武士に、鎌倉時代から御家人として活躍した安保氏がいる。安保氏は南北町時代足利尊氏と結び勢力を拡大し、室町時代にかけて有力在地領主として北武蔵に勢力を拡大している。金鑽神社の重要文化財「多宝塔」も安保氏の寄進によるもので、金鑽御嶽城は文明 12 年安保吉兼築城と伝えるものである。

安保氏は天文21年に後北条氏に攻略されて以降、後北条氏の支配下に入り、戦国末期までその勢力を維持したと見られる。安保境の館跡とこの安保氏の関係は明らかにされないが、所在する地域は安保氏の本拠内であるので、相当の関係を推定して差し支えない館跡であるといえよう。発掘調査で明らかにされたものである。この調査を担当した平田重之氏は暦応３年（1340）８月の「安保光阿譲状」に「四至限東地蔵堂大道、限南児玉堀、限西楠河流、限北女堀」とある史料を検討し、「弥中次入道居屋敷」と記された四至之範囲内に所在することから「安保弥中次入道居屋敷」の可能性が高いと指摘している（平田1989）。

遺　構　工場用地化にともなって1983年から1987年にかけて発掘調査され、

新規に存在が確認された館跡である。確認された館跡の規模は東西 160m、南北 204m の外堀が廻り、約１町半の規模を有する館跡という。内部にやはり堀によって画される内郭部が存在する。内郭部は方 60m 程に規模を有するもので、２つの溝がさらにめぐっている。

外堀は幅2.8m～4.1m、箱矢研堀で、深さはロームの確認面から１m～1.2m ほどになる。内郭の溝は２本あるが、外側にある 47 号溝は北側で上幅 0.7m、西側で 1.4m ～ 1.8m 程という。そして、この外殻の堀には西調査区内で幅約５m の小口状の切れ目が見つかり、その左右前後は道路痕と確認される複数の小溝が認められる。この小口は館跡内を東西に通過する道路の出入り口と認識されている。最も内側の溝は上幅が北で 1.2m、西側で 0.8m ～ 1.7m、深さ 30cm 程という。内郭部では多くの掘立建物跡が確認されたが３×２間、２×２間などを主体とするものであった。確認された遺構が多く、詳述はできないので発掘調査報告書（平田 1989・岩瀬 2011）を参照して詳細を確認していただきたい。出土遺物も多く、調査者はこれらを詳細に検討した結果館跡の年代を次のような変遷に分類した。

第Ⅰ期　堀が構築される以前の段階で２期に分かれる。13 世紀前半から 14 世紀前半。

第Ⅱ期　外堀が構築される段階。不安定な「檜下尺」使用による建物の建設。内堀は 47 号堀から 48 号堀に付け替えられた。14 世紀前半から

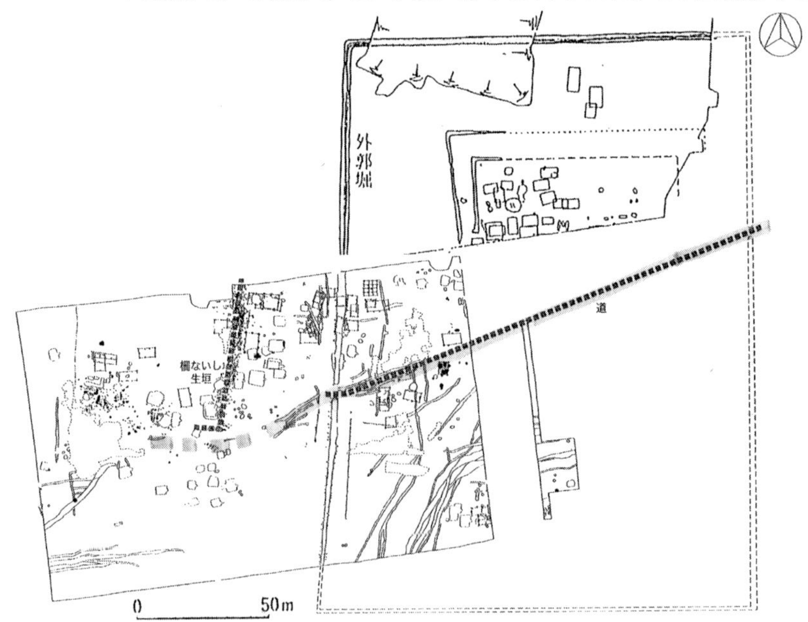

神川町 **阿保境館跡**　　2010.10.15 橋口定志氏原図「嵐山史跡の博物館歴史講座」資料

15 世紀初頭。

第Ⅲ期　47 号堀に囲まれる内郭から中心的な建物群が消失する段階。館の廃絶。15 世紀初頭から 15 世紀前半。

その後更に館跡の西南部が発掘調査され、その全容が略明らかになった。橋口定志氏はその遺構をつぶさに分析し、南側が小山川に区切られる二重囲画の城郭で、その内部に本庄から児玉へ通じる街道が取り込まれ、街道の遮断意図が確認できる初期城館であることを指摘している（橋口 2014）。南北朝頃の

阿保境館跡 1989 年度発掘調査結果全景（館跡主体部）　神川町教委提供

阿保境館跡 2011 年度発掘調査結果全景（館跡西南側）　神川町教委提供

初期城館は『太平記』等に示されるように、合戦に際して、臨時的に交通を遮断するために柵・木戸などを設ける事が知られるが、ここでは西側に確認された囲柵に囲まれる部分は市跡と推定され、この城館が交通と市の管理を担っていた可能性を指摘した。武蔵地域でこの様な構造を持つ城館が確認された事は重要であろう。その年代は第Ⅱ期であろう。

案　内　旧児玉町市街地から県道児玉新町線を北に進み、上里町境界の北側の西部化学工場敷地内にあった。

安保氏館跡

所在地	児玉郡神川町元阿保字上宿 176-1 ほか。 北緯 36.132249, 東経 139.061937, 標高 89.0, ほか

歴　史　武蔵七党丹党の本拠にあり、丹党の一つ安保氏はこの元阿保を本貫地としてしていたと言われる。この館跡は鎌倉得宗家とつながって大きく勢力を伸ばした、安保氏の本拠として位置づけられてきた地区内にある館跡である。

安保惣領家は鎌倉幕府執権北条氏の没落と共に滅亡したが、安保光泰が足利尊氏の先陣としての勲功を認められ、惣領家の名跡を継いだという。戦国期の天文21年（1552）の金鑽御嶽城合戦には御嶽城主として記録に名を残し、以後、後北条氏の軍門に下っている。

遺　構　館跡はその一部が発掘調査されたものであるが、詳しい遺跡の分析結

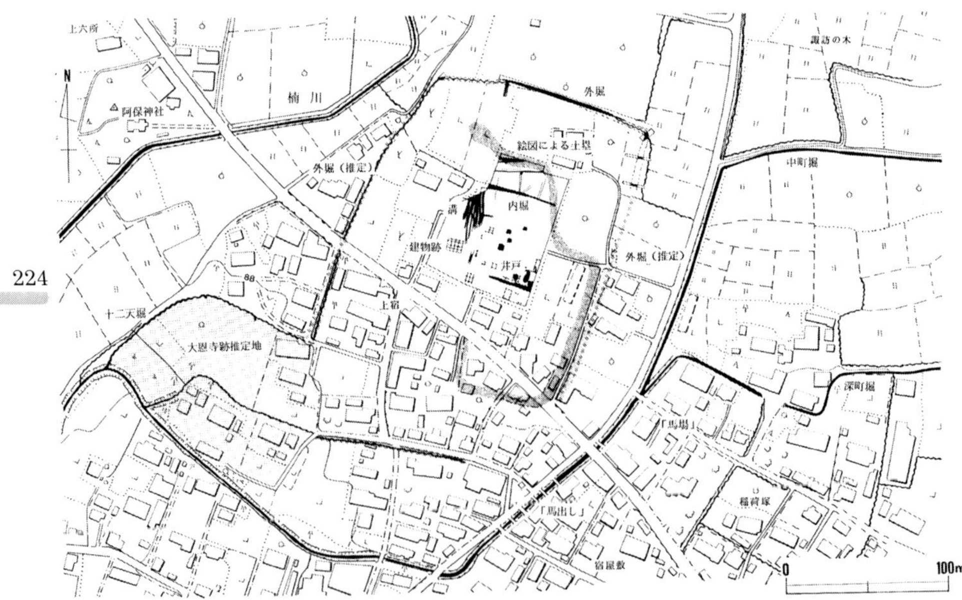

安保氏館跡全体図　神川町教委 1995『安保氏館跡』より引用転載

果が発掘調査報告書に記載されている。調査区域内から、南北推定 230m、東西 130 ～ 160m を測る堀が確認された。この堀は最大幅 3.4m、確認面からの深さ 1.3m となっていた。この堀遺構の規模は、調査の確認面からの規模であるので、当時は相当の規模であったと考えて差し支えない。

この館跡は中央部部分に居館と見られる掘立建物跡が集中して発見されている。そして、この建物群は内堀と見られる幅 2.5 ～ 1.2m、深さ 1.2m ～ 0.6m の箱薬研状の断面を持つ堀に囲まれている。その規模は把握されていないが、おおよそ 60m 位かとも見られる。

この館跡を検討した篠崎潔氏は館跡の変遷を５期に分けて報告している。第Ⅰ期は 12 世紀末～ 13 世紀初頭、第Ⅱ期は 13 世紀前半～ 14 世紀中頃で安保氏が鎌倉幕府の執権北条得宗家との密接な関係を持ち、勢力を伸張させていた段階、第Ⅲ期は 14 世紀後半から 15 世紀前半、第Ⅳ期は 15 世紀後半～ 16 世紀後半で安保信濃守泰広（全隆）が金鑚神社多宝塔の寄進や金鑚御嶽城主として存在し、北条氏康が北武蔵攻略を進めた時代でもある。

第Ⅴ期は 16 世紀後半以降とした。そして、第Ⅳ期は内堀が形成され、二重囲画方形館を完成させているという。外堀はどうも館跡形成初期からあり、居館部と外堀の間には井戸や畑などの空間部が存在したことを示した（篠崎潔 1995）。

案　内　国道 254 号線八日市交差点から旧道を北西に進み旧元阿保交差点に出ると、その北側地点。

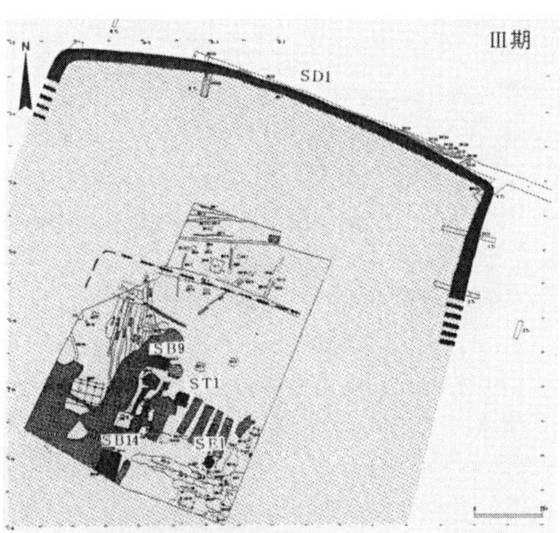

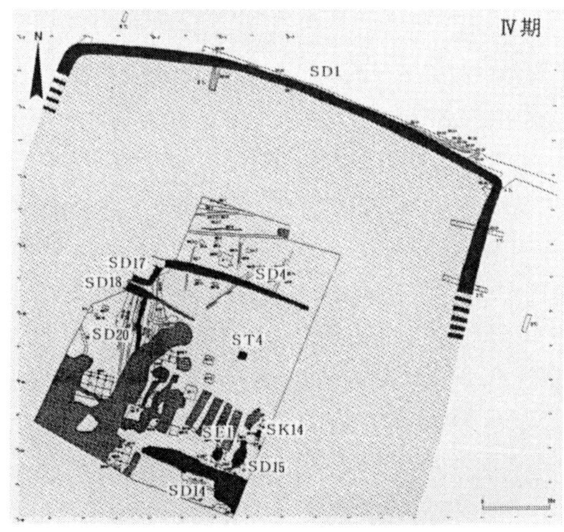

安保氏館跡変遷図　『安保氏館跡』より引用

金鑚御嶽城跡

所在地	児玉郡神川町大字渡瀬 1410。北緯 36.104336, 東経 139.040692, 標高 343.4, ほか

歴　史　文明 12 年（1480）に安保吉兼が築城と伝えるが明確にはされない。元亀元年（1570）頃の城主は武田氏に与した長井豊前守政実である。

本城は上武国境の境目の城として 16 世紀後半には激しい争奪戦が行われている。記録される最初の合戦は天文 21（1552）年 1 月～ 3 月の御嶽城合戦で、安保泰広の守る御嶽城を北条氏康が攻略したことが、身延文庫蔵『仁王経科注見聞私』奥書にある（宇高良哲 1988）。以後、後北条氏の支配に入ったと思われる。永禄 5（1562）年 4 月の乙千代書状では用土新左衛門に秩父衆が協力してその防備に万全を期している事等が記されている。

また、永禄 12 年 9 月 9 日には再び信玄が御嶽城を攻めていることが氏邦書状によって知られ、元亀元年（1570）年、武田信玄が 6 月 5 日御嶽城を攻略し、普請を行い、武器兵糧を移し、数千人の兵を在城させた事を記す。この時、長井氏は武田氏に寝返り、旧領を回復した事も「長井政実判物」によって知られ、長井氏調略に尽力したのが太田資正であった。金鑚御嶽城の攻防戦は激しいものであったのだろう。

遺　構　御嶽山山頂が本郭とされ、北、東、西、南、そして、東北と 5 方向に延びた尾根筋に郭配りがなされている。本郭北の鞍部に設けられた幅 6 m、深さ 4 m の堀切 1 を挟んで北側に本城最大の 2 の郭が置かれる。 2 の郭は最大幅 20m、奥行き 58m ほどあり、北端に高さ 1.5m 程の掘り残しと見られる土塁があり、西部は掘り残され、山形を残す。この下方の崖部に大きな堀切 2 を置く、堀切 2 は岩盤を深さ 2 m に掘り抜いており、続いて高さ 4 m の垂直な岩壁をおいて下部に幅 13m、奥行き 6 m の腰郭 1 がある。

この尾根には、さらに切落しを加えながら 3 段の腰郭が配置される。北東部に延びる尾根には、2 の郭の土塁西端に作られた小口からの通路が見られ、露出する岩盤をうまく利用したと見られる切落しや、堀切を配置する。堀切は 2 箇所あるが、両サイドの岩壁と合わせ効果的に配置される。堀切 4 は岩盤を掘り切って

物見場から見た赤城山方面

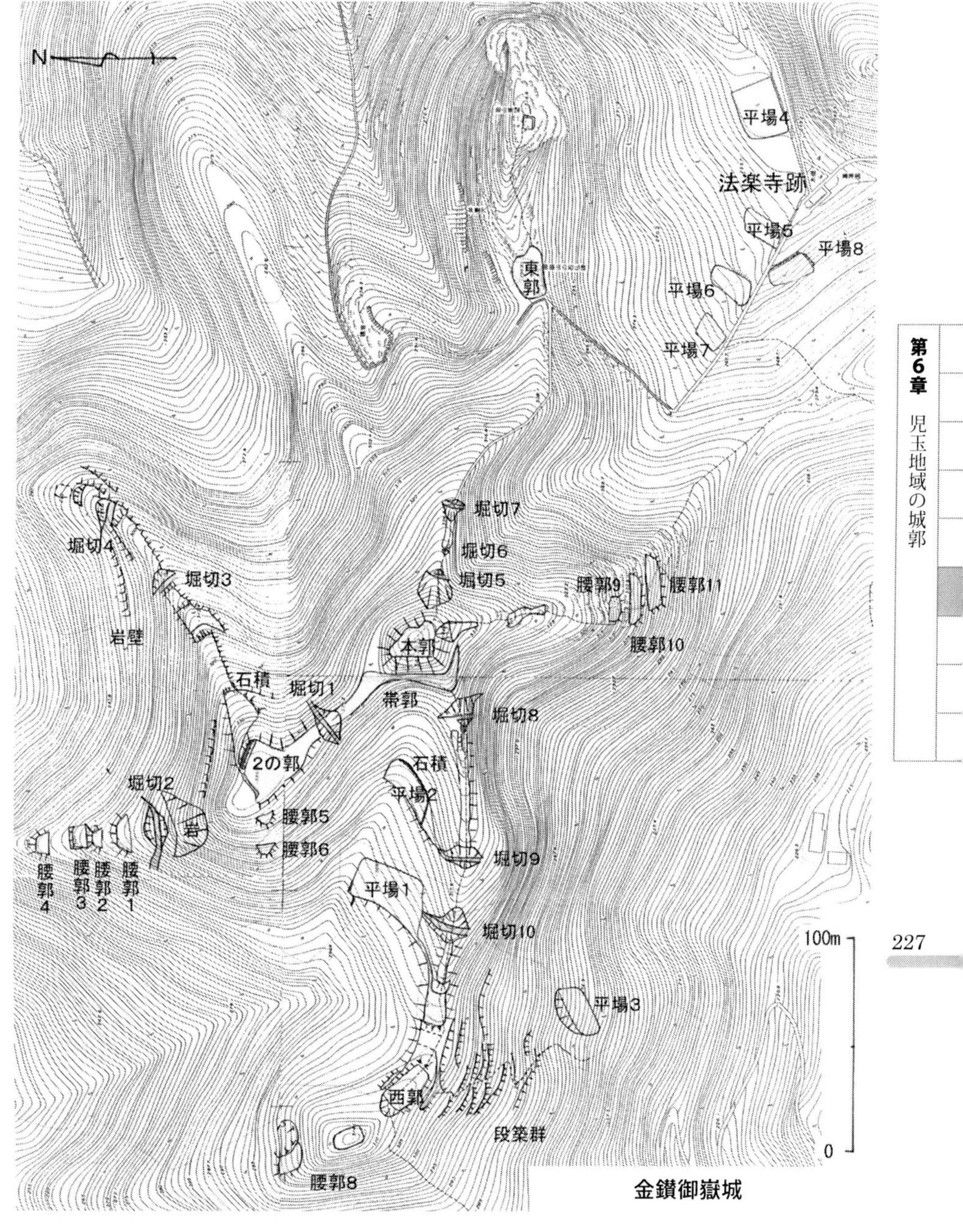
N
平場4
法楽寺跡
平場5
平場8
東郭
平場6
平場7
堀切7
堀切6
堀切5
堀切4
堀切3
腰郭9
腰郭11
岩壁
本郭
腰郭10
石積
堀切1
帯郭
堀切8
2の郭
石積
堀切2
平場2
腰郭5
岩
腰郭6
堀切9
腰郭4
腰郭3
腰郭2
腰郭1
平場1
堀切10
100m
平場3
西郭
段築群
0
腰郭8

金鑚御嶽城

堀切１現況

平場１の石積現況

平場６（法楽寺跡）の石積現況
石の組方に大きな違いがある

いるが、この堀切を挟んで北側の尾根先端部手前を切り落として 3m ほど高く造られ、櫓台風の高台を置く。これは西尾根のあり方や、東尾根のあり方と同じであるので、櫓台を意識した造りと考えてよいだろう。

また、北東尾根の付け根には岩壁を補強したと見られる幅３m、高さ 50 ㎝の石積が存在する。山頂から延びる東側尾根は修験者が祈祷を行ったという岩山が先端部に有って、神社から児玉町方面を眺望できるが、ここは幅３～４m程に岩盤が削平されているが、築城時のものか確定できない。下方の水場には修験の旧法楽寺が所在したが、この寺の修験がかなり活発に活動していたと見られ、現在も江戸期造立の百観音が東尾根に配置されている。

本郭に向かって上る痩せ尾根には、堀切が３箇所配置される。第７の堀切は深さ 4.5m と規模が大きく、第６は僅かな窪みとして残る。本郭下の堀切５は 10m の規模で切り落とされ、岩盤を露出している。本郭は 20m × 30m で標高 343.4m の御嶽山頂上にある。サイドは急崖で上り詰めることはできない。南尾根は岩盤が各所に露出する狭い尾根であるが、本郭下は 2m ほど切り落とされる。上部の尾根には平坦部が２箇所見られるが、これらは整形された痕跡を認めない。崖下に小祠があり、ここは奥行き６m、幅 15m の平場９、さらに下部に幅 20m、奥行き４～５m の平場 10、奥行き８m、幅 20m の平場 11 がある。これらは腰郭か、修験に伴う社地跡か判断できない。

本郭西７m 下部には幅３m 程の帯郭が置かれ、西尾根方面と２の郭へつながる。西尾根は腰郭から狭い鞍部を通じて西に延びるが、鞍部は６m 切り落とされ、堀切８となる。その先は幅６～９m の緩やかな平坦地であるが、腰

郭として整形された痕跡がある。両サイドは切り落とされ、急斜面になる。さらに尾根中央部付近に２箇所の堀切があり、一つは７ｍに切り落とされる規模の大きい堀切10である。尾根先端部には幅14m、長さ24mの西郭が置かれ、尾根先端部は円丘状に８ｍ程高くなっているが、櫓台として、整形された痕跡はない。

標高314mの高所の先に８ｍ程下がって小さな腰郭８が置かれる。西郭の南側は緩やかな斜面で、渡瀬地区からの大手筋と見られる。ここにあがってくる折坂があるが、坂道両サイドは高さ１～1.5mの段築が９段ほど構築される。この造りは花園城に類似する。本郭西の谷には一部に石積を伴う大きな平場があり、下段の平場１は幅40m、奥行き20m、上段の平場２は幅25m、奥行き10mほどになる。これらの平場はいずれも堀切10、９につながっている。屋敷地であろう。

金鑚神社から登った谷の中に水場があり、ここが本山派修験聖護院末法楽寺跡である。『仁王経科注見聞私』奥書には氏康が水の手を押さえて、籠城の雑兵数千人が乾死したことが記されるが、ここ以外には城内に水場は見られない。池の縁に寺跡の存在を示す平場が５箇所あり、上部には墓地も存在する。墓地内には戦国期と見られる五輪塔の空風輪、地輪、宝篋印塔の笠部、台石などが散在する。

案　内　金鑚神社境内を抜け、沢沿いに登りつめると法楽寺跡に出る。寺跡は環境整備が行われ、きれいな空間となっている。そのまま、山頂に向かい、上り詰めると三角点のある山頂の本郭に出る。

両谷城跡

所在地	児玉郡神川町大字矢納字城平。北緯36.065393, 東経139.013507, 標高585.0, ほか

歴　史　不明

遺　構　城跡は城峰山から北に延びる尾根上にあり、真北の眼下に神流湖が見える標高585mの長尾根の先端部に位置する。埼玉県の城と言うより「山中地域」の城というべきものであろう。城跡の東山腹には字城平の集落があり、西山麓川向には宮本、南沢の集落が存在する。一方、北西山麓には「満所」の地名を残し、古代阿久原牧比定地だけに意味深い地名を多く残す地域でもある。

城跡は城峰山側に向かって構えがなされているが、これは長尾根が平坦に城跡に向かっている関係で、北眼下の神流川流域は永禄末の武田軍侵入路であるから、こちらへの備えの城郭と考えるのが的を得ているだろう。城跡への登坂路は明確でないが、たぶん、城跡へ最短距離にあり、城平という地名を残す城平地区と考えてよいだろうが、標高差340mとなる。

標高585mの山頂を主郭として、南側の長尾根に2カ所の堀切を置き、主郭下に2段に腰郭を3カ所配置する。長尾根は上幅が1～2m位の狭い尾根で、東西両側斜面は急斜面となっている。堀切1は上幅9m、下幅2mで斜面長20m、深さは主郭側で2.5mにつくられる。

堀切2は両谷山頂直下の登り口に置かれ、上幅9m、下幅1m、深さ2mで斜面の下方まで堀切が延びているのが窪地状に観察される。堀切から2m程上がって幅9m、奥行き4m程の腰郭1、さらに2m程のぼって幅16m、奥行き4mの腰郭2が置かれる。この腰郭からは東側に細い道が続き、東尾根上段に置かれる腰郭3につながる。腰郭3は幅10m、奥行き4.5mを測る。主郭はこの上方2.5mの所にあり、東西32m、南北25mほどの平坦な郭に造られるが、北に寄った中心部には絹笠大神の石碑が祀られ、御獄様と見られる小祠を載せる転石を積み上げた1.5m程小高い部分がある。

また、東から南にかけての郭肩部に上幅1m、高さ50㎝程に掘り残された土塁が置かれる。主郭北側は小さな出郭状の平場が置かれ、その北は約4.5m程切り落とされ、堀切3となる。この堀切は、北側が約1mが切り落とされるだけであるが、中央部は浅く土橋状に残されている。主郭西側に上部が平坦な巨岩の露頭があるが、この下部には若干帯郭状に造られる幅2m程の平坦な部分が認められた。

案　内　城峰山へ向かう林道を登り、途中で高牛地区方面への林道に移り、山頂尾根筋を徒歩で北進する。延命寺の南裏山山頂になる。

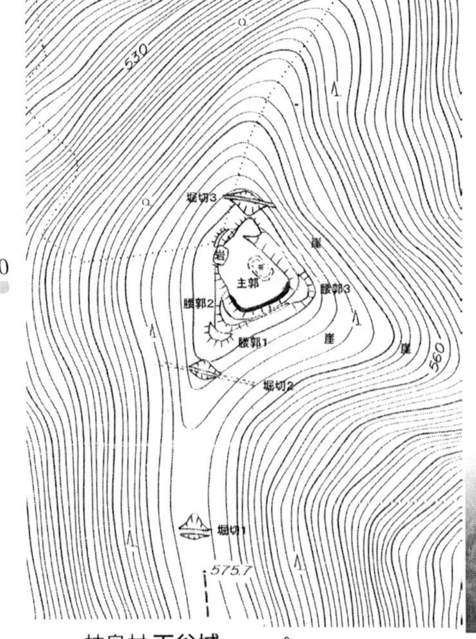

神泉村 **両谷城**

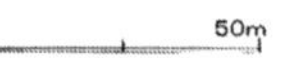

城峯山から見た城跡（北眼下に神流川が見える）

猪俣城跡

所在地　児玉郡美里町大字猪俣字城下 2076。
　　　　北緯 36.082136, 東経 139.104289, 標高 311.0, ほか

歴　史　武蔵七党猪俣氏に関わる伝承を残す。

遺　構　鐘撞堂山から北にのびる尾根山頂の最高所 311m を中心に、延長距離約 170m にわたって縄張りが見られる。東から北方向への眺望に優れ、鐘撞堂山は稜線沿いに見える程度、西の円良田城は正面に見える。円良田集落からの登りがもっとも緩やかである。東側の斜面は勾配がきつい。

　尾根筋の中で見ると、北東からの通路をもっとも意識しているように見える。また、鐘撞堂山方面の防御が切落しのみでもっとも弱い。北東、北西、南西方向からの尾根を堀切で区切り、斜面部は基本的に掻き下ろしによる造成。２の郭は南の切落しが約 6.5m あり、登り口が狭く左右にあるようだがはっきりし

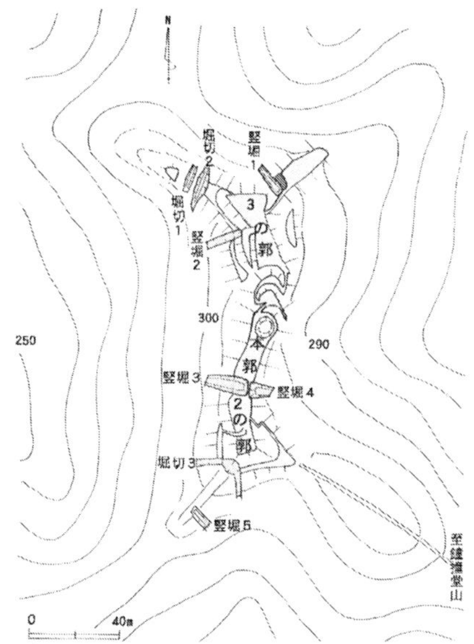

猪俣城詳細図　『埼玉の中世城館跡』の図を参考に修正加筆

鐘撞堂山から見た城跡背後は赤城山

本郭にある大穴現況

ない。本郭と２の郭の間にも、上幅６m程の大きな堀切を入れ、強い防御線とする。この間は幅１mの土橋で結ばれる。

本郭は幅６m程の稜線を活かし、長さ30m程に作られる。北端部には径３m程の大きな穴があり、狼煙用の焚き火跡を思わせる。３の郭は本郭北にあり、本郭との連絡は複雑な折坂をなしてつながる。約19m程下がる。２の郭と３の郭にはそれぞれ腰郭が見られるが、規模は小さい。本郭にある大きな穴の存在が暗示するように、狼煙台を兼ね備えた物見の砦であった可能性が高い。なお、北にある鐘撞堂山は北条氏の時代、氏邦によって鐘打ちを委ねられた末野鐘打衆の管理した鐘打場所であったと伝えられる所である。

案内　県道広木末野線円良田特産センターから東の山道に入りそのまま稜線まで登り、稜線に出たら左に折れ、北に向かう。鐘撞堂山山頂から北の稜線を進んでもよい。山稜の北突端。

白石城跡

所在地	児玉郡美里町大字白石1840. 北緯36.093377, 東経139.101055, 標高115.0, ほか

歴　史　『新編武蔵風土記稿』に白石播磨守の居住の地と伝えるが、天正10年（1582）２月25日の北条氏邦発給文書は白石代にあてた着到状で「鉄鉋横物壱丁、馬上壱騎、鑓３本」の編成を伝える。

白石某を検証した渡辺一氏は、「白石氏の形態は白石播磨守にあるのではなく、天正11年段階で被官数名を率き連れて鉢形本城に詰め、各地に走り廻る鉢形後北条氏の軍事力の基盤を担う存在としてあった。本領にあっては、その知行面積は荒川郷を一つの基準にすれば広木郷５ケ村の内、幾ケ村を領するものであったかもしれないが、在地的小領主として家人等を駆使して、農業経営に従事していたと考えられる土豪層であった」と指摘している。

地元には白石氏の末裔と伝える家や、城主白石播磨守宗清墓など白石氏歴代の墓石を残す宗清寺が存在している。

遺　構　周辺部との比高30mを測る独立丘陵上にある。丘陵全体に縄張りが見られ、括れ部の部分で掘り切っている。土取で大きく破壊され、急遽発掘調査が行われたが、詳細な縄張りを掴むまでには至らなかった。調査で作成された実測図によると、馬蹄形状の丘陵平坦部を掘りきって、並郭式にしたように見られ、Aの郭には部分的に２本の空堀が配されている。A郭は最大長65m、最大幅45mの規模をはかり、B郭との括れ部は幅20m程になる。発掘調査では郭内に15棟の建物跡が確認された。重複関係から３期にわたって構築されたという。A郭外周には肩部から2.4m下に帯郭風に段築が認められていたが、これらは上幅90㎝ほどの土塁状の土堤をおき、その内側は底幅80㎝ほどの堀２になっていたことが記される。そして、この堀は実測図から見ると一周していたと考えられる。

また、丘陵先端部側には幅２m 前後、確認面からの深さ 30 ㎝ほどの箱薬研状の堀１が弧状に見られる。この堀に面した堀２内に橋脚とされたピットがあり、ここが丘陵先端部からの小口とすれば、堀１はこの小口部を防御する機能を有していたとも考えられ、この空間が馬出的空間としてあったとも考えられる。B 郭は 30m × 47m 程であり、A 郭との間には幅 3.1m ～ 3.8m、深さ 1.2m程の掘３が置かれ、中央部に上幅 1.9m の土橋が置かれる。 B 郭は郭内が土取りによって調査前に破壊されていたが、周縁部はＡ郭同様、横堀状の浅い堀４が確認された段築が存在する。

そして、さらに西側丘陵括れ部に深さ２～３m、上幅７～８m の谷地形が存在し、その底にはさらに深さ 1.3m、幅 2.7m の堀５が設けられていた。堀の内、堀３、５は堀切、他は郭を防御する横堀であろう。調査報告書ではすでに破壊された西側の丘陵一帯にも郭配りが見られ、都合６郭が堀切によって仕切られ存在した事を記す。郭内には多くの建物跡が存在し、継続した居住性が伺われ、館城として存在したものだろう。

出土品には 16 世紀前半の灰釉皿、鉄釉皿 15 世紀後半の鉄釉天目茶碗などが出土し、15 世紀後半から 16 世紀前半と推定されている。本城のような縄張りを持つ城郭は単郭城では滑川町山田城、坂戸市多和目城、複郭城では秩父

市日野城に見られる。出土遺物は15世紀後半から16世紀前半の年代を示す。
案　内　国道254号線から白石地区への町道に入り天神川沿いを西進する。職業センター東に土取り跡の残る丘陵が存在するが、この上が城跡。

円良田城跡（虎ケ岡城）

所在地	児玉郡美里町大字円良田字城山。 北緯36.080589, 東経139.093905, 標高297.0, ほか

歴　史　「秩父風土記」に城主猪俣丹波守、「秩父志」には虎ケ岡砦、逸見氏持ちと記される。
遺　構　秩父方面を西眼下にする、矢那瀬字根岸の集落背後の山頂に所在し、末野から円良田を経由し、陣見山に至る尾根筋の上り詰めたところにある。

山頂尾根を掘り切り、掻き下ろして連郭式の城郭を構成したもので、尾根には5本の大きな堀切がある。中でも本郭両サイドの堀切は大きく幅が10mを越え、深さ3mを測る。本郭の規模は24×16m。北尾根端部に井戸跡と見られる遺構が残る。堀切2のところには肩部保護とみられる石積が少々ある。本郭単郭の構成に近い城郭であるが、堀切と帯郭が主要な防御施設となり、尾根サイドの切落しなどは明瞭にされない。

城は根岸の集落直上にあり、眺望は秩父側に開ける。円良田側では猪俣城と

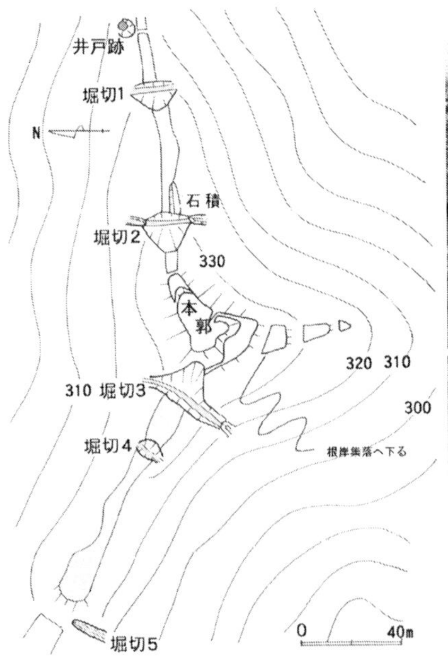

美里町 **円良田城**（長瀞町虎ヶ岡城）

堀切2の石積（上）**と**
（伝）**井戸跡現況**

対になる位置を占めるが、円良田の谷への眺望は優れない。

案　内　県道広木末野線から広域林道陣見山線に入り、大槻峠から尾根筋を東に移動すると城跡にいたる。または、円良田特産センター北から西に入り山道を上り詰める。

新倉館跡（失われた城）

所在地	児玉郡美里町南十条字新倉２３４。 北緯 36.114219, 東経 139.100829, 標高 75.0, ほか

歴　史　発掘調査で明らかにされた館跡で記録は見られない。

遺　構　美里村教育委員会から出された『新倉館』発掘調査報告書によってその内容を見ることにしたい。

内郭は南北 73m、東西 61m を測る方形を示す。外郭は内堀の外側に幅 28m の空間をおいて形成されているが、外堀は西中央部が外側に張る形態を示す。全体規模は東西 120m、南北 140m を測る。内堀の規模は上幅 8.2m、底幅 1.8m、深さ 1.8m であり、湛水していた。外堀は上幅約 5.2m、底幅 0.6m、深さ 1.6m となる。東南部では幅 3.7m、深さ 1.6m で、内側に入り込んで外郭幅が４m と狭くなっていた。主郭内は一部が発掘調査されたが、素掘りの柱穴列が発見され、建物が存在したことが確認されている。建物規模は確認されなかったというが、建て替えられた物を含めても３～４棟確認することが出来たという。堀の中からは２点の木簡のほか、椀５個、カワラケ、土鍋、焙烙が出土した。

出土した内耳土器は阿保境館跡の第３期Ｂ類に対比されるものであり、おおよその館の年代は 15 世紀前半から中葉と考えられるという。

案　内　国道 254 号線線美里町駒衣交差点を北上して県道熊谷児玉線との北十条交叉点まで進む。この交差点東側。

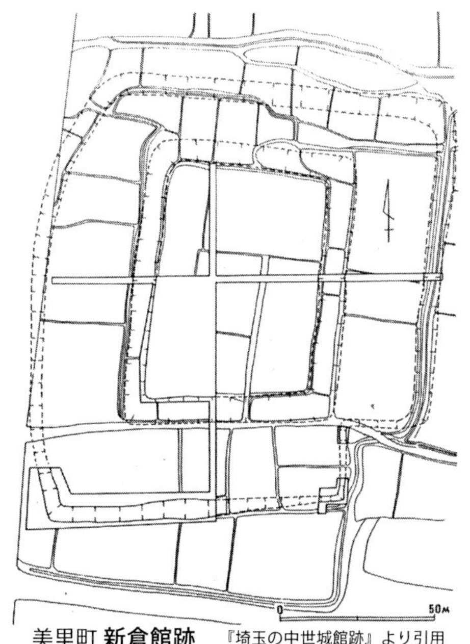

美里町 **新倉館跡**　『埼玉の中世城館跡』より引用

第７章　大里地域の城郭

別府城跡

所在地	熊谷市東別府字北廓東別府神社境内ほか。 北緯 36.111584, 東経 139.203928, 標高 31.0, ほか

歴　史　『新編武蔵風土記稿』などに、別府次郎行隆から尾張守長清まで在城。その子三郎左衛門顕清は、天正 18 年忍城に籠もり、家禄を失い、廃城と伝えている。

遺　構　東別府神社境内地として保存される。少し台形をした単郭状に残っているが、東側に所在する香林寺境内も字仲廓といい、墓地造成以前には土塁が存在していたといい、別府氏城とも言われているので、あるいは、字名などを考慮すれば、方形郭が連続する連郭式の縄張りを有する城郭であった事も考えられる。

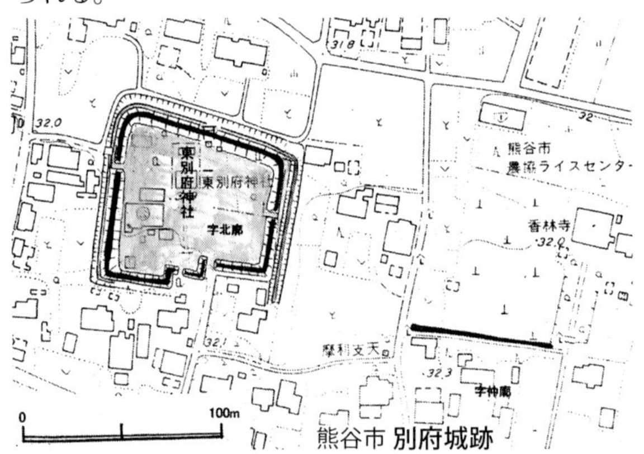

熊谷市 別府城跡

西小口（左）と東土塁・犬走り（右）

遺存する郭は東辺47m、南辺70m、西辺72m、北辺75mの郭を、基底幅6～7mの土塁が、高さ1～2mに回り、その外部に上幅6～8m、深さ1～1.5mの空堀が回っている。東側には空堀と土塁の間に幅2m程の犬走状の段築が見られ、ほぼ中央部で小口に入っている。東側の小口は幅1m程の小規模なものである。小口は西側にも見られるが、堀を渡って小さいが枡形に造られ、幅2mの小口にはいる。

郭南側は神社の正面になっているが、土塁が2段に折れ、横矢掛かりを伴う小口を形成する。西側のものは神社への参道となっているが、正規の小口は東側の規模の大きい方と考えたい。南側の空堀は西端部で若干認められるだけであるが、人家によって埋められていると認められる。東側はまっすぐ南に延びているので、或いは、他の郭を囲郭するつながりを示しているのかもしれない。

案　内　国道17号線籠原駅前交差点から県道新島尾島線を北上し、別府支所前交差点を右折すると東別府神社前に出る。

成田氏館跡

所在地	熊谷市上之字中宿553。北緯36.091747, 東経139.243420, 標高23.0, ほか

歴　史　永享3年（1431）7月に結城の乱の当事者一色伊予守が立て籠もり庁鼻和性順（上杉憲信）、長尾景仲と3日、4日と合戦（雙林寺伝記）や、永享12年（1440）7月1日に再び一色伊予守が武州北一揆等と立て籠もり、庁鼻和性順らによって攻撃を受けた事等の記録によって存在が知られる館跡である。忍城主成田氏歴代の館と言われ、『成田記』等では延徳3年（1491）に忍城を攻略し、本拠を忍城に移したと伝えている。

遺　構　泰蔵寺西の水田地帯が館跡とされる地点で資料館の調査では、地形や、地元での聞き込み調査から二重の堀を構える方形館であったと復元された。館跡全体の規模は東西130m位、内郭幅60mが推定される。

成田城館跡　『埼玉の中世城館跡』より引用

案　内　国道17号上之雷電神社交差点を左折して熊谷駅方面に向かい、上之公民館前を北上するとその両側。

深谷城跡（消えた城郭）

所在地	深谷市仲町 19 他。北緯 36.115813, 東経 139.165926, 標高 34.0, 他

歴　史　深谷城は庁鼻和上杉氏の房憲によって康正２年（1456）に築城されたと伝え、埼玉県でも古い段階の築城を伝える城郭である。江戸時代に入って寛永元年（1622）廃城、正保元年（1644）に取り壊されている。木瓜（ぼけ）城とも言われる。

深谷上杉氏は庁鼻和城を築いた山内上杉憲顕の子、上杉憲英を祖とする。上杉禅秀の乱、永享の乱、結城合戦などで奮戦した山内上杉氏の有力な一員で、享徳の大乱では、古河公方との抗争に大きな役割を果たす。永禄８年（1565）には深谷上杉氏は北条氏に与力し、上杉輝虎と対峙している。

遺　構　城跡の規模は東西500m、南北600mである。櫛引台地肩部に造られ、北東側は妻沼低地となる。現在城郭遺構は土塁が一部に残されるにすぎない。

堀跡については市教委の数次に及ぶ発掘調査と、（財）埼玉県埋蔵文化財調査事業団による深谷警察署新築工事に先立つ発掘調査がある。市教委調査は本郭周辺に集中している。また、市内には江戸時代に作成された絵図があり、地籍地名と、これらによって市教委の沢出氏は調査報告書のなかで復元図を公表された。この図は「武蔵志」に記される深谷古城の図に誘引される形になった。城郭縄張り図としては本曲輪、２の曲輪等の配置が極めて不自然な形態を示しているように観察された。

市内に残される「深谷古城の図」には地目と検地の時期が明瞭に記され、まず、水路、池、水田の表記から堀跡が推定される。そして、武蔵志に記される本丸北側の蕨手状の堀も確認された。一方、この水田に平行して一定の幅を持つ畑（下下畑、下畑）が抽出され、これが土塁跡を示すことは容易に理解できる。また、大手口は桝形を形成していたようであるが、水田からの復元では表現できないが、地積図を使って水路と水田と畑を基準に色分けをしていくと概ね図のような縄張り図が復元できる。

深谷市役所への一方通行口部分には水田表記を忠実に再現することによって、喰違いの堀が出現し、ここが諸国古城図に記される小口を示すことが明らかになった。さらにこの図を考慮すれば市役所西通りの東側に見られる「土塁の痕跡」は図に記されている事がしれるだろう。本曲輪へは、東曲輪から北曲輪をへて、堀が浅くなる本曲輪北堀中央を小口としていることが観察できそうである。また、免除地の記載によって、本曲輪の北西の堀内に弁天様が祭られ、それに接して、西に弁天免と記される方形の大きな曲輪が存在し、本丸の西に八幡神社が祭られた大きな曲輪が存在したことが理解され、そこが２の曲輪であったことが知られる。

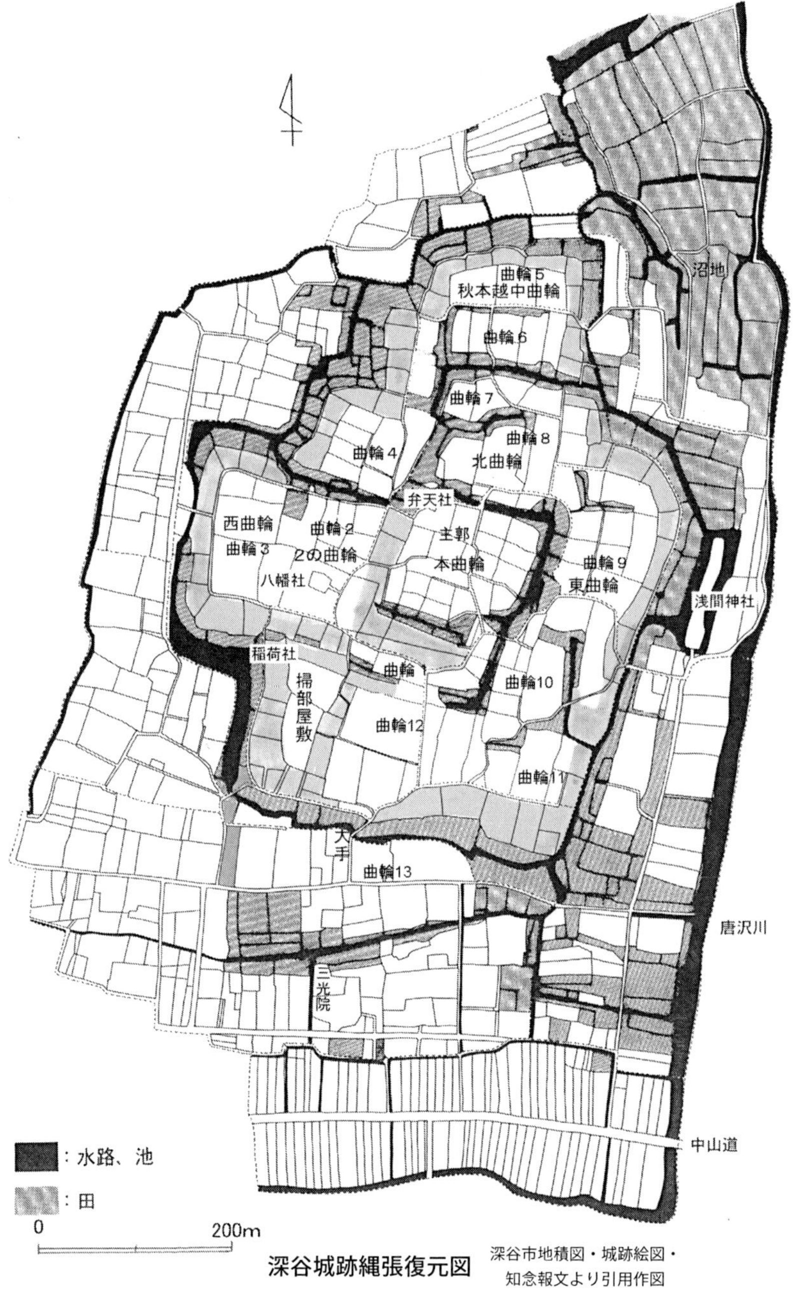

深谷城跡縄張復元図　深谷市地積図・城跡絵図・知念報文より引用作図

２の曲輪と区画される郭は大きな長方形の郭になるが、武蔵志はこの西に堀を挟んで西の丸があると記し、この長方形の郭を二分する可能性を示すが、地目では堀跡を確認できない。このほか『新編武蔵風土記稿』では掃部屋敷が大手にあり、本曲輪の北に秋本越中曲輪、北曲輪があると記す。そして、『武蔵志』の挿図では東西の２カ所に櫓が存在したことを示す。

第６次発掘調査で確認された障子堀（曲輪６と７の間）
深谷市教委提供

また、市教委の発掘では、北曲輪と越中曲輪の間に存在する堀跡は、障子堀に造られていることが確認され、これは上杉氏時代の構築になるとされた（平田重之 1999）が、その後、北郭等を調査した青木等は深谷城の堀は基本的に障子堀に造られており、出土遺物の年代が 16 世紀後半で、障子堀の年代と一致するという報告（青木克尚ほか 1997）をしている。

案　内　国道 17 号深谷警察署前交差点を東に入る。深谷市役所、深谷小学校周辺地域。

東方城跡

所在地	深谷市東方杉町・入郷・城下。北緯 36.114701, 東経 139.190170, 標高 34.0, ほか

歴　史　『新編武蔵風土記稿』に「古城跡　村の北にて広さ３町餘今陸田なり、相伝う当所は古上杉氏領地の頃、其家人住せしと言えど其姓名は伝えず。御打入の後、松平丹後守康長にこの辺りを賜いし頃、この所を居所とせしが、慶長７年下総国古河へ所替の後廃せしと云、今も四方に土居の跡残れり、また、この北に続きて凡５段許の地を御所屋敷と呼ぶ、想うに上杉支族の居跡なるべし」とあり、戦国期上杉氏の一族の城跡と伝え、『深谷上杉氏史料集』によれば皿沼城主岡谷加賀守清英の所領であったという。

その後、天正 18 年城主別邸という地点に松平丹波守康長が居館を構えている。尚、『新田金山伝記』に「永禄頃は武田幕下深谷勝兵衛忠季持分也、天正頃（天正 10 年前半の事）は滝川一益幕下深谷棟長持分」と記される（太田市教委 1996）。

遺　構　推定される城跡の範囲は西の熊野天神社から城主別邸、お姫屋敷まで

深谷市 **東方城跡**　『埼玉の中世城館跡』から引用 加筆

熊野神社西の土塁

の幡羅台地の北辺に沿った東西900mの範囲と考えられる。御所屋敷については昭和35年に小室栄一氏によって実測調査が行われているが、そのとき記録された遺構は、歴史資料館の『埼玉の中世城館跡』調査時と変化は無い。しかし、熊野天神社の遺構に付いては記録されていない。

現在、最も遺構が保存されているのは熊野天神社部分で、基底部幅約８m、高さ１～２mの土塁が南辺を除き、３方に廻る。また、東辺には幅２mほどの空堀跡と見られる窪地も存在し、土塁上辺まで３mとなっている。御所屋敷部は最も広大な郭で、東西方130mほどの規模を有する郭であったようである。台地縁辺部に高さ２m位の土塁を置いているのが小室氏の実測調査図によって知られる。そして、実測図では崖線下に堀が存在したようで幅10mほどの32m等高線が描かれている。

城主別邸は方70m程に推定され、お姫屋敷も同様な規模があったものだろうか。いまは、土塁の痕跡のみで詳細を知ることはできない。一方、深谷市教育委員会は県道の開設に先立つ発掘調査で台地北の水田内を調査し、深さ1.2mの堀跡の一部を発見しているが、これは、お庫屋敷跡であるという。出土遺物の年代は 15 世紀から 16 世紀初頭。

案　内　国道 17 号線深谷工業団地前の東方交差点を県道 192 号線に入って北上し、東方町 1 丁目交差点から台地縁までの左右の地域内に城跡がある。

皿沼城跡（消えた城郭）

所在地	深谷市上敷免字皿沼。北緯 36.123322, 東経 139.172752, 標高 34.0 ほか

歴　史　『新編武蔵風土記稿』に岡谷加賀守の居住せしというとある。『武蔵国郡村誌』第 9 巻では、上杉房憲深谷城に在りし時、その家臣の岡谷加賀守住し、天文 21 年後北条氏に破れ、遺族帰農と伝えている。

遺　構　城跡は利根川低地内の自然堤防上に造られる。皿沼地区の集落を載せる一帯で東西 250m、南北 150m ほどの多角形の範囲が城跡と考えられている。皿沼集落と北の諏訪神社の間を流れる用水堀が城跡の堀跡という。皿沼地域全体は小さな用水堀によって囲まれる、水田面より 60 ～ 80cm 高くなる自然堤防状の地域で、北の突出する諏訪神社の境内も同様な地形を示す。城跡としての特色は全く掴めない。

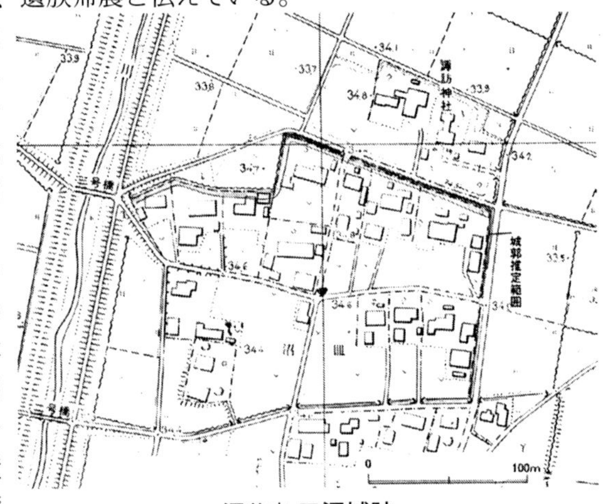

深谷市 **皿沼城跡**

案　内　国道 17 号線深谷警察署東側の唐沢川にそって道なりに北上すると城跡に入る。

庁鼻和城跡

所在地	深谷市国済寺。北緯 36.113437, 東経 139.180755, 標高 38.0, ほか

歴　史　深谷上杉氏の祖上杉憲英が南北朝期に庁鼻和に館を構えたのに始まるとされる。その後憲光、憲信と 3 代にわたって住し、4 代房憲の時は深谷城を築いて移るという。

国済寺は上杉憲英を開基とする寺院で深谷上杉氏の墓所となっている。上杉憲信は庁鼻和性順と号し、応永 23 年の上杉禅秀の乱に始まる享徳の大乱の中で、永享12年7月の村岡河原の合戦、康正元年9月の岡部原合戦等多くの合戦を戦った有力武将であり、古河公方成氏との戦いの中心にいるが、その時の城郭は深谷城であり、庁鼻和城はその時すでに役割を終えたとも言われる県内古式の城郭である。

遺　構　国済寺を中心とする広大な地域が城跡に推定されているが、現在は国済寺裏に高さ２～３ｍの土塁が存在するにすぎない。北側100m程と西側40m程に見られるが、一部で堀跡の確認も行われ、内郭が東西170m、南北140m、外郭東西660m、南北530m程の規模が城域として推定されている。

しかし、市教委の調査は堀跡が主に行われているが、城跡の遺構として確認されるのは内堀のみと言う。単郭の方形館の可能性がある。

寺の裏山内に深谷上杉氏累代の墓があり、県指定史跡・市指定史跡となっている。中心に祀られる宝篋印塔は上杉憲英の墓と伝えられ、基礎に「国済寺殿憲英／大宗興公大禅定門／応永十一年甲申／八月二日」と刻される。市指定文

深谷市 **庁鼻和城跡**

東側土塁の現況（空堀跡は見えない）

化財の宝篋印塔は「□□□公庵主／長享三年巳酉／三月十二日」と刻され上杉憲清墓と伝えられる。このほか宝篋印塔の基礎だけでも８基が存在し、上杉氏の菩提寺に相応しい、多くの墓石を有している。

案　内　城跡内に造られた国済寺は国道 17 号線国済寺交差点の東にあり、標示もわかりやすい。

鉢形城跡

所在地	大里郡寄居町大字鉢形。北緯 36.113437, 東経 139.180755, 標高 94.0 ～ 119.0, ほか

歴　史　文明８年（1476）長尾景春が主家の山内上杉に反旗をひるがえした時、鉢形城に拠るとあるのが、鉢形城が記録に現れる最初として知られている。文明 10 年（1478）に上杉顕定が入城し、山内上杉氏の拠点の城郭として重要な位置を占める。

その後、永禄７年頃に氏邦が入城し、鉢形城は北条氏邦の城として整備され、後北条氏の関東支配の北への備えの支城として存在した。永禄 12 年（1569）、元亀２年（1571）には武田信玄の鉢形城攻め、天正２年（1574）には上杉謙信による鉢形城下焼き払い等の戦乱にみまわれる。天正 12 年（1582）には後北条氏によって「大普請」がおこなわれる。天正 18 年前田利家等により落城。

遺　構　鉢形城域は鉢形城絵図との検討によって、下図に示す東は関山川、西

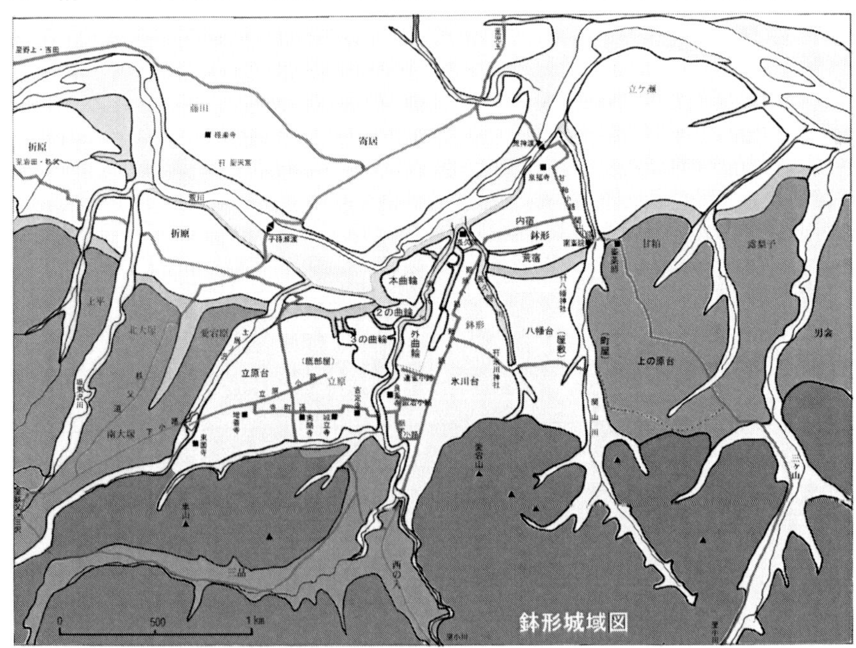

鉢形城域図

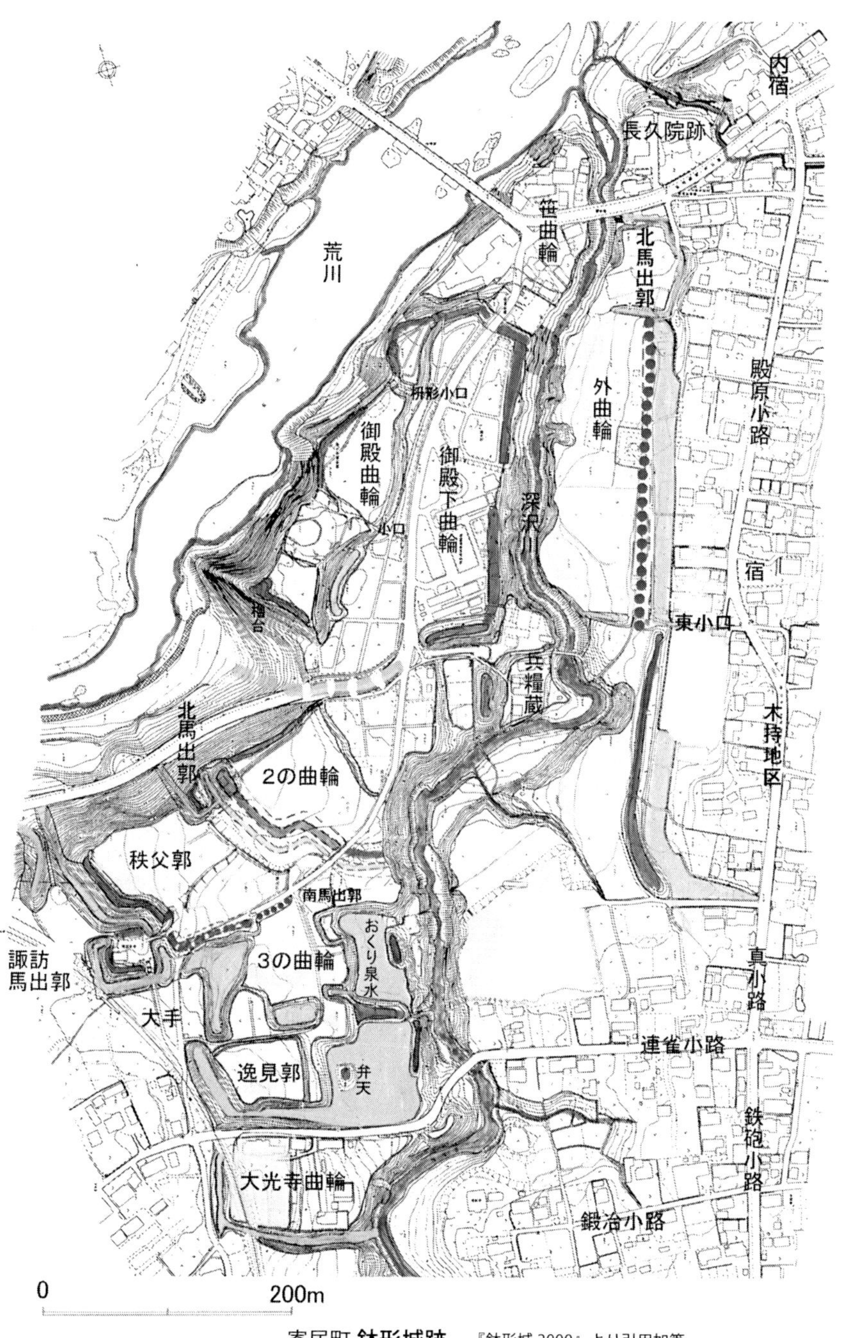

寄居町 **鉢形城跡**　『鉢形城 2000』より引用加筆

は土居の沢、北は荒川、南は車山丘陵・愛宕山丘陵裾部分に有ると考えられる（梅沢 2006）。

城跡のある地形は、荒川の右岸に形成された河岸段丘面であり、左岸の段丘面より高い。この部分の段丘は南傾し、段丘崖際が最も高く、さらに立原台を最高所として北に傾斜するという地形となっている。従って、現存する城跡部分では秩父郭の北西端部が標高 119m と最も高く、本曲輪（114 ～ 109m）に向かって傾斜し、笹曲輪が 94m と最も低い地点となる。文明８年に長尾景春築城と考えられる鉢形城の初期の遺構部は、本曲輪部分にあると見られる。荒川の急崖と深沢川に刻まれた急崖に２方を区切られた天然の要害で、現在の林業試験場跡地の南側を掘り切って城郭としたと見られ、構造上特色ある城郭である。

堀切は両側から進められ、県道の部分が土橋状に掘り残されているだろう。この堀切は深く掘られ、試験場の裏に残る高さ約 4m の土塁と合わせると極めて強大な防御線を形成する。本曲輪は御殿曲輪と御殿下曲輪（103m）に分けられるが、道の部分で約１から２m の段差がある。御殿曲輪は荒川の崖上に

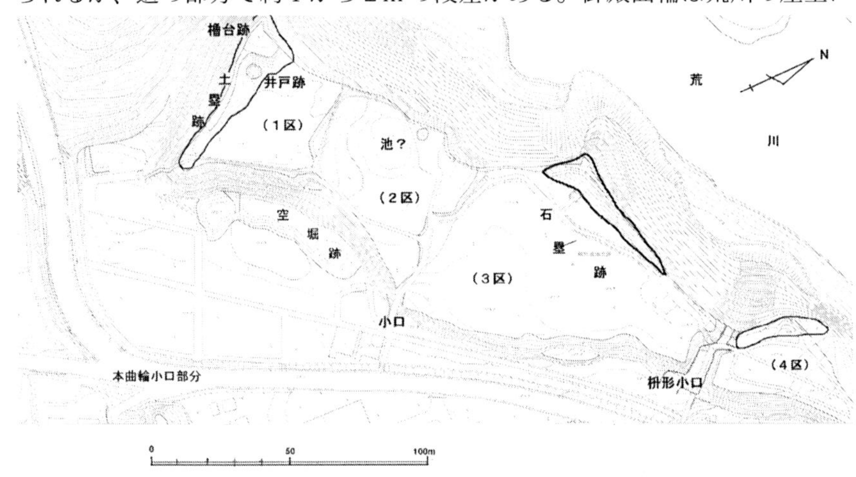

鉢形城跡御殿曲輪実測図　寄居町教育委員会作製実測図に加筆

御殿土塁上から見た櫓台跡と井戸跡現況

御殿郭４区の枡形小口現況

あり、南から１区・２区・３区・４区と仮称すると、１区の標高は 115m、２区は 112m、３区 109m、４区 107m となって北に順次傾斜している場所を地形して築城したことが判る。

１区の南端には高さ 4m 程の土塁が置かれ、その西南端に 10 × 7m 程の櫓台を備えている。櫓台直下には径 5m ほどの円形の窪地があり、井戸跡と考えられている。２区は 55 × 40m 程の平地であるが、その西半分程は深さ 1m 位円形に凹んでおり、池ではないかと考えている。３区は御殿曲輪最大の空間で、南北 100m、東西約 70m 程となっている。端部崖上に高さ２～ 5m 程の土塁状の高まりが見られるが、両端部には無く、その前面に幅 2m、高さ 50cm 程の石塁が帯状に延びて繋がっている。この遺構は最近、浅野晴樹氏が気付いた遺構であるが、彼はここに園地空間が築かれている可能性が高いと指摘している。今後注目すべき見解であろう。

４区は北端部の平場で笹郭に接している。南北約 45m、東西約 23m の空間を構成し、ここには西端崖上に高さ 2m 程の土塁がある。御殿郭への小口は２箇所見られるが、その一つは２区と３区の間に入っていく園路部分であろう。もう一つは、３区と４区の間にある園路部分であるが、ここは枡形小口を形成している。その形は、土塁裾の確認できる石列によって図のように復元される。枡形の幅は約 5.5m、奥行き 10m となり、右に折れて４区へ入る小口で、３区への入り口とはなっていない。４区へは石列を伴う石段に造られる様である。また、直進するとそのまま荒川に墜落するように比高 2.5m 程の端部が切り取られられており、面白い構造と言えよう。本曲輪小口前は 90m × 60m 程の平地となっているが、本曲輪の小口西側部分にあった土塁が完全に削平されていると考えたい。ここは第１段階に造られた大堀切が有ったと考えられる場所で、現在は県道敷となっており、旧状を知ることは出来ない。

本曲輪門跡と推定される地点に至る外郭東小口から推定される進入路は、最近の環境整備によって、その具体像が知れるようになった。下記に示すのは、その部分の拡大図であり、これに基づいて解説を加えようと思う。なお、ここに示す名称は解説を加えるために付けた仮の名称である。

外曲輪東小口は、木持地区から城内へ入る為に設けられた喰違小口で、土塁内部は、喰違いに置かれる土塁５・６と堀切１によって完全な内枡形を構成し、そこから深さ 16m 程の深沢川に下り、幅７m の深沢川を渡っている。深沢川左岸には蛇行によって形成されたと見られる河岸段丘状の平坦面が有り、兵糧蔵跡と伝承される。規模は間口 48m、奥行 30m 有る。現状の道は兵糧蔵跡東北端、腰郭Ａの直下で、ここは、高さ２～ 3.8m の急崖となる。また、兵糧蔵跡の南西には、見かけ上の高さ 10m の土塁Ａが、長さ 55m にわたって置かれる。従って、兵糧郭は腰郭Ａと土塁Ｂによって完全に本曲輪側から遮断されていることになる。道は一折して腰郭Ａと土塁４の間を幅１間程で、掘り割り状に入る。ここが２番目の小口であろう。この掘り割り状に残る小口部

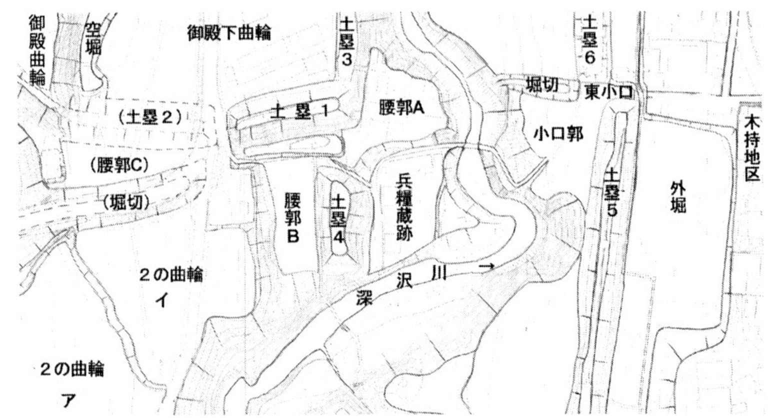

外曲輪東小口から本曲輪小口前に至るルート解説図

外曲輪東小口から本曲輪小口前に至るルート現状写真　外部（左）と内部（右）

分は兵糧郭跡にある民家への自動車進入路となっているが、現状でも、切岸面両側に谷側部で道路面から約１ｍ上、腰郭Ｂと同レベルに川原石積の形跡を残す石が露出している。鉢形城跡の他の部分に見られる石積跡と同様なもので、小口側面の石積の痕跡と見られ、四脚門で確認された両側壁の化粧石積と考えておきたい。

腰郭Ｂに入ると、土塁１の下部８ｍに造られる幅 10m 程の空堀が障害となって、通路幅は約３m 位に規制され、その背後にある腰郭Ａは約 1.5 ｍ程高く「逆臣郭」的位置取りとなっている。さらに、この郭は眼下にある深沢川渡河点や、直下の通路、さらには、小口郭から下る侵入者に対する最大の攻撃拠点を形成している。そして、実質高約４ｍの土塁４と２の曲輪イの高さ約７ｍの切岸に挟まれる腰郭Ｂは、間口 18m、奥行 55mの広大な内枡形郭となる。道は、ここから、空堀脇を直進し、一折して本曲輪門前に上り詰めると考えられるルートなのである。土塁１の側面にはやはり、石積跡の石と見られる川原石が露出しており、土塁１側面は旧状を残していると考えられ、ここに門跡を推定したい。なお、本曲輪小口前の堀切と腰郭Ｃ、土塁２は明確でなく、あくまでも作図上の推定線である。この推定されるルートは現在確認出来る鉢形城最大の防御地点を形成していると考えて良いだろう。この様な構成を見せるこの地点は、内宿・木持地区などの外曲輪や児玉道などの交通路の存在を考えれば、「日常の大手筋」と考えられる。

2の曲輪北馬出郭内部　寄居町教委提供

２の曲輪は南・北馬出郭（「定掃除庭」では「左・右馬出」）を挟んで南側に３の曲輪が配置される。大堀切と見られる県道敷の手前には一段低い郭が置かれるが、２の曲輪自体が南傾しているため、南馬出部分で摺り付く。その南端部から２の曲輪南馬出郭への通路が想定されよう。

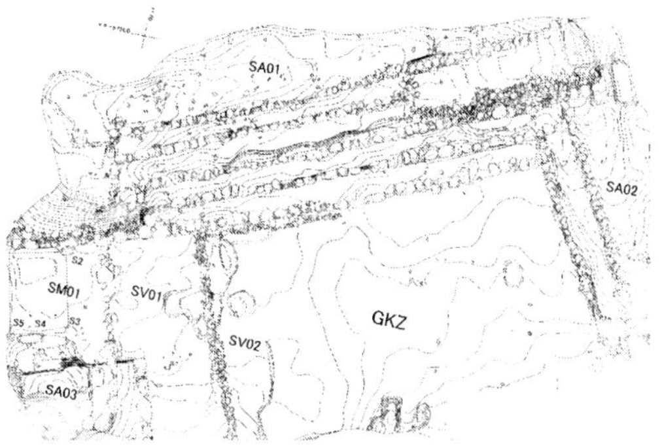

2の曲輪北馬出郭遺構実測図
寄居町教委 2006 より引用加筆

２の曲輪には段丘崖側の一番高い部分の荒川沿いに高さ約２mの土塁と３の曲輪境に高さ約3.5mの土塁が設けられるが、両方の土塁が交差する南西隅に下幅約1.2m程の小規模な小口があり、幅１mほどの細い土橋を伝わって、「御金蔵跡」と言われていた小さな郭に入る。ここは発掘調査が行われ、内側は２～４段の石積を階段状に備えた土塁を西南部に配した四脚門を置き、郭全体が空堀に囲まれる立派な「馬出郭」であった。全体の規模は19.2m×11.8mとなる。門は柱間1.8m、奥行2.4mの規模を持つ四脚門で、礎石が確認されている。

馬出郭の内部規模は南北13m、東西6mの長方形である。南に付けられる門は西側が石積のある土塁、東側は高さ1.1m、幅2.15m。長さ３m程の低い土塁に挟まれていた。門前には上幅6.4m、深さ4.8mの空堀があり、木橋が復元された。東側の堀は深さ６m、西側の堀は深さ7.4m、上幅11～12m、下幅１m（発掘前は３m）に造られていた。この馬出は、天正14年３月13日の「北条氏邦定書」に書かれる「秩父曲輪、但し篠窪請取之境より裏門左右馬出迄」の「左馬出」に該当しよう。２の曲輪と３の曲輪の間を仕切る空堀は大きなもので、発掘調査によって上幅約20m余の規模を備え、２の郭側に稲荷社から続く高さ3.5m程の土塁があり、３の曲輪からの深さ12mを越える。２の曲輪空堀の堀底は畝堀に作られる。

３の曲輪は北側の秩父郭、南側の逸見郭に分かれるが、間に諏訪の池がおかれ、池南の切れ口付近は「大手口」と伝承される。南側にある逸見郭の東側半分は大きな「弁天池（仮称）」とそれに続く「おくり泉水」と呼ばれる湿地である。これらの東側の深沢川（深さ約 11m）沿いには土堤があり、池の堤となっていたようである。逸見郭北側には大きな捨堀も備えられ、逸見郭から、２の曲輪南馬出郭に至る一つの通路が想定されている。現状では逸見郭には土塁は存在した痕跡が全く見られず、東側に大きく盛り土して曲輪面を形成していることが考えられている。

諏訪馬出郭内側にある秩父郭の土塁は高さ約 3.5m、上幅約 5.3m となる。そして、土塁上にはさらに高さ 60cm 位の低い土塁が重ねて築かれ、内側に武者走を置いたものと考えられる。土塁内側には階段状にセットバックして積まれた３から４段の石積みが確認されている。さらに、３箇所の雁木あり、幅７m位、蹴上げ幅 30 ～ 50cm、踏面 60cm となっていた。これらの石積みは川原石と片岩の割石で積まれるが、裏込め石は見られないものであった。大手口は諏訪神社の部分と見られるが、ここは完全な馬出郭となる。この馬出郭から秩父郭側に入った３の曲輪小口内部の土塁は低い石積を３段に築いていた。小口を入ると通路は幅６m で桝形状に曲がって、秩父郭門前に延びている事が明らかにされた。また秩父郭内は発掘調査によって多くの建物跡や四脚門跡、排水用の石敷溝跡と築地塀跡、柵列跡、池跡、井戸跡、水路跡などが発見され、

「弁天池」と逸見郭全景

「弁天池からおくり泉水」の現況

３の曲輪　秩父郭門（復元）

三の曲輪小口内側通路側壁の石積と石段

寄居町教委提供

そこが庭園を備えた居住空間であった事が確認され、一部が復元されている。確認遺構の時期は大きく見ても数期にわたるもので、下層部分では15世紀後半に遡る溝なども発見され、3の曲輪地域には鉢形城形成初期段階に遡る遺構の存在があることも注意された。最終段階は天正年間終末期に近い段階と見られている（『鉢形城跡2006』）。

深沢川の東側は外曲輪になり、広大な範囲が区切られるが、堀や土塁の備えはそれほどのものではない。木持地区からの外郭への進入路は東側の土塁が喰違いになる中央部にある東小口で、その地点から内枡形状に存在する郭を深沢川に折坂で下り、深沢川を渡り「（伝）兵粮蔵跡」を通過して、本曲輪小口前に登るルートがあり、もう一つの外郭への進入路は、内宿からのもので、長久院跡から外曲輪北馬出郭へというルートであろう。

発掘調査では山内上杉系と見られるカワラケも出土し注目される。管領上杉氏時代の上杉顕定の拠点の城郭、そして、後北条氏時代は後北条領国圏内重要な支城群の1つとして重要な役割を担った城郭である。出土遺物の年代は15世紀後半から16世紀末の物が中心となっている。一方、発掘調査で確認された石積遺構の知見は、報告書でも石塚三夫氏によって触れられているが、笹郭の御殿郭切り岸面から発見された石積（SV01）は大きな割石を組んで構築された石垣と確認される。そして、この様な石垣は「弁天池」北法面中段にも認められており、三の曲輪で見られた石積とは様相を異にし、石塚三夫氏の指摘しているように

秩父郭内部土塁内側の石積（復元）

秩父郭内の排水溝

寄居町教委提供

3の曲輪北西隅の井戸跡

寄居町教委提供

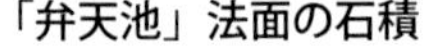

「弁天池」法面の石積

笹曲輪石積　寄居町教委提供

年代差を示すものとして捉えられる石積であろう。

この他、鉢形城関係の遺跡として周辺の交通路に置かれた番小屋が有る。これは永禄 11 年 10 月 23 日の下記史料で確認される。

北条氏邦印判状〔逸見文書〕『新編埼玉県史』資料編６―520
敵働由候間、他所へ兵粮為無御印判、一駄も越ニ付者、見逢ニ足軽ニ被下候、其身事者、可被掛礫、小屋之義者金尾・風夫・鉢形・西之入相定候、十五己前六十後之男、悉書立可申上者也、仍如件、

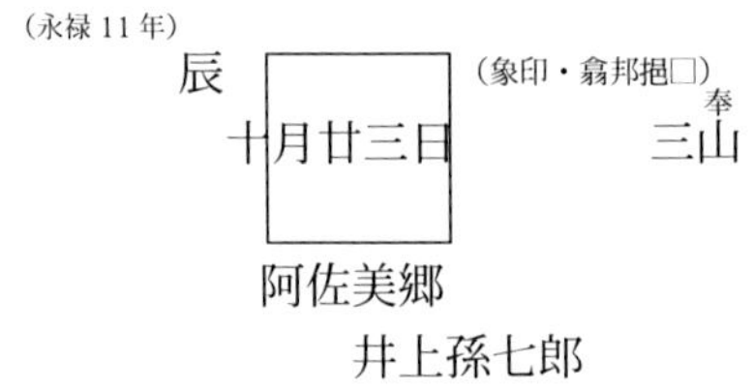

（永禄 11 年）
辰
十月廿三日　（象印・翕邦挹□）
三山（奉）
阿佐美郷
井上孫七郎

兵粮の無断持ち出しの監視小屋として金尾・風夫・鉢形・西之入に置いたというものであり、この小屋の遺構は確認出来ないが、鉢形城下への交通路の復元によっておおよその位置は推定される。金尾は金尾要害山城、風夫は釜伏峠越えの秩父道に置かれる。鉢形は児玉道が荒川を渡る手前の内宿関山小路、西之入は小川道が深沢川を渡った地点に比定できるだろう。この他、城下の宿として内宿が有り、鉢形小学校周辺地域となる。この宿をかすめるように小川から児玉への道が甘粕小路から関山小路を通過する。このおおよそについては鉢形城域図に表記した。現在、南北約 1 km にも及ぶ国指定史跡・鉢形城跡は町によって史跡整備が進められている。

花園城跡

所在地	大里郡寄居町大字字城山 1904 他。 北緯 36.072082, 東経 139.102007, 標高 210.0, ほか

歴　史　記録には登場しない城である。ただ、天正 17 年（1589）発給の北条氏邦文書に末野の「鐘打衆」に対する鐘打ち、飛脚役の見返りとして屋敷を安堵した文書の中に花園山を守るよう申し渡した事の記載がある。この花園山が花園城であろう。

『秩父志』では本城と思われる城郭として「花熊砦」の記載があり、萱野氏（末野村藤田氏）の持城、『新編武蔵風土記稿』では「花隈城」、虎ケ岡城主猪熊丹後守の持城とある。一方、この地域は、藤田氏ゆかりの藤田聖天宮が所在し、永禄 4 年 12 月の秩父一乱時には高松城に栖籠もった一群に「檜山」衆がいる。ここ末野の荒川段丘状に構成される花園城・末野宿・日山館の存在が示す藤田氏の本拠と確認される地域が「檜山」である。そして、檜山藤田氏の本流が高松城に秩父衆と共に栖籠もったということを示していた。

天文 15 年 4 月の河越合戦以降、北条氏康の 4 男・乙千代（氏邦）を娘聟として、受け入れ、北条氏の軍門に降った藤田氏が、再び離反した事を示している。そして、永禄 4 年 9 月以前の永禄元年、藤田泰邦母の在城していた事が知られ、藤田氏一門が居城していた天神山城が北条氏政等に攻められ、自落しているという事実が確認出来る。花園城は藤田氏の本拠を守る詰城なのであろう。

遺　構　花園山を大きな堀切で 4 つに分け、主要な郭を配置し、南側斜面部に 2 本をセットとする竪堀をつなげるという特色を持つ城郭である。このタイプは、「藤田系城郭」として城郭研究者の間には有名な縄張りで、氏邦を養子に迎え入れた地元藤田氏の築城法と言われて久しい。

標高 210m ～ 180m の善導寺裏山尾根線上に 4 カ所大きく堀切を入れ、それに続けて竪堀を穿ち、その竪堀の間に段築状に腰郭を配置している。山頂南側 200m 間に主要な郭を置く。東から東の郭、3 の郭、2 の郭、本郭とされる。

城への通路は諏訪神社西から折坂で上るルートが推定できる。堀切は 5 m ～ 7 m の上幅を持つ大規模なもので竪堀に連なる。第 1 の竪堀は山裾まで到達する規模を持ち、2 本の堀の合計幅は最大で約 16m をはかる。本城最大の堀は、堀切と竪堀がクランク状に連結する第 3 の竪堀で、これを境に西側の地形が複雑にされる。西側の第 3 と第 4 の竪堀はいづれも東側の竪堀が浅く、通路となり、上端部では帯郭や横堀に連なっている。しかし、山麓からの通路は現在確認されるのは 2 本で諏訪神社を拠点とする。

東側の登り口は諏訪神社の裏手を左手に登っていくもので、第 2 竪堀と第 3 竪堀の間を折坂で上り、3 の郭に到達している。3 の郭から 2 の郭には 2 本の連絡路が確認される。一つは北端をまわり、堀切を横切って 2 の郭土塁の裾に

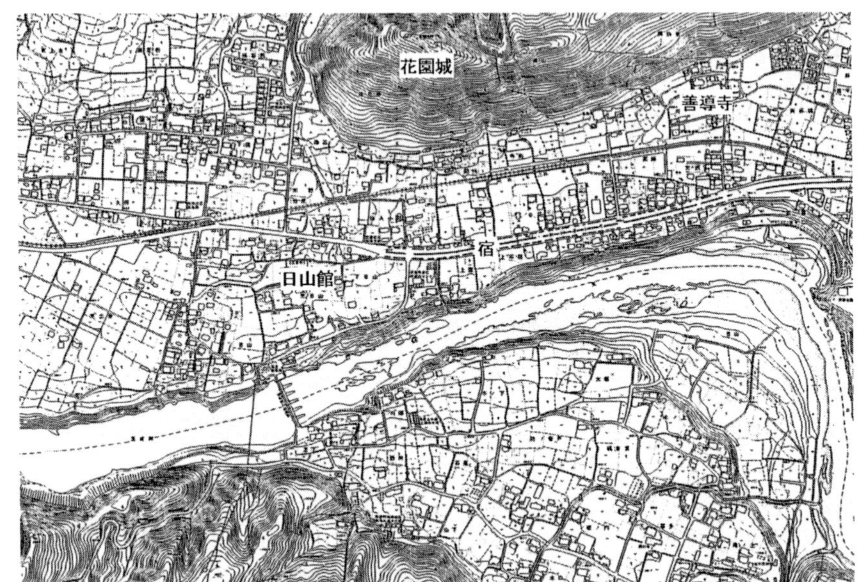

藤田氏の本拠末野元宿地区概念図

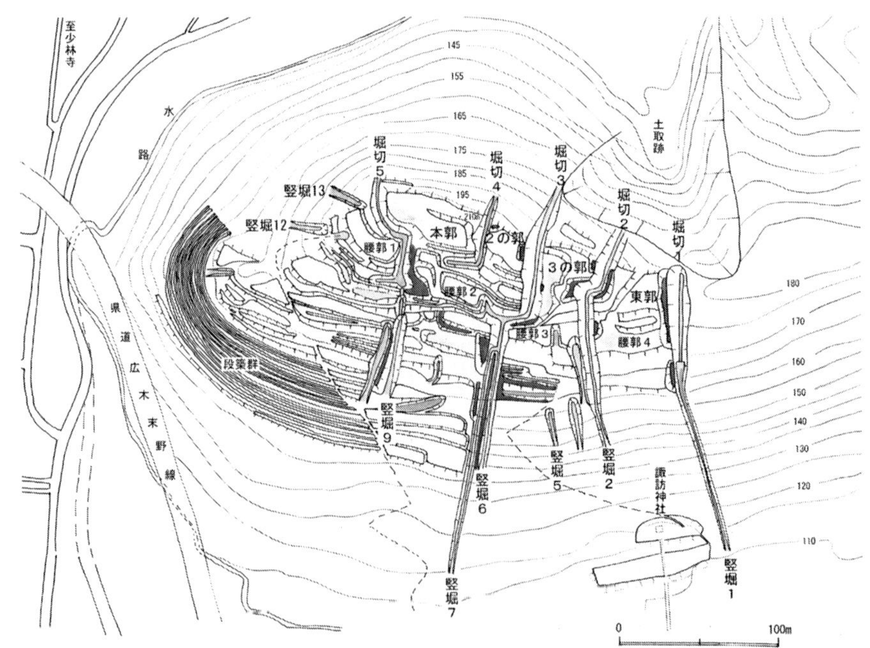

寄居町 **花園城跡**　埼玉県埋蔵文化財調査事業団調査報告書付図に加筆修正

あがっていく道。もう一つは３の郭に見られる盛土部から２の郭下の奥行きの狭い腰郭に連なる木橋の存在の可能性で、橋脚を支えたと見られる緑泥片岩に穴が穿たれているものが存在している。そしてこのまま西に移動し、次の堀切に入り、本郭へ上るという通路である。もう一つは段築の見られる西側で、段築の間を左手に上っていく山道がそれである。段築を一つづつ乗り越えるように見えるが、実際は道を境に、うまく喰違いに段築が作られ、一気に途中まで上り、向きを変えて緩やかな斜面を本郭に向かって上り、本郭下の横堀に入って北端から、北斜面の帯郭を通って本郭に入る道である。西端部の竪堀からの道もこれに連なる。

堀切４現況

本郭下石積現況

花園城の縄張りの特色は、今の通路の説明でも理解できるように、山頂に連なる郭と、斜面部の腰郭が帯郭や横堀、竪堀を配して縦横に連絡している事であり、もう一つは南斜面西側半分に見られる 18 ～ 19 段にもなる帯郭の連続になる「段築」であろう。この段築は幅が 1.5m から２m と狭く、各段は約 1.5m ～ 2.5m 程の高さに垂直に切られ、肩部には緑泥石片眼岩を小口積みにした石積が見事なほど連なっている。しかも、西側に向かって徐々に上り、端部で上段の帯郭と連結していることで、明らかに防御施設として存在したことが理解できる。これらについては、多くの研究者が存在に気づきながら、後世の耕作等を目的とした開墾で、変形されたものであろうとして取り上げなかった。十分に検討する価値の高い遺構と考える。

本郭は東西 60m、南北 15m 程度であるが、東半分が背後に尾根を残し、25m × 13m、落差 2.5m 程に段切りして郭構成をなす。２の郭は東西 27m、南北 15m。３の郭は東西 31m、南北 15 ～ 30m で２段構築である。東の郭は整形が明瞭でなく、山形そのままであろうが、堀切と堀切の間は 30m を測る。

城跡についての実測図が（財）埼玉県埋蔵文化財調査事業団から報告書添付

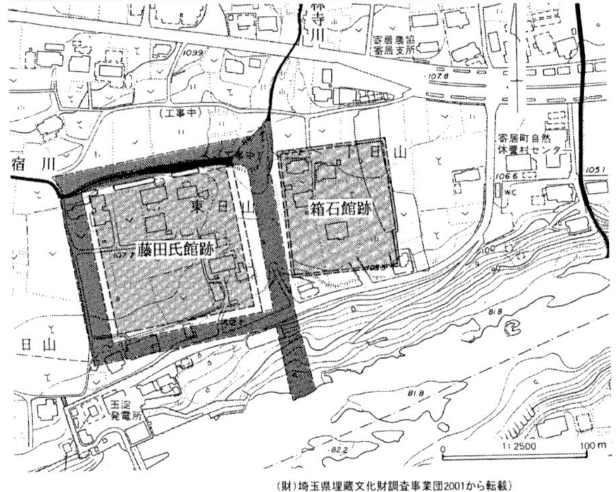

（財）埼玉県埋蔵文化財調査事業団2001から転載

箱石館跡の空堀（さきたま史跡の博物館提供）**と日山館跡・箱石館跡位置図**（若松 2001 より）

資料として刊行されたので参照するとよいだろう。ただし、西側段築群の記載はない。本図は事業団の実測図を修正したものである。日山館については（財）埼玉県埋蔵文化財調査事業団が発掘調査を実施した。その報告書に館跡の位置と調査された空堀の写真が示されている。箱石館跡の空堀は上幅が約 2 ～ 3 m、深さ 1.2m で内側に土塁が築かれていた可能性が高いとされた。空堀の延長は 90m 前後を測り、東西は隣接する日山館跡との関係から 75m 前後となるだろうと報告され、その年代は 15 世紀中頃後半とされた（若松良一 2001）。

案　内　国道 140 号線寄居バイパス末野陸橋を過ぎてすぐに右折し、善導寺に入る。裏山が城跡。

花園御嶽城跡

所在地	大里郡寄居町大字末野字八王子 2094。 北緯 36.073390, 東経 139.100568, 標高 247.8 ほか

遺　構　花園城を眼下に見下ろす位置にあり、花園城の死角となる円良田川方面を押さえる位置にある。円良田川対岸には円良田城跡が存在し、北方方面からの侵入を押さえる位置を占める。少林寺裏山の五百羅漢群を上り詰め、さらに左手の山頂に向かうと、そこから縄張りが見られる。

城郭は御嶽山山頂 247.8m に本郭が置かれる。本郭の規模は 20m × 28m を測り、平坦部には何の施設も見られない。５～６ｍを切落し、横堀（東から南）と幅５～６ｍの腰郭（西）を置き、所謂「鉢巻き状」に防備を固めている。東側の横堀はそのまま竪堀１（深さ 3m）に続く。横堀は底幅約 2m、深さ 3m ほどになる。前面に掘り上土を積み上げた土塁を置くが、上面は通路として利用されていたと見られる。

２の郭は尾根上の平坦部を利用し、北辺に高さ 50cm 程の土塁状の高まりがある。２の郭の他、横堀の外側に腰郭３，４を置くが、他にも２の郭下部に幅３～４ｍの帯郭を造り、４段の段築、３段の段築を配す。この段築のあり方は、前面にある花園城の造りと共通する点がある。山容から見ると北側尾根にも何らかな防備が必要と見えるが、備えは花園城側に向いている。横堀もなく無防備である。

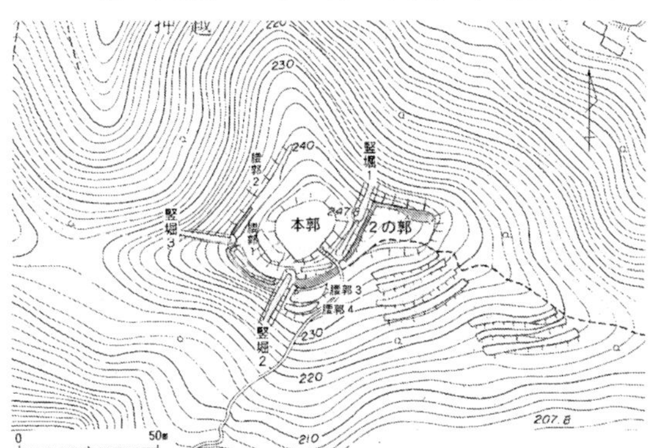

花園御嶽城跡

本郭下の横堀

本城は中田正光氏によると、花園城の欠点を補完するために築城されたというが、構えは花園城に向いている。縄張りなどに見られる城づくりの特色は、共通した築城者の存在を伺わせるに十分である。

案　内　国道 140 号寄居

バイパス末野から広木末野線に入り、少林寺を目指し、裏山の五百羅漢の並ぶ山道を登り詰め、尾根を西に登ると御獄神社の祀られる山頂に出るが、この地点が城跡である。

要害山城跡

所在地	大里郡寄居町大字金尾。北緯 36.074981, 東経 139.090028, 標高 212.0, ほか

歴　史　『秩父志』に城主は金尾弥兵衛とし、屋敷跡と記す。この要害山城が所在する地域は、鉢形城下、あるいは藤田本拠の末野から金尾の渡を渡って、天神山城へ向かう主要な道筋に有り、永禄11年、藤田氏邦印判状に示される、「金尾」の番小屋が置かれたところに比定される。また、天正10年9月、岩田玄蕃は北条氏邦から「養父岩田彦次郎跡の瀧上屋敷并金尾山」を安堵されている。波久礼は両側に山が迫り峡谷地形を作り出しているが、この右岸、金尾に要害山（ようがいやま）城がある。荒川を眼下に望む標高231m金尾山の山頂から南の山腹にかけて縄張りがみられる。

城跡は郭5～7が平成6年10月から7年1月にかけて（財）埼玉県埋蔵文化財調査事業団によって発掘調査が行われた。城郭は山頂部と山頂から50mほど下がった尾根上の2地点に縄張りが大きく分かれる。山頂部は愛宕神社の

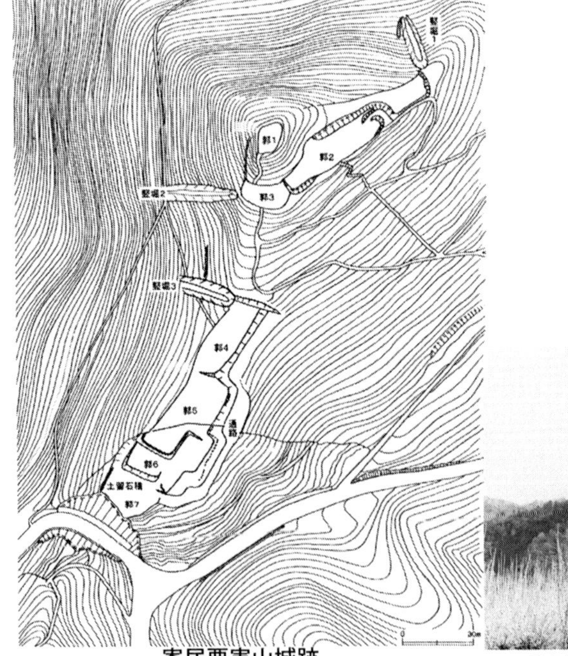

寄居要害山城跡
（財）埼玉県埋蔵文化財調査事業団調査報告書をベースに西口報文で加筆

北側の矢那瀬から見た城跡、山頂が郭1

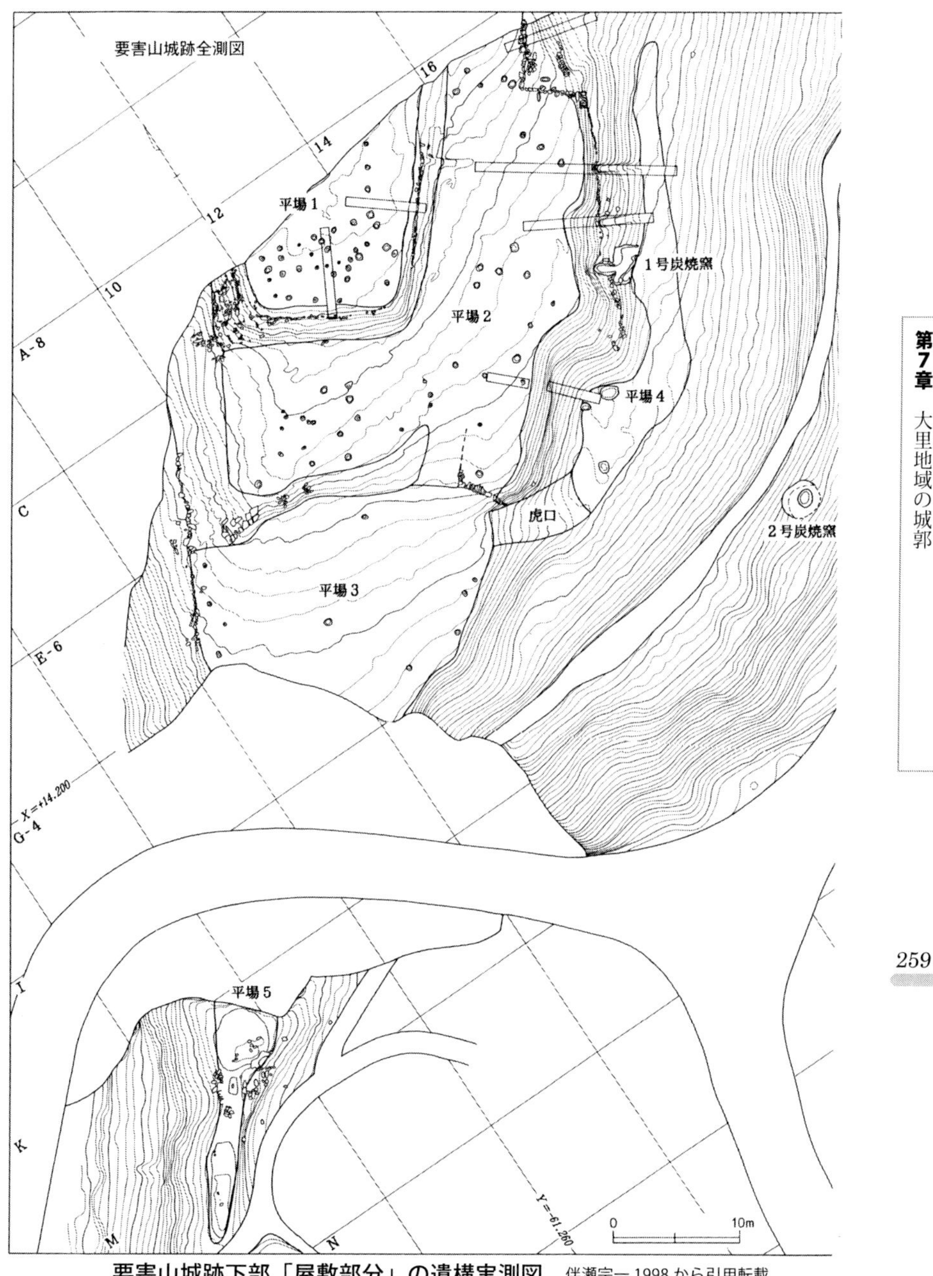

要害山城跡下部「屋敷部分」の遺構実測図　伴瀬宗一 1998 から引用転載

ある幅 17m、間口 50m の郭２を中心に置き、その背後の山頂部に小さな物見的な郭１を配する。郭２には東側に枡形状の小さな小口が作られ、西側には平場６への通路からなる小口がある。平場６からは東におりる道があり、郭２の背後の稜線上さらに東に延び、掘り切られる。

竪堀は３本みられるが、いずれも北側の上部に作られる。うち２本は堀切的に作られ、荒川側の急斜面にしか見られない。南側の郭は鞍部で尾根を掘切り、その南側に 110m ほどにわたって階段状に作られる郭として存在した。ここは発掘調査の対象地域で４つの郭に分けられるようである。郭４，５は奥行き 14m、間口 40m ほどの２つの平場になり、肩部には平石の小口積みされた石積みがある。そして、肩部にはピット列が発見され、城柵の存在が推測されるという。郭６との比高は 1.5 から 2m である。郭７には郭５の下側を斜面に平行して延びる通路状の帯郭がおかれる。南端は県道によって切り通しが作られているが、城郭としても堀切があったと考えられる。発掘調査では年代を決められるだけの遺物の発見はなかったという。

この城は実測図によっても知られるとおり、２地点に分かれて作られる。作り的には愛宕神社部分の上部の郭が郭２を中心に簡単な構造を持っているに比べ、南側の下部郭は郭４，５の２つの平場を主体に丁寧に、しっかりと地形されているという違いを見せるが、主要な郭である郭２と郭４，５の２つの平場とも全く同規模に作られているので、地形の年代差はそれほどなかったと考えられる。また、下部は竪堀等の防御施設が全く存在しない造りとなっており、下部の区域は『秩父志』に記されるように背後に秩父道を眼下にできる郭１から３の物見を備えた屋敷跡（郭４から７）と考えてよいだろう。

案　内　国道 140 号線波久礼駅前交差点を長瀞玉淀自然公園線を長瀞方面に向かい、長瀞 CC 入り口交差点右手が城跡。

用土城跡

所在地　大里郡寄居町用土字北沢。北緯 36.084759, 東経 139.115293, 標高 110.0, ほか

歴　史　藤田康邦が築城と『新編武蔵風土記稿』に伝え、康邦、その子重連の２代にわたって居住したという。康（泰）邦は最初は花園城にいたが、北条氏から氏康４男乙千代を娘婿に迎え、天神山城に住まわせたが、後、花園城を譲り、用土城を築城して移ったと伝えている。

古文書によれば、用土新左衛門は永禄４年末には皆野千馬山城にあって高松城立て籠もりの秩父衆からの人質を預かり、鉢形領支配の先兵としての活躍を評価され、藤田氏旧領を宛行われ、さらには上野藤岡地域に領地を宛行われ、その子と見られる用土新六郎は、吉田天徳寺門前の船役一艘の免除を受けるなど、秩父

用土城跡

地域において重要な役割を担った武将であった。そして、この『管窺武鑑』等に記される、用土氏と藤田氏の関係は誤りである事が確認できる。用土氏は藤田氏の庶流であるので、この用土が本来の本拠であった可能性の方が高い。

遺　構　『新編武蔵風土記稿』には四方に堀の跡残れりとある。山崎一氏は『群馬県古城塁址の研究（補遺編下巻）』の中で用土城の縄張り図を示したが、それは、字北沢の関谷氏宅を中心とする地域で、北沢の円丘状の丘陵東斜面部に位置するものである。ここには細い水路と野道を境に存在する段差が見られ、これらを繋ぐ形で縄張りを決定したと見られるものであった。

斜面上部の西側に南北に一本の農道が貫通しているが、この傍らには「用土城の碑」が天神社の境内に建てられ、かって所在したという用土新左衛門の五輪塔が、昭和２年に再現されて建立されている。この斜面下に細い水路が並行して走るが、これが山崎氏の復元図に見られる外郭の堀跡と記されるもので、主郭に位置づけられる関谷氏宅は平坦に造られるだけで堀などは見られない。この様子は他の地点も総て同じで、現在山崎氏のような縄張り図を書くことはできない。

用土城は地形の現状から見て、城郭というより、小さな館であったと考えさせられるところが多い。寄居町教育委員会は圃場整備に先立って道路敷きをトレンチ調査しているが、関谷氏宅南側で薬研堀状の堀跡を確認したという。

案　内　国道254号線飯塚北交差点を用土駅方面に向かい、蓮光寺手前を左折して北の丘陵上に向かうと用土城の石碑のある天神社の傍らに出る。

第８章　北埼玉・北葛飾地域の城郭

忍城跡

所在地	行田市本丸 635 他。北緯 36.081535, 東経 139.271039, 標高 20.0, ほか

歴　史　『成田記』によれば、忍城の開祖成田氏の祖先は、武蔵国司として土着し、勢力を拡大していったものであり、成田氏から別府氏、奈良氏、玉井氏がわかれたという。成田氏は戦国末期まで成田領を形成し、後北条氏勢力圏の武将として勢力を維持し続けている。

城跡については、これまで城主であった児玉重行を追放し、延徳３年（1491年）成田氏拠点の城郭として再整備したと伝えている。文明 11 年（1479）９月の「太田道灌状」に「忍城雑説之由（略）久下寄陣、成田下総守付力候」とか、同年閏９月の「足利成氏書状」に「忍城用心」等と記録上の初出が見られるが、これによれば、忍城は成田氏の持城であったことを示している。以後、長泰、氏長と３代にわたって支配するが、天文 15 年以降成田氏は上杉氏と北条氏の間を数度行き来して、身の安寧を図っていたが、永禄９年には後北条氏に属し、

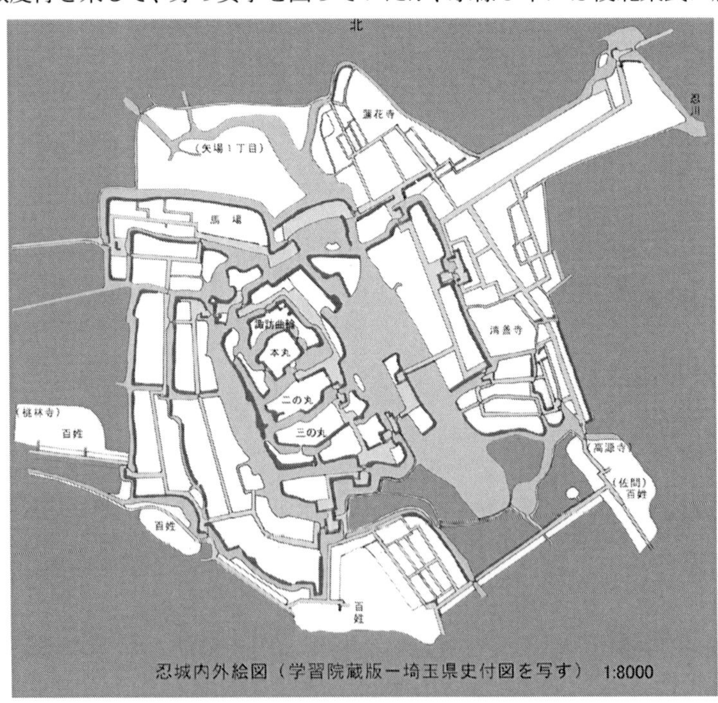

忍城内外絵図（学習院蔵版ー埼玉県史付図を写す）　1:8000

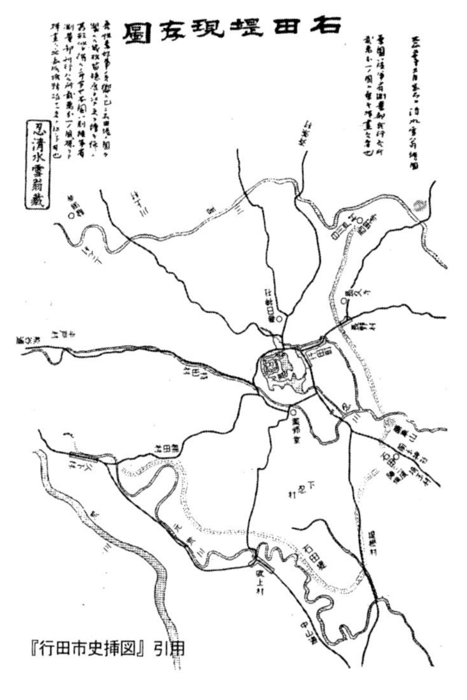

『行田市史挿図』引用

天正18年7月16日に忍城が石田三成らに水攻めされ、開城している。

江戸時代に入ってからは松平忠吉が入り、寛永16年（1639）以降老中阿部氏が入り、文政6年までの184年間、阿部氏が在城した。その後は、松平（奥平）氏が桑名から移封され、幕末まで在城している。

忍城にまつわる歴史上の事件の筆頭は、石田三成を総大将とする天正18年の豊臣軍による忍城攻めであろう、周囲を沼地に囲まれ、「忍の浮き城」と言われた難攻不落の名城で、攻めあぐねた石田の軍勢（佐竹氏・宇都宮氏・結城氏・多賀谷氏・水谷氏・佐野天徳寺氏）は埼玉古墳群の丸墓山古墳墳頂等に陣を張り、羽柴秀吉の強い命令を受けて、忍城の水攻めを敢行した。荒川の水と利根川の水を引き込む大堤は今も「石田堤」として、行田市内や、吹上町内に残っている。

遺　構　利根川と荒川に挟まれた沖積地にあり、起伏の殆ど見られない平坦な地形になる。標高は20m前後で、城地は一面湿地帯であったと考えられる。忍城については現在、城跡公園が残るが、その殆どは市街地として開発され、面影をとどめない。城跡の開発には南方の埼玉古墳群の古墳盛り土を運ぶなど、昭和に入ってもおこなわれている。

城地の形成は沼地の掻き上げや埋立てによって行われたと考えられ、地盤補強材の中には竹を長さ90cm、幅50cmの筏状に組んだもの（騎西城でも確認されている）を使用し、法面保護などの使用していることが、本丸の発掘調査で確認されている。城跡については（伝）天正年間の絵図とされる資料が、博物館研究紀要に紹介されている。文政年間作成の絵図と比較されて報告されており、戦国期の忍城を探る手懸かりとして参考になろう。

忍城は四方を沼に囲まれた連郭式の城郭で、東に堀に囲まれた長方形の出郭を配し、大手門を置き、掻き上げ道を伝わって、三ノ丸へと連なる郭配りについては、（伝）天正年間絵図にも認められるが、二ノ丸が対面所と記され、その構造に大きな相違点がある事、三ノ丸から二ノ丸への小口位置の違い、大手口に至る曲輪構成違い、近世の忍城大手曲輪が「立木」と記され、城郭化されていない事など大まかに見ても、構造上の明らかな違いを指摘できる。

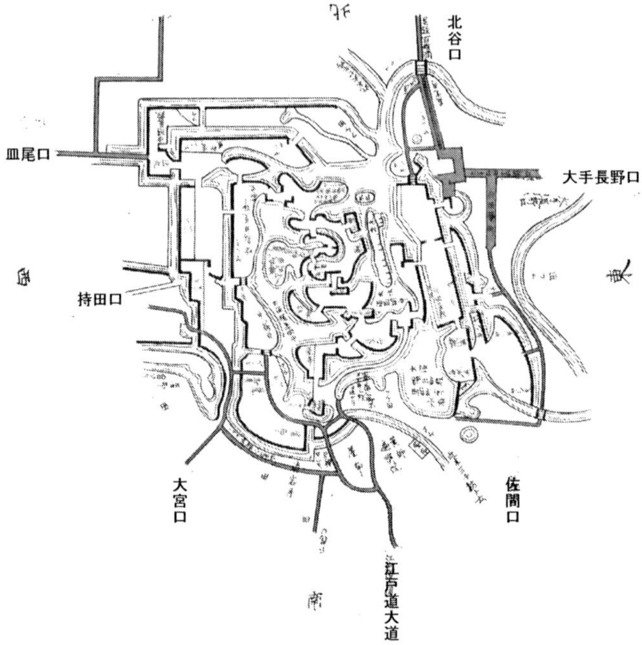

『埼玉県史』第４巻
関東管領時代第20図（天正十八年攻守軍勢配置図）に
修正加筆して作成

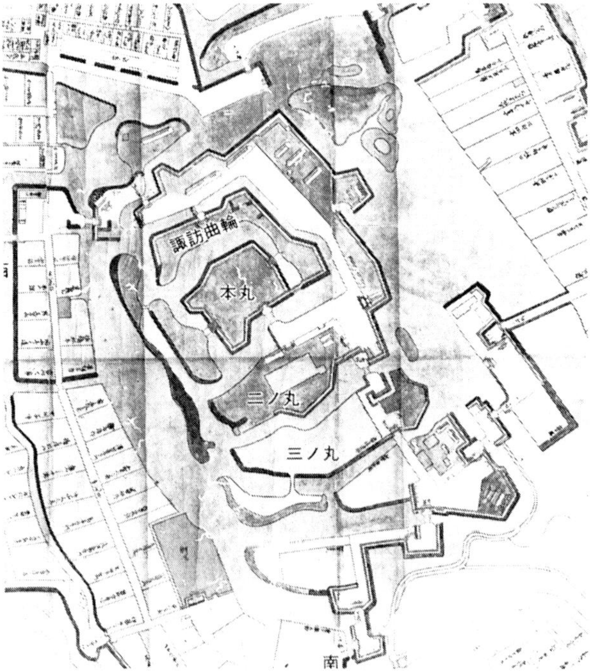

文政年間絵図（個人蔵）
（市立博物館研究報告第1巻引用転載）

博物館建設に伴って市教委が本丸部分を発掘調査し、幾つかの新たな知見が得られている。発掘調査は本丸と諏訪曲輪にわたって行われ、絵図に見られる堀と橋を確認している。また本丸内には暗渠排水遺構も確認され、多くの出土遺物と共に白紙に近かった忍城の実像を浮き彫りにした。木杭の残存によって確認された橋は 15 末～ 16 世紀の掛け橋、天正 18 年忍城開城後のものなどが認められている。特に２回目の橋は堀を埋めて堀幅を狭くして架橋していた。二の丸西堀では障子堀が確認されている。

出土品は 15 世紀末から 17 世紀初頭の土器、陶磁器を中心として、多くの板石塔婆、漆器、曲物、下駄のほか近世の瓦などがある。

案　内　行田市役所、行田市立博物館が目安。

皿尾城跡

所在地	行田市皿尾字外張 404 ほか。北緯 36.084020, 東経 139.263559, 標高 19.0, ほか

歴　史　永禄３年（1560）に忍城主成田長康が北条氏と意を通じ、上杉政虎に対抗したため、上杉氏が築城した城郭といい、成田氏が攻略せんとしたが太田資正が背後を守り、上杉謙信勢が協力したため、落ちなかったという（『藩翰譜』）。

本郭と見られる雷電神社付近の様子（上）、雷電神社東の（伝）土塁跡現況（下）

皿尾城については冨田勝治氏の研究（冨田勝治 1992）に詳しい。皿尾城は最初忍城の出城として築城されたものであったと考えられ、永禄４年に上杉謙信によって落とされ、忍城の向城として再整備された事が伺える城郭であるという。永禄９年の上杉謙信の関東出張時における軍役では、皿尾城主木戸忠朝は羽生城主広田直繁と共にそれぞれ 50 騎を出役している。城跡のある位置は忍川と挟んで 800m、忍城の北西にある。

遺　構　大雷神社と泉蔵院を載せる皿尾の南北に延びる自然堤防上に築城されていたという城郭で、大雷神社境内の北側と東側に高さ

50㎝ほどの土塁が残り、南北85m、東西65m範囲に堀跡と伝える幅3m、深さ1m程の用水堀が回っていたが、今はその痕跡を僅かに残すのみである。このほか、集落の西側には幅2m位の堀が廻り、これらは城跡の堀跡であったと考えられるものである。現在堀を境にして外部と内部では50㎝ほどしか落差はない。

山崎一氏は本城の範囲を南北240m、東西100m程の範囲の外張一帯に想定した縄張り図を残す（『群馬県古城塁址の研究』）が、泉蔵院北側の神社一帯を本丸とし、その東側の外張集落一帯を外郭としている。その範囲を地図上で示す。この縄張り図は羽生市在住の研究家冨田勝治氏も地積図や複雑にめぐっている用水堀の検討等から、同様な図を山崎氏作図の1年前の昭和42年12月に残され、その資料が城郭調査資料として埼玉県立歴史資料館に保存されている。それによれば本丸とする神社南の堀は幅3間位と記している。

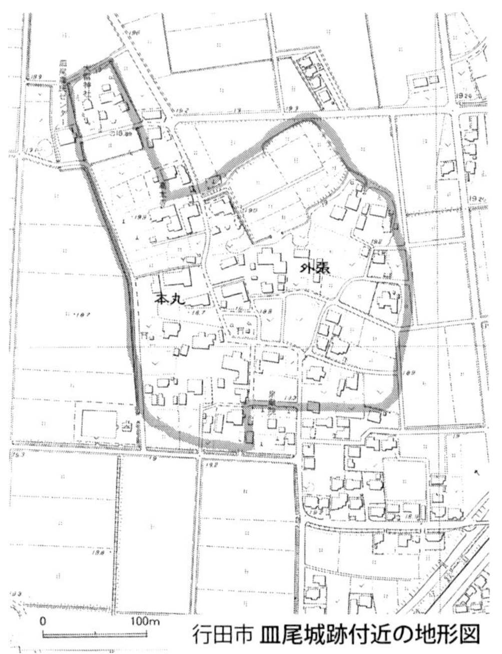

行田市 **皿尾城跡付近の地形図**

案　内　国道125号線上池森交差点から南に県道203号線を南下すると皿尾地区内に入る。

須賀城跡（消えた城郭）

所在地　行田市須賀4586。北緯36.111106, 東経139.285083, 標高21.0, ほか

歴　史　結城合戦の際に足利持氏の臣一色伊予守は成田館に楯籠り、永享12年（1440）7月、須賀土佐入道の宿城に押し寄せ悉く焼き払い、須賀の郎党が討ち死にすると『鎌倉九代後記』、『鎌倉大草紙』に記され、その存在がクローズアップされる城郭である。

須賀城城現況

遺　構　利根川に面した須賀地区を載せる砂丘状の自然堤防上にあり、須賀小学校周辺が城跡と推定されている。北武蔵では初期段階に登場する城郭であるが、その遺構は全く見られない。宿城とも記されるが、館城であったことを示すものだろう。

案　内　行田市利根川の利根大堰から土手沿いに東へ移動すると土手に載るように須賀小学校がある。

羽生城跡（消えた城郭）

所在地	羽生市東２丁目（東谷）。北緯 36.103304, 東経 139.325965, 標高 15.0, ほか

歴　史　羽生城と城主広田氏については冨田勝治氏の研究に詳しい。広田直繁と行田市皿尾城主木戸忠朝は上杉謙信から 50 騎の軍役を課せられ、謙信の関東攻略の先兵と位置づけられている。広田氏がいつから羽生城主であったかは知られていないが、広田氏は古河公方勢力下の武将として頭角を現わし、羽生を中心として勢力を伸長したものと考えられる。『新編武蔵風土記稿』には弘治２年（1556）木戸忠朝築城、冨田氏は天文 14 年頃と推定している。

天文 23 年（1554）北条氏康の古河城攻略により、広田直繁、木戸忠朝兄弟は羽生城を追われる。

・永禄３年（1560）羽生城から羽生豊前守を追い出し、城主となり、長尾輝虎の関東出陣に呼応し、羽生城と領域を安堵された。
・永禄８年北条氏康関宿城、羽生城等を攻める。
・永禄 11 年（1586）城主広田直繁佐野城を攻める。
・永禄 13 年（1588）上杉謙信、忠臣を讃え、広田直繁に館林領を預ける。
・元亀３年（1570）北条氏照の攻撃により木戸氏は金山城に敗退。
・天正元年、上杉謙信は羽生城に軍用金 200 両を渡す。
・天正２年、北条氏は羽生城攻める。上杉謙信救援に越山、武蔵諸城に放火。羽生城を破却。
・天正２年、木戸重朝・範秀を金山城の向城として築いた上野の城（膳城カ）に移す。
・慶長 19 年廃城という。

遺　構　羽生城については全く遺構を残していない。その全容を垣間見る事ができる資料は、「諸国古城之図」であろうか。古城之図には天神社が描かれるが、これは、古城天満宮と言われ現存している。城跡は曙ブレーキ工場の南側で冨田氏や山崎一氏の研究によってその範囲は東２丁目、５丁目一帯とされる。

山崎一氏『群馬県古城塁址の研究（補遺編下）』より引用

『新編武蔵風土記稿』に

「艮の方にあり。慶長十九年に至り廃して其蹟は皆水陸の田となれり。古へのさまを云に当城は平城にして西を首とし東を尾とし東南北の三方は沼にして西の一方のみ平地に続き此所に大手口ありし由、本丸と二丸の境と覚しき所に土手の蹟残り何様堅固の体なり。大手を入りて二丸あり、そこの広さ東西北共三二十間余、それより橋を渡りて本丸に至れり。此所は少しく地高く形圓かにして東西六十間余、南北四十間余、ここより艮に当り天神曲輪と云あり、南の方に小沼と云沼一ケ所また北の方にも今わづかの蓮池及蒹葭生ひ茂れる広き沼あり。何れも城ありし頃、固めの沼なりしと。土人の伝へに当城は木戸伊豆守忠朝、弘治二年築きし城にして姑くここに居住せしが、天正３年６月成田下総守のために陥り忠朝討死せしより成田氏の持となりしに御入国の始め大久保相模守忠隣が居住に賜はり家人鷺坂道可を城代として其身は江戸に奉仕せしが慶長十九年此地御料に属し其後城も破却せられぬ、されど当城のこと古記録及土人の伝へ区々にして一定しがたし。その一二を挙るに古戦録に云此城元は忍の砦にして成田下総守長泰の指揮に従ひ、羽生豊前守守れりと。また北越軍記には上杉輝虎の持にて元亀二年川田軍兵衛をもて此城に置き川田（谷）氏及木戸玄斎の二人をして羽生に在城すと。また土人伝る処の一説に当城は元成田氏の支城なりしが永禄年中上杉謙信上洛せんと相州鎌倉に至りし時、成田氏謙信に叛きしかば謙信越後へ帰陣のおりから当城を攻落せしめ上州金山の城主横瀬雅楽助成繁に与ふ、其臣木戸玄斎忠朝をして守らしむ。然るに忠朝勢微にして守り難ければ成田氏に属せり、故に謙信再び城廓を修め河原井某を置て守らしむ、謙信卒して後また成田下総守再び攻取り、己が弟大蔵少輔を守将とし桜井隼人介を副将として守らしめしが天正十八年落城せしかば同じ年大久保相模守忠隣に給ひ慶長十九年廃城となりしことは前に出せり、云々」

山崎一氏はこの羽生城の姿について復元図を示したが、その縄張りは大きく、東端を城橋とし、西端の大手は羽生の宿を含むとしている。全体像が掴みにくいので山崎氏の挿図を参考に引用させていただいた。

案　内　東武伊勢崎線羽生駅から東方、羽生市役所と曙ブレーキが目標。

堀越館跡

所在地	羽生市藤井上組字本田 1021。北緯 36.104711, 東経 139.330100, 標高 15.0, 他

歴　史　記録は存在しない

遺　構　堀越氏宅の西、北側にL字形に延びる堀と土塁が残っている。東、南辺は不明であるが、全体は二重に堀を構えた方形館と思われる。内堀北辺は約 60m、西側部分の堀幅 5m、東側では折れて幅が狭くなり、約 3m 程である。深さは 0.6 ～ 1.2m、東端は南に曲がり 10m 程で不明瞭となるが、実際の東辺は堀越家の宅地すぐ東に折り部が見える地点と推定され、以東は根切り堀であろう。

西辺南側は深さ 10 ～ 20cm 前後の窪みとしてのこるだけであるが、試堀調査で堀を確認している。北辺では土塁をはさんで 2 本の堀がある。

内側の堀は全長約 80m、やや外に張って延び、東端では南北方向に延びる堀に連絡し、西端では土塁と共に、水路と道路に沿って南に折れている。幅約 6 m、深さ 0.6 ～ 0.8m を測る。土塁の高さは、平行する道路面から約 0.5m である。土塁外側の堀は、台地の裾

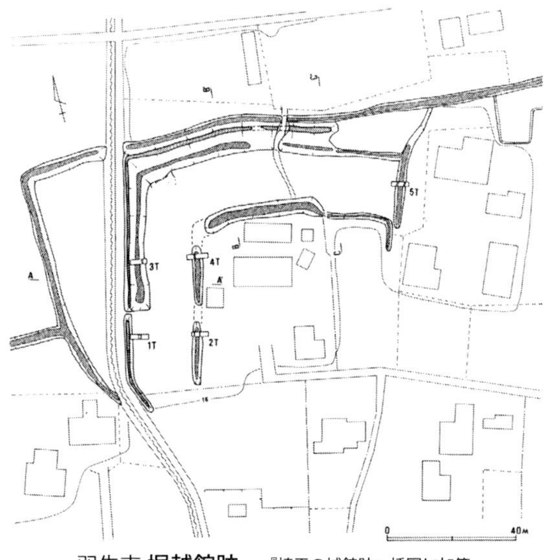

羽生市 **堀越館跡**　『埼玉の城館跡』挿図に加筆

部に沿て延びるが、西辺ではローム層を切って深さ 1.5 m程に堀られている。かつて東端は館の東側の低地まで続いていたと伝えられている。北辺では土塁の頂部から堀底までの高低差 1.5 ～ 1.8m、西辺では幅 4m、深さ 1.3m を測る。その南部で水路につながっている。この堀の東辺は、わずかに窪む程度で明瞭でないが、試掘調査で、幅 2.8m、深さ 0.8m の規模であることを確認している。

土塁をはさんだ 2 本の堀のうち、内側の堀は西辺に沿って延びる水路の掘削に伴ない、付設されたものと考えられ、本郭の外堀はその規模から見ても土塁の北側に平行する堀と考えられる。なお、堀越館の南東コーナー部と推定される位置に、凝灰岩製の五輪塔が有る。全高 130.5cm、重量感ある五輪塔で 14 世紀代に比定されている。

試掘調査では内堀に 2 本、水路東側の堀に 2 本、外堀東辺に 1 本、計 5 本のトレンチを設定し、各トレンチで堀を確認した。1、3 トレンチでは薬研堀を想定したが、堀は浅く、断面逆台形を呈するものであった。出土遺物はないという。堀越館は東西 40 m、南北 60 m程の内郭に北辺の東西幅 110 m余の外郭を備えた二重囲画方形館タイプの城郭と見られるだろう。城跡は所有者から市に寄付された。

案　内　羽生城の北側低地部にある。羽生市役所南の道路を東に向かい、羽生高等専門学校前を左折北上し、香取神社西の交差点を左折西に 250 m程向ってさらに右折北上すると右手。源長寺の東側にあたる。

花崎城跡（消えた城郭）

所在地	加須市花崎 1 の 9。東武伊勢崎線花崎駅西側一帯。 北緯 36.064018, 東経 139.374799, 標高 12.0, ほか

歴　史　天正 2 年（1574 5 月）5 月の「北条氏繁書状」に羽生出陣の時、近年岩付城の向城として取り立てられた花崎城はすぐに自落と記される。

「（前略）羽生被寄馬候処、近年向岩付取立候号花崎地、即時自落（後略）」『北条氏繁書状』（『群馬県史資料編 7 中世 3　文書 No2770』）

遺　構　周辺一体は低地城になっているが、城跡の所在する部分は、埋没台地で、その北端部にある。低地との比高差は 1 から 2 m ある。

昭和 55、56 年に区画整理事業に伴い発掘調査が行われ、城跡の一部が明らかにされた。伊勢崎線北側には『武蔵志』にいう身を伏せたように見られる底の幅 5 から 6 mの堀跡が確認され、それらは畝堀を形成していた。中でも四面を堀に囲まれ、出桝形をなす馬出郭は障子堀（6 号堀）で囲画されていた。外側は幅 4 mの土橋、内側には幅 5.5 mの橋脚木杭列が見られ、木橋が架かっていたことを示していた。

一方、弓状に検出された 1 号堀は、一部に幅 8 m、張り出し 3.4m の出桝遺構を備えるものであった。南側に見られる長方形、梯形の郭やそれを取り囲む堀と共に城郭を構成すると考えられようが、城跡の全形は伺い知ることはできない。

発掘調査では16世紀代のものを含む陶磁器、土鍋、板石塔婆、カワラケ、古銭等が出土している。出土陶磁器の年代は15～16世紀を主体とするものであったという。

花崎城の年代について、報告者の渡辺一氏は、障子堀の年代が16世紀前半に位置づけられること、そして、この段階の「長享年中の大乱」時に古河公方方の城郭として原形が出来上がったものとし、障子堀段階は「花崎城の歴史的背景からもそれを天正年間（1573～1591）と考えるよりは、それを遡ったものと捉える方が理解しやすいのである。山中城と同じ意味で、天正18年の豊臣秀吉の小田原攻めに備えるものとして花崎城の「堀障子」を理解するよりは、羽生城との関係の方がその地理的位置の近さから言っても、可能性が高いのである。（中略）花崎城がこの羽生城との対峙の中で、例えば「境目大切之城」として位置づけられていたとすれば、後北条氏によって新たに花崎城への改修の手が加えられたことは充分に考えられる。そして、それを永禄年間のことと見るのが、最も良く歴史的事象を反映していることになるだろう。」とされ、

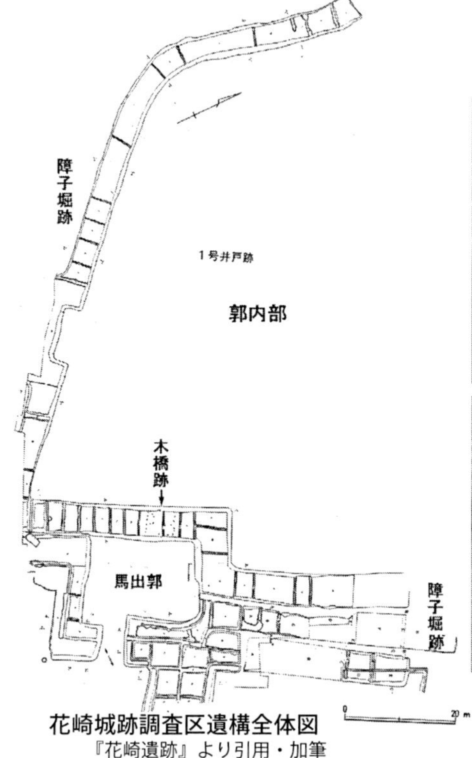

花崎城跡調査区遺構全体図
『花崎遺跡』より引用・加筆

馬出前畝堀（上）と馬出畝堀（下）
加須市教委提供

該期の陶器の出土が見られないことから多少躊躇しながら考えを述べられている。

冨田氏は「北条氏繁書状」によれば岩槻城の支城である鷲宮城への向城として備えられたもので、後北条氏の羽生城攻めに際して即自落とあり、羽生城支城として機能していたもので、その支配下に入ったのは永禄３年頃としている。花崎城取り立てが永禄前半頃という点では一致するものの、築城者については渡辺氏が後北条氏、冨田氏が上杉氏あるいは木戸氏を考えている点では全く反対の見解を示している。

障子堀については最近の発掘調査で、県内でも滝の城、岩付城、深谷城、鉢形城、伊奈城からの発見が報じられて、その年代観は 16 世紀前半以降、後葉などとされている。従って、未だ花崎城の障子堀の形成時期は永禄年間から天正初期なのか、天正年間後半なのかは特定されない。

案　内　東武伊勢崎線花崎駅北西 50 mに位置する。

油井城跡（鐘撞山）

所在地　加須市油井ケ島 11。北緯 36.055627, 東経 139.362569,
標高 11.0, ほか

歴　史　『新編武蔵風土記稿』には「相傳ふ猪股小平六則綱が城跡ト云。鐘撞山と呼ぶ。今は山もなく陸田となりて、城蹟のさまは見えず、」云々とあり、猪股氏の末裔が住したものと推定されている城郭である。

加須市 **油井城跡**

遺　構　加須市内でも掻き上げ田地帯の「浮島」で名高い水深地内に存在するもので、周辺一帯は深田地帯である。この深田に周囲を囲まれる油井ケ島地区はまさに島状に自然堤防が見られるところで、この自然堤防上に築城されたものであったのだろう。

北側空堀、左手は低い土塁

城郭の遺構は詳細不明で、ただ、神宮寺の西方の民家の周囲に堀跡という水路が残り、方形を呈する土塁が残存するのみである。水路の幅は３～４ｍ、深さ１ｍ程に回り、その内側の土塁跡は幅１～２ｍ、高さ 50㎝となって痕跡を残すが、篠が密生し踏み込むことはできない。その西の幅２ｍほどの堀に廻る方形の区画が鐘撞山といい、市指定文化財となって保存されている。「鐘撞山之記」の石碑がある。神宮寺など油井ケ島集落の中心部には城郭遺構と認められるものは確認できない。

案　内　加須市東栄２丁目交差点を南下して加須市（旧菖蒲町）芋茎交差点方面に向かい、常泉交差点をすぎて 500ｍ程の先の変則十路路を左折直進で城内に入る。

騎西城跡

所在地　加須市根古屋。北緯 36.061549, 東経 139.350893, 標高 13.0, ほか

歴　史　南埼玉郡騎西町根古屋に所在する。私市城あるいは崎西城とも記され、足利成氏追討軍、上杉房顕、長尾景仲等によって康正元年（1455）に築陣と記録されるが、騎西城は康正元年、成氏は庁鼻和性順、長尾景仲が守る「私市城」を攻略と初めて記録される。文亀年間頃は小田大炊頭顕家が種垂城から私市城に移るとされる。その後、成田長泰の弟朝興を養子として家督を継がせたという。

永禄６年には上杉謙信が松山城救援に越山し、松山城がすでに落ちていたため、小田助三郎が守る私市城を攻略したことは有名な話である。天正１８年には松平康重が２万石で入城、その後大久保忠常、忠職が城主となったが寛永９年（1633）に廃城となった。

・『鎌倉大草子』に「（康正元年）成氏天命・只木山へ押寄、………越後・上州の兵ども（長尾景仲）……武州崎西郡へ引退て陣を取、」
・『鎌倉大草子』に「（康正元年）成氏は武田右馬介・里見・簗田………に三百

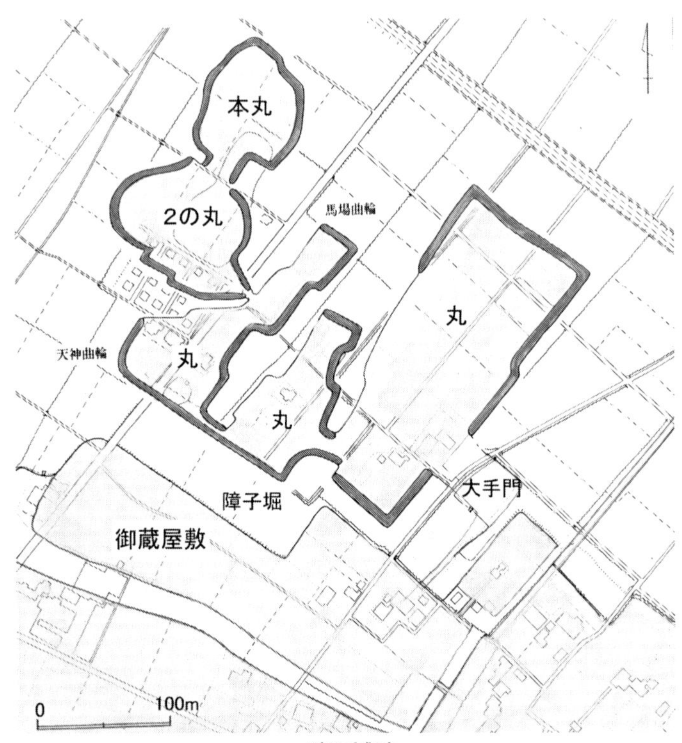

騎西城跡

埼玉県埋蔵文化財調査事業団『騎西城跡』騎西町史付図に加筆作成

騎を指そえ、崎西城を攻らる、」などとある。

遺　構　私市城は周囲を湿地に囲まれた天然の要地に築かれた城郭で、小田原市立図書館蔵の武蔵私市城絵図は城郭の実体を克明に記録した絵図として、高い評価が与えられている。これは、旧騎西町教委が区画整理地形に伴う事前調査で行った発掘調査によって絵図と変わらない地点にそれらの遺構が確認されたからに他ならない。

東西約400 m、南北約400 mの規模をもち、武家屋敷はその南側に幅500 m、長さ1.2㎞の広がりを持つ。西端に南北に「本丸」、「２の丸」が置かれ、東に「天神曲輪」、「馬屋曲輪」そして「丸」と書かれる曲輪を２つ置き、東の「丸」に大手門が置かれる。大手前は比較的広く描かれるが武家屋敷からの小口は狭い土橋として存在する。堀を隔てて東側に元の久伊豆神社が堀に囲まれる長方形に描かれている。

南側の根古屋地区に武家屋敷群、御蔵屋敷が置かれている。これらはいづれも入り組んだ堀に囲まれる。御蔵屋敷南部の堀の調査では、16 世紀前半以降の年代が与えられる、幅約 13m の障子堀が確認されている。城郭の規模は東西約 255 m、南北約 210 mを測り、その東側、南側に武家屋敷群を置く。御

騎西城障子堀　加須市教委提供

武　器（手前から火縄挟み・弾丸・槍・鏃　室町～江戸時代）　騎西城跡

騎西城跡出土品 16 間筋兜（左）、**武具**（右）　加須市教委写真提供

蔵屋敷は南北約 60 mである。周囲は沼地であったようで、その外側に深田、田と記されているので、城は基本的に沼の中に築かれ、南部の台地側は障子堀を穿って防御線を配置したものだろう。

区画整理事業に伴って多くの発掘調査が行われている。昭和 62・63 年の武家屋敷跡の発掘調査では、本城との間の堀が障子堀に造られている事が明らかにされた。その後の調査でも障子堀の発見は続き、城の周囲と御蔵屋敷南での発見も加わって、騎西城は２重の障子堀に囲まれる城郭であったことが理解されるという。障子堀は上幅 13 mのもので、長方形に区切られたものと、溝状のものとが認められるという。

この障子堀の中からは16世紀中頃から17世紀初頭の陶器、擂鉢等が出土し、火縄銃の火縄鋏、鍍金された甲の八双鋲などの珍しい遺物も出土しているが、遺構の年代は 15 世紀後半から 16 世紀内に収まるという。本城の特徴的な遺構である、障子堀は写真に見られるように長方形と方形の格子を組み合わせた障壁を持つ幅 45m の大規模な遺構として発見された。この障子堀も多くの陶磁器を出土したが、16 間筋兜が全形を知られる形で出土している。

この他、城内からは建物跡、溝、井戸などが数多く調査され、15 世紀末の灰釉皿、16 世紀前半の天目茶碗の他、多くの瀬戸美濃産陶磁器、中国製染付、石臼、砥石、板石塔婆、漆椀、下駄、櫛、曲げ物、、金箔を貼った前立、刀、鉄族、薙鎌などのほか、弾丸も出土している。陶磁器は 15 ～ 17 世紀代の瀬戸、美濃物であり、16～17 世紀前半のものが中心という。この他、土鍋や焙烙、火鉢、下駄、キセルなどの生活用具や護符、動物土製品など遊具などの出土もあり最近まで使われていた筵編み機のオサなどは全く変わることのない形態をしており、民具の変遷を理解する上でも多くの貴重な資料を提供している。ここでも竹を筏状に組んだものが発見されている。長さ 150cm、幅が 30cm であった。調査者は火縄銃の弾よけ楯を想定しているが、弾痕はないという。地形用材であろう。

調査成果は『騎西町史』考古資料編や 2016・2017 年の『騎西城武家屋敷跡調査報告書』に詳しい。

案　内　旧騎西町市街地から加須市街地に向かう県道に入ってすぐの根古屋地区。区画整理事業地内。町が建設した天守櫓が目標になる。

菖蒲城跡（失われた城跡）

所在地	久喜市（旧菖蒲町）新堀。北緯 36.034333, 東経 139.354033, 標高 11.0, 他

歴　史　菖蒲城は、室町時代の北武蔵にあって、古河公方と極めてつながりの高い、古河公方勢力の管領上杉勢力圏に対する向城として存在した事が伺える。

・『鎌倉大草子』に成氏が鎌倉を追われて、府中から菖蒲を経て古河へ落ちたときの記録として、（享徳 4 年・1455）「簗田河内守結城先陣にて、散々かけ破り道を開き、成氏は武州少府に落られけり、云々」とある。この時菖蒲城といっていないので、果たして城郭が成立していた事はわからないが、『新編武蔵風土記稿』などに康正 2 年（1456）に成氏の命をうけて、金田式部則綱が築城したと伝える。

遺　構　菖蒲から桶川に向かう県道が見沼代用水をわたるとすぐに菖蒲城の石碑が見られる。埋没ローム台地上にあり、遺構などは見られない。かっては堀・土塁などが認められたというが、耕地整理などによってすべてが失われたという。歴史上「享徳の大乱」期の城郭として著名な城であるが、その縄張りを示せない。

県道の拡幅に伴う発掘調査が平成８年に埼玉県埋蔵文化財調査事業団によって行われたが、遺構は堀と土塁かと思われる僅かな遺構の一部を確認したにとどまり、城の明確な遺構は確認できなかったという。出土品の年代は 15 世紀後半から 16 世紀後半までを示していた。

案　内　国道 17 号線坂田交差点を県道川越栗橋線に入り北上し附廻堀に架かる城下橋を渡った地点。菖蒲城の碑があり、周辺は菖蒲園になっている。（財）埼玉県埋蔵文化財調査事業団の発掘箇所はこのバス停用地部分である。

幸手城跡（失われた城郭）

所在地　幸手市中１－ 16。北緯 36.043239, 東経 139.425982, 標高 9.0, 他

歴　史　『新編武蔵風土記稿』に「一色氏の城蹟と云、小名牛村の内にあり、字城山と号すれど、もとより古利根川を要害にあてし城にて」とある。幸手城は古河公方が一色氏に築かせた城郭であったと推定される城郭である。

文化３年の『日光道中分間延絵図』には祥安寺の南に城跡の記載がある。一色氏は永享の乱の時、一色持家は足利持氏の使者として登場し、乱の敗北によって没落したと言われている。結城合戦では、足利持氏の遺児安王丸・春王丸や結城氏朝に従って、行田市にあった須加入道の宿城を攻撃し、成田館に籠もり庁鼻和上杉氏等と一戦を交え、村岡河原合戦での敗北。永寿王が足利成氏となって古河公方に就任するとそれには一色宮内大輔が従うなど、第２期前半にその存在がクローズアップされて登場する足利成氏勢力下の有力な武将であった。

一色氏の幸手城主化については史料的にそれを示すものがなく、不明な点が多い。古河公方の御料所の一つ「幸手三十三郷」に、古河公方の重臣一色氏が配された事については「『幸手一色氏』系図から伝承まで」（幸手市史編纂室 2000）に詳しい。

遺　構　城跡は全く残っていない。市史の報告では所在場所が判っているので、今後考古学的調査によって明らかにできるだろうとしている。

案　内　東武日光線幸手駅のすぐ東、稲荷神社周辺が城跡比定地。

天神島城跡

所在地　幸手市天神島字丸曲輪 279 ほか。 北緯 36.035729, 東経 139.434613, 標高 8.0, 他

歴　史　一色氏との関係が推定される城郭。城主を一色直高と伝える。

遺　構　北から東を倉松川に囲まれた自然堤防上にあり、島状景観を示している。周囲の水田より１m ～ 1.5m 高い部分を上幅６m 程の堀で区画した城郭と見られ、いくつかの地点に堀跡、土塁跡の痕跡が認められる。

天神社は城跡の北端に位置するが、この部分が最も高く、御手洗瀬（みたらせ）と呼ばれる地点には堀が存在していたことを古老が伝える。神社東南の集落東辺に堀跡の痕跡と、幅２～３m、高さ 1.2m の土塁跡が認められ、土塁上まで堀底より約２m となっている。

城跡の東南部は御屋敷と呼ばれ、現在の家は内手と呼ばれる。内手から南は１m 程の比高を持つ自然堤防のラインが見られ、そのまま西辺に存在する堀跡へ連なるので、この辺が城跡の範囲と捉えられるだろう。長辺約 250m、短辺 140m の規模を有すると見られよう。

案　内　国道４号線幸手橋信号先の倉松川手前を東に曲がり、川に沿って天神島地区の天神社を目指す。

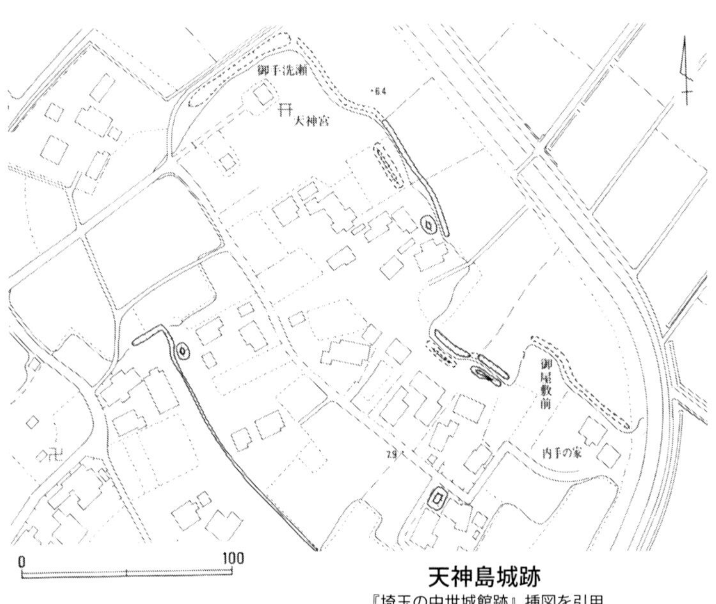

天神島城跡
『埼玉の中世城館跡』挿図を引用

参考・引用文献目録

青葉伊左吉　1956　『吉田城跡』

青木克彦ほか　1997『深谷城跡（第６次）』深谷市文化財調査報告第 52 集

青木文彦　2015　「戦国時代の岩付城とその周辺」『戦国時代は関東から始まった』
埼玉県立嵐山史跡の博物館シンポジューム資料

朝霞市　1989　『朝霞市史』通史編

朝霞市教育委員会　1997　『朝霞のれきし』

浅倉直美　1988　「第４章後北条氏の武蔵支配」『新編埼玉県史』通史編２

浅倉直美　1997　『後北条領国の地域的展開』岩田書院

安藤隆ほか　1998　『山口城跡第７次調査／下安松遺跡第４次調査』
所沢市埋蔵文化財調査報告書第 15 集　所沢市教育委員会

安藤隆ほか　2002『山口城跡―第８次調査―』
所沢市埋蔵文化財調査報告書第 28 集　所沢市教育委員会

稲村太郎ほか　2013『城山遺跡第 71 地点』志木の文化財第 54 集

井口信久　2002『宮廻館跡（第２次調査報告書）』
川越市遺跡調査報告書第 25 集　川越市遺跡調査会

池田光雄　1988「堀内障壁の一形態について―
後北条氏領国下のいわゆる障子堀、畝堀を中心に―」
『中世城郭研究』第２号　中世城郭研究会

池田光雄　1989「堀内障壁の一形態について―全国の類例を考える―」
『中世城郭研究』第３号　中世城郭研究会

石川安司　2005『埼玉県指定史跡小倉城跡』第１次発掘調査報告書
玉川村教育委員会

石川安司　2005『埼玉県指定史跡小倉城跡』第２次発掘調査報告書
玉川村教育委員会

石塚三夫　2006『史跡鉢形城跡第Ⅰ期保存整備事業発掘調査報告』
寄居町教育委員会

伊奈町　2008『伊奈一族の活躍』伊奈町史別編

井上幸治　1934「小田原北条時代における秩父」（一）～（三）
『埼玉史談』第６巻第１号～第３号

井上幸治　1935「小田原北条時代における秩父」（四）
『埼玉史談』第６巻第５号

伊禮正雄　1969「一つの謎・杉山城址考」『埼玉史談』第 16 巻第３号

伊禮正雄　1974『関東合戦記』　新人物往来社

伊禮正雄ほか　1972『畠山重忠と菅谷館跡』比企の自然と文化財を守る会

岩槻市教育委員会　1997『岩槻城関連遺跡群発掘調査報告書』１

岩槻市教育委員会　1993『岩槻城樹木屋敷発掘調査報告書』
岩槻市教育委員会　1998『岩槻城関連遺跡群発掘調査報告書』 2
岩槻市立郷土資料館　2002『企画展　岩付の中近世遺跡―岩槻城とその時代―』
植木　弘　1998「比企の中世館跡」
『比企歴史の丘シンポジュウム　比企の中世を語る』資料
宇高良哲　1988「安保氏の御嶽落城と関東管領上杉憲政の越後落
―新出資料身延文庫蔵『仁王経科註見聞私』奥書の紹介を
中心として―」　『埼玉県史研究』第 22 号
内田康夫ほか　1997『四津山』　小川町遺跡調査会
梅沢太久夫　1980「東松山市・比企郡市の各城館跡」
『日本城郭大系』 5　新人物往来社
梅沢太久夫　1981 a『中城跡発掘調査報告書』小川町教育委員会
梅沢太久夫　1981 b「慈光寺僧坊跡群について」
『埼玉考古』第 12 号　埼玉考古学会
梅沢太久夫　1989「比企西部の３城について―特に小口に見られる共通性―」
『歴史資料館研究紀要』第 11 号
梅沢太久夫　1992「埼玉における中世城郭について
―特に比企における城郭とその成立年代―」
『埼玉教育』№.522　埼玉県立南教育センター
梅沢太久夫　1998「大築城跡」『都幾川村史資料』２考古資料編　都幾川村
梅沢太久夫　2000「北武蔵の中世城郭について」
『埼玉考古』第 35 号　埼玉考古学会
梅沢太久夫　2001 a「〔吉田の楯〕について」
『埼玉県立歴史資料館研究紀要』第 23 号　埼玉県立歴史資料館
梅沢太久夫　2001 b『秩父・中世吉田町の城ュ01』　吉田町教育委員会
梅沢太久夫　2002「後北条氏ゆかりの城郭について」
『埼玉県立歴史資料館研究紀要』第 24 号　埼玉県立歴史資料館

梅沢太久夫 2003『城郭資料集成　中世北武蔵の城』岩田書院
梅沢太久夫　2006『武蔵松山城主上田氏』戦国動乱 250 年の軌跡
さきたま出版会
梅沢太久夫　2011『改訂版　武蔵松山城主上田氏』まつやま書房
梅沢太久夫　2012『松山城合戦』戦国合戦の虚と実を探る　まつやま書房
梅沢太久夫　2013『戦国の境目』秩父谷の城と武将　まつやま書房
梅沢太久夫　2015『北条氏邦と鉢形領支配』まつやま書房
梅沢太久夫・内田康夫　1990『武蔵腰越城』　腰越城跡保存会
梅沢太久夫・小野義信　1977『菅谷館跡』
埼玉県埋蔵文化財調査報告第６集　埼玉県教育委員会

梅沢太久夫・小野義信　1982『国指定史跡菅谷館跡環境整備事業実施報告書』
埼玉県教育委員会
梅沢太久夫・小野義信・小野美代子　1979『越畑城跡』埼玉県教育委員会
浦和第１女子高等学校郷土研究部　1980『中世武蔵武士館跡の研究』Ⅰ
―児玉党四方田氏館について―
桶川市教育委員会編　1985『桶川の城館跡』
太田市教育委員会　1996『金山城と由良氏』　太田市教育委員会
太田博之　2002『東五十子・川原町』　東五十子遺跡調査会
大谷徹　2008『宮廻館跡Ⅱ』（財）埼玉県埋蔵文化財調査事業団報告
第354集
太田賢一　2005『町内遺跡Ⅰ』武州松山城跡第一次・第二次発掘調査報告書
吉見町教育委員会
大多和晃紀　1977『関東百城』　有峰書店
大村進編著　1990　『北本市史』第３巻下古代・中世資料編　北本市
岡本幸男ほか　1980『武蔵新倉館』　美里村教育委員会
小川町教育委員会　2008『町内遺跡群発掘調査報告書ＸＶ』
埼玉県指定史跡腰越城跡
小野正敏　1996「金山城と権力の表現」『金山城と由良氏』太田市教育委員会
小野正敏　1997『戦国城下町の考古学一乗谷からのメッセージ―』講談社
小野義信　1984「菅谷館跡の発掘調査」『武蔵野の城館址』名著出版
小野義信　1984『滑川村史』　比企郡滑川村
小和田哲男　1984「後北条氏の鉢形領と鉢形城」『武蔵野の城館址』名著出版
加須市　1984『加須市史』資料編Ⅰ
加須市教育委員会　2016『騎西城武家屋敷跡』KB7・8・11・12区
第16・23次調査－中近世編－
加須市教育委員会　2016『騎西城武家屋敷跡』KB10区調査
－中近世編－遺物Ⅰ
神奈川県立博物館　1989『後北条氏と東国文化』
金子金治郎　1993『旅の詩人宗祇と箱根』　かなしん出版
金子直行ほか　2001『川越城／小在家Ⅱ』〔財〕埼玉県埋蔵文化財調査事業団
加茂下仁　1988「第３章第１節３　長尾景春の乱と太田道灌」
『新編埼玉県史』通史編２中世
加茂下仁　1992「中世末期の秩父―日尾・上吉田の山城を起点として―」
『合角ダム水没地域総合調査報告書』下巻人文編
歴史 石造物 民俗
加茂下仁　1992「中世末期の秩父」『合角ダム水没地域総合調査報告書下巻
人文編』合角ダム水没地域総合調査会

加茂下仁ほか　1982『長尾景春と熊倉城』　荒川村郷土研究会
加茂下仁ほか　1994『秩父に残る戦国期の甲冑について
　　　　　　　　　　　　—戦国期の土豪の実像を求めて—』
神川町教育委員会　1994『庚申塚・愛染遺跡・安保氏館跡・諏訪ノ木古墳』
川口市　1988『川口市史』通史編上巻
川口市遺跡調査会　2003『戸塚城跡発掘調査現地説明会資料』
川越市教育委員会　1971〜『河越館跡』Ⅰ〜Ⅸ
川越市教育委員会　2000『川越城二の丸跡』発掘調査報告書
川越市立博物館　2000『河越氏と河越館』
川越市立博物館　2010『よみがえる河越館跡』河越館跡の発掘—その成果と
　　　　　　　　　　　　課題
騎西町　2001『騎西町史』考古資料編
騎西町教育委員会　1981『私市城跡』—二の郭発掘調査と外堀の試掘—
北区　1995『北区史』古代・中世２　東京都北区
北本市教育委員会　2002『石戸城跡』第１〜３次調査
北本市教育委員会2013『石戸城跡保存管理計画及び石戸城跡整備基本計画書』
木戸春夫ほか　2004『戸宮前 / 在家 / 宮廻 /』
　　　　　　　　　　　　（財）埼玉県埋蔵文化財調査事業団報告第 297 集
行田市　1958『行田市史』
行田市郷土博物館　1989『研究報告』Vol.1—忍城跡の発掘調査—
栗原文蔵　1988「埼玉県出土の備蓄古銭について（補遺）」
　　　　　　　　　　　　『埼玉県立歴史資料館研究紀要』第 10 号
栗原一夫　2009『逸見若狭守の研究』
黒田基樹　1995『戦国大名北条氏の領国支配』　岩田書院
黒田基樹　2001『戦国期の東国の大名と国衆』岩田書院
黒田基樹　2012『武蔵成田氏』論集戦国大名と国衆７　総論　岩田書院
群馬県　1986『群馬県史』資料編７　中世３編年史料２
群馬県教育委員会　1988『群馬県の中世城館跡』
小林　茂　1980「高松城跡」　『日本城郭大系』５　新人物往来社
小宮勝男　2011『岩付城は誰が築いたか』さきたま出版会
小宮山克己　1999「北足立郡北部の中世遺跡」『埼玉の文化財』第 40 号
小宮山克己　1999『小川町の歴史』資料編１考古　小川町
小室栄一　1965『中世城郭の研究』　人物往来社
小室栄一編　1984『武蔵野の城館址』　名著出版
小室栄一ほか　1967『日本城郭全集』第４巻　人物往来社
小要　博　1993「蕨城跡」　『埼玉県の地名』　平凡社
さいたま市立博物館・同浦和博物館編　2006『戦国時代のさいたま』
埼玉県遺跡調査会　1972『加倉・西原・馬込・平林寺』

埼玉県　1928『埼玉県史跡名勝天然記念物調査報告』第４輯
埼玉県　1980『新編埼玉県史』資料編６中世２古文書２
埼玉県　1980ｂ『新編埼玉県史』資料編８中世４記録２
埼玉県　1982『新編埼玉県史』資料編５中世１古文書１
埼玉県　1988『新編埼玉県史』通史編２中世
埼玉県教育委員会　1968『埼玉の館城跡』
埼玉県教育委員会　1974『青鳥城跡』埼玉県遺跡発掘調査報告書第６集
埼玉県教育委員会編　1998『埼玉県史料叢書』４　埼玉県
埼玉県教育委員会編　1987『荒川の水運』歴史の道調査報告書第７集
埼玉県埋蔵文化財調査事業団　『戸宮前 / 在家 / 宮廻』
埼玉県埋蔵文化財調査事業団　1999『城見上 / 末野Ⅲ / 花園城跡 / 箱石』
埼玉県埋蔵文化財調査事業団　『赤羽・伊奈氏屋敷跡』
埼玉県立歴史資料館編　1979『六反田』埼玉県教育委員会
埼玉県立歴史資料館編　1988『埼玉の中世城館跡』　埼玉県教育委員会
埼玉県立歴史資料館編　1992『埼玉の中世寺院跡』　埼玉県教育委員会
埼玉県立歴史資料館編　2005『戦国の城』高志書院
埼玉県立嵐山史跡の博物館編　2007『後北条氏の城』
埼玉県立嵐山史跡の博物館編　2010『遺物が語る中世の館と城』
斎藤慎一　1996「坂戸に残る中世城館―多和目城―」
「浅羽城と城絵図」『中世のさかど』坂戸市教育委員会
斎藤慎一　2002『中世東国の領域と城館』吉川弘文館
斎藤慎一　2007「戦国時代の河越城」『シンポジューム戦国時代の河越城』
斎藤慎一　2008「戦国大名北条家と城郭」『中世東国の世界』高志書院
酒井清治　1984『東北新幹線関係埋蔵文化財発掘調査報告書』Ⅱ
赤羽・伊奈氏屋敷跡　（財）埼玉県埋蔵文化財調査事業団
坂戸市　1992『坂戸市史』通史編
幸手市史編さん室　2000『幸手一色氏―系図から伝承まで―』
幸手市史調査報告書第９集
佐藤博信　1988「第３章第１節２　享徳の大乱と武蔵」
『新編埼玉県史』通史編２中世　埼玉県
狭山市　1982『狭山市史』中世資料編
狭山市　1996『狭山市史』通史編Ⅰ
澤出晃越　1991『深谷城跡』　深谷市教育委員会
塩野　博　1968『武蔵加納城址』埼玉県遺跡調査会調査報告第２集
塩野博・小野義信　1972『菅谷館跡』埼玉県発掘調査報告書第 14 集
埼玉県教育委員会
塩野博・田中利治・吉川圀夫　1985『桶川市の館城跡』桶川市教育委員会

志木市　1986『志木市史』中世資料編
志木市　1990『志木市史』通史編上
志木市史編さん室　1981「舘村旧記抄」　『志木風土記』第２集
史跡を活用した体験と学習の拠点形成事業実行委員会編2005　『検証比企の城』
篠崎　潔　1995『安保氏館跡』　神川町遺跡遺跡調査会
篠崎潔・平田重之　1989『皀樹原・檜下遺跡Ⅰ（阿保境の館跡）』中世編
皀樹原・檜下遺跡調査会
柴田龍司　1991「中世城館の画期—館と城から館城へ—」
『中世の城と考古学』新人物往来社
城近憲市　1979「入間郡市」　『日本城郭大系』５　新人物往来社
嶋村英之ほか　2016『騎西城武家屋敷跡』KBT・８・11・12 区、
第 16/23 次調査　加須市教育委員会
嶋村英之ほか　2017『騎西城武家屋敷跡』KB10 区調査　加須市教育委員会
菅谷浩之ほか　1980『武蔵新倉館』　埼玉県児玉郡美里村教育委員会
鈴木孝之　1996『深谷城跡』　埼玉県埋蔵文化財調査事業団報告書第 174 集
鈴木孝之ほか　1999『城見上／末野Ⅲ／花園城跡／箱石』
埼玉県埋蔵文化財調査事業団報告書第 211 集
鈴木宏美　1986「第３編第１章第３節」『寄居町史』通史編
寄居町教育委員会
関口和也　1990「埼玉県川越市下広谷の城址群」『中世城郭研究』第４号
中世城郭研究会
関口和也　1991「埼玉県西部の城址群（Ⅰ）」『中世城郭研究』第５号
中世城郭研究会
関口和也ほか　1987『図説中世城郭事典』第１巻　新人物往来社
高橋一夫　『伊奈氏屋敷跡』（財）埼玉県埋蔵文化財調査事業団報告第 31 集
高柳　茂　1989「滑川町の中世城館跡」『研究紀要』第５号
埼玉県立桶川高等学校

竹井英文 2007「戦国期東国の戦争と城郭ー「杉山城問題」によせて」
『千葉史学』第 56 号
竹村雅夫ほか　1967『日本城郭全集』第４巻　人物往来社
田中和之　1999「埼葛地域の中世遺跡」『埼玉の文化財』第 40 号
埼玉県文化財保護協会
田中　信　1999「入間地域の中世遺跡」『埼玉の文化財』第 40 号
埼玉県文化財保護協会
田中　信　2000「河越館跡の発掘調査とその成果について」
『河越氏と河越館』　川越市立博物館
田中　信　2002『戸宮前館跡（第１次調査）』
川越市遺跡調査報告書第 26 集　川越市遺跡調査会

田中　信　2008「上杉・後北条氏攻防の城－河越城－」
『三館連係シンポジュウム　後北条氏の城－合戦と支配－』
博物館周辺文化財の複合的活用事業実行委員会
田村誠・金子彰男　1994『庚申塚遺跡・愛染遺跡・安保氏館・諏訪ノ木古墳』
神川町教育委員会
知久裕昭　2002「深谷城の再検討」『埼玉考古』第37号　埼玉考古学会
中世を歩く会　2002 a『在地土器検討会資料集』
—北武蔵のカワラケ—同シンポジューム発表コメント
中世を歩く会　2002 b『在地土器検討会—北武蔵のカワラケ—記録集』
東国中世考古学研究会　2010『小田原北条氏の城郭』
発掘調査から見るその築城技術
所沢市　1991『所沢市史』通史編上
所沢市教育委員会　1981『山口城跡』所沢市文化財調査報告第7集
所沢市教育委員会　1990『滝の城跡（第4次）ほか』
所沢市文化財調査報告第26集
所沢市埋蔵文化財調査センター　2011～2014
「滝の城第1調査から第4次調査」『同年報18～21』
冨田勝治　1986「研究ノート　初見の花崎城史料」
『埼玉地方史』第19号　埼玉県地方史研究会
冨田勝治　1992『羽生城—上杉謙信の属城—』
利根川宇平　1961「正法寺中興開山栄俊について」
『日本歴史』第157号　吉川弘文館
利根川宇平　1971「武州松山城主・上田氏について」
『年報後北条氏研究』創刊号　後北条氏研究会
利根川宇平ほか　1971『松山城跡—比企の自然と文化財シリーズ—』
比企の自然と文化財を守る会
長沢史郎　1994『武州松山城』　比企郡吉見町
中井　均　2008「戦国大名北条氏の城」
『三館連係シンポジューム　後北条氏の城－合戦と支配－』
博物館周辺文化財の複合的活用事業実行委員会
中島岐視生ほか　1991『第4次調査　山口城跡』
所沢市文化財調査報告第29集所沢市教育委員会
中田正光　1982『秩父路の古城址』　有峰書店
中田正光　1983『埼玉の古城址』　有峰書店
中村倉司ほか　1979『白石城』埼玉県遺跡調査会報告書第36集
埼玉県遺跡調査会
西口正純　1995「11．寄居町要害山城跡の調査」
『第28回遺跡発掘調査報告会発表要旨』　埼玉考古学会

博物館周辺文化財の複合的活用事業実行委員会編　2008
『後北条氏の城ー合戦と支配ー』３館連係シンポジュウム
橋口定志　1987「中世居館の再検討」『東京考古』第５号
橋口定志　1990「中世東国の居館とその周辺
—南関東におけるいくつかの発掘調査事例から—」
『日本史研究』330号
橋口定志　1991「方形館はいかに成立するのか」
『争点日本の歴史』４巻中世編　新人物往来社

橋口定志　2014「清戸道の復権（上）、（下）」
『豊島区資料館「かたりべ」113、114号』豊島区立郷土資料館
橋本富夫・今井正文　1988『昭和62年度桶川市遺跡群発掘調査報告書』
長谷川典明ほか　1995『御嶽城跡調査研究会報告書』御嶽城跡調査研究会
伴瀬宗一　1998『要害山城跡』〔財〕埼玉県埋蔵文化財調査事業団
伴瀬宗一　1999『菖蒲城跡』〔財〕埼玉県埋蔵文化財調査事業団
伴瀬宗一　2001『私市城武家屋敷跡』〔財〕埼玉県埋蔵文化財調査事業団
東松山市　1981『東松山市史』考古資料編第１巻　原始・古代・中世
遺跡・遺構・遺物編　東松山市
比企地区文化財担当者研究協議会　1994
『比企郡における埋蔵文化財の成果と概要』
平田重之　1999「大里地域の中世遺跡」
『埼玉の文化財』第40号　埼玉県文化財保護協会
深谷上杉顕彰会編　1996『深谷上杉氏史料集』深谷市教育委員会
深谷上杉・郷土史研究会　2016『深谷中世文書集』第２集
深谷市教育委員会　1991『深谷城跡（第３次）』
深谷市教育委員会　1996『深谷城跡（第４次）』
深谷市教育委員会　1997『深谷城跡（第５次）』『深谷城跡（第６次）』

深谷市教育委員会　1986『東方城山遺跡群』
深谷市教育委員会　1988『東方城跡』
福島正義　1985「第５章第２節　南北朝の動乱と国人の動向」
『東松山市の歴史』上巻　東松山市
福島正義ほか　1981『所沢市史中世史料』　所沢市
藤木久志　1985ａ「第５章第２節」p.450～454
『東松山市の歴史』上巻　東松山市
藤木久志　1985ｂ「第６章第２節　扇谷の重臣上田一族」
『東松山市の歴史』上巻　東松山市
藤木久志　1995ａ『雑兵たちの戦場』　朝日新聞社

藤木久志　1995 b『戦国史を見る目』校倉書房
藤木久志　1997 a『村と領主の戦国世界』東京大学出版会
藤木久志　1997 b『戦国の村を行く』朝日選書 579
富士見市教育委員会　1999『難波田城跡』
歴史公園整備に伴う発掘調査報告書
本庄市　1989『本庄市史』通史編Ⅱ
松岡　進　1991「戦国期における「境目の城」と領域」
『中世の城と考古学』　新人物往来社
御嶽城跡調査研究会　1995『御嶽城跡研究会報告書』神川町教育委員会
村上伸二　2005『埼玉県指定史跡杉山城跡第１・２次発掘調査報告書』
嵐山町教育委員会
村上伸二　2008『埼玉県指定史跡杉山城跡第３～５次発掘調査報告書』
嵐山町教育委員会
村端和樹　2007『戸宮前Ⅱ / 在家Ⅱ』
（財）埼玉県埋蔵文化財調査事業団報告第 342 集
柳田敏司編　1974『日本城郭大系』５埼玉・東京　新人物往来社
山口　貢　1980「真田城」　『日本城郭大系』　新人物往来社
山崎　一　1972『群馬県古城塁址の研究』上巻・下巻・補遺編上巻
群馬県文化事業振興会
山崎　一　1979『群馬県古城塁址の研究』補遺篇下巻
群馬県文化事業振興会
山崎　一　1984「山内上杉氏の城塁遺構の考察」『武蔵野の城館址』名著出版
山崎　一　1988「第２章２　上野における中世城館の特色」
『群馬県の中世城館跡』　群馬県教育委員会
山本　靖　2016『浦山城跡』埼玉県埋蔵文化財調査事業団報告書第 423 集
矢守一彦編　1981『浅野文庫蔵諸国古城之図』新人物往来社
吉川國男ほか　1974『青鳥城跡』埼玉県遺跡発掘調査報告書第６集
埼玉県教育委員会
吉田町教育委員会編　1982『吉田町史』
寄居町教育委員会　1986『寄居町史』通史編
寄居町教育委員会　1998『史跡鉢形城跡 1998』
―平成９年度発掘調査概要報告
寄居町教育委員会　2000『史跡鉢形城跡 2000』
―平成 10 年度発掘調査概要報告
寄居町教育委員会　2006『史跡鉢形城跡第Ⅰ期保存整備事業発掘調査報告』
嵐山町　1997『嵐山町博物誌』第５巻　嵐山町の中世
嵐山町教育委員会　1992『杉山城跡保存管理計画書』

若松良一 2001『箱石遺跡Ⅱ』
(財) 埼玉県埋蔵文化財調査事業団調査報告書第 267 集
和田晋治　1999『難波田城跡―歴史公園整備に伴う発掘調査報告書―』
富士見市文化財報告第 50 集　富士見市教育委員会
渡辺　一　1982『花崎遺跡』加須市遺跡調査会
渡辺一ほか　1983『白石城Ⅱ』美里村遺跡発掘調査報告書第 2 集
蕨市　1991『蕨市史』資料編 1 古代・中世

おわりに

この本は、多くの方々の協力を頂いて再編集することができた。調査は堀口進午さんを始め、城郭が好きでたまらない山下実さん、また、長年嵐山史跡の博物館に拠点を置いてボランティアをしながら調査を楽しんできた城郭探訪会の皆さん、秩父等の史料を多く調査し、新たな知見を提供してくれた新井克彦さん・栗原一夫さん、資料提供を快く承諾してくれた関係教育委員会の調査関係者の方々等、多くの方の協力と援助があった。記して感謝を申しあげたい。

最近は、城郭のできた歴史的背景を研究調査する事の重要性を認識する中で、専ら、戦国史料を紐解き、整理・分析することに傾注してきた。目にすることが出来る戦国史料は限定的であるが、近年盛んに行われてきた都道府県史や市町村史編纂によって、多くの史料が発掘され、公にされてきた。おかげで、地方にいながら詳しい史料を手中にする事も可能となった。また、考古学的手法による中世遺構の発掘調査も盛んに行われ、城郭などの遺構の年代観が具体的に示されるようになった事も、研究を進展させるに大きな原動力となった。埼玉県では浅野晴樹氏をはじめ、中世考古学に関心を寄せる研究者が陶磁器等の編年をベースにした研究を引っ張ってくれて、多くの若い研究者が「中世を歩く会」に集まり、研鑽を深め、発掘調査の史料が歴史上に位置づけられるようになったのも大きい。この様な研究成果を頂いて、私の城郭研究も遅々としてではあるが、戦国史研究の一環として、自己への刺激と楽しみを中心に、前に進めている。ただ残念なことに城郭は、その対象が広大な故か細かい調査が行われることが少なく、まして、発掘調査される城郭の数は限定的で、大きな進展は今後も望めそうもない。

私は、埼玉における城郭研究の先進的研究を世に問おうとしているわけでは無い。この本を出す狙いは、今戦国史に関心を寄せる方々が多く、多くの施設で、数多くの講座や、シンポジウムを開いているが、何れも盛況で定員を遙かにオーバーする希望が殺到しているのが現状である。こんな中で、多くの皆さんから埼玉の城郭がわかる一般向けの解説本を求められてきたので、これに少しでも応えることが出きればと言う思いで、再出版することにした。内容にできるだけ、最新の研究成果を取り入れ、新鮮さを挿入したつもりであるが、独りよがりな着想で、勝手な解釈をしているかも知れない。城郭調査等、中世関係の文化財調査等に 36 歳で足を踏み込んでから、36 年がたってしまった。もう斬新さが求められる年齢を過ぎてしまい、今更という感もしないでは無いが、求められるままに出版することにした。

城郭は足で歩いて調査をし、戦国史を詳細に学んで、地政学的な視点をも十分に検討して、歴史的意義付けを行わなければ、その評価はできない。これを踏み台にしていただいて、埼玉の城郭研究等を進展させてくれることを願っている。

2017 年 10 月 1 日

著者識す

著者略歴

梅沢太久夫　（うめざわ　たくお）

1945 年　　埼玉県秩父郡東秩父村に生まれる。
1968 年　　埼玉大学教育学部卒業。
1968 年～　埼玉県教育局・県立博物館等に勤務。
1998 年～　埼玉県立歴史資料館長等を歴任
2006 年　　定年退職
元・埼玉県文化財保護協会副会長。

主な著書

『日本城郭大系』第 5 巻「東京・埼玉」（共著　新人物往来社）
『慈光寺』（共著　新人物往来社）
『城郭資料集成　中世北武蔵の城』（岩田書院）
改訂版『武蔵松山城主上田氏』―戦国動乱二五〇年の軌跡―（まつやま書房）
『戦国の城』（共著　古志書院）
『北条氏邦と藤田氏』（共著　岩田書院）
『関東の名城を歩く』南関東編（共著　吉川弘文館）
『関東争奪戦史 松山城合戦 戦国合戦記の虚と実を探る』（まつやま書房）
『戦国の境目　秩父谷の城と武将』（まつやま書房）
『武蔵上田氏　論集 戦国大名と国衆⑮』（共著　岩田書院）
『北条氏邦と鉢形領支配』（まつやま書房）　　他多数

埼玉の城 127 城の歴史と縄張 【改 訂 版】

2024 年 6 月 15 日　改訂版初版第二刷発行
2018 年　1 月 30 日　初版第一刷発行
2020 年　1 月 30 日　初版第二刷発行
2023 年 10 月 20 日　改訂版初版第一刷発行
著　者　梅沢太久夫
発行者　山本　智紀
印　刷　小澤製本株式会社
発行所　まつやま書房
〒 355 － 0017　埼玉県東松山市松葉町 3 － 2 － 5
Tel.0493 － 22 － 4162　Fax.0493 － 22 － 4460
郵便振替　00190 － 3 － 70394
URL:http://www.matsuyama － syobou.com/

©TAKUO　UMEZAWA

ISBN 978-4-89623-207-3　C0021

著者・出版社に無断で、この本の内容を転載・コピー・写真絵画その他これに準ずるものに利用することは著作権法に違反します。乱丁・落丁本はお取り替えいたします。
定価はカバー・表紙に印刷してあります。

【広告】まつやま書房既刊書籍

歴史調査ハンドブック

武蔵戦国歴史年表

梅沢太久夫 編著

ISBN978-4-89623-194-6 C0021

定価**1980**円
〔本体1800円＋税〕
A5判並製 本文166頁
＋口絵・関東城郭マップ６頁

戦国好きなら手元に置きたいハンドブック

享徳の大乱以降の複雑な勢力図となる関東戦国史。

『武蔵松山城主上田氏』『松山城合戦』『北条氏邦と鉢形領支配』『埼玉の城』『武蔵上田氏　論集 戦国大名と国衆⑮（共著）』などの関東戦国史関連の書籍を多数手がけてきた著者梅沢太久夫氏が、埼玉県内の史料を中心とした関係史料の記述を元に丁寧に年月を掛けて年表化してきたものを書籍とした。

南北朝動乱（元弘建武など）から江戸幕府の始まり（慶長元和）までを網羅。出典資料も各事項毎に明記されているため、地域研究のベースにも、戦国時代の流れの把握にも使える武蔵戦国史の必須アイテム。

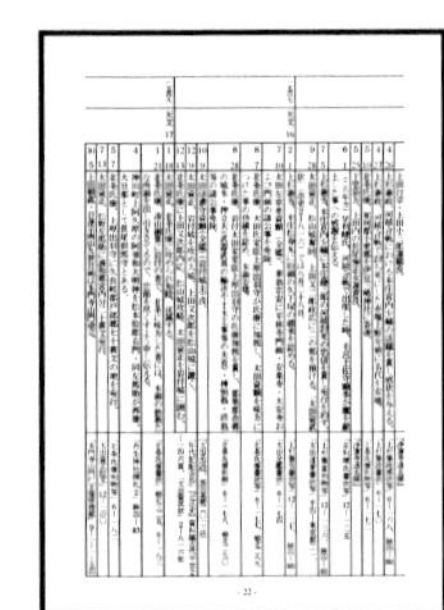

西暦、和暦、月日、出来事、出典の順に記述

※この書籍は『埼玉の城』巻末資料の関連年表を新記述・訂正などを付け加え単行本化したものです。
そのため今回の『埼玉の城』復刻新版にあたり、関連年表部分は該当書籍で補完していただくようお願いします。

中世年表２

干支	西暦	和暦	年	改元月日	閏月
辛未	1391	明徳	2		
壬申	1392		3		⑩
癸酉	1393		4		
甲戌	1394	応永	1	7.5	
乙亥	1395		2		⑦
丙子	1396		3		
丁丑	1397		4		
戊寅	1398		5		④
己卯	1399		6		
庚辰	1400		7		
辛巳	1401		8		①
壬午	1402		9		
癸未	1403		10		⑩
甲申	1404		11		
乙酉	1405		12		

該当年代の早見表
和暦西暦の併記はもとより改元月日、閏月、干支なども記載

主な掲載史料

『新編埼玉県史』通史編２、資料編５・６・７・８・９、
『東松山市史』資料編２、『埼玉大百科事典』５巻所収年表、
『浄蓮寺慶長八年過去帳』『妙本寺回向帳』『東光寺過去帳』
『行伝寺過去帳』『本土寺過去帳』、
『戦国遺文』後北条氏編・武田氏編・古河公方編、
『戦国史年表』後北条氏編、『上越市史』別巻Ⅰ・Ⅱ、
『武田氏年表』『上杉氏年表』等のほか
国立公文書館デジタルアーカイブ資料等